JN261373

図説
日本の税制

平成26年度版

住澤 整
［編著］

財経詳報社

は し が き

 税制、すなわち租税に関する制度は、公共サービスのコストを賄うための財源を、国民がその経済力に応じて、公平に負担するシステムです。また、税制は、所得の再分配、経済安定化など多様な機能をあわせ持ち、私たちの日常生活との関わりは、益々深くなってきています。

 税制は、とかく複雑で、専門的であるとの印象を持たれがちです。しかし、少子・高齢化やグローバル化が急速に進展し、社会保障支出の増加等により国の財政が厳しい状況にある中で、経済成長と財政健全化をいかに両立させていくかという課題は極めて重要です。政府の支出について、無駄をなくし、できる限り切り詰めていくことは当然ですが、私たちの子供や孫たちの世代へ負担を先送りしないためにも、政府のお金の使い途（歳出）だけではなく、歳入、すなわち税のあり方は私たち国民にとって一層身近で大切な問題となっているのではないでしょうか。

 本書は、近年の税制への関心の高まりの中で、税の仕組みや意義などについてはもちろん、各税目の制度の概要などについて、図表を取り入れながらまとめています。

 また、他の解説書ではあまり例を見ない租税史や海外の税制との比較についても相当のページ数を割き、税制全般をコンパクトに分かりやすく解説するようにしており、税制について全般的知識を身につけようとする方のいわば「基本書」として必携の書物となっております。

 なお、平成26年度版の作成に当たっては、26年度税制改正など、先に国会で成立した法案の内容を踏まえて、25年度版からの見直し

はしがき

をいたしました。また、各項目の説明や資料を改めて精査し、より分かりやすくするよう努めるとともに、わが国税制を考える上で、諸外国の税制改正の動向に注目が集まっていること等から、租税制度の国際比較について、主要国ごとに解説をまとめるなど、充実した内容となるよう心掛けています。

今後、わが国が持続的な経済社会の活性化を実現するため、これからの税制について活発にご議論して頂く際に、本書が少しでも皆様のお役に立つこととなれば幸いです。

今後も毎年度の税制改正にあわせて改訂を行っていく予定ですが、読者の皆様からも有益なご指摘やご示唆を頂いており、これらも参考にしながら更に内容を充実させていきたいと考えております。

2014年8月

住　澤　　整

目　次

はしがき

■第1編　税制の概要

1　概　説 ………………………………………… 2
2　租税の歴史 …………………………………… 4
3　税制の役割 …………………………………… 6
4　税制と財政 …………………………………… 8
5　租税負担率 …………………………………… 10
6　国と地方の役割と歳入 ……………………… 12
7　租税原則 ……………………………………… 14
8　租税体系（課税ベースによる税の分類）… 16
9　租税体系（タックスミックス、その他の税の分類）…… 18
10　租税体系（理論）…………………………… 20
11　転嫁、帰着、税収弾性値 …………………… 22
12　減税の経済効果 ……………………………… 24
13　（参考）乗数について ……………………… 26

■第2編　わが国の租税制度の変遷と今後の課題

1　概　説 ………………………………………… 28
2　明治期以前における租税制度 ……………… 30
3　明治初期の税制 ……………………………… 32
4　明治中後期の税制 …………………………… 34

5	大正・昭和初期の税制	36
6	戦時期の税制	38
7	戦後混乱期の税制	40
8	シャウプ勧告による税制	42
9	昭和中後期の税制	44
10	抜本的税制改革	46
11	税制改革（平成6年11月）	48
12	平成11年度税制改正	50
13	わが国経済社会の構造変化の「実像」（平成16年）	52
14	歳出・歳入一体改革（平成18年）	54
15	抜本的な税制改革に向けた基本的考え方（平成19年）①	58
16	抜本的な税制改革に向けた基本的考え方（平成19年）②	62
17	中期プログラムと平成21年度税制改正法附則第104条（平成20年）	64
18	政治家で構成される政府税制調査会の下での税制改正	66
19	社会保障と税の一体改革	68
20	東日本大震災からの復旧・復興財源のための税制措置	72

■第3編　わが国の税制の現状（国税）

1	概　説	74
2	所得税	76
	(1) 負担状況等	76
	(2) 基本的の仕組み、課税最低限、所得の種類	78
	(3) 所得金額の計算	80

目　次

- (4) 所得税計算の仕組み …………………………………… 82
- (5) 人的諸控除 ……………………………………………… 84
- (6) 配偶者特別控除 ………………………………………… 86
- (7) 雑損控除、医療費控除、寄附金控除 ………………… 88
- (8) 生命保険料控除、地震保険料控除等 ………………… 90
- (9) 税率構造と税額の計算 ………………………………… 92
- (10) 税額控除 ………………………………………………… 94
- (11) 給与所得に対する課税 ………………………………… 96
- (12) 公的年金等に対する課税 ……………………………… 98
- (13) 利子・配当所得に対する課税 ………………………… 100
- (14) 株式等に係る譲渡所得等に対する課税 ……………… 102
- (15) 近年の金融・証券税制改正について ………………… 104
- (16) エンジェル税制 ………………………………………… 106
- (17) 事業所得等に対する課税 ……………………………… 108
- (18) 住宅借入金等に係る税額控除制度 …………………… 110
- (19) 源泉徴収による所得税 ………………………………… 112
- (20) 青色申告と白色申告 …………………………………… 114
- (21) 申告・納付 ……………………………………………… 116
- (22) 所得税の計算例 ………………………………………… 118
- (23) 税務手続の電子化等 …………………………………… 120

3 法人税 …………………………………………………………… 122
- (1) 法人税制度 ……………………………………………… 122
- (2) 法人と株主の負担調整・法人税の転嫁と帰着 ……… 124
- (3) 所得計算 ………………………………………………… 126
- (4) 税　率 …………………………………………………… 128
- (5) 連結納税制度 …………………………………………… 130
- (6) 資本に関係する取引等に係る税制の整備 …………… 132
- (7) 企業組織再編税制 ……………………………………… 134
- (8) 特定同族会社の留保金課税制度 ……………………… 136

- (9) 公益法人等及び協同組合等に対する課税 ················· *138*
- (10) 引当金・準備金 ··· *140*
- (11) 減価償却制度 ·· *142*
- (12) 寄附金の損金不算入制度 ······································ *144*
- (13) 租税特別措置 ·· *146*
- (14) 交際費課税制度 ··· *148*
- (15) 圧縮記帳 ·· *150*
- (16) 申告・納付 ··· *152*

4 相続税・贈与税 *154*
- (1) 基本的仕組み ·· *154*
- (2) 基礎控除及び課税状況 ··· *156*
- (3) 法定相続人及び法定相続分 ··································· *158*
- (4) 相続税の課税範囲 ·· *160*
- (5) 相続税の税額控除等 ··· *162*
- (6) 相続税額の計算 ··· *164*
- (7) 財産の評価 ··· *166*
- (8) 贈与税の課税範囲及び計算 ··································· *168*
- (9) 相続時精算課税制度 ··· *170*
- (10) 申告・納付 ··· *172*
- (11) 農地等に係る納税猶予の特例 ································ *174*

5 土地税制 *176*
- (1) 譲渡時の課税 ·· *177*
- (2) 保有時の課税 ·· *177*
- (3) 取得時の課税 ·· *178*

6 消費税 *180*
- (1) 消費税の創設とその意義 ······································ *180*
- (2) 消費税の仕組みと性格 ··· *184*
- (3) 課税対象 ·· *186*

(4) 納税義務者 ……………………………………………… *188*
  (5) 非課税取引 ……………………………………………… *190*
  (6) 輸出免税 ………………………………………………… *192*
  (7) 課税標準及び税率 ……………………………………… *194*
  (8) 納付税額の計算方法 …………………………………… *196*
  (9) 簡易課税制度 …………………………………………… *198*
  (10) 申告・納付 ……………………………………………… *200*

7 その他の国税 ………………………………………………… *202*
  (1) 酒　税 …………………………………………………… *202*
  (2) たばこ税 ………………………………………………… *204*
  (3) 自動車課税 ……………………………………………… *206*
  (4) 特定財源 ………………………………………………… *208*
  (5) 印紙税 …………………………………………………… *210*
  (6) 登録免許税 ……………………………………………… *212*

8 国税の徴収手続等 …………………………………………… *214*
  (1) 更正及び決定 …………………………………………… *214*
  (2) 附帯税 …………………………………………………… *216*
  (3) 国税の滞納処分 ………………………………………… *220*
  (4) 国税の不服審査制度 …………………………………… *222*
  (5) 書類の送達、端数計算 ………………………………… *224*
  (6) 社会保障・税番号制度 ………………………………… *226*

■第4編　わが国の税制の現状（地方税）

1 概　説 ………………………………………………………… *228*
2 住民税 ………………………………………………………… *230*
  (1) 個人住民税 ……………………………………………… *230*
  (2) 法人住民税 ……………………………………………… *232*
3 事業税 ………………………………………………………… *234*

(1)　個人事業税 … 234
　　(2)　法人事業税 … 236
　　(3)　地方法人特別税・地方法人特別譲与税 … 238
　4　固定資産税等 … 240
　　(1)　固定資産税・都市計画税 … 240
　　(2)　不動産取得税 … 242
　5　地方消費税 … 244
　　(1)　創設の趣旨等 … 244
　　(2)　概　要 … 244
　6　その他の地方税 … 246

第5編　国際課税制度

　1　概　説 … 248
　2　外国税額控除制度 … 250
　3　外国子会社合算税制 … 252
　4　移転価格税制 … 254
　5　過少資本税制 … 256
　6　過大支払利子税制 … 258
　7　非居住者に対する課税制度 … 260
　8　租税条約 … 262

第6編　租税制度の国際比較

　1　概　説 … 264
　2　主要先進国における近年の税制改革 … 266
　　(1)　アメリカ … 266
　　(2)　イギリス … 268
　　(3)　ドイツ … 270
　　(4)　フランス … 272

目　次

3　租税負担等の国際比較 ……………………………… *274*

4　各国の税収構造 ……………………………………… *276*

5　所得税制度 …………………………………………… *280*
　(1)　税負担水準 …………………………………… *280*
　(2)　税率構造及び税負担額 ……………………… *282*
　(3)　給与所得に対する課税 ……………………… *286*
　(4)　利子・配当課税制度 ………………………… *288*
　(5)　有価証券譲渡益課税制度 …………………… *290*
　(6)　公的年金課税 ………………………………… *292*

6　法人税制度 …………………………………………… *294*
　(1)　法人税負担及び税率構造 …………………… *294*
　(2)　法人段階と株主段階の負担調整措置 ……… *296*
　(3)　減価償却 ……………………………………… *298*
　(4)　寄附金税制 …………………………………… *300*

7　相続税・贈与税制度 ………………………………… *302*

8　土地税制 ……………………………………………… *304*

9　付加価値税等 ………………………………………… *306*
　(1)　課税ベースの広い間接税 …………………… *306*
　(2)　非課税品目・税率 …………………………… *308*
　(3)　小規模事業者の特例・その他 ……………… *310*

10　酒税・たばこ税 …………………………………… *312*

11　石油関係諸税 ……………………………………… *314*

12　国際的二重課税排除措置 ………………………… *316*

13　地球温暖化問題への取組み ……………………… *318*

14　主要国における税務面で利用されている「番号制度」
　　の概要 …………………………………………… *320*

15　給付付き税額控除 ………………………………… *322*

16　中国と韓国の税制 ………………………………… *324*

(1) 中国 ……………………………………………………………… *324*

　(2) 韓国 ……………………………………………………………… *324*

■第7編　税制担当部局

　1　概　説 ………………………………………………………………… *326*

　2　税制改正のメカニズム ……………………………………………… *328*

　3　主税局の機構と役割 ………………………………………………… *330*

　4　国税庁の機構と役割 ………………………………………………… *332*

■第8編　平成26年度税制改正

　平成26年度税制改正の大綱の概要 ……………………………………… *336*

■第9編　資　料　編

　1　国税収入の構成の累年比較 ………………………………………… *342*

　2　地方税収入の構成の累年比較 ……………………………………… *354*

　3　租税負担及び社会保障負担（国民所得比）の
　　　国際比較 …………………………………………………………… *356*

　4　OECD諸国における所得・消費・資産課税等の
　　　割合の国際比較（国税＋地方税） ……………………………… *357*

　5　国税収入の構成の国際比較 ………………………………………… *358*

● 索　引 ………………………………………………………………… *361*

図説

日本の税制

第1編 税制の概要

1 概説 私達は日々の生活の中で、様々な財やサービスを消費しています。この中には、市場に任せておいては十分に提供されないであろう、警察・国防サービスや道路・公園などの社会資本、医療・教育サービスや基礎研究などが含まれています。政府は、これらの財・サービスの提供を行って民間部門の働きを補完し、国民全体の福祉向上を図ることを役割としています。

その際、政府はこうした財・サービスを提供するための財源を調達する必要があります。「租税」はその財源調達手段として最も基本的なものと位置付けることができます。

政府が提供する財・サービスの水準によって、どの程度の財源を調達する必要があるのかが決まります。つまり、全体としての税の負担水準をどの程度にするかという問題は、実は税のみの問題ではないのです。「中福祉」を支えるには「中負担」が必要であるという議論もこの一例です。政府の活動範囲は国民の選択に基づいて決まることから、租税は、国民により選択された公共サービス（受益）の提供に必要な費用（負担）を国民の間で分かち合うものであると言えます。現在、我が国が抱える様々な問題を解決するためには、「世代間及び世代内の両面にわたり、お互いに支え合い、ともによりよい社会を築いていく」という共通認識を持って、そのために必要な費用を社会全体で分かち合うことが必要です。税制はまさにその費用の分かち合い方を決めるものです。

また、納税者の立場に立ったとき、好ましい税制のあり方は、制度が公平で、かつ、制度の内容が透明で分かりやすく、その制度に基づいて納税することについて納得できるものである必要があります。

税制を考える際には、最大限効率的な行政を前提として、最小限必要な税負担を求めるとした上で、「誰が、どの程度ずつ、どのように負担するか」ということが重要な問題になります。そもそも政府は誰がどの程度利益を享受しているか厳密には計量できない財・サービスを提供しているので、各人が負担すべ

き水準も機械的、一義的には決めることができません。したがって、その負担の分かち合い方は、国民全体が最も納得のいく形に決められる必要があります。つまり、あるべき税制を考える際には、個々の人にはある程度不満が残るとしても、国民全体としてその満足度が最も高い形になるよう、幅広い観点から検討していくことが必要です。

　国民の納得を得られる税制の基準については、従来から租税原則の問題として議論されてきました。その内容は各時代の経済・社会情勢等を反映して変遷してきましたが、基本的な基準としては、「公平・中立・簡素」の三つが挙げられるでしょう。「公平」の基準とは、様々な状況にある人々が、それぞれの負担能力（担税力）に応じて税負担を分かち合うという意味です。「公平」といった場合、従来、負担能力の大きい者にはより多く負担してもらうという考え方（垂直的公平）が特に重視されてきました。一方、所得水準の向上・平準化が進むなかでは、負担能力が同じ者には等しく負担を求めるという考え方（水平的公平）もより重要になってきます。さらに、少子・高齢化が急速に進展している現在では、世代間の公平も重要な視点となっています。「中立」の基準とは、税制ができるだけ民間の経済・社会活動を歪めないようにするという意味です。「簡素」の基準とは、税制の仕組みをできるだけ簡素化し、納税者が理解しやすいものにすると同時に、租税回避行動を誘発せず、税負担の計算が容易で予見可能性を高くするという意味です。これらの要請を満たすため、租税体系全体として各種税目を適切に組み合わせていくこと（タックスミックス）が重要です。

　以上のような視点を踏まえ、税制には、経済活動に影響を与える制度として安定性が求められる一方で、経済・社会の構造変化に伴って、あるいはそれを見通して、新たな視点から改革していくことが求められます。

　このように税制には様々な側面があり、個々の経済・社会活動と密接に関わりを持ちながら、国民経済に溶け込んでいるのです。

2　租税の歴史　租税は、国や地方公共団体が公共サービスを提供するために必要な経費について、国民の負担を求めるものです。直接の反対給付を伴うものでない点で「手数料」などと区別するのが一般的です。

歴史的にみても、洋の東西を問わず文明の発生とともに広い意味での政府が生じたときから、その経費を賄うために生み出されたものです。

古代エジプトでは賦役提供が中心であり、ギリシャ、ローマでは財産税と間接税の芽生えもあったとされています。ローマ末期には不動産税や人頭税が導入されていたようです。中世の封建社会においては、貢納、賦役等が中心でしたが、商業・貨幣経済の発展に伴って、都市では市民に対し関税や消費税が課されました。これに続く絶対王政の時代も、関税や消費税が重視されていました。19世紀から20世紀にかけては各国で所得税や法人税が、20世紀後半には付加価値税が導入されています。

東洋に目を向けると、中国では農業が産業の中心であったことから、唐代中期以降、塩税、商業課税、関税の比重が高まってくるものの、清代に至るまで租税の中心は田賦でした。

このように租税の形態はその時代の経済・社会構造や徴税技術の水準等に密接に関係しており、租税に対する考え方も時代により様々です。また、その国の持つ伝統、文化、国民性といった非経済的な要因も重要だと考えられます。

現代の租税は、一般的には、①国等の公共部門が国民への公共サービスを提供するために必要な資金を調達する目的で国民に課されるものであること、②国民を代表する議会の意思によって定められた法律に基づいて課税・徴収が行われること、③国民に課される負担が金銭であること、などに特徴があります。

第1編　税制の概要

各時代の租税の変遷

時　代	主　な　租　税	社会・経済構造等
古　代	賦役、貢物 個別間接税、財産税 地租、人頭税	農耕社会、牧畜社会 商工業・貨幣経済の発展 都市の成立
中　世	年貢、献納	封建制社会 都市の復活
近　世	関税、個別間接税	絶対王政 大航海時代
近　代	所得税、法人税 取引高税	市民革命 産業革命
現　代	所得税、法人税 付加価値税	福祉国家 大衆社会

各国憲法における租税

○日本国憲法（1947年）

第30条　国民は、法律の定めるところにより、納税の義務を負ふ。
第84条　あらたに租税を課し、又は現行の租税を変更するには、法律又は法律の定める条件によることを必要とする。

○アメリカ合衆国憲法（1788年）

・第1条第8節①
「連邦議会は、合衆国の債務を弁済し、共同の防衛及び一般の福祉を提供するために、租税、関税、輸入税、消費税を賦課・徴収する権限を有する。」
・第1条第10節②
「州は、その（物品）検査法執行のために絶対必要な場合を除き、連邦議会の同意なしに、輸入品または輸出品に対し、輸入税または関税を賦課することはできない。」
・修正第16条（1913年）
「連邦議会はいかなる源泉から生じる所得に対しても、各州の間に配分することなく、また国勢調査または人口算定に準拠することなしに、所得税を賦課・徴収する権限を有する。」

○イギリス

・法典化された憲法はない。
（参考）
・「権利請願」（1628年）
「何人といえども、今後法律による人民の同意なくして、贈与、公債、献上金、租税などの金銭的負担を強要されない。」
・国税については、所得税法や法人税法等各個別の税法及び各年の歳入法により課税が行われている。

○ドイツ連邦共和国基本法（1949年）

・第105条第1項
「連邦は、関税及び財政上の専売について、専属的立法を有する。」
・第105条第2項
「連邦は、その他の税について、その収入の全部または一部が連邦に帰属する場合、または、第72条第2項（連邦の競合的立法）の前提が存在する場合、競合的立法を有する。」

○フランス第五共和国憲法（1958年）

・第34条第2項
「法律は、次の事項を定める。あらゆる性格の租税の基礎、税率及び徴収の態様。」

3 税制の役割　現代の税制の役割としては、①政府が提供する公共サービスの資金を調達すること（財源調達機能）、②国民の所得や資産の再分配を行うこと（所得再分配機能）、③経済を安定化すること（経済安定化機能）、の3点が指摘されています。

「誰が、どの程度ずつ、どのように負担するか」という税制の具体的なあり方を検討する際には、その時々の経済・社会的背景の中で、税制が果たすべきこうした役割を念頭に置きつつ、後述する租税原則や租税体系についての考え方なども踏まえる必要があります。

① 財源調達機能

政府は、警察・国防、社会保障給付、教育などといった公共サービスを提供することにより、民間部門の働きを補完し、国民全体の福祉向上を図っています。税制はそのための財源を調達する最も基本的な手段として位置づけられており、これが税制の最も直接的かつ重要な役割です。

こうした点を踏まえれば、税制を通じて国民が全体としてどの程度の「負担」をするか、という問題は、政府がどの程度の水準の公共サービス（「受益」）を提供するか、という問題と表裏一体のものであると言えます。民主主義の下では、公共サービスの内容・水準は国民の意思によって決定されるものですから、税制は、国民により選択された公共サービスを提供するために必要な費用を、国民の間で分かち合う仕組みであると言えるでしょう。

② 所得再分配機能

市場経済によりもたらされる所得や資産の分配は、遺産や個人の先天的能力等に差が存在することもあり、社会的に見て望ましくない場合が少なくありません。税制は所得税や相続税の累進構造等を通じ、歳出における社会保障給付等とあいまって、所得や資産の再分配を図る役割を果たしています。

③ 経済安定化機能

市場経済では、景気は変動するものですが、急激な変動は国民生活に大きな影響をもたらします。税制は、好況期には税収が増加することを通じて総需要を抑制する方向に作用し、不況期には逆に税収が減少することを通じて総需要を刺激する方向に作用することで、自動的に景気変動を小さくし経済を安定化する役割「ビルトイン（又はオートマティック）・スタビライザー機能」を果たしています。

4 税制と財政　税制の最も基本的な機能である財源調達機能は、どの程度発揮されているのでしょうか。

財政の支出を賄うための収入である①租税及び印紙収入、②税外収入、③公債金のうち、租税及び印紙収入の占める割合（税収比率）は、大きく変化してきました。国の一般会計で見てみると、戦後から昭和40年にかけて、財政支出を租税等の経常収入の範囲内で行うという「均衡予算主義」の下、公債の発行を行わないとの考え方に立っていたため、税収比率は、80～90％で推移してきました。しかし、昭和40年度以降は、均衡予算主義から離れ、戦後初の特例公債（赤字公債）の発行が行われた昭和50年度以降になると、公債の大量発行を余儀なくされ、税収比率は60％台に落ち込み、歳入に占める公債金の割合（公債依存度）は30％を上回るようになりました。

その後、財政再建努力と好況による税収増により、平成2年度にはいったん特例公債依存から脱却することができ、税収比率は86.8％となりましたが、これをピークとして、バブル経済の崩壊以降は、それ以前にも増して財政状況は悪化しています。経済停滞の下で、公共投資の拡大や、少子・高齢化の進展に伴う社会保障費の増加により歳出が増加する一方で、景気対策として減税が実施されたこともあって税収は低迷し、近年、税収比率は40％～60％台で推移していました。

平成26年度予算においては、租税及び印紙収入は50.0兆円で、95.9兆円の歳出の52.1％を賄うにすぎず、不足分のうち41.3兆円（43.0％）を公債金（借金）に頼っており、政府が提供するサービスのために必要な費用を賄うという租税の役割（財源調達機能）を十分に果たしているとは言えない状況です。

第1編　税制の概要

中央政府の財政の状況

	公債 (％)	債務残高 (％)	利払／歳出 (％)
日　　本	43.0（2014年度）	162.0（2014年度）	10.5（2014年度）
アメリカ	17.8（2014年度）	89.8（2012年度）	6.1（2014年度）
イギリス	13.3（2014年度）	83.9（2012年度）	7.6（2014年度）
ド イ ツ	2.3（2014年度）	39.6（2012年度）	9.7（2014年度）
フランス	26.7（2014年度）	61.5（2012年度）	15.3（2014年度）

(注) 1．日本の普通国債残高（2014年度末見込み）は、約780兆円である。国の長期政府債務残高（〃）は、約811兆円（国債＋借入金）である。
　　 2．各国の会計年度は、アメリカ（前年10月～9月）、日本及びイギリス（4月～翌年3月）、ドイツ及びフランス（1月～12月）である。

国の歳出総額に占める租税及び印紙収入の割合

年　　度	日　　本			〔参　　考〕			
	歳出総額 ①	租税及び 印紙収入 ②	割合 ②／①	アメリカ	イギリス	ドイツ	フランス
	億円	億円	％	％	％	％	％
昭和　45	81,877	72,958	89.1	96.8	113.4	90.4	91.6
50	208,609	137,527	65.9	82.0	84.0	76.1	81.4
55	434,050	268,687	61.9	85.3	74.2	82.4	87.5
60	530,045	381,988	72.1	75.6	86.5	81.2	79.5
平成　元	658,589	549,218	83.4	84.6	93.1	86.2	85.1
2	692,687	601,059	86.8	80.1	85.7	74.0	84.1
3	705,472	598,204	84.8	77.9	78.3	80.5	81.8
4	704,974	544,453	77.2	77.0	68.6	83.8	77.2
5	751,025	541,262	72.1	80.5	65.3	79.4	73.1
6	736,136	510,300	69.3	84.5	75.1	81.9	73.3
7	759,385	519,308	68.4	87.3	79.2	80.4	74.2
8	788,479	520,601	66.0	91.5	83.1	76.3	75.5
9	784,703	539,415	68.7	97.0	93.2	77.0	77.4
10	843,918	494,319	58.6	102.2	98.1	76.8	78.8
11	890,374	472,345	53.1	105.3	99.7	79.6	81.5
12	893,210	507,125	56.8	110.8	101.7	82.8	81.8
13	848,111	479,481	56.5	104.8	93.8	81.2	81.4
14	836,743	438,332	52.4	90.5	88.9	78.5	77.1
15	824,160	432,824	52.5	80.9	84.3	76.6	76.5
16	848,968	455,890	53.7	80.6	85.6	76.0	79.3
17	855,196	490,654	57.4	85.8	84.3	75.1	79.2
18	814,455	490,691	60.2	89.0	86.5	79.8	83.4
19	818,426	510,182	62.3	92.4	84.7	86.2	83.1
20	846,974	442,673	52.3	82.9	64.4	85.9	80.0
21	1,009,734	387,331	38.4	33.0	59.7	79.5	68.1
22	953,123	414,868	43.5	34.8	69.5	76.3	66.6
23	1,007,154	428,326	42.5	38.4	73.7	84.9	75.5
24	970,872	439,314	45.2	42.3	73.9	84.8	77.2
25（補正後予算）	980,770	453,540	46.2				
26（予算）	958,823	500,010	52.1				

(注) 1．日本は年度、他は暦年の計数である。
　　 2．アメリカは社会保障税を含めた計数である。
　　 3．ドイツは平成元年までは旧西ドイツの計数である。

5 租税負担率　　国民全体の税負担がどの程度の水準であるかをみる際に、国民経済活動の成果である「国民所得」との関係をみることは、一つの有益な方法です。これを端的に示す指標として、国民所得に対する租税収入の比率である「租税負担率」があります。また、国民所得に対する租税負担と社会保障負担とを合わせた国民負担の比率を「国民負担率」と言います。

　国民負担率は、国民が受け取る所得のうち、公共サービスの費用を賄う税・社会保険料に拠出される部分の大きさを表しています。しかしながら、公債により多額の資金調達が行われている現在、公共サービスは、将来世代に負担を先送りすることによっても賄われており、私たちは負担を上回る公共サービスを享受していると言えます。このため、最近では、将来世代の負担により賄われる分も含め、現在世代が受ける公共サービスの実際の水準を明らかにする等の観点から、財政赤字を負担に加えた「潜在的な国民負担率」も用いられています。

　我が国における国民負担率は、2014年度で41.6%（うち租税負担24.1%、社会保障負担17.5%）と見込まれています。これを先進諸外国と比較してみると、多くの先進国で50%以上となる中で、我が国は、米国（2011年）の30.8%についで低い水準となっています（日本は2011年度で39.8%）。一方で、財政赤字を加えた潜在的な国民負担率は、51.9%（一時的な特殊要因を除いた数値）となっています。こうした我が国の状況について、先進諸外国の中では「中福祉・低負担」と位置づけられる、との指摘もなされています。

　第2編でも述べるように、少子・高齢化の進展等に伴い、今後、中長期的に社会保障関係費が経済の成長を上回って増加することが見込まれています。将来世代への負担の先送りを行わないようにしながら、どの程度の受益と負担の水準を選択するかについて、国民的な議論を深めていくことが求められているのではないでしょうか。

第1編　税制の概要

国民負担率（対国民所得比）の推移

年度	国税 ①	一般会計税収	地方税 ②	租税負担 ③=①+②	社会保障負担 ④	国民負担率 ⑤=③+④	財政赤字 ⑥	潜在的な国民負担率 ⑦=⑤+⑥	国民所得 (NI)	(参考) 国民負担率対GDP比	国内総生産 (GDP)
昭和45	12.7	12.0	6.1	18.9	5.4	24.3	0.5	24.9	61.0	19.7	75.3
46	12.8	12.0	6.4	19.2	5.9	25.2	2.5	27.7	65.9	20.0	82.9
47	13.3	12.5	6.4	19.8	5.9	25.6	2.8	28.4	77.9	20.7	96.5
48	14.7	13.8	6.8	21.4	5.9	27.4	0.7	28.1	95.8	22.5	116.7
49	14.0	13.4	7.3	21.3	7.0	28.3	3.3	31.6	112.5	23.0	138.5
50	11.7	11.1	6.6	18.3	7.5	25.7	7.5	33.3	124.0	20.9	152.4
51	12.0	11.2	6.8	18.8	7.8	26.6	7.2	33.8	140.4	21.8	171.3
52	11.8	11.1	7.1	18.9	8.3	27.3	8.3	35.6	155.7	22.3	190.1
53	13.5	12.8	7.1	20.6	8.5	29.2	8.0	37.1	171.8	24.0	208.6
54	13.7	13.0	7.7	21.4	8.8	30.2	8.7	38.9	182.2	24.4	225.2
55	13.9	13.2	7.8	21.7	8.8	30.5	8.2	38.7	203.9	25.0	248.4
56	14.4	13.7	8.2	22.6	9.6	32.2	8.2	40.4	211.6	25.7	264.6
57	14.5	13.9	8.5	23.0	9.8	32.8	7.9	40.6	220.1	26.1	276.2
58	14.8	14.0	8.6	23.3	9.7	33.1	7.1	40.1	231.3	26.5	288.8
59	15.1	14.4	8.8	24.0	9.8	33.7	5.9	39.7	243.1	26.6	308.2
60	15.0	14.7	8.9	24.0	10.0	33.9	5.1	39.0	260.6	26.8	330.4
61	16.0	15.6	9.2	25.2	10.1	35.3	4.3	39.6	267.9	27.7	342.3
62	17.0	16.6	9.7	26.7	10.1	36.8	2.9	39.6	281.1	28.5	362.3
63	17.2	16.8	9.9	27.2	9.9	37.1	1.4	38.5	302.7	29.0	387.7
平成元	17.8	17.1	9.9	27.7	10.2	37.9	1.0	38.9	320.8	29.2	415.9
2	18.1	17.3	9.6	27.7	10.6	38.4	0.1	38.5	346.9	29.5	451.7
3	17.1	16.2	9.5	26.6	10.7	37.4	0.5	37.9	368.9	29.1	473.6
4	15.7	14.9	9.4	25.1	11.2	36.3	4.5	40.8	366.0	27.5	483.3
5	15.6	14.8	9.2	24.8	11.5	36.3	6.7	43.0	365.4	27.5	482.6
6	14.7	13.9	8.9	23.6	11.9	35.5	8.2	43.7	366.8	26.3	495.6
7	14.8	14.0	9.1	23.9	12.6	36.6	9.2	45.8	370.8	26.9	504.6
8	14.5	13.7	9.2	23.7	12.7	36.4	8.7	45.1	380.9	26.9	515.9
9	14.5	14.1	9.5	24.0	13.1	37.1	7.7	44.8	382.3	27.2	521.3
10	13.9	13.4	9.7	23.6	13.5	37.1	10.5	47.7	369.4	26.8	510.9
11	13.3	12.8	9.5	22.8	13.4	36.3	12.1	48.3	368.8	26.4	506.6
12	14.1	13.5	9.5	23.6	13.5	37.0	9.8	46.8	375.2	27.2	510.8
13	13.6	13.1	9.7	23.3	14.2	37.5	9.1	46.6	366.8	27.4	501.7
14	12.6	12.0	9.2	21.8	14.2	36.0	10.8	46.8	363.9	26.3	498.0
15	12.3	11.8	8.9	21.2	14.1	35.3	10.5	45.8	368.1	25.9	501.9
16	13.0	12.3	9.1	22.1	14.1	36.2	7.9	44.1	370.1	26.6	502.8
17	14.0	13.1	9.3	23.3	14.3	37.6	5.7	43.3	374.1	27.8	505.3
18	14.3	13.0	9.7	24.0	14.7	38.6	4.2	42.8	378.2	28.7	509.1
19	13.8	13.4	10.6	24.4	14.9	39.3	3.3	42.6	381.2	29.2	513.0
20	12.9	12.5	11.1	24.1	16.2	40.3	6.2	46.4	355.0	29.2	489.5
21	11.7	11.2	10.2	21.9	16.2	38.1	12.8	51.0	344.4	27.7	473.9
22	12.4	11.8	9.7	22.1	16.3	38.5	11.3	49.8	352.7	28.3	480.2
23	12.9	12.3	9.8	22.7	17.1	39.8	11.7	51.5	349.1	29.3	473.7
24	13.2	12.5	9.8	23.0	17.4	40.7	10.8	51.5	351.1	30.2	472.6
25	13.0	12.5	9.6	23.3	17.4	40.6	11.6	52.2	362.9	30.5	484.2
26	14.5	13.5	9.6	24.1	17.5	41.6	10.3	51.9	370.5	30.8	500.4

(注) 1. 単位は、国民所得及び国内総生産は（兆円）、その他は（％）である。
2. 平成24年度までは実績、25年度は実績見込み、26年度は見通しである。
3. 昭和55年度以降は93SNAに基づく計数であり、昭和54年度以前は68SNAに基づく計数である。
ただし、租税負担の計数は租税収入ベースであり、SNAベースとは異なる。
4. 国税は特別会計及び日本専売公社納付金を含む。地方法人特別税は国税に含めている。
5. 平成21年度～24年度の社会保障負担の計数は、平成20年度以前の実績値との整合性を図るための調整等を行っている。
6. 財政赤字の計数は、国及び地方の財政収支の赤字であり、一時的な特殊要因を除いた数値。具体的には、平成10年度は国鉄長期債務及び国有林野累積債務、18年度、20年度、21年度、22年度及び23年度は財政投融資特別会計財政融資資金勘定（18年度においては財政融資資金特別会計）から国債整理基金特別会計または一般会計への繰入れ、平成20年度は日本高速道路保有・債務返済機構債務の一般会計承継、23年度は独立行政法人鉄道建設・運輸施設整備支援機構から一般会計への繰入れ等を除いている。

6 国と地方の役割と歳入　　我が国では、公共サービスの提供を国と地方公共団体の間で分担していますが、それを賄う歳入のうち最も重要な項目は、国の場合も地方の場合も税収です。

税収全体に占める地方税の割合を諸外国と比較してみると、日本（2014年度43.1％）は連邦制をとっているアメリカの州・地方の合計（2011年47.5％）に近く、イギリス（2011年6.0％）、フランス（2011年21.1％）よりはかなり高くなっています。

我が国では、国は地方交付税、地方譲与税などにより、地方の経済力や財源調達能力の格差を調整（財源調整）しています。地方交付税は、国税である所得税、酒税の32％、法人税の34％、消費税（地方消費税を除く国税分（6.3％））の22.3％、たばこ税の25％を地方公共団体へその財源不足額に応じて客観的基準に基づき交付するものです（割合は平成26年度のもの）。地方譲与税は、石油関係税などの税収の一部を、国の特別会計を通じて、やはり一定の基準に基づき地方に譲与するものです。また、地方税と地方交付税等・地方譲与税を合わせた財源は、地方公共団体が自主的に使用できる財源であり、これらの合計が地方の歳入に占める比率は高まっています（平成25年度65.7％）。

また、平成26年度の地方の歳入額の内訳をみると、地方税は42.0％を占めており、かつてその割合が30％程度で「3割自治」と言われた時と比べると高くなっています。

第1編　税制の概要

国の歳入（一般会計分）

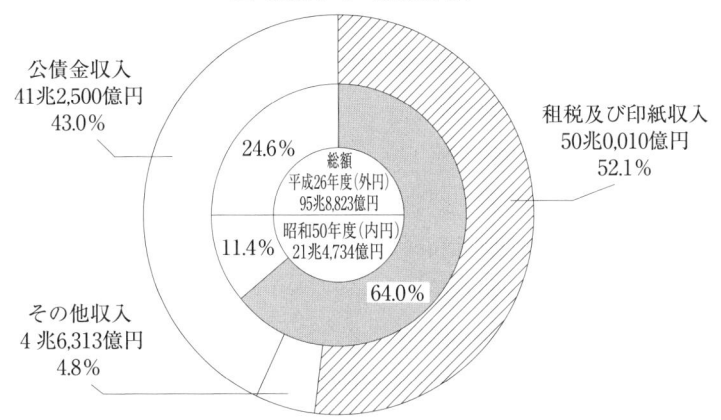

公債金収入
41兆2,500億円
43.0%

24.6%

租税及び印紙収入
50兆0,010億円
52.1%

総額
平成26年度（外円）
95兆8,823億円
昭和50年度（内円）
21兆4,734億円

11.4%

64.0%

その他収入
4兆6,313億円
4.8%

地方の歳入（普通会計分）

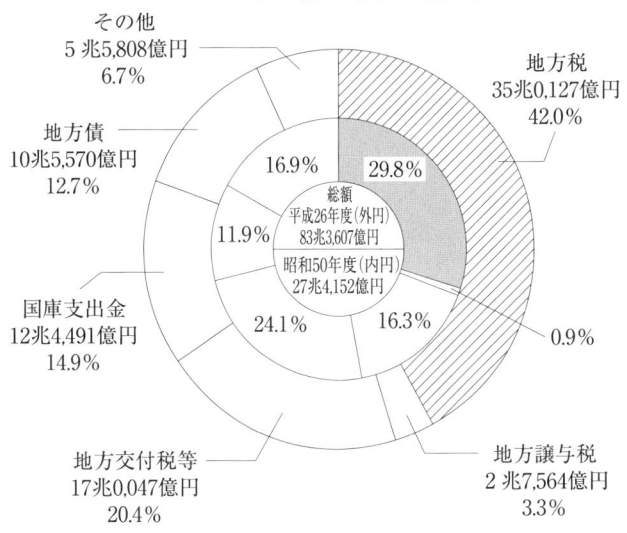

その他
5兆5,808億円
6.7%

地方税
35兆0,127億円
42.0%

地方債
10兆5,570億円
12.7%

16.9%　29.8%

総額
平成26年度（外円）
83兆3,607億円
昭和50年度（内円）
27兆4,152億円

11.9%

国庫支出金
12兆4,491億円
14.9%

24.1%　16.3%

0.9%

地方交付税等
17兆0,047億円
20.4%

地方譲与税
2兆7,564億円
3.3%

（注）　上記の外側の円は平成26年度の予算、内側の予算は昭和50年度の決算。

13

7 租税原則　どのような理念に基づき、どのような税を課すべきかという、税制の準拠すべき一般的基準を説くものが租税原則です。有名なものとしては、アダム・スミスの4原則、ワグナーの4大原則・9原則、マスグレイブの7条件があります。

租税原則は各時代の経済・社会情勢等を反映してそれぞれ力点の置き方が異なるものの、税負担の公平性、経済への中立性、制度の簡素性といった基本的な諸要請において相通じていると言えます。

税負担の公平といった場合、①経済力が同等の人々は等しく負担すべきである（水平的公平）、②大きな経済力を持つ人はより多く負担すべきである（垂直的公平）という二つの概念があります。最近では、この二つの概念に加え、世代間の公平という視点も重要になってきています。これは、少子高齢化の進展とともに、どの時代に生まれたかによって生涯を通じた税負担の水準に不公平が発生する可能性があることを背景としています。

公平性と並んで、経済活動や資産選択等に対する課税の中立性に配慮することが一層重要になってきています。経済の国際化・成熟化が進展するなか、民間部門の潜在力を発揮させるためにも、租税体系及び各税の仕組みはできるだけ経済活動等に歪みを与えないものである必要があります。

さらに、現代の民主主義国家では、徴税コストを抑え、租税回避行動を誘発しないという従来からの観点に加え、納税者の視点に立って、納税手続の負担を軽減し、国民に理解しやすいものにするため、租税制度の簡素化が重視されるようになってきています。

後述するように、（累進的）所得税は垂直的公平に資する一方、消費税は水平的公平に資する等、それぞれの税目により特徴が異なるため、租税体系全体として、これらの要請を満たすため、それぞれの税目を適切に組み合わせるよう工夫が行われています。

第1編　税制の概要

租税原則

	項　目	内　容
アダム・スミスの4原則	①公平の原則	税負担は各人の能力に比例すべきこと。言い換えれば、国家の保護の下に享受する利益に比例すべきこと。
	②明確の原則	租税は、恣意的であってはならないこと。支払時期・方法・金額が明白で、平易なものであること。
	③便宜の原則	租税は、納税者が支払うのに最も便宜なる時期と方法によって徴収されるべきこと。
	④最小徴税費の原則	国庫に帰する純収入額と人民に給付する額との差はなるべく少なくすること。
ワグナーの4大原則・9原則	①財政政策上の原則	1　課税の十分性…財政需要を満たすのに十分な租税収入があげられること。 2　課税の弾力性…財政需要の変化に応じて租税収入を弾力的に操作できること。
	②国民経済上の原則	3　正しい税源の選択…国民経済の発展を阻害しないような正しい税源を選択すべきこと。 4　正しい税種の選択…租税の種類の選択に際しては、納税者への影響や転嫁を見極め、国民経済の発展を阻害しないで、租税負担が公平に配分されるよう努力すべきこと。
	③公正の原則	5　課税の普遍性…負担は普遍的に配分されるべきこと。特権階級の免税は廃止すべきこと。 6　課税の公平性…負担は公平に配分されるべきこと。すなわち、各人の負担能力に応じて課税されるべきこと。負担能力は所得増加の割合以上に高まるため、累進課税をすべきこと。なお、所得の種類等に応じ担税力の相違などからむしろ異なった取扱いをすべきであること。
	④租税行政上の原則	7　課税の明確性…課税は明確であるべきこと。恣意的課税であってはならないこと。 8　課税の便宜性…納税手続は便利であるべきこと。 9　最小徴税費への努力…徴税費が最小となるよう努力すべきこと。
マスグレイブの7条件	①十分性	歳入（税収）は十分であるべきこと。
	②公平	租税負担の配分は公平であるべきこと。
	③負担者	租税は、課税対象が問題であるだけでなく、最終負担者（転嫁先）も問題である。
	④中立（効率性）	租税は、効率的な市場における経済上の決定に対する干渉を最小にするよう選択されるべきこと。そのような干渉は「超過負担」を課すことになるが、超過負担は最小限にとどめなければならない。
	⑤経済の安定と成長	租税構造は経済安定と成長のための財政政策を容易に実行できるものであるべきこと。
	⑥明確性	租税制度は公正かつ恣意的でない執行を可能にし、かつ納税者にとって理解しやすいものであるべきこと。
	⑦費用最小	税務当局及び納税者の双方にとっての費用を他の目的と両立しうる限り、できるだけ小さくすべきこと。

8　租税体系（課税ベースによる税の分類）　　通常、租税体系は複数の税の組み合わせによって構築されますが、税の分類方法の一つに経済力の指標である課税ベースから分類する見方があります。通常、所得・消費・資産等が課税ベースとして挙げられます。

所得は、消費や貯蓄などに向けられる支払能力の源であって、個人の経済力を端的に示すと考えられ、従来から担税力の指標として認められてきました。

その後、経済力を反映する課税ベースとして消費が重視されてきました。これは、①消費は生涯を通じて行われるものであり、勤労時に偏りがちである所得に比べて、より長期における経済力を示すものである、②したがって、ライフサイクルにおける税負担の偏りを縮小する、③また、資産を取り崩して高い生活水準を維持している人にも税負担を求めることができる、④さらに、社会への貢献の対価である所得への課税よりも社会の経済的価値のプールからの取り分である消費への課税の方が望ましい、などといったことが考えられるためです。

また、経済社会のストック化・国際化により、資産を課税ベースとして重視すべきか否かの議論が行われています。これは、①資産の保有自体に効用がある、②富の集中防止・再分配や格差是正の観点から資産にも課税すべき、③所得課税や消費課税を補完する資産課税は必要、といった考え方がある一方、資産課税は資本蓄積を低下させ、長期的には経済成長率を低下させるのではないか等の懸念があるからです。資産から発生する利子・配当等の所得（資産性所得）についても、こうした資産課税の視点から考えていく必要があります。

第1編 税制の概要

国税・地方税の税目

	国税	地方税		国税	地方税
所得課税	所得税 法人税 地方法人特別税 復興特別所得税 復興特別法人税 地方法人税	個人住民税 個人事業税 法人住民税 法人事業税 道府県民税利子割 道府県民税配当割 道府県民税株式等譲渡所得割	消費課税	消費税 酒税 たばこ税 たばこ特別税 揮発油税 地方揮発油税 石油ガス税 自動車重量税 航空機燃料税 石油石炭税 電源開発促進税 関税 とん税 特別とん税	地方消費税 地方たばこ税 軽油引取税 自動車取得税 ゴルフ場利用税 入湯税 自動車税 軽自動車税 鉱産税 狩猟税 鉱区税
資産課税等	相続税・贈与税 登録免許税 印紙税	不動産取得税 固定資産税 都市計画税 事業所税 特別土地保有税 法定外普通税 法定外目的税			

課税ベースによる税収の内訳と税目

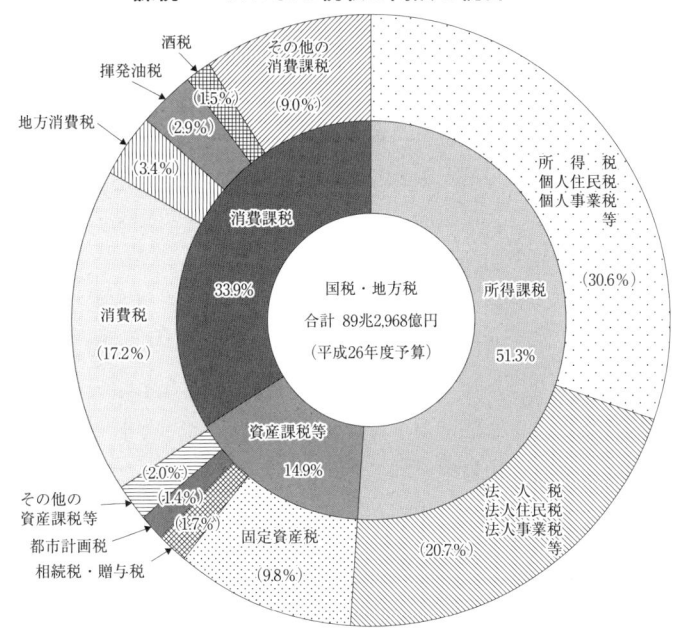

国税・地方税
合計 89兆2,968億円
(平成26年度予算)

所得課税 51.3%
- 所得税、個人住民税、個人事業税 等 (30.6%)
- 法人税、法人住民税、法人事業税 等 (20.7%)

消費課税 33.9%
- その他の消費課税 (9.0%)
- 酒税 (1.5%)
- 揮発油税 (2.9%)
- 地方消費税 (3.4%)
- 消費税 (17.2%)

資産課税等 14.9%
- その他の資産課税等 (2.0%)
- 都市計画税 (1.4%)
- 相続税・贈与税 (1.7%)
- 固定資産税 (9.8%)

9　租税体系（タックスミックス、その他の税の分類）

例えば所得課税や資産課税は垂直的公平を図る上で優れている一方、消費課税は水平的公平を図る上で優れているなど、各税目は、課税ベースによってそれぞれ長所を持つ反面、何らかの問題点を伴うため、税収が特定の税目に依存しすぎる場合、税負担の公平な配分や経済的中立性を妨げるおそれがあります。そこで、所得・消費・資産等といった課税ベースを適切に組み合わせつつ、全体としてバランスのとれた税体系を構築する必要があるという考え方があります。これは、「タックスミックス」と呼ばれています。

課税ベース以外の分類方法としては、直接税か間接税かという見方があります。納税者と担税者が一致する租税が直接税に、税負担が転嫁され両者が一致しない租税が間接税に分類されますが、実際上転嫁されるかどうかは、税の種類よりも、その時の経済的な諸条件によるとも考えられます。そこで一般的には、法律上の納税義務者と担税者とが一致することを立法者が予定している租税を直接税といい、法律上の納税義務者が税負担を財やサービスの価格に転嫁することにより、最終的な購入者がその税金を負担することを予定している租税を間接税と言っています。

また、税の分類方法には、人税か物税かという見方もあります。個人・法人の人的側面に着目して課税する税が人税、物自体に客観的に課税する税が物税です。人税とされる所得税や法人税等は、人的事情を考慮することが可能であること、物税とされる固定資産税や消費税等は課税対象が明確で仕組みが簡素であることが特徴です。

ほかにも、例えば、租税を徴収する主体による国税と地方税、一般経費を賄う普通税と特定の歳出に充てられる目的税、臨時に徴収されるかどうかによる経常税と臨時税といった分類があります。

第1編 税制の概要

所得・消費・資産等の税収構成比の推移（国税＋地方税）

年度	個人所得課税	法人所得課税	消費課税	資産課税等
63（抜本改革）	32.2	34.3	17.7	15.8
平成2（土地税制改正）	37.8	30.4	18.6	13.1
5（平成6年の税制改正）	38.6	22.5	21.8	17.1
9（恒久的な減税）	32.5	23.8	26.2	17.5
23（税制抜本改革）	31.4	20.1	31.5	17.0
26	30.6	20.7	33.9	14.9

(注) 1. 平成23年度までは決算額、平成26年度については、国税は予算額、地方税は見込額による。
2. 所得課税には資産性所得に対する課税を含む。

10 租税体系(理論)

(1) **包括的所得税論** 個人の担税力の基準となる経済力を測る指標としては、所得が最も適切であり、また、その指標としての所得はできる限り包括的であるべきである、というのが包括的所得税論です。したがって、労働所得も資本所得も、所得はすべて合算して総合課税をするのが水平的公平性から望ましく、垂直的公平性からは、これに累進課税をするのが望ましいということになります。

(2) **支出税論** 本来の経済力は短期的ではなく長期的に測られるものであるという観点に立ち、各年の所得よりも変動が小さいと考えられる、恒常所得の近似となる消費支出を課税ベースとした方が水平的公平に資する、というのが支出税論です。経済的効率性という観点からも、労働供給が税制によって影響を受けず、貯蓄(将来の消費)に対する二重課税を行わず、つまり、現在と将来の消費に対して中立的であるため、望ましい税制であると言えます。ただし、執行可能性の担保といった課題も指摘されています。

(3) **最適課税論** 資源配分の効率性と所得分配の公平性の基準に基づいて、ある所与の大きさの税金を得る際に、どういう課税体系が最も経済的に合理的なのかということを検討するものです。最適課税論においては、どのような社会厚生関数を設けるか、どの程度の複雑さを持った税体系を想定するか等によって、望ましい税体系は変化します。

北欧諸国で導入されている「二元的所得税」は、資本は労働よりも流動的であることを前提にして、海外への資本逃避の防止等の観点から、すべての所得を「勤労所得」と「資本所得」とに二分した上で、「勤労所得」に対しては累進税率を適用する一方、「資本所得」には「勤労所得」に適用する最低税率と等しい比例税率で分離課税するものであり、この最適課税論の考え方の影響を受けています。

第1編　税制の概要

所得税と消費税の特徴

	所　得　税	消　費　税
垂直的公平	・税率の累進構造により、高い所得水準を有する人ほど多くの税負担を求めることができる。	・消費水準に応じて比例的に税負担を求めることができるが、所得水準に対する税負担の逆進性が生じかねない。
水平的公平	・所得の種類等によって課税ベースの把握に差が生ずるおそれがあり、同じ所得水準であっても税負担に差異が生じかねない。	・所得の種類等にかかわらず、同等の消費水準の人には同等の負担を求めることができる。
世代間公平	・税負担が勤労世代に偏りかねない。	・勤労世代だけでなく、広く社会の構成員が税負担を分かち合うことができる。
中　立　性 （活　力）	・累進構造によっては（累進度がきつい場合には）、勤労意欲や事業意欲を損いかねない。	・生産活動に伴う所得に対して課税するものでないことや、所得水準に対する累進性が弱い（ない）ことから、勤労意欲や事業意欲に対して中立的である。
簡　素　性	・税率の累進構造や各種控除をはじめとして、種々の例外的な規定があり、複雑である。	・例外的な規定も少なく、比較的簡素である。
税 収 動 向	・景気動向に伴って税収が変動するため、景気の自動安定化機能を果たすと期待される。 ・景気動向に伴って税収が変動するため、安定的な公的サービスの提供が困難となりかねない。	・景気動向に伴う税収の変動が比較的小さいため、景気の自動安定化機能も比較的小さいと考えられる。 ・景気動向に伴う税収の変動が比較的小さいため、比較的安定的な公的サービスの提供が期待できる。

（参考）　資産課税の長所・短所
〈長所〉・経済社会のストック化に対応し、資産格差の是正、所得課税の補完の観点から「垂直的公平」の確保に適する。
　　　　・赤字法人であっても、資産があれば、負担を求めることが可能。
〈短所〉・資産性所得課税の場合、その捕捉の困難さ、勤労性所得との負担のバランスの難しさ等がある。
　　　　・資産保有課税の場合、キャッシュフローがないところに課税する場合がある。

11 転嫁、帰着、税収弾性値　ここでは、租税を論じる上でよく使われる言葉を説明しましょう。

まず、税負担の「転嫁」とは、法律上の納税義務者が税負担の全部または一部を取引価格の引上げまたは引下げを通じて取引の相手方に移しかえることを言います。例えば、ある製品に対して課税がなされる場合に、生産者が価格に税負担分を含めて価格を引き上げ、卸売業者に負担を移す場合や、逆に、生産者が税負担を原材料の仕入価格の引下げによってその供給者に移す場合が、これに当たります。

転嫁がどのように行われるかは、一般的には経済的な条件に依存しますが、例えば、消費税はほとんどの財・サービスに一律に課される税であり、法律上も円滑かつ適正に転嫁すべきものとされています。

このような税負担の転嫁を考えた上で、最終的に誰が税を負担するかを示すのが税負担の「帰着」です。例えば、法人税の負担が消費者、労働者、資本提供者等にどの程度ずつ帰着するかは議論の分かれるところです。税負担の帰着を正確にとらえるには、課税による影響が経済全体に波及する効果を見極める必要があります。

また、税収と経済動向との関係を考える際には、税収と名目GDPの関係に着目した議論がなされることがあります。名目GDPの増加（減少）1％に対する税収の増加（減少）は何％かということを示す指標が「税収弾性値」と呼ばれています。税収弾性値は、税目によって異なると言われています。累進構造を持ち名目所得の伸びに伴い適用税率の高くなる所得税は税収弾性値が高い税目であり、法人税は企業の収益と名目GDPの増加が必ずしも一致しないため、景気変動に伴い、税収弾性値の振れが大きい税目であると言えます。また、一般的に、消費税は税収弾性値が1に近いと考えられています。

法人税の転嫁と帰着に関する学説

部分均衡論的分析	転嫁否定論	○ 法人税は、短期的にみると、主として会社とその株主に帰着する。法人税は、独占市場であるか、競争市場であるかを問わず、一定の設備の下で操業している企業に最大の利潤をもたらす生産量に変化を与えない。(R. グード)
	転嫁肯定論	○ 完全競争や完全独占よりも、不完全競争を前提とするモデルの方が、市場の現実に近い。こうした不完全競争のフレームワークの下では、価格決定に際してのマーク・アップ方式の採用等、いくつかの前提をおけば、製品価格の上昇という形で、少なくとも部分的には法人税の前転が生じることができる。(J.F. デュー)
一般均衡論的分析	静学的帰着論	○ 法人税の帰着を一般均衡論的に分析するために、以下のようなモデルを考える。 (1) 法人・非法人の二部門経済 (2) 生産要素は所与の労働と資本であり、完全雇用が常に達成 (3) 完全競争を前提 法人部門に投資された資本からの所得が課税されれば、資本は法人部門から非法人部門に移動し、この移動は両部門における資本の税引後収益率が均衡するまで行われる。この結果、法人所得税は長期的にみて、法人部門のみならず非法人部門も含めた企業に対して投資を行う投資家一般により負担される。(A.C. ハーバーガー)
	動学的帰着論	○ 資本の存在量と労働力が変化し、経済全体の貯蓄等は税引後収益率に依存するとすれば、法人税は貯蓄率を下げ、長期的には資本蓄積を減少させ、賃金価格の上昇を抑制する可能性がある。(M. フェルドスタイン) ○ 借入による資金調達の可能性と支払利子の損金算入を考慮すれば、法人税は投資決定に影響を与えない。(J.E. スティグリッツ)

12 減税の経済効果 税制は、もともと経済安定化の機能を果たしていますが（3参照）、景気が大きく落ち込んでいるときには、これに加えて、景気刺激のための減税が政策手段として議論されます。

減税を行った場合、単純なケインズモデルでは、短期的には、可処分所得の増加により、消費や投資が拡大するとされます。この際、減税1単位に対してGDPが何単位増加するかを「減税乗数」と言いますが、この大きさについて、様々な議論があります。

まず、経済状況によりその大きさは異なり、例えば、消費性向（可処分所得に対する消費の割合）が小さい場合には、減税のうち貯蓄に回る部分が大きいため、有効需要の増加の効果（乗数）が小さくなります。また、政策手段としては、減税と政府支出（特に公共投資支出）が比較されることが多いのですが、一般的には、減税はその一部が貯蓄に回りすぐには有効需要とならないため、政府支出の方が効果（乗数）が大きい、といわれています。

一方、長期的には、減税の効果はほとんどないという議論もあります。まず、減税による財政赤字の増加により、金利が上昇し、民間の設備投資等の減少を招き（クラウディングアウト）、減税の有効需要増大効果は減じます。更に、減税が将来の増税等で賄われる場合には、家計等は、将来の増税等を予期して現在の消費を抑制してしまい、有効需要は増大しないとも考えられます（「公債の中立命題」、「リカードの中立命題」）。また、減税の財源が政府支出の削減で賄われるとすると、ケインズモデルにおいては、一般的に短期の乗数効果は政府支出の方が大きいことから、有効需要は減少することとなります。逆に、財政収支の増加を増税で賄っても有効需要は増加することとなり、これを「均衡財政乗数」と言います。

このように、減税の経済効果については様々な議論があり、経済状況や短期か長期かという視点等により、評価が分かれています。

第1編　税制の概要

所得減税及び公共投資追加を名目GDPの1％相当額
継続的に実施した場合の経済効果

個人所得税を名目GDPの1％相当額だけ継続的に減税した場合の経済効果

	名目GDP (%)	実質GDP (%)	財政収支対名目 GDP比（％ポイント）
1年目	0.24	0.22	▲0.95
2年目	0.85	0.64	▲0.78
3年目	1.17	0.65	▲0.75

（備考）　個人所得税を標準ケースの名目GDPの1％に相当する額だけ減税し、その変化がシミュレーション期間中継続するものと想定した。

公共投資を名目GDPの1％相当額だけ継続的に拡大した場合の経済効果

	名目GDP (%)	実質GDP (%)	財政収支対名目 GDP比（％ポイント）
1年目	1.28	1.07	▲0.67
2年目	1.88	1.14	▲0.52
3年目	2.31	0.95	▲0.63

（備考）　名目公的固定資本形成が標準ケースの名目GDPの1％に相当する額だけ増加し、それがシミュレーション期間中継続するものと想定した。

○　減税乗数が公共投資乗数に比べて小さいのは、公共投資が公的部門の支出という形で需要を直接的に拡大するのに対し、減税の場合、家計の支出行動によってその効果が左右されることによる。

（資料）　内閣府経済社会総合研究所「短期日本経済マクロ計量モデル（2011年版）の構造と乗数分析」（平成23年1月発表）

13 (参考) 乗数について

(1) **乗数とは**　乗数とは、政府支出等が1単位増加するとき、どれだけ総生産が変化するかを表したものです。

(2) **乗数の導出**　まずは海外部門を考えない簡単なケインズモデルを考えましょう。総生産をY、消費をC、投資をI、政府支出をGとし、貯蓄をS、税負担をT、総需要をADとすると、

$$AD = C + I + G \quad ①$$

となり、一方、総生産は総所得に等しいことから、

$$Y = C + S + T \quad ②$$

となります。可処分所得の一定割合が消費されるとする（消費性向をcとする）と、$C = c(Y-T)$ と表すことができるので、均衡においては、総需要は総生産に等しくなることにより、AD=Yとして、

$$Y = c(Y-T) + I + G$$
$$(1-c)Y = I + G - cT \quad ③$$

となります。変化量をΔで表すと、③より、

$$\Delta Y / \Delta G = 1 / (1-c) \quad 「政府支出乗数」$$
$$\Delta Y / \Delta T = c / (1-c) \quad 「減税乗数」$$

となります。

(3) **乗数の大きさの解釈**　ここで、通常、$0 < c < 1$ですから、政府支出乗数は1以上になり、政府支出の増加以上に総生産は増加します（それゆえ「乗数」と呼ばれています）。これは、総需要に含まれる消費は総生産の増加に応じて増加するので、総需要は、政府支出の増加以上に増加することとなり（誘発需要の発生）、これと均衡するように総生産も増加することになるからです。

この均衡への収束の過程を辿って乗数を求めることもできます。例えば、政府支出が増加した場合には、総生産は、1、c、c^2、c^3…と増加していくので、これを合計すると、

第1編　税制の概要

$$1 + c + c^2 + c^3 + \cdots = 1/(1-c)$$

となり、先程と同じ値の政府支出乗数が導出できます。政府支出乗数が減税乗数よりも大きいのは、政府支出の増加の場合は、上記のプロセスが需要が1単位直接増えるところから始まるのに対して、減税の場合は、可処分所得の1単位の増加から始まるため、最初の需要増が c から始まるからです（$c + c^2 + c^3 + \cdots = c/(1-c)$）。

(4) **均衡財政乗数**　均衡財政乗数については、③より、Y、G、T の変化量をとると

$$(1-c)\,\Delta Y = \Delta G - c\,\Delta T \quad ④$$

となります。均衡財政の条件から、$\Delta G = \Delta T = 1$ を代入すると、

$$\Delta Y = 1$$

となり、すなわち、政府支出増の財源を増税で賄っても、総生産は増加します。

（備考）IS バランス

上記のモデルに海外部門を加えて、輸出を E、輸入を M としましょう。すると、総需要を表す式は、①を書き換えて、

$$AD = C + I + G + (E - M) \quad ①'$$

となります。均衡においては、総需要と総生産が等しくなるので、

$$(S - I) = (E - M) + (G - T) \quad ⑤ \;(①' = ②より)$$

が得られます。⑤は、「均衡においては、民間部門の貯蓄超過は、経常収支の黒字と政府部門の赤字の合計に等しくなる」ということを意味しています。こうした関係を IS バランスと呼んでいます。

日本の IS バランスは、90年代半ばまで個人が貯蓄超過、企業が投資超過であり、これがわが国の戦後経済を支えた資金の流れでした。しかし、今や国内の貯蓄超過のかなりの部分は、政府部門の赤字が吸収している状況に至っています。これ以上財政赤字が拡大することは、市場金利に上昇圧力を与え、企業の投資を抑制（クラウディングアウト）するおそれがあることに注意が必要です。

第2編　わが国の租税制度の変遷と今後の課題

1　概　説　租税制度は他の社会制度と同様にその国の歴史や経済・社会情勢と密接不可分の関係を持っています。

わが国の租税の歴史を見ると、古代の共同社会は各成員が労役を提供し合うことによりそれぞれの共同体を支えていました。その後、大和朝廷といった強大な政権が誕生すると租税制度に若干の統一性が見られるようになり、さらに7世紀半ばには、「大化の改新」によって律令国家の建設が目指され、「租・庸・調」という租税制度が統一的に全国に施行されるようになりました。中世の封建社会においては生産力の源泉である土地の収益（米など）の一定部分を当該土地の領主に納める租税（年貢）が中心となり、近代に至るまでの長い間、中核的な租税として領主の財政需要を支えました。

明治維新により、近代的な国家が成立すると、旧来の諸税に代わり、統一的な租税制度が整備されました。中でも近代日本の初期において重要だったのは地租であり、地租改正は土地所有権の確認を行うとともに、安定的な税収を政府にもたらし、全国にわたり統一的に施行されたという意味で画期的なことでした。

その後、欧米の影響もあり、財政需要の逼迫の中で、19世紀末から20世紀前半にかけて所得税・相続税・法人税が導入されます。また、日本経済の中心が農業から商工業に移行するにつれ、地租に代わり酒税をはじめとする間接税が国税収入の中で大きなウェイトを占めるようになり、さらに所得税の課税対象・範囲の拡大により、そのウェイトが高まりました。

第二次世界大戦後は、アメリカの影響の下、申告納税制度や所得税の総合課税を中心とする税制（いわゆるシャウプ税制）が施行され、現在のわが国の税制の基礎が形成されました。

昭和62・63年（1987・88年）にかけて行われた抜本的税制改革は、高齢化、国際化、価値観の多様化などの経済・社会の構造変化に合わせ、所得・消費・資産等の間でバランスのとれた、公平、簡素で中立的・安定的な税体系の構築を目指したものです。具体的には、

所得税や法人税の減税とともに、消費税の導入をはじめとする間接税制度の抜本的見直しなどが行われました。

その後も経済・社会の変化を背景とする様々な税制改正が行われてきました。平成6年（1994年）11月の税制改革においては、高齢化の急速な進展や中堅所得者層を中心とする税負担の累増感の強まりを背景に、所得税・個人住民税の税率構造の累進緩和や消費税の中小事業者に対する特例措置等の改革とともに、消費税率引上げと地方消費税の創設が行われました。

このように、わが国の税制については、その時々の社会経済情勢に応じて改革が行われてきましたが、そうした抜本的な改革以降、わが国は経済・社会の全般にわたる激しい構造変化に遭遇しています。

そうした中、平成16年の年金制度改正において、年金制度を持続可能なものとする等の観点から、平成19年度を目途に、所要の安定した財源を確保する税制の抜本的な改革を実施した上で、基礎年金国庫負担割合を平成21年度までに段階的に2分の1へ引き上げていくことが法律に規定されました。これを受け、平成16年以降、税制抜本改革の検討が進められましたが、景気悪化など様々な事情から改革は実現に至りませんでした。

その後、平成20年9月のリーマン・ショックによる経済の混乱から国民生活を守るため、短期的には大胆な経済活性化策を実施していく一方、中長期的には社会保障の安定財源確保等の観点から、税制抜本改革を実施していく方針が同年12月の「中期プログラム」で示されました。これを踏まえ、平成21年度税制改正法附則104条の中で、経済状況を好転させることを前提に、平成23年度までに必要な法制上の措置を講ずることとされました。

平成24年8月に成立した消費税率の引上げを含む税制抜本改革法は、これら一連の経緯を踏まえたものですが、このように、法律が制定されるまでに約8年もの期間を要したことになります。

2　明治期以前における租税制度

わが国における租税の発祥は、上古の「みつぎ」「えだち」にあるといわれますが、大化の改新により律令国家が成立し、諸制度の大改革がなされた際に、唐に倣って「租・庸・調」が租税制度として採用されました。「租」は田畑（口分田）の収益を、「庸」は個人の労働力を、「調」は地方の特産物を課税物件としていましたが、その他にも雑徭兵役など重い労働負担が課せられていたことから、農民の逃亡等を招き、結局うまく機能しなかったといわれています。奈良時代以後は、律令制の解体に伴い私有地＝荘園が拡大し、各領主は国家とは別に、荘園を基礎に年貢を課す状況となりました。

鎌倉時代には封建制度が確立し、領主の財政需要を賄うため農民が収穫した稲の一部を現物で納める「年貢」が中心的な租税でした。しかし、当時は田地の所領関係が錯綜していたため税負担は非常に重かったようです。室町時代には商業の発達に伴い、これまでの年貢に加え倉役、酒屋役といった商工業者に対する新たな税が生まれ、幕府財政を支えました。

安土桃山時代には豊臣秀吉の行った太閤検地により、土地に関する税制が整備されました。太閤検地では、度量衡の統一をし、耕地の実地調査により土地の生産力を玄米の生産量（石高）で表しました。そして、その石高に応じて年貢を課すこととされたのです。また、検地帳に土地の直接耕作者を登録し、その者を租税負担の責任者としました。

江戸時代は、年貢を中心とした農民に対する税が中心で、田畑・屋敷を課税対象とし収穫の約40％（四公六民）程度を納付する本年貢、山林や副業などの収益に対する小物成、労役の一種の助郷役などが課されました。その他、商工業者に対する税として運上金・冥加金といった営業税や免許税を含め、各藩ごとに種類・名称・課税方法等を異にした雑税が存在しました。

第2編　わが国の租税制度の変遷と今後の課題

明治以前の日本の租税の歴史

時代	歴史上の事件	社会経済情勢等	租 税 制 度
世紀			労役提供 みつぎ・えだち（労役）
7	大化の改新	律令制度導入	租・庸・調
8	平城京遷都	墾田永年私財法 荘園の拡大	
	平安京遷都	律令制度の解体	年貢・公事・夫役
12	鎌倉幕府の成立	封建制の成立 地頭と荘園領主の対立	年貢（田地の所有関係が錯綜しており、税負担が二重三重となっていた）
	元寇	農業生産力の上昇	棟別銭（家一棟ごとに課税）
14	室町幕府の成立	貨幣経済の浸透、商工業の発達	倉役、酒屋役、関銭 有徳銭（富裕な者に課税）
16	戦国時代 織田信長の統一事業 豊臣秀吉、天下統一	太閤検地→土地の耕作者の登録（一地一作人の原則） 度量衡の統一	楽市・楽座の制 租税負担の責任者が確定
17	江戸幕府成立 鎖国	田畑永代売買禁止令、分地制限令	(1) 農民に対する税 　本年貢（四公六民） 　小物成、助郷役 (2) 商工業者に対する税 　運上金、冥加金 年貢の納入は村請制
18	享保の改革	飢饉の発生 一揆の増大	年貢の税率の決定方法を検見法から定免法へ

3 明治初期の税制　明治維新以後、日本の近代税制の歴史が始まります。維新後しばらくは、税制は旧慣によることとされていたため、種々の租税が存在していました。しかし、版籍奉還・廃藩置県により国内の政治的統一が達成されると、旧藩の債務と藩札等を引き継ぐこととした新政府の財政は困難な状況に陥り、安定した税収を確保するための統一的な租税制度への改革が急務となりました。

まず、政府は、明治6年（1873年）に地租改正条例を公布し地租（年貢）の改正に着手しました。新地租は、耕作者でなく、地券の発行により確認された土地所有者（地主）を納税義務者とし、収穫量の代わりに収穫力に応じて決められた地価を課税標準とし、豊凶にかかわらず地価の3％で課税するというもので、納税は貨幣で行うこととされました。7年近くを要する大事業であったこの地租改正により、全国を通じた画一的な租税制度が確立し、政府は安定した収入を得ることができるようになりました。それと同時に、所有権が明確化し近代的土地所有権が確立されたといわれています。

また、江戸時代から続いていた種々の諸雑税が整理され、税制の簡素化が行われる一方、証券印紙税（明治6年）、煙草税（同8年）、酒類税（同8年）といった税が採用されました。

なお、明治11年に地方税規則が制定され、地方税の体系も整備されています。

この時期の国税収入の構成を見ると、地租の比率が圧倒的に高く（明治10年までは約80％）、明治初期の財政は、当時の中心的な産業であった農業の生み出す価値によって賄われていたといえます。

第２編　わが国の租税制度の変遷と今後の課題

明治初期における国税収入の状況

(単位 金　額＝円　百分比＝％)

科　目	明治3年度 決算額	百分比	明治6年度 決算額	百分比	明治8年度 決算額	百分比	明治10年度 決算額	百分比
地　税（地　租）	8,218,969	88.1	60,604,242	93.2	50,345,327	85.0	39,450,551	82.3
開市港場諸税	155,647	1.7	136,968	0.2	2,774	0.0		
蚕種及び生糸諸税	95,223	1.0	360,616	0.6	110,244	0.2	179,618	0.4
運上冥加等諸雑税	103,684	1.1	422,726	0.7				
川々国役金	101,987	1.1	134,303	0.2				
酒　類　税			961,030	1.5	2,555,594	4.3	3,050,317	6.4
証　券　印　紙　税			319,302	0.5	498,228	0.8	505,624	1.0
郵　便　税			88,886	0.1	583,267	1.0	809,856	1.7
船　税			83,123	0.1	128,514	0.2	194,738	0.4
港湾碇泊税			8,943	0.0	28,020	0.0		
僕婢車駕籠遊船税			19,419	0.0				
銃　猟　税			7,840	0.0	46,920	0.1	42,405	0.1
牛馬売買免許税			64,488	0.1	90,833	0.1	62,339	0.1
紋　油　税			73,242	0.1				
琉球藩貢納			43,583	0.1	48,189	0.1	42,814	0.1
鉱山借区税（鉱山税）					7,430	0.0	9,339	0.0
官　録　税					92,620	0.2	70,596	0.1
北海道物産税					342,526	0.6	361,120	0.8
煙　草　税					206,748	0.4	227,080	0.5
訴訟罫紙諸税					63,464	0.1	76,482	0.2
代言免許税					250	0.0	7,400	0.0
車　税					213,192	0.4	261,859	0.6
度　量　衡　税					2,019	0.0	1,976	0.0
版権免許料					5,198	0.0	3,377	0.0
秩録ならびに賞典録税					2,075,118	3.5		
生糸印紙代その他					28,913	0.0		
会　社　税							113,728	0.2
売　薬　税							87,089	0.2
海外旅券その他免許手数料							4,817	0.0
旧　税　追　納							1,396	0.0
内　国　税　合　計	8,675,511	93.0	63,328,718	97.4	57,475,388	97.0	45,564,529	95.1
海　関　税	648,453	7.0	1,685,974	2.6	1,718,733	3.0	2,358,653	4.9
総　計	9,323,965	100.0	65,014,693	100.0	59,194,121	100.0	47,923,182	100.0

(注)　年度区分は次のとおりである。
　　　明治3年度……明治2年10月から明治3年9月まで
　　　明治6年度……明治6年1月から同年12月まで
　　　明治8年度及び明治10年度……その年の7月から翌年6月まで

4 明治中後期の税制　　明治中後期は、わが国の税制の確立期であり、多くの現行租税の原型が作られた時期です。増大する財政需要に対応する必要から、各種租税の増徴のほか地租に代わる新しい財源が求められるようになりました。

中でも明治20年に所得税が創設されたことは特筆に値します。創設の背景は、財政需要の増大への対応のほか、地租と酒税の納税者に税負担が偏っていた当時の税制における業種間の不公平を是正することにありました。創設当時の所得税は、1年300円以上の所得を有する限られた数の高額所得者(明治20年に12万人)に対して、5段階の単純累進税率(1％～3％)で課税するというものでした。明治32年にこの所得税は分類所得税として全面的に改正され、個人の納税者数が拡大するとともに(明治32年に34万人)、法人に対しても所得税が課税されるようになりました。ただし、銀行定期預金利子、配当や譲渡所得などの資産性所得は非課税であり、現在の所得課税に比べて、課税ベースはなお限定されていたといえます。また、明治29年に登録税及び営業税、明治38年には相続税というように種々の新税の創設が行われ、酒税の増徴も繰り返されました(酒税は明治32年度に租税収入構成比で首位になりました(35.5％))。

地方税については、地方税規則の定めを基本とする府県税が整備される一方、市制・町村制により市町村税が創設されました。

なお、この時期は、日本が、近代的な法治国家への道を歩み始め、様々な法制が整備された時期でもあります。明治22年の大日本帝国憲法制定に伴い、租税に関する法制も整備され、国税徴収法や国税滞納処分法、間接国税犯則者処分法が制定されました。

徴税機構の整備も進み、税務署が全国各地に置かれ、国税の徴収にあたりました。

第２編　わが国の租税制度の変遷と今後の課題

明治中後期における国税収入状況

(単位 金　額＝円　百分比＝％)

科　目	明治15年度 決算額	百分比	明治20年度 決算額	百分比	明治30年度 決算額	百分比	明治40年度 決算額	百分比
地　租　(地　税)	43,342,188	64.0	42,152,171	63.6	37,964,727	37.6	84,973,926	22.6
所　得　税			527,724	0.8	2,095,091	2.1	27,291,874	7.2
営　業　税					4,416,248	4.4	20,383,940	5.4
酒税(酒造税、酒類税)	16,331,495	24.1	13,069,807	19.7	31,105,171	30.8	78,406,323	20.8
醬　油　税			1,252,721	1.9	1,532,100	1.5	5,474,690	1.5
砂　糖　消　費　税							16,178,234	4.3
織　物　消　費　税							19,114,902	5.1
石　油　消　費　税							53,077	0.0
売薬営業税(売薬税)	364,942	0.5	424,033	0.7	932,380	1.0	214,022	0.1
鉱業税(鉱山税)	18,806	0.0			421,380	0.4	2,173,554	0.6
取　引　所　税 (米商会所税、株式取引所税)			189,761	0.3	1,106,207	1.1	3,154,929	0.7
兌換銀行券発行税					560,974	0.5	3,329,915	0.9
通　行　税							2,773,549	0.7
相　続　税							1,822,297	0.5
酒　精　営　業　税					15,331	0.0		
煙　草　税	280,849	0.4	1,590,751	2.4	4,935,172	4.9		
証　券　印　税	872,794	1.3	564,305	0.9	1,211,978	1.2		
沖縄県酒類出港税					56,831	0.1		
国　立　銀　行　税			221,850	0.3	109,531	0.1		
船　税	135,219	0.2	258,945	0.4	9	0.0		
北海道水産税 (北海道物産税)	864,712	1.3	220,273	0.3	359,288	0.4		
狩　猟　免　許　税 (銃猟税、銃猟免許税)	85,892	0.1	57,550	0.1	123	0.0		
替　麴　営　業　税	47,200	0.1	26,122	0.0				
車　税	453,869	0.7	577,390	0.9				
牛馬売買免許税	87,720	0.1	69,369	0.1				
度　量　衡　税	2,429	0.0	2,476	0.0				
訴訟用印紙税 (訴訟罫紙諸税)	166,916	0.3	313,929	0.5				
菓　子　税			595,737	0.9				
郵　便　税	1,612,985	2.4						
代　言　免　許　料	10,270	0.0						
会　社　税	435,974	0.6						
版　権　免　許　料	4,376	0.0						
海外旅券その他 免　許　手　数　料	4,050	0.0						
旧　税　追　納	2,557	0.0	4,770	0.0	19,787	0.0	411	0.0
関税(海関税)	2,613,291	3.9	4,135,652	6.2	8,020,512	8.0	50,027,304	13.3
屯　税							610,458	0.2
印　紙　収　入					5,970,689	5.9	25,155,994	6.6
専　売　益　金							35,607,902	9.5
総　計	67,738,535	100.0	66,255,345	100.0	100,883,539	100.0	376,747,310	100.0

(注)　年度区分は次のとおりである。
　　　明治15年度……明治15年7月から明治16年6月まで
　　　明治20年度以降……その年4月から翌年3月まで

5 大正・昭和初期の税制

大正・昭和初期にかけては、経済変動や戦争に伴う財政需要の増大を背景に、既存の租税に対して様々な改正が行われた時期です。

まず、所得税については相次いで改正が行われました。大正2年の所得税法の改正で、超過累進税率が導入（2.5%〜22%、14段階）されるとともに、勤労所得控除が設けられるなど社会政策的配慮が行われるようになりました。大正9年の所得税法の改正では、銀行定期預金利子、配当、賞与が課税されるようになり、課税ベースの拡大がなされました。また、税率の累進度の強化（0.5%〜36%、21段階）とともに扶養控除が創設されるなど、制度の整備も図られました。依然大部分の国民は非課税限度以下ではあったものの、大正14年には、所得税（個人）の納税義務者は、既に180万人に達しています。

昭和6年には地租の課税標準が、従来の法定地価（収穫力に応じて決められた評価額）から賃貸価格（土地の賃貸料の評価額）に変更され、地租の収益税としての性格が明確になりました。

その他、主に戦時の財政需要を賄うために、揮発油税、物品特別税（昭和12年）、入場税（昭和13年）等が創設されました。

地方税については、地方公共団体の財政需要の増加を背景に、付加税の税率制限の緩和がなされたほか、いくつかの独立税の創設、府県と市町村の間の税源移動が行われました。

この時期は、日本経済の中心が農業から商工業に移った時代で、地租に代わり、所得税と酒税が国税収入の中で大きなウェイトを占めるようになりました。

第2編　わが国の租税制度の変遷と今後の課題

大正及び昭和初期における国税収入状況

(単位 金　額＝円　百分比＝％)

科　目	大正2年度 決算額	百分比	大正10年度 決算額	百分比	昭和5年度 決算額	百分比	昭和10年度 決算額	百分比
所　得　税	35,591,348	7.6	200,938,503	20.1	200,616,410	18.2	227,339,500	18.9
地　租	74,635,513	15.9	74,130,516	7.4	68,035,368	6.2	58,042,446	4.8
営　業　税	27,392,618	5.8	68,453,901	6.8	56,772	0.0	3,187	0.0
営業収益税					54,286,406	4.9	57,133,940	4.8
相　続　税	3,351,336	0.7	9,311,577	0.9	32,904,625	3.0	30,255,402	2.5
鉱区税（鉱業税）	2,890,475	0.6	6,465,347	0.6	4,997,553	0.4	4,633,828	0.4
酒　税	93,223,982	19.9	176,085,900	17.6	218,854,671	19.8	209,327,766	17.4
砂糖消費税	21,049,660	4.5	54,966,322	5.5	77,889,448	7.1	84,817,505	7.1
織物消費税	19,964,443	4.3	61,736,905	6.2	33,884,189	3.1	40,922,069	3.4
取引所税	3,471,777	0.7	14,406,968	1.4	9,123,623	0.8	14,732,158	1.2
醤　油　税	4,963,900	1.0	6,397,892	0.6				
揮発油税（石油消費税）	1,668,701	0.4	822,547	0.1				
通　行　税	4,872,724	1.0	9,608,579	1.0				
兌換銀行券発行税	1,634,147	0.3	208,897	0.0	7,439,874	0.7		
戦時利得税			5,086,575	0.5	216	0.0	1,371	0.0
清涼飲料税					3,639,911	0.3	3,580,673	0.3
資本利子税					15,651,646	1.4	15,048,600	1.2
臨時利得税							26,183,953	2.2
売薬営業税	263,687	0.1	334,714	0.0				
関　税	73,722,378	15.7	100,941,336	10.1	105,379,644	9.6	151,265,228	12.6
屯　税	782,984	0.2	1,041,834	0.1	2,280,913	0.2	2,797,075	0.2
印紙収入	30,830,978	6.5	86,327,954	8.6	69,704,465	6.3	78,641,282	6.6
専売益金	69,297,423	14.8	124,289,687	12.4	198,339,282	18.0	197,562,530	16.4
総　計	469,608,081	100.0	1,001,555,955	100.0	1,103,085,015	100.0	1,202,288,514	100.0

6 戦時期の税制　昭和10年代の戦時期には、戦費調達のため度重なる増税が行われました。昭和12年の日中戦争勃発後、特別税の創設や臨時的な租税の増徴が行われたのをはじめ、昭和16年に太平洋戦争が勃発すると毎年増税が繰り返されました。

昭和15年には所得税の大改正が行われ、従来第1種所得として所得税において課税されてきた法人税が所得税から切り離され、18％の比例税率の独立の租税とされました。

また、所得税の課税は、従来の分類所得税（第2種：公社債利子所得、第3種：その他の個人の所得）から、事業、勤労、配当利子所得等の6種類の所得区分ごとに異なる比例税率で課税する分類所得税と、各種所得の合計が5,000円を超える場合にその超過額に超過累進税率で課税する総合所得税を併用する方式となりました。

なお、この改正による勤労所得控除の比率の引下げや、その後の基礎控除の大幅な引下げにより、所得税の課税範囲の拡大が進み、昭和15年以降4年間で比例税率が適用される所得税（分類所得税）の納税者が245万人から約456万人へと拡大しています。税率の引上げも急で、最高税率は昭和19年に74％にまで引き上げられました。

昭和15年の改正では利子・配当所得に加え、勤労所得や退職所得についても源泉徴収が開始されています。

一方、間接税についても、歳入増と消費の抑制のため、酒税、入場税、砂糖消費税等の度重なる増税が行われたほか、昭和15年には、臨時的措置であった物品特別税が恒久税制として物品税に改組され、課税対象の拡大、税率の引上げが行われました。

地方税制も大幅に改正され、現在の住民税の前身となる市町村民税が導入されました。また、各地方公共団体間の税収の不均衡を是正することなどを目的として地方分与税制度が創設されました。

第2編 わが国の租税制度の変遷と今後の課題

戦時期における国税収入状況

(単位 金　額＝円 / 百分比＝%)

科　目	昭和13年度 決算額	百分比	昭和15年度 決算額	百分比	昭和19年度 決算額	百分比
租　　　　　　税						
所　　得　　税	732,790,517	31.4	1,488,678,532	35.3	4,040,580,823	31.4
法　人　税			182,133,211	4.3	1,312,275,343	10.2
特　別　法　人　税			739,501	0.0	14,238,819	0.1
配　当　利　子　特　別　税			14,264,645	0.3	5,647,415	0.0
外　貨　債　特　別　税	2,700,573	0.1	9,686,605	0.2	59,004	0.0
相　　続　　税	45,482,803	2.0	56,555,610	1.4	145,612,982	1.1
建　　築　　税			893,235	0.0	13,738,742	0.1
鉱　業　税	10,736,257	0.5				
鉱　　区　　税			10,722,091	0.3	10,277,696	0.1
酒　　　　　　税	278,668,928	11.9	285,174,227	6.8	883,942,614	6.9
清　涼　飲　料　税	5,371,085	0.2	8,981,856	0.2	5,007,433	0.0
砂　糖　消　費　税	145,892,046	6.3	141,467,065	3.4	70,114,723	0.5
織　物　消　費　税	46,899,815	2.0	96,167,228	2.3	139,306,457	1.1
物　　品　　税	54,573,460	2.3	110,017,182	2.6	970,060,522	7.6
遊　興　飲　食　税			128,047,354	3.0	553,669,890	4.3
取　　引　　所　　税	25,038,944	1.1	29,817,638	0.7	10,585,474	0.1
有　価　証　券　移　転　税	2,359,354	0.1	3,408,460	0.1	4,162,312	0.0
通　　行　　税	8,087,290	0.3	22,817,010	0.5	143,561,563	1.1
入　　場　　税	8,348,685	0.4	22,784,552	0.5	117,383,030	0.9
電　気　ガ　ス　税					12,303,211	0.1
広　　告　　税					9,374,963	0.1
馬　　券　　税					1,081,546	0.0
特　別　行　為　税					111,874,793	0.9
兌　換　銀　行　券　発　行　税	267,221	0.0	19,050,307	0.5		
揮　発　油　税	13,494,953	0.6	22,218,050	0.5		
地　　　　　　租	51,531,236	2.2	3,920,968	0.1	4,628	0.0
営　業　収　益　税	105,280,378	4.5	78,235,959	1.9	417,694	0.0
営　　業　　税	1,636	0.0				
資　本　利　子　税	33,121,633	1.4	7,049,614	0.2	25,751	0.0
法　人　資　本　税	21,942,998	0.9	22,372,497	0.5	103,302	0.0
利　益　配　当　税	35,450,589	1.5	4,696,362	0.1	91,905	0.0
公債及び社債利子税	1,042,673	0.0	444,121	0.0	45	0.0
臨　時　利　得　税	185,992,616	8.0	736,616,674	17.5	2,591,730,513	20.2
戦　時　利　得　税			6,099	0.0		
還　付　税　収　入						
地　　　　　　租					37,822,973	0.3
家　　屋　　税					50,379,242	0.4
営　　業　　税					166,297,622	1.3
地方分与税分与金 特別会計中租税						
地　　　　　　租			25,402,341	0.6		
家　　屋　　税						
営　　業　　税			51,096,409	1.2		
内　　国　　税　　計	1,815,075,691	77.7	3,583,470,431	85.0	11,421,733,681	88.8
関　　税	166,422,571	7.1	143,999,382	3.4	15,468,897	0.1
屯　　税	2,562,387	0.1	2,094,669	0.0	164,543	0.0
租　税　合　計	1,984,060,649	84.9	3,729,564,482	88.4	11,437,366,471	88.9
印　紙　収　入	91,440,110	3.9	135,607,315	3.2	227,779,201	1.8
租税及び印紙収入計	2,075,500,759	88.8	3,865,171,797	91.6	11,665,145,672	90.7
専　売　益　金	261,307,908	11.2	352,170,348	8.4	1,197,681,986	9.3
総　　　　　　計	2,336,808,667	100.0	4,217,342,145	100.0	12,862,827,658	100.0

7 戦後混乱期の税制　第二次世界大戦直後の日本経済は、国土の荒廃、企業の倒産、更には深刻なインフレに見舞われ、混乱を極めており、税制もそのような事態への対応を迫られていました。戦時下に創設された種々の臨時的な租税が廃止される一方で、戦後の経済情勢に対応するため、財産税や戦時補償特別税が創設されました。前者はインフレ防止と富の再分配を目的として最低25％から最高90％という超過累進税率で1回限りの税を課すもので、後者は政府に対する軍需会社などの戦時補償請求権に対して100％の税率で課税することで債務の打切りを図るものでした。

また、戦後の占領軍による「民主化」の流れの中で税制についてもアメリカ税制の顕著な影響の下で様々な改革が行われ、まず、所得税において申告納税制度が採用されたほか、課税単位も従来の世帯単位主義から個人単位主義に改められ、相続税に関しても家制度の廃止に伴い、家督相続とその他の遺産相続とを区別して取り扱ってきた制度が廃止されました。

所得税制の改革では、まず、従来、分類所得税、総合所得税の2本立であった制度が総合所得税に一本化されたほか、譲渡所得（キャピタル・ゲイン）等の一時的所得が課税対象に組み入れられました。また、給与所得の源泉徴収に年末調整が導入されました。

昭和23年には国税として多段階累積型の消費税である取引高税（物品販売業他39の業種を対象に税率1％で課税）が創設されましたが、納税手続が煩雑であったこともあり、翌年廃止されました。

地方税制については、自主的地方財政の確立を図るため、昭和21年に都道府県民税の創設、昭和22年には国税であった地租や営業税、遊興飲食税等の地方税への移管などが行われ、昭和23年には営業税の事業税への改組や様々な法定独立税の採用などが行われました。

第２編　わが国の租税制度の変遷と今後の課題

戦後における国税収入状況

(単位 金　額＝千円
　　　百分比＝　％)

科　目	昭和21年度 決算額	百分比	昭和23年度 決算額	百分比	昭和25年度 決算額	百分比
所　得　税	12,240,677	32.7	190,831,800	42.6	220,134,192	38.6
源　泉　分			76,407,000	17.1	127,515,641	22.4
申　告　分			114,425,000	25.5	92,618,552	16.2
法　人　税	1,273,233	3.4	27,900,319	6.2	83,790,196	14.7
相　続　税	359,284	1.0	2,300,245	0.5	2,693,737	0.5
富　裕　税					516,386	0.1
再　評　価　税					6,402,999	1.1
酒　税	2,378,118	6.4	54,793,616	12.2	105,375,665	18.4
砂糖消費税	109,042	0.3	4,382,614	1.0	748,481	0.1
揮　発　油　税					7,371,805	1.3
物　品　税	2,254,533	6.0	17,507,153	3.9	16,499,521	2.9
取　引　所　税					(取引税)1,319	0.0
通　行　税	297,757	0.8	2,492,378	0.6	1,079,402	0.2
旧　税	47	0.0	3,468	0.0	68,759	0.0
日本銀行券発行税					6,272	0.0
非戦災者特別税			595,673	0.1	14,231	0.0
清涼飲料税	28,002	0.1	1,423,008	0.3	43,464	0.0
織物消費税	1,165,167	3.1	11,545,149	2.6	96,377	0.0
有価証券移転税	5,553	0.0	511,412	0.1	28,916	0.0
取　引　高　税			20,813,147	4.7	683,153	0.1
還　付　税　収　入	240,122	0.6	74,008	0.0	4,724	0.0
増　加　所　得　税	5,893,107	15.7	622,192	0.1		
特　別　法　人　税	43,030	0.1	207,287	0.1		
入　場　税	1,060,560	2.8	4,143,304	0.9		
馬　券　税	71,595	0.2	431,770	0.1		
臨　時　利　得　税	1,260,890	3.4	208,493	0.1		
配当利子特別税	84	0.0				
建　築　税	3,563	0.0				
鉱　区　税	21,152	0.1				
遊興飲食税	857,459	2.3				
電気・ガス税	181	0.0				
広　告　税	57	0.0				
特　別　行　為　税	126,454	0.3				
関　税	15,199	0.0	260,520	0.1	1,625,620	0.3
屯　税	0	0.0				
印　紙　収　入	407,354	1.1	4,783,811	1.0	9,207,682	1.6
専　売　益　金	7,325,970	19.6	101,914,238	22.8	114,456,978	20.1
総　計	37,438,190	100.0	447,745,604	100.0	570,849,879	100.0
財産税等特別会計中租税	18,115,224	—	7,814,754	—	871,665	

8 シャウプ勧告による税制　シャウプ勧告は、連合国軍最高司令官の要請により昭和24年5月10日に来日したカール・シャウプ博士を中心とする使節団により作成され、同年9月15日に日本税制の全面的改革案として発表されたものです。この包括的な税制改革提案は、昭和24、25年の税制改正においてその勧告内容の多くが実現し、現在までの日本の税制に大きな影響を与えています。

　シャウプ勧告の理念は、恒久的、安定的な税制を確立し、直接税を中心に据えた近代的な税制を構築することでした。

　所得税については、キャピタル・ゲインへの全額課税や利子所得の源泉選択課税廃止により課税ベースを包括的にしつつ、税率が引き下げられました。他方、基礎控除等の控除の充実が図られました。

　法人税については、35％の単一税率を導入する一方、昭和23年に創設された配当税額控除に関して、法人は個人の集合体であるという法人擬制説の立場からこれを所得税との二重課税を調整する制度と位置づけるとともに控除率の引上げが行われました。

　その他、富裕税の導入、相続税・贈与税を一本化した累積的取得税制度の採用、租税特別措置の縮減が行われたほか、インフレによる名目的価値に課税を行うことを避けるため臨時的に資産再評価が行われ、再評価益には再評価税が課されました。

　地方税では、地租の廃止及び固定資産税の創設等が行われました。なお、シャウプ勧告において、事業税を廃止する代わりに世界で初の付加価値税を地方税として創設することが提案され、これが立法化までされていたことは特筆に値します（ただし、執行上の困難から実施が再三延期され、結局、実施されないまま廃止）。

　また、申告納税制度の下で帳簿書類に取引を記帳する慣行を定着させるため、青色申告制度もこの時に設けられました。

第2編　わが国の租税制度の変遷と今後の課題

シャウプ勧告の主な内容

1　国税関係
(1) 所得税の見直し
① 課税単位の変更（同居親族合算課税→所得稼得者単位課税）
② 包括的な課税ベースの構成（キャピタル・ゲインの全額課税、利子の源泉選択課税廃止）
③ 最高税率の引下げ（20～85％、14段階→20～55％、8段階）
(2) 法人税の見直し
① 単一税率の導入〔法人普通所得（35％）・超過所得（10～20％）→35％単一税率〕
② 所得税との二重課税の調整の促進〔配当税額控除（15％→25％）、留保利益に利子付加税〕
(3) 事業用固定資産の再評価
時価で再評価し、再評価益に対しては6％で課税
(4) 相続税・贈与税の見直し
① 両税の一本化（累積課税方式の採用、遺産取得課税への移行）
② 税率の引上げ（10～60％、19段階→25～90％、14段階）
(5) 富裕税の創設
500万円超の純資産に対し、0.5～3％の累進税率で課税
(6) 間接税の見直し
織物消費税の廃止、取引高税の条件付（歳出削減）廃止、物品税の税率引下げ等
(7) 申告納税制度の整備等
青色申告制度の導入、協議団の創設等

2　地方税関係
(1) 住民税の見直し
① 課税団体を市町村に限定し、総額を充実
② 均等割以外の住民税の課税標準を所得に限定等
(2) 地租、家屋税の見直し（固定資産税の創設）
① 課税団体を市町村に限定し、総額を充実
② 課税標準を賃貸価格の年額から資本価格へ
③ 課税客体を償却資産に拡大
(3) 事業税の見直し（付加価値税の創設）
① 課税団体を都道府県に限定
② 課税標準の改正（所得→付加価値）
③ 税率（上限8％）
(4) その他の地方税
特別所得税の廃止（付加価値税に吸収）、酒消費税の廃止（国税に移譲）、船舶税等の廃止、入場税の税率引下げ、鉱区税等の課税団体の区分の明確化等

9 昭和中後期の税制

シャウプ勧告に基づく税制は、理論的に首尾一貫した税体系の実現を目指したものでしたが、執行上いろいろ困難な面があり、また戦後復興期の社会・経済の実情に必ずしも適合しない面もあって、シャウプ税制導入直後から修正が行われました。たとえば、執行上の困難から昭和28年に富裕税、累積的取得税制度、有価証券譲渡益課税が廃止されたほか、付加価値税も昭和29年に一度も実施されないまま廃止され、事業税が引き続き課されることになりました。他方で、貯蓄奨励、企業設備の近代化及び輸出振興等を目的とする政策税制が導入されました。

昭和30年代には、経済の高度成長に伴う年度間増収を背景に所得税の減税等が行われたほか、資本蓄積促進税制、輸出促進税制といった租税特別措置が拡充されていきました。

所得税はその累進構造ゆえに所得水準の上昇に応じて自動的に適用税率が高くなる性質を有していることから、高度経済成長、物価上昇に応じて、昭和40年代にも所得税減税が毎年行われました。

昭和40年代後半にはドル・ショック、石油危機の影響下に、不況対策のための所得税減税も行われました。また、輸出振興税制等の政策税制の縮減・見直しが行われる一方で、土地、住宅、公害対策、福祉等の観点から新たな政策税制が導入されました。

昭和50年代には、50年不況による歳入欠陥の発生以降、財政危機を打開するため、間接税の増税、法人税率の引上げや租税特別措置の整理・合理化などが行われました。

また、この時期には、国民に広く薄く負担を求める一般消費税の導入等が議論されましたが、結局実現されず、抜本的な税制改革は後の課題として残されることとなりました。

第2編 わが国の租税制度の変遷と今後の課題

昭和中後期及び平成25年度における国税収入状況

区　分	昭和26年度 金額	昭和26年度 構成比	昭和40年度 金額	昭和40年度 構成比	昭和61年度 金額	昭和61年度 構成比	平成26年度(予算) 金額	平成26年度(予算) 構成比
	百万	%	百万	%	億円	%	億円	%
所　　　得　　　税	225,672	31.2	970,359	27.6	168,267	39.3	147,900	27.6
源　泉　分	150,230	20.8	712,233	21.7	131,264	30.6	122,620	22.9
申　告　分	75,441	10.4	258,126	7.9	37,003	8.6	25,280	4.7
法　　　人　　　税	183,881	25.4	927,120	28.3	130,911	30.6	100,180	18.7
相　　　続　　　税	2,881	0.4	44,042	1.3	13,966	3.3	15,450	2.9
旧　　　　　　　税	59	0.0	0	0.0				
再　　評　　価　　税	11,532	1.6						
富　　　裕　　　税	962	0.1						
消　　　費　　　税							153,390	28.6
酒　　　　　　　税	122,830	17.0	352,873	10.8	19,725	4.6	13,410	2.5
た　　ば　　こ　　税					9,965	2.3	9,220	1.7
砂　糖　消　費　税	7,144	1.0	28,943	0.9	410	0.1		
揮　　発　　油　　税	9,016	1.2	254,476	7.8	16,025	3.7	25,450	4.7
石　油　ガ　ス　税			1	0.0	155	0.0	100	0.0
航　空　機　燃　料　税					541	0.1	530	0.1
石　油　石　炭　税					1,616	0.4	6,130	1.1
電　源　開　発　促　進　税							3,270	0.6
物　　　品　　　税	15,233	2.1	137,929	4.2	16,105	3.8		
ト　ラ　ン　プ　類　税			484	0.0	4	0.0		
取　　引　　所　　税	94	0.0	2,536	0.1	112	0.0		
取　　引　　高　　税	145	0.0						
有　価　証　券　取　引　税			8,166	0.2	13,664	3.2		
通　　　行　　　税	1,166	0.2	4,241	0.1	765	0.2		
入　　　場　　　税			10,376	0.3	54	0.0		
自　動　車　重　量　税					5,097	1.2	3,870	0.7
旧　　　　　　　税	8	0.0						
関　　　　　　　税	12,441	1.7	221,977	6.8	5,546	1.3	10,450	1.9
と　　　ん　　　税	150	0.0	2,854	0.1	82	0.0	100	0.0
日　本　銀　行　券　発　行　税	293	0.0	425	0.0				
印　　　紙　　　収　　　入	10,524	1.5	82,714	2.5	15,758	3.7	10,560	2.0
日　本　専　売　公　社　納　付　金	119,112	16.5	180,447	5.5				
そ　　　の　　　他								
地　方　道　路　税　(特)			46,078	1.4	3,084	0.7		
地　方　揮　発　油　税　(特)							2,724	0.5
石油ガス税(譲与分)(特)			0	0.0	155	0.0	100	0.0
航空機燃料税(譲与分)(特)					98	0.0	150	0.0
自動車重量税(譲与分)(特)					1,699	0.4	2,656	0.5
特　別　と　ん　税　(特)			3,567	0.1	103	0.0	125	0.0
地　方　法　人　特　別　税　(特)							21,881	4.1
地　方　法　人　税　(特)							3	0.0
原　油　等　関　税　(特)					1,159	0.3		
電　源　開　発　促　進　税　(特)					2,321	0.5		
揮　　発　　油　　税　(特)					1,123	0.3		
た　ば　こ　特　別　税　(特)							1,426	0.3
復　興　特　別　所　得　税　(特)							3,083	0.6
復　興　特　別　法　人　税　(特)							4,298	0.8
計	723,144	100.0	3,279,652	100.0	428,510	100.0	536,456	100.0

10 抜本的税制改革　シャウプの税制改革以来と称される抜本的な税制改革が昭和62年9月及び昭和63年12月の税制改正により実現しました。これは公平・中立・簡素を基本理念としつつ、経済社会に適合し、高齢化社会や国際化など将来を展望した税制の確立等を目的として、所得・消費・資産等の間でバランスのとれた税体系を構築することを目指したものです。

まず、勤労者を中心とする税負担の累増感に対処するため、高い累進性を有する所得税の税率構造が見直され、昭和62年及び昭和63年の改正により、従来10.5%～70%（15段階）であった税率は10%～50%（5段階）に改められるとともに、配偶者特別控除の創設（昭和62年）、基礎控除、扶養控除等の人的控除の引上げ（昭和63年）など過去最高の大幅な所得税・住民税減税が行われました。

また、昭和62年9月改正で「マル優」制度等の原則廃止及び利子所得の源泉分離課税化が、更には昭和63年12月改正で株式等譲渡益の原則課税化が行われるなど資産性所得に対する課税が強化されました。

法人税については、従来42%であった税率を平成2年までに段階的に37.5%に引き下げるなどの改正が行われました。

相続税については、最高税率の引下げ（75%→70%）、課税最低限の引上げ等が行われ、税負担が軽減・合理化されました。

一方、間接税制度の改革では、価値観の多様化や経済のサービス化にあわせ旧来の個別間接税を廃止する一方、社会共通の費用をその構成員全体で負担するという考え方を背景に消費全般に広く薄く負担を求める消費税が創設されました。消費税は、世界各国で既に実施されている付加価値税の系譜に属するもので、国際化にも対応した税制といえます。その他、酒税やたばこ税を従量税に一本化し、その税率を引き下げるなどの改正が行われました。

第2編　わが国の租税制度の変遷と今後の課題

抜本的税制改革の概要

	税制改革の概要
昭和62年 9月改正	○ 所得税 ・税率構造の緩和（10.5～70％、15段階 → 10.5～60％、12段階）、配偶者特別控除の創設等による所得税の減税 ・利子課税制度の見直し（マル優等の原則廃止、源泉分離課税の導入）
昭和63年 12月改正	○ 所得税 ・税率構造の簡素化（10～50％、5段階）、人的控除の引上げ ・株式等の譲渡益の原則課税化 ・資産所得の合算課税制度の廃止 ・社会保険診療報酬の所得計算の特例の適正化 ○ 法人税 ・税率の引下げ（42％ → 40％ → 37.5％） ・配当軽課税率の廃止 ・法人間の受取配当の益金不算入割合の引下げ ・外国税額控除制度の見直し ・土地取得に係る借入金利子の損金算入制限 ○ 相続・贈与税 ・諸控除の引上げ ・税率適用区分の拡大及び最高税率の引下げ（75％ → 70％） ・配偶者の負担軽減措置の拡充 ・法定相続人の数に算入する養子の制限 ・相続開始前3年以内に取得した土地等についての課税価格計算の特例の創設 ○ 間接税制度 ・物品税、トランプ類税、砂糖消費税、入場税及び通行税の廃止　　　　　　　　　　　　　　　　　　　　　　　　　　（国税） ・電気税、ガス税及び木材引取税の廃止　　　　　　　（地方税） ・消費税（税率3％、多段階累積排除型）の創設 ・酒税　従価税・級別制度の廃止、酒類間の税負担格差の縮小及び税率調整 ・たばこ消費税　名称の変更（新名；たばこ税）、従量課税への一本化及び税率引下げ ○ その他 ・有価証券取引税の税率引下げ ・印紙税　物品小切手等の5文書を課税対象から除外

11　税制改革（平成6年11月）

昭和63年12月の抜本的税制改革以降のわが国の経済社会の状況を見ると、人口構成の高齢化が急速に加速・進展していること、所得水準の上昇とともに中堅所得者層を中心に税負担の累増感が強まっていることなどがあり、これらに対応した更なる税制の総合的な見直しが求められていました。

これらを背景とした議論の結果、平成6年11月に関連法が成立し、以下のような税制改革が実現されることとなりました。

まず、活力ある福祉社会の実現を目指す視点に立ち、働き盛りの中堅所得者層の負担累増感を緩和するため、所得税・個人住民税の税率構造の累進緩和等による負担軽減が実施されました。

次に、歳出面の諸措置を安定的に維持するため社会の構成員が広く負担を分かち合うよう、消費税について、中小事業者に対する特例措置等を改革し、税率を引き上げることにより、消費課税の充実が図られました。

さらに、地方分権の推進、地域福祉の充実等のため、地方税源の充実を図ることとし、消費譲与税に代えて、「地方消費税」を創設することとされました。

なお、経済状況に配慮して、平成6年～8年に特別減税が実施され、所得税・個人住民税の制度減税が平成7年より実施された一方、消費税に係る改正は平成9年4月から実施されました。

第２編　わが国の租税制度の変遷と今後の課題

税制改革（平成６年11月）のポイント

1. 活力ある福祉社会の実現を目指す視点に立ち、中堅所得者層を中心に税負担の累増緩和のため、所得課税の税率構造の累進緩和等による負担軽減（3.5兆円）を実施。

   1. 累進構造の緩和
      中間段階の税率、所得税で言えば20％のブラケットを中心に拡大し、中低所得者層の負担軽減に重点のあった前回の税制改革の減税と相まって、累進構造をなめらかにする。
   2. 課税最低限の引上げ
      既に国際的に高い水準にあるものの、少額納税者への配慮から、ある程度の引上げを行う（夫婦子２人：所得税327.7→353.9万円、個人住民税284.9→303.1万円）。

2. 歳出面の諸措置を安定的に維持するため社会の構成員が広く負担を分かち合うよう、消費税について現行制度を抜本的に改革し税率の引上げにより消費課税の充実を図る。

   1. 消費税の改革
      (1) 事業者免税点制度
       ・資本金１千万円以上の新設法人の設立当初２年間は、納税義務を免除しない。
       ・免税事業者の価格転嫁のあり方については、消費者の理解を求めるとともに、事業者による適正な転嫁が行われるよう適切な対応を指導する。
      (2) 簡易課税制度の適用上限を２億円（改正前４億円）に引き下げる。
      (3) 限界控除制度を廃止する。
      (4) 仕入税額控除の要件として、インボイスの保存を求めることとする。
   2. 消費税の税率を４％に引き上げる（地方消費税とを合わせた負担率は５％となる）。
   (注)　消費税率（５％）については、社会保障等に要する費用の財源を確保する観点、行財政改革の推進状況、租税特別措置等及び消費税に係る課税の適正化の状況、財政状況等を総合的に勘案して検討を加え、必要があると認めるときは、平成８年９月30日までに所要の措置を講ずる旨の規定を置く。

3. 地方分権の推進、地域福祉の充実等のため、地方税源の充実を図ることとし、消費譲与税に代えて、「地方消費税」（道府県税）を創設する。

4. 年金等の物価スライド（0.1兆円）に加え、少子・高齢社会に対応するため、当面緊急に整備すべき老人介護対策と必要最小限の少子対策（0.4兆円）を実施。

5. 経済状況に配慮して、特別減税を実施するほか、消費税に係る改正は平成９年４月１日から実施。

(注)　平成７・８年度の特別減税（各年2.0兆円）
　　　制度減税後の税額から15％相当額（上限：所得税５万円、個人住民税２万円）を控除。

12 平成11年度税制改正　平成11年度税制改正においては、厳しい経済情勢の中、景気対策等の観点から、個人所得課税及び法人課税について以下のような減税が実施されました。

個人所得課税については、①国民の意欲を引き出すこと等を目的とした最高税率の引下げ（所得税50％、個人住民税15％、国税・地方税あわせて65％から所得税37％、個人住民税13％、国税・地方税あわせて50％へ）、②扶養控除額の加算、③暫定的な景気対策として、中堅所得者層に配慮して控除額に上限を設けた定率減税が行われました。その後、厳しい経済状況を脱したこと等を踏まえ、定率減税は縮減廃止されましたが、日本の個人所得課税の実効税率は引き続き諸外国と比べて低い水準となっています。

法人課税については、企業活動の活性化や外国の負担水準との均衡の観点から、平成10年度税制改正に引き続き、税率の引下げが行われました。この結果、日本の法人課税の実効税率は、当時では国際水準並みとなりました（第6編6参照）。

このように、個人所得課税及び法人課税について、国税・地方税合わせて6兆円を上回る大幅な減税が実施されましたが、これらは、昭和62・63年の抜本改革時、平成6年11月の税制改革時とは異なり、見合いの増収措置を伴わないものでした。

第２編　わが国の租税制度の変遷と今後の課題

個人所得課税の実効税率の国際比較（夫婦子２人（専業主婦）の給与所得者）

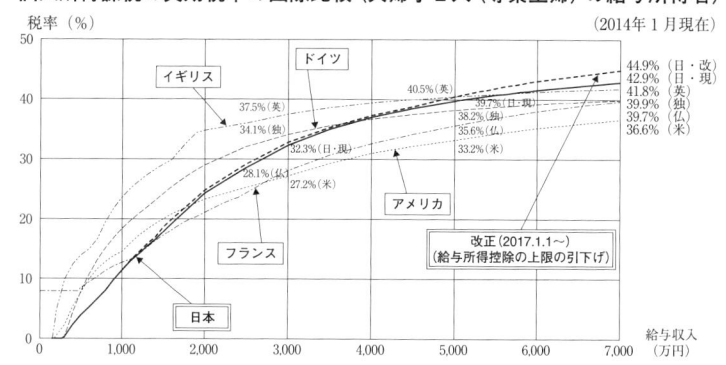

税率（％）　　　　　　　　　　　　　　　　　　　　　　　　　　　　（2014年１月現在）

44.9%（日・改）
42.9%（日・現）
41.8%（英）
39.9%（独）
39.7%（仏）
36.6%（米）

40.5%（英）
39.7%（日・現）
38.2%（独）
35.6%（仏）
33.2%（米）

37.5%（英）
34.1%（独）
32.3%（日・現）
28.1%（仏）
27.2%（米）

イギリス　ドイツ　アメリカ　フランス　日本

改正（2017.1.1～）
（給与所得控除の上限の引下げ）

給与収入（万円）

（備考）　本資料においては、統一的な国際比較を行う観点から、諸外国の税法に記載されている様々な所得控除や税額控除のうち、一定の家族構成や給与所得を前提として実際の税額計算において一般的に適用されているもののみを考慮して、個人所得課税の実効税率を計算している。従って、イギリスの勤労税額控除（全額給付）等は計算に含めていない。
（注）１．個人所得課税には、所得税及び個人住民税（フランスでは、所得税とは別途、収入に対して社会保障関連諸税（一般社会税等）が定率（現在、合計８％）で課されている。）が含まれる。なお、フランスでは、別途、財政赤字が解消するまでの措置として、一時的に発生した高額所得に対する所得課税（最高税率４％）を2012年より導入している（上記表中においてはこれを加味していない）。
２．日本においては子のうち１人が特定扶養親族、１人が一般扶養親族、アメリカにおいては子のうち１人が17歳未満、１人が17歳以上に該当するものとしている。
３．日本の個人住民税は所得割のみである。アメリカの個人所得税の例としては、ニューヨーク州の個人所得税を採用している。なお、これとは別途郡、市等により所得税が課される。
４．日本の26年度改正は、最高税率の引上げ（2015年分以後の所得税から適用）を加味して計算している。
５．アメリカでは、一定の納税者について上記において行った通常の税額計算とは別の方法による計算を行い、高い方の税額を採用する制度（代替ミニマム税）がある。
６．邦貨換算レート：１ドル=100円、１ポンド=161円、１ユーロ=135円（基準外国為替相場及び裁定外国為替相場：平成25年（2013年）11月中における実勢相場の平均値）
７．表中の数値は、給与収入3,000万円、5,000万円及び7,000万円の場合の各国の実効税率である。なお、端数は四捨五入している。

法人税率の推移

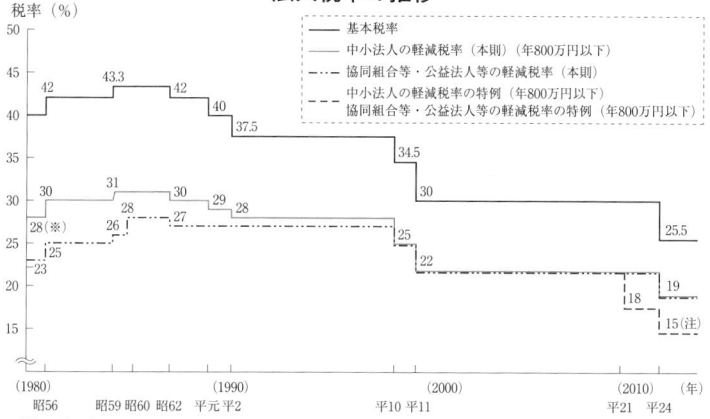

税率（％）

基本税率
中小法人の軽減税率（本則）（年800万円以下）
協同組合等・公益法人等の軽減税率（本則）
中小法人の軽減税率の特例（年800万円以下）
協同組合等・公益法人等の軽減税率の特例（年800万円以下）

42　43.3　42　40　37.5　34.5　30　25.5
30　31　30　29　28　25　22　19
28（※）　27　　　　　　　　　　　　　18　15（注）
26　28
25
23

(1980)　昭56　昭59 昭60 昭62　平元 平2　(1990)　平10 平11　(2000)　(2010)　平21 平24　（年）

（注）平成24年４月１日から平成27年３月31日の間に開始する各事業年度に適用される税率。
（※）昭和56年４月１日前に終了する事業年度については年700万円以下の所得に適用。

13 わが国経済社会の構造変化の「実像」(平成16年) 大きく変化してきている経済社会に、税制が十分に対応しきれていないという問題意識の強まりを背景として、政府税制調査会において、21世紀のわが国にふさわしい税制を構築するための様々な検討が進められてきました。

こうした中、平成16年の年金制度改正において、年金制度を持続可能なものとする等の観点から、平成19年度を目途に、所要の安定した財源を確保する税制の抜本的な改革を実施した上で、基礎年金国庫負担割合を平成21年度までに段階的に2分の1へ引き上げていくこととされました。平成16年2月以降、今後の税制改革の審議を進める前提として、わが国経済社会の構造変化の「実像」を把握するための取組みが進められました。具体的には、「家族」をはじめ、「就労」、「価値観・ライフスタイル」、「分配」、「少子高齢化(人口)」、「グローバル化」、「環境」、「公共部門」などの分野・テーマについて、関連する基礎的データの収集・分析等が行われました。さらに、こうしたデータに基づき、今後のわが国の社会像についても取り上げられ、同年6月に、政府税制調査会の基礎問題小委員会がとりまとめを行いました。

そのとりまとめでは、まず、この取組みの趣旨とその基本的な視点を明らかにし、経済社会の構造変化の「実像」と考えられる「10のキー・ファクト(「鍵となる事実」)」を取り上げ、これらのキー・ファクトを通じてみられる特徴を踏まえ、税制などの経済社会の諸制度のあり方を考えていく際の視点等に言及しています。

これらは税制改革論議の共通の土台となるものとされました。

第2編　わが国の租税制度の変遷と今後の課題

わが国経済社会の構造変化の「実像」について
～「量」から「質」へ、そして「標準」から「多様」へ（平成16年6月22日）
（政府税調基礎問題小委員会とりまとめ）

[キーファクト　70年代中央の「屈曲」]

1. 今世紀日本は「人口減少社会・超高齢化社会」へ
   - 人口減少社会への突入
   - 超高齢社会への変貌（仕事中心の若い社会）から、成熟した長寿社会へ
   - 社会的な活躍力の高まり〔3人で2人を支える社会〕へ

2. 「右肩上がり経済」の終焉
   - 高度経済成長を支えた基礎的条件の消滅（人口ボーナスの消失、家計貯蓄率の低下等）
   - 量的拡大、志向の限界（潜在成長力の低下）

3. 家族のかたちの多様化
   - 夫婦と子どものみの世帯」の非標準化（単独世帯の増加）
   - 標準的なライフコースの消滅
   - ライフコースの不確実性の高まり〔空の巣化〕の長期化等

4. 日本型雇用慣行、働き方の多様化
   - 雇用形態の多様化（正規から非正規へ、フリーターの増加）
   - 職業観の多様化・職業意識の低下、専門性志向、余暇志向
   - 会社を通じた雇用・生活保障機能の低下

5. 価値観・ライフスタイルののからさと、働き方の多重化
   - 画一（十人一色）から「多様（十人十色）」「多重（一人十色）」へ
   - 選択の自由と自己責任の大幅、「鳩の野性的行動様式」
   - 未来志向から現在志向

6. 社会と「公共」に対する意識
   - 社会貢献意識と他者への依存傾向
   - 個人の主体的な「公共」への参加一「政府の公共」と「民間の公共」

7. 分配構造の変化のきらし
   - 均質化・流動化の動きが鈍化一1億総中流意識のゆらぎ
   - 機会の平等へ志向

8. 環境負荷の増大、多様化
   - 大変動、環境負荷から「グローバル」及び「都市生活型」環境負荷へ

9. グローバル化の進行
   - モノ、資本、ノウハウなど多面的な相互依存関係の深化
   - アジア地域との緊密化

10. 深刻化する財政状況
    - 問われる「持続可能性」

[視　点]

社会の新しいダイナミズム
- 社会の活力・技術革新、人的資本の充実
- 貯蓄の効率的活用
- 真の意味での豊かさ
- 持続可能で質の高い経済社会の実現

「選択の自由」と「責任」
- 複線型のライフコース
- 個人による自由な選択を可能に

「機会の平等」志向～セーフティネット
- 潜在能力の涵養、適切なセーフティネット
- 世代内・世代間の公平

グローバル化を活かす
- 海外の人材や資本の活用
- 日本の強みのアップバリュー
- 多様性の尊重

社会及び公的部門の将来像
- 個人、家族等、公的部門の役割分担
- 公的部門に係る国民の受益と負担の在り方
- 参加と選択

「量的拡大」から「質の充実」へ

「標準」から「多様」へ

引き続き「あるべき税制」の具体化に向け検討
- どのような形で国民一人一人が社会共通の費用を分担するかを考える必要
- その際、個人の多様なライフスタイルの多様化等が進む中で、所得・消費・資産等、多様な課税ベースに適切な税負担を求めていくことが課題。

14 歳出・歳入一体改革（平成18年）　累次の公債発行の結果、平成25年度末には、国の一般会計の公債残高は750兆円程度に達すると見込まれ、これに国の特別会計や地方公共団体の債務を加えた「国・地方の長期債務残高」も、977兆円、対GDP比で200％にもなります。わが国の財政状況は先進国の中でも最悪の水準にあるといえます。

このような財政状況の悪化の最近の主な要因は、今や国の基礎的財政収支対象経費（一般会計の歳出のうち国債費を除いたもの）の41％を占める社会保障関係費の増加といえます。今後、さらに、少子高齢化が急速に進む中で、中長期的に社会保障給付費が経済の伸びを上回って大幅に増加することが見込まれています。このため、将来世代に負担の先送りをせず、また、社会保障制度の持続可能性を確保するためにも、財政健全化に着実に取り組まなければなりません。

平成18年7月、政府は「経済財政運営と構造改革に関する基本方針2006」において、「歳出・歳入一体改革」をとりまとめ、財政健全化の時間軸を目標として、2010年代半ばに向け、債務残高の対GDP比率を安定的に引き下げることを目指し、まずは2011年度には、国と地方を合わせた基礎的財政収支を確実に黒字化するとの目標を示しました。

その実現に向け、歳出全般にわたって削減を行うとともに、なお対応しきれない社会保障や少子化などに伴う負担増に対しては、歳入改革により安定的な財源を確保することとされました。

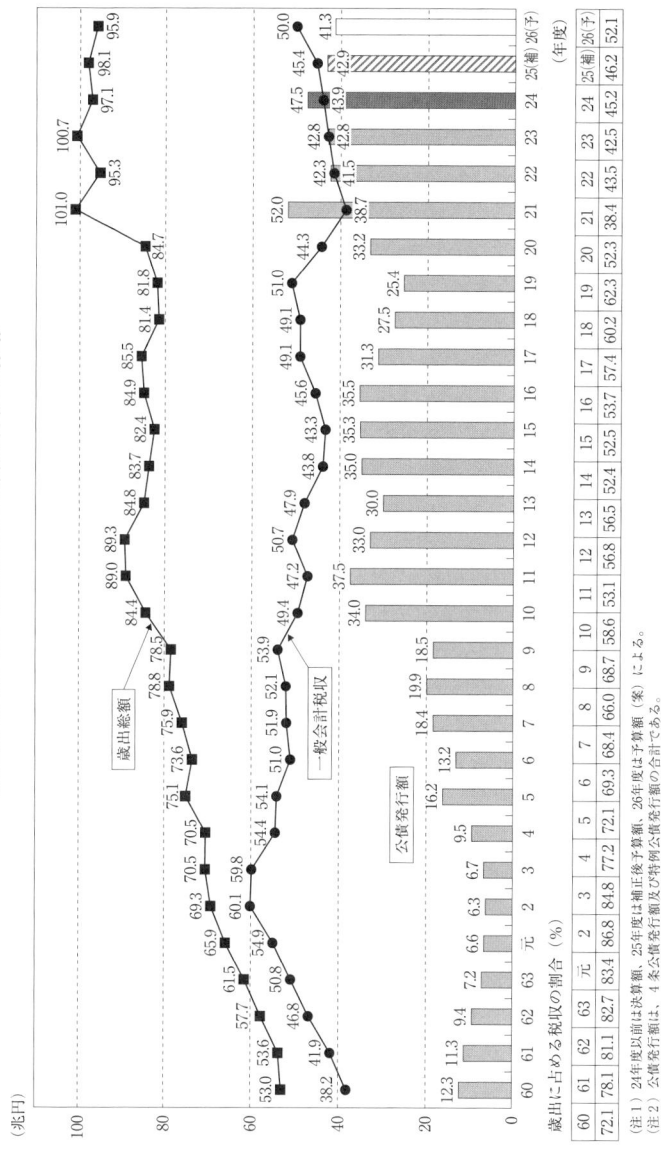

第2編　わが国の租税制度の変遷と今後の課題

一般会計税収、歳出総額及び公債発行額の推移

(兆円)

年度	60	61	62	63	元	2	3	4	5	6	7	8	9	10	11	12	13	14	15	16	17	18	19	20	21	22	23	24	25補	25補	26(予)	26(予)
歳出に占める税収の割合 (%)	72.1	78.1	81.1	83.4	82.7	86.8	81.8	77.2	72.1	69.3	68.4	66.0	68.7	58.6	53.1	56.8	56.5	52.4	52.5	53.7	57.4	60.2	62.3	52.3	38.4	43.5	42.5	45.2	46.2		52.1	
公債発行額	12.3	11.3	9.4	7.2	6.6	6.3	6.7	9.5	16.2	13.2	18.4	19.9	18.5	34.0	37.5	33.0	30.0	35.0	35.3	35.5	31.3	27.5	25.4	33.2	52.0	42.3	42.8	47.5	42.9		41.3	

歳出総額: 53.0, 53.6, 57.7, 61.5, 65.9, 69.3, 70.5, 70.5, 75.1, 73.6, 75.9, 78.8, 84.4, 89.0, 89.3, 84.8, 83.7, 84.9, 85.5, 84.8, 82.4, 81.4, 81.8, 84.7, 95.3, 101.0, 100.7, 97.1, 98.1, 95.9

一般会計税収: 38.2, 41.9, 46.8, 50.8, 54.9, 60.1, 59.8, 54.4, 54.1, 51.0, 51.9, 52.1, 53.9, 49.4, 47.2, 50.7, 47.9, 43.8, 43.3, 45.6, 49.1, 49.1, 51.0, 44.3, 38.7, 41.5, 42.3, 42.8, 43.9, 45.4, 50.0

(注1) 24年度以前は決算額、25年度は補正後予算額、26年度は予算額（案）による。
(注2) 公債発行額は、4年未満公債発行額及び特例公債発行額の合計である。

公債残高の累増

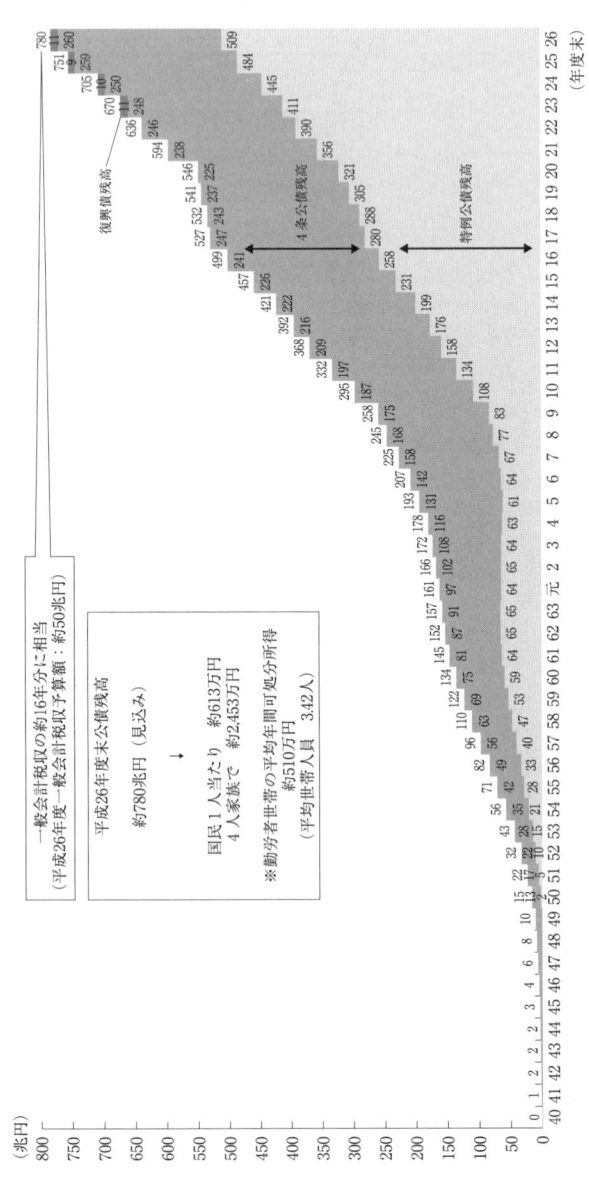

(兆円)

平成26年度末公債残高（見込み）
約780兆円

国民1人当たり　約613万円
4人家族で　約2,453万円

※勤労者世帯の平均年間可処分所得
約510万円
（平均世帯人員　3.42人）

一般会計税収の約16年分に相当
（平成26年度一般会計税収予算額：約50兆円）

復興債残高

4条公債残高

特例公債残高

年度末：40, 41, 42, 43, 44, 45, 46, 47, 48, 49, 50, 51, 52, 53, 54, 55, 56, 57, 58, 59, 60, 61, 62, 63, 元, 2, 3, 4, 5, 6, 7, 8, 9, 10, 11, 12, 13, 14, 15, 16, 17, 18, 19, 20, 21, 22, 23, 24, 25, 26

残高：2, 2, 3, 4, 6, 8, 10, 13, 15, 22, 32, 43, 56, 71, 82, 96, 110, 122, 134, 145, 152, 157, 161, 166, 172, 178, 193, 207, 225, 245, 258, 295, 332, 368, 392, 421, 457, 499, 527, 532, 541, 546, 594, 636, 670, 705, 751, 780

（年度末）

(注1) 公債残高は各年度の3月末現在額。ただし、平成25年度末は実績見込み、平成26年度末は予算に基づく見込み。
(注2) 特例公債残高は、国鉄長期債務、国有林野累積債務等の一般会計承継による借換国債、臨時特別公債、減税特例公債及び年金特例公債を含む。
(注3) 東日本大震災からの復興のために実施する施策に必要な財源として発行される復興債（平成23年度末：10.3兆円、平成24年度末：9.4兆円、平成25年度末：10.7兆円、平成26年度末：11.4兆円）については、平成24年度以降一般会計とは別に東日本大震災復興特別会計において負担することとしているが、公債残高に含めている。（平成23年度末は一般会計において負担）。
(注4) 平成26年度末の要年度借換償還のための前倒債限度額を除いた見込額は755兆円程度。

56

第２編　わが国の租税制度の変遷と今後の課題

経済財政運営と構造改革に関する基本方針2006（抄）

（平成18年7月7日　閣　議　決　定）

第３章 財政健全化への取組
１．歳出・歳入一体改革に向けた取組
⑵　財政健全化の時間軸と目標

財政健全化第Ⅱ期（2007年度〜2010年代初頭）
（財政健全化の第一歩である基礎的財政収支黒字化を確実に実現）
- 第Ⅰ期と同程度の財政健全化努力を継続し、2011年度には国・地方の基礎的財政収支を確実に黒字化する。
- 財政状況の厳しい国の基礎的財政収支についても、できる限り均衡を回復させることを目指し、国・地方間のバランスを確保しつつ、財政再建を進める。

財政健全化第Ⅲ期（2010年代初頭〜2010年代半ば）
（持続可能な財政とすべく、債務残高GDP比の発散を止め、安定的引下げへ）
- 基礎的財政収支の黒字化を達成した後も、国、地方を通じ収支改善努力を継続し、一定の黒字幅を確保する。その際、安定的な経済成長を維持しつつ、債務残高GDP比の発散を止め、安定的に引き下げることを確保する。
- 国についても、債務残高GDP比の発散を止め、安定的に引き下げることを目指す。

⑷　第Ⅱ期目標の達成に向けて
①　財政健全化に当たっての考え方
- 歳出削減を行ってなお、要対応額を満たさない部分については、歳出・歳入一体改革を実現すべく、歳入改革による増収措置で対応することを基本とする。これにより、市場の信認を確保する。

⑸　歳入改革
- 今回、2011年度に国・地方合わせた基礎的財政収支の黒字化を達成するために策定した要対応額と歳出削減額との差額については、税本来の役割からして、主に税制改革により対応すべきことは当然である。

⑹　第Ⅲ期における歳出・歳入一体改革
①　改革の基本的な方針
- ⑵で述べた第Ⅲ期目標の実現に向け、第Ⅱ期との連続性を確保しつつ、一貫性をもって歳出・歳入一体改革に取り組む必要がある。あわせて、社会保障のための安定財源を確立し、将来世代への負担の先送りから脱却することを目指す必要がある。

15 抜本的な税制改革に向けた基本的考え方(平成19年)①

平成18年11月、政府税制調査会に対し、総理より、「我が国の21世紀における社会経済構造の変化に対応して、各税目が果たすべき役割を見据えた税体系全体のあり方について検討を行い、中長期的視点からの総合的な税制改革を推進していくことが求められている」といった考え方の下、「あるべき税制のあり方について審議を求める」との諮問がありました。

この諮問に基づき、政府税制調査会は、平成19年3月以降、税制が経済や財政にどのような影響を与えるかといった調査分析を積み重ねた上で、同年9月以降、税体系全体のあり方について総合的な検討を行い、同年11月、その結果を「抜本的な税制改革に向けた基本的考え方」としてとりまとめました。

この答申においては、まず、経済・社会における激しい構造変化について論じられています。急速な少子高齢化により人口の減少と超高齢化社会への移行が始まっていること、急速なグローバル化の中で企業のあり方も大きく変化し、国際的競争が激化していること、様々な側面で格差と呼ばれる問題が指摘され、その固定化も懸念されていることが指摘されています。

こうした構造変化を背景に、厳しい財政状況の中で、税制が対応しなければならない課題として、①少子高齢化を背景とする社会保障制度の持続可能性への疑念が国民各層の将来不安につながっていることを踏まえ、社会保障の安定財源を確保すること、②近年様々な側面で格差と呼ばれる問題が指摘され、その固定化が懸念されていること、③グローバル化による国際競争の激化の中で、成長力を強化する必要があること、を挙げています。

第2編 わが国の租税制度の変遷と今後の課題

社会保障の給付と負担の推移

(兆円)

凡例：年金／医療／福祉その他／介護

主な制度導入：
- 1961 国民皆年金　国民皆健康保険
- 1973 福祉元年（老人医療費無料化等）

積み上げグラフ値：
- 1960(昭和35) 1兆円
- 1965(昭和40) 2兆円
- 1970(昭和45) 4兆円
- 1975(昭和50) 12兆円
- 1980(昭和55) 25兆円
- 1985(昭和60) 36兆円
- 1990(平成2) 47兆円
- 1995(平成7) 65兆円
- 2000(平成12) 78兆円
- 2010(平成22) 105兆円（年金53兆円／医療33兆円／福祉その他19兆円／介護8兆円）
- 2013(平成25) 111兆円（年金54兆円／医療36兆円／福祉その他21兆円／介護9兆円）
- 2015(平成27) 119兆円（年金57兆円／医療39兆円／福祉その他23兆円／介護10兆円）
- 2025(平成37) 145兆円（年金60兆円／医療53兆円／福祉その他31兆円／介護16兆円）

	1970	1980	1990	2000	2010	(参考) 2025
社会保障給付費 (A)	4兆円	25兆円	47兆円	78兆円	105兆円	145兆円
国民所得 (B)	61兆円	204兆円	347兆円	372兆円	352兆円	—
国民所得比 (A/B)	5.8%	12.2%	13.6%	21.0%	29.7%	—
社会保障に係る負担	5兆円	30兆円	56兆円	80兆円	99兆円	142兆円
保険料負担	3兆円	19兆円	40兆円	55兆円	58兆円	84兆円
公費負担	1.6兆円	11.0兆円	16.2兆円	25.1兆円	40.8兆円	58兆円
国	1.4兆円	9.8兆円	13.5兆円	19.7兆円	29.5兆円	
地方	0.2兆円	1.2兆円	2.7兆円	5.4兆円	11.3兆円	

(注)1. 社会保障給付費とは、公的な社会保障制度の給付総額を示すものである。
2. 2010年度までは「平成23年度　社会保障費用統計」（国立社会保障・人口問題研究所）、2013年度：113年度当初予算ベース、2015年度以降：「社会保障に係る費用の将来推計の改定について」（平成24年3月厚生労働省）
※ 医療介護について充実と重点化・効率化を行わない場合の計数。

所得再分配によるジニ係数の変化

☐ 所得分配の均等度を示す指標として「ジニ係数」があります。ジニ係数は0から1までの値をとり、0に近いほど分布が均等、1に近いほど不均等であることを示します。

☐ 厚生労働省「所得再分配調査」(平成23年)によると、年金をはじめとする社会保障給付の受取りや税・社会保険料の支払いを行う前の「当初所得」のジニ係数は、所得再分配のばらつきが大きい高齢者世帯の増加や、単独世帯の増加など世帯の小規模化といった社会構造の変化を背景として、昭和56年前後を境に緩やかな上昇傾向にあり、平成23年は0.5536となっています。

☐ 他方で、社会保障給付の受取りや税・社会保険料の支払を加味した「再分配所得」のジニ係数は、平成23年に0.3791となるなど、近年横ばいで推移してきており、社会保障や税制が所得再分配に大きく寄与していることが分かります。

☐ さらに、再分配による改善度について、社会保障によるものと、税によるものの内訳を見ると、税に比べ社会保障の寄与が大きくなっています。

第2編　わが国の租税制度の変遷と今後の課題

所得再分配によるジニ係数の変化

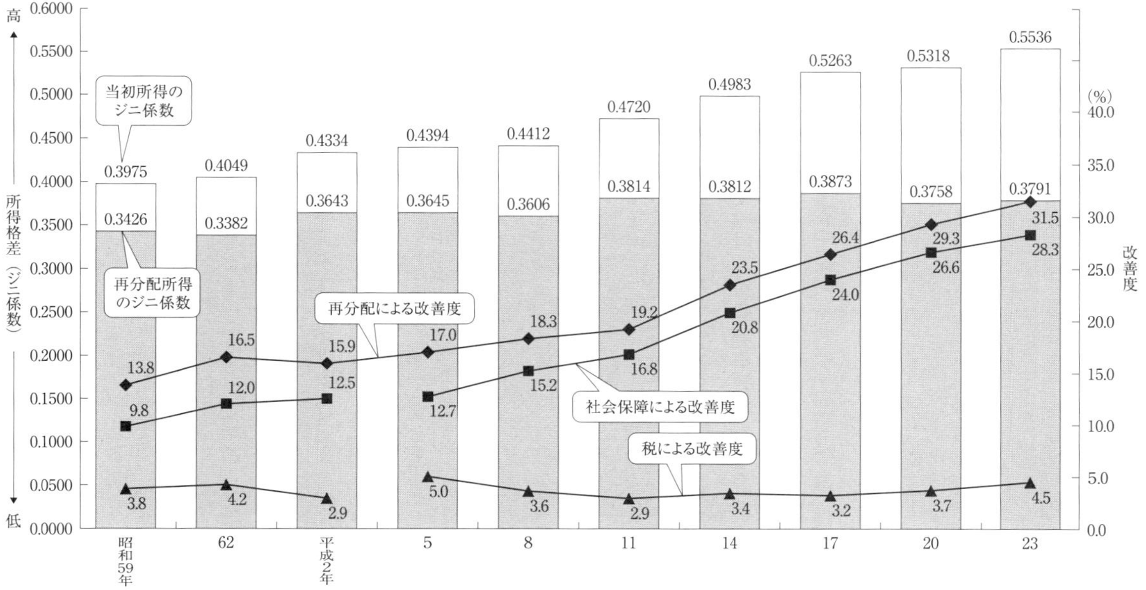

年	当初所得のジニ係数	再分配所得のジニ係数	再分配による改善度(%)	社会保障による改善度(%)	税による改善度(%)
昭和59年	0.3975	0.3426	13.8	9.8	3.8
62	0.4049	0.3382	16.5	12.0	4.2
平成2年	0.4334	0.3643	15.9	12.5	2.9
5	0.4394	0.3645	17.0	12.7	5.0
8	0.4412	0.3606	18.3	15.2	3.6
11	0.4720	0.3814	19.2	16.8	2.9
14	0.4983	0.3812	23.5	20.8	3.4
17	0.5263	0.3873	26.4	24.0	3.2
20	0.5318	0.3758	29.3	26.6	3.7
23	0.5536	0.3791	31.5	28.3	4.5

(備考)　「当初所得」…公的年金等の社会保障給付金を除いた所得（雇用者所得等）
　　　「再分配所得」…当初所得＋社会保障給付金－社会保険料－税金＋現物給付（医療・介護等）
　　　なお、所得は世帯単位のもの。
　　　平成2年以前の「社会保障による改善度」及び「税による改善度」は現行の算出方法と異なるため連続しない。

16 抜本的な税制改革に向けた基本的考え方（平成19年）②

答申においては、前述した課題を踏まえ、「公平・中立・簡素」という基本原則を踏まえつつ、税制改革にあたり必要な以下の3つの視点を述べています。

まず、「国民の安心を支える税制」として、社会保障制度を皆で支え合うため、安定的な歳入構造の確立が必要であり、その財源として消費税が重要な役割を果たすべきこと、再分配政策においては社会保障が主要な役割を担いつつ、税制も機能を発揮すべきこととしています。

また、「経済・社会・地域の活力を高める税制」として、経済・社会の活力を高めることと財政健全化は車の両輪であり、税制が経済活動や社会生活の選択を歪めないようにするとともに、法人課税のあり方や中小企業の活性化が課題となること、地方分権の推進とともに、地方間の税源偏在の是正が必要であることなどが述べられています。

第3の視点として、「国民・納税者の信頼を得る公正な税制」として、簡素・公平な税制の追求、納税者利便の向上などが挙げられています。

答申では、上述のような3つの視点を踏まえ、個人所得課税、法人課税、国際課税、公益法人課税、消費課税、資産課税及び納税環境整備について、具体的方向性が示されています。

政府は、「基本方針2006」をはじめとする累次の方針に示された考え方などを踏まえ、消費税を含む税体系の抜本的な改革について、早期に実現を図ることとしていました。

第2編　わが国の租税制度の変遷と今後の課題

「抜本的な税制改革に向けた基本的考え方」各論の概要
政府税制調査会（平成19年11月）

個人所得課税－所得税の再分配機能のあり方の見直し、個人の多様な選択に対する中立性確保。
- 所得税の税率構造について、他の税目の見直しや課税ベースのあり方と合わせた見直し
- 男女共同参画やライフスタイルの多様化を踏まえた配偶者控除、扶養控除等各種控除の見直し
- 就業構造の変化等を踏まえ、給与所得控除の上限がない仕組み等について、勤務費用の実態を反映した見直し
- 退職所得について、多様な就労選択に中立的な課税制度への見直し
- 年金以外に高額な給与を得ている場合、公的年金等控除について、世代間・世代内の公平性の観点から適正化を図ることを考慮
- 財政的支援の集中化等の観点から、高所得者ほど税負担軽減額が大きい所得控除を改組して、税額控除を導入する考え方を考慮
- いわゆる「給付付き税額控除」について、諸外国の事例も参考にしつつ、政策の必要性、既存給付との関係等の課題について議論
- 個人住民税の寄附金税制のあり方について、新たな公益法人制度の導入、「ふるさと」への貢献・応援の必要性等を踏まえ検討

法人課税－経済活性化の観点から、法人課税の国際的動向、税・社会保険料を含む法人負担の実態を踏まえつつ、対応が必要。
- 法人実効税率の引下げについては、厳しい財政事情の下、課税ベースの拡大を含めた対応が必要
- 当面は、研究開発税制をはじめとする政策税制の効果的な活用に重点を置く必要

国際課税－進展するグローバル化や事業形態の複雑化・多様化の下で、我が国の適切な課税権の確保と、経済活動に対する我が国経済の活性化とのバランスを保つ必要。

公益法人税制－「民間が担う公益活動」を支える制度の構築が求められる。

消費課税－消費税は、勤労世代に負担が集中しない等の特徴を有し、社会保障財源の中核を担うにふさわしい。
- 消費税は、勤労者に負担が集中せず、簡素で、経済活動を支える歪みも小さい等の特徴
- 「消費税の社会保障財源化」について、選択肢の一つとして幅広く検討を行うべき
- 消費税は、「所得に対して逆進的」との指摘もあるが、社会保障を含む受益と負担を通じた全体で所得再分配に寄与
- いわゆる軽減税率については、制度の簡素化や事業者の事務負担等を考慮すれば、極力単一税率が望ましい。また、「インボイス方式」の導入が検討課題
- 地方消費税は偏在性が小さく、安定的な税目であり、社会保障について地方の果たす役割も重要

資産課税－相続税の資産再分配機能の回復等を図るべき。金融所得課税は一体化の方向に沿った取組みが必要。
- 相続税について、世代を超えた格差固定化の防止や生涯における社会からの給付に対する負担の清算といった考え方から、資産再分配機能の回復等を図るとともに、あわせて事業承継税制も検討
- 上場株式等の配当・譲渡益の軽減税率は廃止し、損益通算の範囲拡大を検討

納税環境整備－国民・納税者の信頼向上のために、税制の簡素化・納税者利便の向上を図り、課税の適正化に向けて有効な施策を講じていく必要。
- 電子申告・電子納税の普及に向けた取組み等の推進、資料情報制度の充実、納税者番号制度の導入に向けた具体的な取組み、罰則整備の検討、広報・租税教育の充実

17　中期プログラムと平成21年度税制改正法附則第104条（平成20年）

平成19年11月に「抜本的な税制改革に向けた基本的考え方」がとりまとめられましたが、平成20年秋以降の厳しい経済情勢の下で、こうした抜本的な税制改革は難しい状況となってしまいました。このため、当面は景気回復を最重要課題としつつ、中長期的には財政再建を行う方針の下、中期的な財政責任を果たし、急速に進む少子・高齢化の下で国民の安心を確かなものとするため、「持続可能な社会保障構築とその安定財源確保に向けた『中期プログラム』」が同年12月に閣議決定されました。

この中で、堅固で持続可能な「中福祉・中負担」の社会保障制度の構築とその安定財源確保及び税制抜本改革の全体像が示されました。

また、社会保障制度については、「社会保障国民会議」の中間報告及び最終報告に基づき、社会保障の機能強化と効率化を図る改革を含んだ工程表が示されるとともに、消費税を社会保障の主要な財源として、その全税収を確立・制度化した年金、医療及び介護の社会保障給付及び少子化対策の費用に充てることにより、すべて国民に還元することとされました。

消費税を含む税制抜本改革については、上記「中期プログラム」を踏まえ、平成21年度税制改正法の附則において法制化され、所得、消費、資産等の税体系全般について、その基本的方向性が示されるとともに、平成20年度を含む3年以内の景気回復に向けた集中的な取組により経済状況を好転させることを前提として、遅滞なく、かつ、段階的に行うため、平成23年度までに必要な法制上の措置を講じることとされました。

第２編　わが国の租税制度の変遷と今後の課題

○　所得税法等の一部を改正する法律（平成21年法律第13号）（抄）

附　則

（税制の抜本的な改革に係る措置）

第104条　政府は、基礎年金の国庫負担割合の二分の一への引上げのための財源措置並びに年金、医療及び介護の社会保障給付並びに少子化に対処するための施策に要する費用の見通しを踏まえつつ、平成二十年度を含む三年以内の景気回復に向けた集中的な取組により経済状況を好転させることを前提として、遅滞なく、かつ、段階的に消費税を含む税制の抜本的な改革を行うため、平成二十三年度までに必要な法制上の措置を講ずるものとする。この場合において、当該改革は、二千十年代（平成二十二年から平成三十一年までの期間をいう。）の半ばまでに持続可能な財政構造を確立することを旨とするものとする。

2　前項の改革を具体的に実施するための施行期日等を法制上定めるに当たっては、景気回復過程の状況、国際経済の動向等を見極め、予期せざる経済変動にも柔軟に対応できる仕組みとするものとし、当該改革は、不断に行政改革を推進すること及び歳出の無駄の排除を徹底することに一段と注力して行われるものとする。

3　第一項の措置は、次に定める基本的方向性により検討を加え、その結果に基づいて講じられるものとする。

　一　個人所得課税については、格差の是正及び所得再分配機能の回復の観点から、各種控除及び税率構造を見直し、最高税率及び給与所得控除の上限の調整等により高所得者の税負担を引き上げるとともに、給付付き税額控除（給付と税額控除を適切に組み合わせて行う仕組みその他これに準ずるものをいう。）の検討を含む歳出面も合わせた総合的な取組の中で子育て等に配慮して中低所得者世帯の負担の軽減を検討すること並びに金融所得課税の一体化を更に推進すること。

　二　法人課税については、国際的整合性の確保及び国際競争力の強化の観点から、社会保険料を含む企業の実質的な負担に留意しつつ、課税ベース（課税標準とされるべきものの範囲をいう。第五号において同じ。）の拡大とともに、法人の実効税率の引下げを検討すること。

　三　消費課税については、その負担が確実に国民に還元されることを明らかにする観点から、消費税の全額が制度として確立された年金、医療及び介護の社会保障給付並びに少子化に対処するための施策に要する費用に充てられることが予算及び決算において明確化されることを前提に、消費税の税率を検討すること。その際、歳出面も合わせた視点に立って複数税率の検討等の総合的な取組を行うことにより低所得者への配慮について検討すること。

　四　自動車関係諸税については、簡素化を図るとともに、厳しい財政事情、環境に与える影響等を踏まえつつ、税制の在り方及び暫定税率（租税特別措置法及び地方税法（昭和二十五年法律第二百二十六号）附則に基づく特例による税率をいう。）を含む税率の在り方を総合的に見直し、負担の軽減を検討すること。

　五　資産課税については、格差の固定化の防止、老後における扶養の社会化の進展への対処等の観点から、相続税の課税ベース、税率構造等を見直し、負担の適正化を検討すること。

　六　納税者番号制度の導入の準備を含め、納税者の利便の向上及び課税の適正化を図ること。

　七　地方税制については、地方分権の推進及び国と地方を通じた社会保障制度の安定財源の確保の観点から、地方消費税の充実を検討するとともに、地方法人課税の在り方を見直すことにより、税源の偏在性が小さく、税収が安定的な地方税体系の構築を進めること。

　八　低炭素化を促進する観点から、税制全体のグリーン化（環境への負荷の低減に資するための見直しをいう。）を推進すること。

18 政治家で構成される政府税制調査会の下での税制改正　平成21年秋、政府の責任の下で税制改正の議論を行うため、有識者で構成されていた政府税調が廃止され、政治家から構成される政府税調が設置されました。この政治主導の仕組みの下、税制の検討に当たっては専門的・技術的な見地からの検討も必要なことから、政府税調の下に学識経験者を構成員とする専門家委員会が設置され、中長期的視点から税制のあり方について、政府税調に対して助言することとされました。

この政府税調で決定された平成22年度税制改正大綱においては、税制改革に当たっての基本的考え方及び各主要課題の中長期的な改革の方向性などが示され、税制全般にわたる改革に取り組むこととされました。この取組の第一歩として、平成22年度税制改正においては、「控除から手当へ」等の観点からの扶養控除の見直し、国民の健康の観点を明確にしたたばこ税の税率の引上げその他の各般の税目にわたる所要の措置が一体として講じられました。

なお、この政治主導の政府税調は、その後も税制改正の議論をリードしてきましたが、平成24年12月の政権交代を経て、平成25年1月に廃止されました。

第2編　わが国の租税制度の変遷と今後の課題

税制全般の改革の視点・進め方
【平成22年度税制改正大綱（平成21年12月22日閣議決定）】

税制改革の視点

税制全般の抜本改革を進めるに当たっては、以下の5つの視点に特に重点を置く。
1. 納税者の立場に立って「公平・透明・納得」の三原則を常に基本とする
2. 「支え合い」のために必要な費用を分かち合うという視点を大事にする
3. 税制と社会保障制度の一体的な改革を推進する
4. グローバル化に対応できる税制のあり方を考える
5. 地域主権を確立するための税制を構築する

税制改革の進め方

○中長期的な改革の方向性は下記のとおり。
　→平成22年度税制改正はこうした取組の第一歩
○今後、専門家委員会の助言を受けながら、内閣官房国家戦略室とも連携しつつ、歳出・歳入一体の改革が実現できるよう、税制抜本改革実現に向けての具体的ビジョンとして、工程表を作成し、国民に提示する。

各主要課題の改革の方向性

○納税環境整備
　納税者権利憲章（仮称）の制定、国税不服審判所の改革、社会保障・税共通の番号制度導入、歳入庁の設置等について、税制調査会に設置するPT等において検討を行う。
○個人所得課税
　所得再分配機能を回復し、所得税の正常化に向け、税率構造の改革、所得控除から税額控除・給付付き税額控除・手当への転換等の改革を推進する。
　個人住民税については、今後の所得税における控除整理も踏まえ、控除のあり方について検討を進める。
○法人課税
　租税特別措置の抜本的な見直し等により課税ベースが拡大した際には、成長戦略との整合性や企業の国際的な競争力の維持・向上、国際的な協調などを勘案しつつ、法人税率を見直していく。
○国際課税
　国際課税を巡る状況等を勘案しつつ、適切な課税・徴収を確保するとともに、企業活動活性化のために税務執行に係るルールを明確化・適正化すべく、必要な方策を検討する。また、租税条約について、ネットワークの迅速な拡充に努める。
○資産課税
　格差是正の観点から、相続税の課税ベース、税率構造の見直しについて平成23年度改正を目指す。
○消費税
　今後、社会保障制度の抜本改革の検討などと併せて、使途の明確化、逆進性対策、課税の一層の適正化も含め、検討する。
○個別間接税
　「グッド減税・バッド課税」の考え方に立ち、健康に配慮した税制や地球規模の課題に対応した税制の検討を進める。
○市民公益税制（寄附税制など）
　「新しい公共」の役割が重要性を増していることに鑑み、市民公益税制に係るPTを設置し、改革に向けた検討を進める。
○地域主権の確立に向けた地方税財源のあり方
　国と地方の役割分担を踏まえるとともに、地方が自由に使える財源を拡充するという観点から国・地方間の税財源の配分のあり方を見直す。地方消費税の充実など、偏在性が少なく税収が安定的な地方税体系を構築する。

19　社会保障と税の一体改革　少子高齢化が進む中、国民の将来に対する不安を解消するためには、社会保障改革とその財源確保を一体的に検討する必要があるとの考えの下、平成22年10月に「政府・与党社会保障改革検討本部」が設置され、議論が進められることとなりました。その後、同年12月に「平成23年半ばまでに成案を得る」とされたことを受け、引き続き検討が進められ、2010年代半ばまでに段階的に消費税率を10％まで引き上げる等の方針を盛り込んだ「社会保障・税一体改革成案」が平成23年6月に取りまとめられました。

この成案に沿って、更なる具体化に向けた議論が進められ、平成24年2月に「社会保障・税一体改革大綱」が取りまとめられ、これを踏まえて、同年3月末に税制抜本改革法案が社会保障制度改革の法案とともに国会に提出されました。税制抜本改革法案では、消費税率を平成26年4月に8％へ、平成27年10月に10％へ段階的に引き上げることのほか、所得税の最高税率の引上げ、相続税の基礎控除の引下げ等の見直し、消費税以外の事項等の改革の方向性が盛り込まれました。また、消費税率の引上げに当たり、低所得者対策として、「給付付き税額控除」を導入し、それまでの間の暫定的・臨時的措置として、「簡素な給付措置」を実施することや、消費税率の引上げを経済状況を好転させることを条件として実施するため、いわゆる「景気弾力条項」が設けられました。

その後、政党間協議の結果、所得税と相続税の改正については平成24年度中に結論を得る、給付付き税額控除と併せて消費税の複数税率についても検討していく、などの法案の修正が行われ、同年8月10日に成立しました。

また、所得税と相続税の改正については、その内容を一部修正した法案が平成25年3月に成立しました。その後、同年10月1日に、

税制抜本改革法の景気弾力条項に基づき、経済状況等を総合的に勘案した検討を踏まえて、平成26年4月から消費税率を8％へ引き上げることが確認（閣議決定）されました。

税制抜本改革の経緯①

〈平成16年〉
- 平成16年年金改正法附則16条（H16.6.11公布）
  - 特定年度（年金国庫負担割合が2分の1に引き上げられる年度）については、平成19年度を目途に、政府の経済財政運営の方針の決定に整合性を確保しつつ、社会保障制度全般の改革の動向その他の事情を勘案し、所要の安定した財源を確保する税制の抜本的な改革を行った上で、平成21年度までの間のいずれかの年度を定めるものとする。等公布当時の条文

〈平成19年〉（H19.11政府税調）

〈平成20年〉
- 「抜本的な税制改革に向けた基本的考え方」（H20.11.4最終報告）
- 社会保障国民会議（H20.1.29第1回、H20.11.4最終報告）
- 持続可能な社会保障構築とその安定財源確保に向けた「中期プログラム」（H20.12.24閣議決定）
  - 経済状況を好転させることを前提として、遅滞なく、かつ、段階的に消費税を含む税制の抜本的な改革を行うため、平成23年度までに必要な法制上の措置を講ずるものとする。
- 平成21年度税制改正法附則104条（H21.3.31公布）

〈平成21年〉
- 安心社会実現会議（H21.4.13第1回、H21.6.15報告）

〈平成22年〉
- 政府・与党社会保障改革検討本部（H22.10.28）
  - 「税目ごとの論点の深掘り」に関する議論の中間報告（H22.12.2政府税調専門家委）
  - 税と社会保障の抜本改革調査会「中間整理」（H22.12.8）
  - 社会保障改革に関する有識者検討会報告（H22.12.8）
  - '23年半ばまでに成案を得、国民的合意を持ったうえでその実現を図る。
- 「社会保障改革の推進について」（H22.12.14閣議決定）

〈平成23年〉
- 社会保障改革に関する集中検討会議
  - ・H23.2.5 第1回開催 ⇒ 第6回（5/12）「厚生労働省調査会」⇒ 第10回（6/2）「社会保障改革案」
  - ・H23.5.26民主党社会保障と税の抜本改革調査会決定
- 「あるべき社会保障」の実現に向けて（H23.6.30政府・与党社会保障改革本部）
- 社会保障・税一体改革成案（H23.6.30政府・与党社会保障改革本部）
- 政府・与党社会保障改革本部（H23.12.5）

〈平成24年〉
- 「社会保障・税一体改革について」（骨子）（H23.12.29民主党税調）
- 社会保障・税一体改革素案（H24.1.6政府・与党社会保障改革本部）
- 社会保障・税一体改革大綱（H24.2.17閣議決定）
  - ・各税目の改正内容・時期を盛り込んだ法案を今年度中に提出する。
  - ・消費税率（国・地方）は2014年4月1日より8％へ、2015年10月1日より10％へ段階的に引上げを行う。
  - ・法律施行後、引上げにあたっての経済状況の判断を行うとともに、経済財政状況の激変にも柔軟に対応できるよう、消費税率引上げ実施前に「経済状況の好転」について、名目・実質成長率、物価動向など、種々の経済指標を確認し、経済状況等を総合的に勘案した上で、引上げの停止を含め所要の措置を講ずる旨の規定を設ける。
- 税制抜本改革法案（H24.3.30国会提出）
  - ・5/8衆議院審議開始 ⇒ 6/15 3党合意 ⇒ 6/26衆議院可決 ⇒ 7/11参議院審議開始 ⇒ 8/10成立

第2編　わが国の租税制度の変遷と今後の課題

税制抜本改革の経緯②

25年1月24日	自民・公明「平成25年度税制改正大綱」決定
1月29日	「平成25年度税制改正の大綱」（閣議決定）
2月22日	自民・公明・民主3党合意（25年度改正について）
	合意内容を受け、平成25年度税制改正法に附則108条を追加
3月1日	平成25年度税制改正法案を国会に提出（3月29日成立）
8月8日	「中長期の経済財政に関する試算」（経済財政諮問会議提出）、「中期財政計画」（閣議決定）
同日	消費税率の予定どおりの引上げを前提に試算（現行法と異なる判断が行われた場合には見直す旨注記）
	閣僚懇談会において消費税率引上げの判断に向けた検討において、有識者・専門家からのヒアリングの実施を指示
8月12日	4-6月期の4半期別GDP1次速報（+0.6％、年率2.6％）
8月26日～31日	今後の経済財政動向等についての集中点検会合
	7割を超える有識者・専門家から、予定通りの消費税率引上げが適当又はやむを得ないとする意見
9月5日～6日	G20サンクトペテルブルク・サミット
	全ての先進国が信頼に足る国別の中期的な財政戦略を策定したことを確認
9月9日	4-6月期の4半期別GDP2次速報（+0.9％、年率3.8％）
9月10日	閣僚懇談会において経済政策パッケージの取りまとめを指示
10月1日	自民・公明「民間投資活性化等のための税制改正大綱」決定
同日	「消費税率及び地方消費税率の引上げとそれに伴う対応について」（閣議決定）
	消費税率8％への引上げの確認、経済政策パッケージの策定
	「好循環実現のための経済対策」（閣議決定）
12月5日	
12月12日	自民・公明「平成26年度税制改正大綱」決定
12月24日	「平成26年度税制改正の大綱」（閣議決定）
26年2月4日	平成26年度税制改正法案を国会に提出（3月20日成立）等

20　東日本大震災からの復旧・復興財源のための税制措置　平成23年3月に発生した東日本大震災からの復旧・復興については、復興構想会議の提言を踏まえ、同年7月に「復興の基本方針」が策定されました。この中で、「次の世代に負担を先送りすることなく、今の世代全体で連帯して分かち合う」との方針が示されるとともに、平成27年度までの5年間（集中復興期間）に少なくとも19兆円と見込まれる復興費用を歳出削減・税外収入、時限的な税制措置等でまかなうこととされました。

この方針を踏まえ、同年8月以降、税制調査会で税制措置の検討が進められ、具体的な税目、年度毎の規模等を組み合わせた複数の選択肢として、税制措置の期間を「10年間」とした上で、①所得税・法人税に負担を求める案、②所得税・法人税を中心に個別間接税にも負担を求める案の2案が策定されました。

この選択肢に基づき、政府・与党で更に検討が進められ、同年10月に所得税付加税（10年間、付加税率4％）・法人税付加税（3年間、付加税率10％）・たばこ臨時特別税（10年間、1本1円）などの政府・与党案がとりまとめられ、この税制措置の内容を盛り込んだ「復興財源確保法案」が国会に提出されました。

その後、政党間協議の結果、たばこ臨時特別税を除外するとともに、所得税付加税（復興特別所得税）を付加税率2.1％で25年間とする等の法案修正が行われました。同年11月に迅速な国会審議を経て、「復興財源確保法」が成立し、復興費用のうち、10.5兆円程度を時限的な税制措置で確保することとなりました。

なお、平成26年度の税制改正において、足元の企業収益の改善を賃金の上昇につなげるきっかけとするといった観点から、法人税付加税（復興特別法人税）を1年前倒しで廃止し、2年間、付加税率10％とすることとされました。

第3編　わが国の税制の現状（国税）

1　概　説　現在わが国の税金は、国、都道府県、及び市町村がそれぞれ徴収しています。こうした徴収主体の区分に着目し、国が徴収する税金を国税、都道府県又は市町村が徴収する税金を地方税と呼んでいます。本編では、国税のそれぞれの税目について見ていきたいと思います。

各税目は、課税ベースの違いによって、所得課税、消費課税、資産課税等に分類することができます（右頁参照）。まず所得課税として、所得税、法人税等が挙げられます。所得税、法人税はそれぞれ個人、法人の所得に課せられる税金です。所得課税には、利子所得、配当所得、土地譲渡などに係る所得税も含まれていますが、これらを、資産をベースとした税金ととらえて、資産課税等のカテゴリーに含める考え方もあります。

次に、消費課税に移ります。消費課税のカテゴリーに分類される税目は多様ですが、このうち最も皆さんにとって関わりが大きいのは消費税でしょう。消費税は、一部の例外的な品目を除き、物品、サービス等の消費一般を課税対象とする課税ベースの広い間接税です。ちなみに、消費税導入の際には、物品税、入場税といった特定の物品、サービスを課税対象とする税目の一部が、消費税に吸収される形で廃止されています。他には、酒税、たばこ税、揮発油税や自動車重量税などが消費課税のカテゴリーに分類されています。

最後に資産課税等です。相続税、贈与税、印紙税、登録免許税といった税目がこのカテゴリーに属します。

なお、以上の税目を第1編の9で触れたように直接税・間接税という区別で見ると右頁のとおりです。

国税の税目

所 得 課 税	所得税★ 地方法人税★ 法人税★ 地方法人特別税★ 復興特別所得税★ 復興特別法人税★	消 費 課 税	消費税　　自動車重量税 酒税　　　航空機燃料税 たばこ税　石油石炭税 たばこ特別税 電源開発促進税 揮発油税　関税 地方揮発油税 とん税 石油ガス税 特別とん税
資産課税等	相続税・贈与税★ 登録免許税 印紙税		

(注)　★印は直接税、無印は間接税等

国税の内訳（平成26年度予算額）

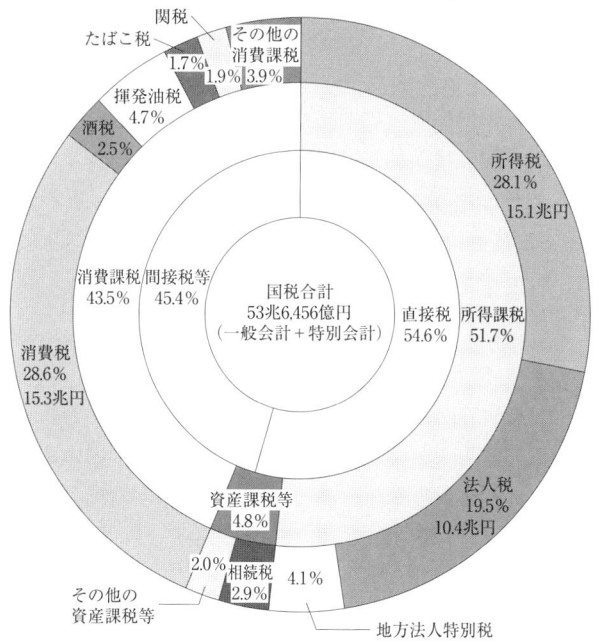

- 関税 1.7%
- たばこ税 1.9%
- その他の消費課税 3.9%
- 揮発油税 4.7%
- 酒税 2.5%
- 消費課税 43.5%
- 間接税等 45.4%
- 消費税 28.6%　15.3兆円
- 所得税 28.1%　15.1兆円
- 所得課税 51.7%
- 直接税 54.6%
- 法人税 19.5%　10.4兆円
- 資産課税等 4.8%
- その他の資産課税等 2.0%
- 相続税 2.9%
- 地方法人特別税 4.1%

国税合計
53兆6,456億円
（一般会計＋特別会計）

※所得税は復興特別所得税、法人税は復興特別法人税及び地方法人税をそれぞれ含む。

2 所得税

(1) **負担状況等** 所得税は、暦年中の個人の所得、すなわち給料・賃金や商売の利益、あるいは土地や株式を売って得た利益などに対して課される税金で、消費税とともに、私たちにとっては身近な税金といえます。

まず、その負担の状況をみてみます。

国家全体での所得税の負担状況をみるために、内閣府の「国民経済計算」における「家計の受取」を個人の総所得としてとらえてみると、平成23年度における「家計の受取」308兆3,887億円に対し、所得税収は13兆9,925億円（個人住民税収は11兆7,389億円）で、その負担割合は約4.5％（個人住民税込みで約8.4％）となっています。

次に、個人ベースでの所得税の負担状況を給与所得者を例にとってみてみます。国税庁の「民間給与実態統計調査」（平成24年分）によると、わが国では、約5,422万人の人がサラリーマン、すなわち給与所得者として所得税の対象となっています。また、総務省の「平成21年全国消費実態調査」によると標準世帯（夫婦子2人の世帯）の平均収入額は約740万円となっています。そこで700万円の給与収入の標準世帯を例にとってみますと、右の図表のように所得税額は約21万円（個人住民税込みで約53万円）で負担割合は3.0％（同7.6％）となっています。なお、後述するように、所得税では累進的な税率構造がとられているため、例えば1,500万円の給与収入がある場合には、所得税額は約181万円（個人住民税込みで約284万円）、負担割合は12.1％（同18.9％）と上昇することとなります。

収入階層別所得税・住民税負担の状況
(夫婦子2人の給与所得者の場合)

給与収入	所得税	割 合	住民税	割 合	計	割 合
万円	万円	％	万円	％	万円	％
400	4.4	1.1	10.1	2.5	14.5	3.6
500	8.0	1.6	17.1	3.4	25.1	5.0
600	13.2	2.2	25.3	4.2	38.5	6.4
700	20.8	3.0	32.7	4.7	53.4	7.6
800	34.2	4.3	40.7	5.1	74.8	9.4
900	50.5	5.6	48.7	5.4	99.1	11.0
1,000	68.0	6.8	57.3	5.7	125.3	12.5
1,200	106.3	8.9	75.5	6.3	181.7	15.1
1,500	180.8	12.1	102.8	6.9	283.5	18.9
2,000	349.2	17.5	152.8	7.6	502.0	25.1
3,000	736.3	24.5	252.8	8.4	989.1	33.0

(注)1．子2人のうち1人が特定扶養親族、1人が16歳未満として計算している。
　　2．一定の社会保険料が控除されるものとして計算している。
　　3．復興特別所得税を加味して計算している。
　　4．四捨五入の関係で合計額が一致しないところがある。

(2) **基本的仕組み、課税最低限、所得の種類**　所得税法では、所得の発生形態によって10種類の所得分類を設け、それぞれの収入又は経済的利益から必要経費や給与所得控除等を差し引く、所得金額の計算方法を定めており、原則として、これら10種類の所得金額を合計した金額から、基礎控除、配偶者控除などの所得控除額を差し引き、その残額に対して超過累進税率を適用して所得税額を計算する総合課税の仕組みをとっています。したがって、所得税は、各人の得た所得の大きさに応じた負担を求めることができ、また、家族の構成など、各人の状況に応じたキメ細かな配慮を行うことのできる税といえます。

所得税では各種の控除により、所得金額が一定額以下の人には税金がかからないようになっており、これを課税最低限といっています。この課税最低限は基礎控除等の水準によってその額が変動しますが、現在、夫婦子2人の標準的なサラリーマン世帯で262万円となっています。

所得をその源泉ないし性質によって10種類に分類しているのは、所得はその性質によって担税力が異なるという前提に立ち、公平負担の観点から、担税力の相違に応じた計算方法を定めるためです。

これらの所得ごとにその所得金額を計算して、これを基礎として課税標準である総所得金額、退職所得金額及び山林所得金額を計算します。「総所得金額」とは、退職・山林所得を除く8種類の所得金額（長期譲渡所得及び一時所得については、これらの所得金額を2分の1にした額）を合計したものです。退職所得及び山林所得については分離課税とされ、総所得金額には含めないで計算します（(4)参照）。なお、例えば遺族の受ける恩給や年金、サラリーマンが受け取る出張旅費などのように非課税とされている所得もあります。

所得税の課税最低限の内訳（給与所得者の場合）

区　　　　分	独　身	夫　婦	夫婦子2人
課　税　最　低　限	1,144千円	1,566千円	2,616千円
内訳　給与所得控除	650	650	965
基礎控除	380	380	380
配偶者控除	－	380	380
扶養控除	－	－	－
特定扶養控除	－	－	630
社会保険料控除	114	156	262

(注) 1. 夫婦子2人の場合、子のうち1人が特定扶養親族、1人が16歳未満として計算している。
　　 2. 一定の社会保険料が控除されるものとして計算している。

所得の種類（10分類）

種　　　　類	内　　　　　　　　　容
利　子　所　得	預貯金、国債などの利子の所得
配　当　所　得	株式、出資の配当などの所得
事　業　所　得	商工業、農業など事業をしている場合の所得
不 動 産 所 得	土地、建物などを貸している場合の所得
給　与　所　得	給料、賃金、ボーナスなどの所得
退　職　所　得	退職手当、一時恩給などの所得
譲　渡　所　得	土地、建物、ゴルフ会員権などを売った場合の所得
山　林　所　得	山林の立木などを売った場合の所得
一　時　所　得	クイズの賞金、生命保険契約の満期返戻金など、一時的な所得
雑　　所　　得	恩給、年金などの所得
	営業でない貸金の利子など、上記所得に当てはまらない所得

(3) **所得金額の計算**　課税標準たる総所得金額などを計算する際の基礎となる各種所得の所得金額の計算に当たっては、一般的には収入金額から必要経費を差し引いて計算されることになっています。

利子所得については必要経費の控除が認められておらず収入金額そのものが所得金額となり、また、配当所得については株式その他配当所得を生ずべき元本を取得するための負債の利子の額を収入金額から控除した残額が所得金額となります。なお、利子所得、配当所得に対する課税については種々の特例があります (⑬参照)。

給与所得、退職所得については、必要経費に代えて特別の控除が認められています。すなわち、給与所得については給与所得控除、退職所得については退職所得控除という概算的な控除が設けられています。前者は勤務に伴う概算的な経費を控除するというもので、収入金額に応じた控除率が定められており、後者は退職所得の長期性や退職後の生活の原資となることなどが考慮されて認められているものです。

雑所得のうち、公的年金等に係るものについては、収入金額から公的年金等控除額を差し引いた額が公的年金等に係る雑所得の金額となります (⑫参照)。

譲渡所得については、収入金額から譲渡資産の取得価額などを控除して計算しますが、土地・建物等に係るものについては特別控除などの所得計算の特例もあります（5 土地税制(1)参照)。また、株式等の譲渡収益に対しても特別な課税方式がとられています (⑭参照)。

第3編　わが国の税制の現状（国税）

所得金額の計算方法

種　　類	計　算　方　法
利　子　所　得	収入金額＝所得金額
配　当　所　得	（収入金額）－（株式などを取得するための借入金の利子）
事　業　所　得	収入金額－必要経費
不　動　産　所　得	収入金額－必要経費
給　与　所　得	収入金額－給与所得控除額（⑾参照）
退　職　所　得	（収入金額－退職所得控除額）×$\frac{1}{2}$
譲　渡　所　得	（収入金額）－（売却した資産の取得費・譲渡費用）－（特別控除額（上限50万円））
山　林　所　得	収入金額－必要経費－特別控除額（上限50万円）
一　時　所　得	（収入金額）－（収入を得るために支出した費用）－（特別控除額（上限50万円））
雑　所　得	（公的年金等）　収入金額－公的年金等控除額 （上記以外）　収入金額－必要経費

(参考)　退職所得控除額
　　　　　勤続年数20年まで　　1年につき40万円
　　　　　勤続年数20年超　　　1年につき70万円

（例）　勤続年数30年の場合

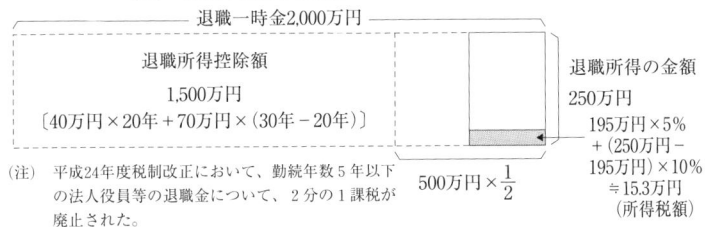

退職一時金2,000万円

退職所得控除額
1,500万円
〔40万円×20年＋70万円×(30年－20年)〕

500万円×$\frac{1}{2}$

退職所得の金額
250万円
195万円×5％
＋(250万円－195万円)×10％
≒15.3万円
（所得税額）

(注)　平成24年度税制改正において、勤続年数5年以下の法人役員等の退職金について、2分の1課税が廃止された。

⑷ **所得税計算の仕組み**　所得税の計算の仕組みは右頁の図のようになっています。所得税法上は、前述のようにすべての所得（退職・山林所得を除きます）を総合して超過累進税率を適用して税額を算出するのが原則です。

　退職所得及び山林所得については、長期性などその所得の特殊性から分離して課税することとされています。退職所得については、勤続年数に応じた退職所得控除額控除後の金額の2分の1に対して累進税率が適用され、税額が算定されます。また、山林所得については、植林費などの必要経費の控除のほか、特別控除（50万円）が認められており、これらの控除後の残額に対して5分5乗の方法によって累進税率を適用し、税額が算定されます。

　現実には、租税特別措置法によっても各種の所得が他の所得とは分離して課税されることとされています。

　まず、利子所得については、障害者等に対する少額貯蓄の利子非課税制度等の対象となるものを除き、所得税15％（他に地方税5％）の源泉徴収のみで課税関係が終了する源泉分離課税の方式がとられています。また、上場株式等の配当等や譲渡益についても源泉徴収のみで課税関係が完了する場合があります（⒀参照）。

　不動産業者等が土地等を譲渡した場合の事業所得、雑所得や個人が土地・建物等を譲渡した場合の譲渡所得についても他の所得と分離して課税することとされています（5土地税制⑴参照）。

第３編　わが国の税制の現状（国税）

所得税計算の仕組み（イメージ）

収入の種類（注1）	必要経費等	所得分類（注2）	損益通算（注2）	諸控除等	適用税率
○給料・賃金	給与所得控除（特定支出控除）	給与所得	損益通算	所得控除（人的控除等）	×累進税率＝税額
○事業収入	必要経費	事業所得			
○不動産収入	必要経費	不動産所得			
○その他の資産の譲渡収入（5年超）	取得費等 − 50万控除	総合長期譲渡所得 ×1/2			
○一時の収入	収入を得るために支出した金額 − 50万控除	一時所得			
○その他収入		雑所得			
○公的年金	公的年金等控除				
○退職金	退職所得控除	退職所得 ×1/2（※）	×（注3）		×比例税率＝税額（申告分離課税）
○配当収入	負債利子	配当所得（※※）	損益通算 ×（注3）		×比例税率＝税額（申告分離課税）
○株式等の譲渡収入	取得費等	株式等の譲渡所得（※※）	×（注3）		×比例税率＝税額（申告分離課税）
○土地等の譲渡収入	取得費等	土地等の譲渡所得			×比例税率＝税額（申告分離課税）
○利子収入		利子所得			×比例税率＝税額（源泉分離課税）（※※※）

(注1) 主な収入を掲げており、この他に「山林所得」、「先物取引に係る雑所得等」などがある。
(注2) 各種所得の金額及び課税所得の金額の計算上、一定の特別控除額等が適用されている。また、各種所得の課税方法についても、上記の課税方法のほか、源泉分離課税や申告分離課税される場合がある。
(注3) これらの所得の金額と他の所得金額とを通算することができる。一般会社債等の譲渡所得等については申告分離課税とする（平成28年1月1日以後適用）。
(※) 勤続年数5年以下の法人役員等の退職金については、2分の1課税は適用しない。
(※※) 「配当所得」及び「株式等の譲渡所得」については、一定の要件の下、申告不要（確定申告不要）。
　　　上場株式等の配当所得（上場株式等の譲渡損失）と「上場株式等の配当所得等」の間には損益通算可能。
　　　上場株式等の譲渡損失及び配当等に係る通算の特例の対象に、特定公社債等の利子所得等及び譲渡所得等を加える（平成28年1月1日以後適用）。
(※※※) 特定公社債等の利子所得等については、申告不要又は申告分離課税とする（平成28年1月1日以後適用）。

(5) **人的諸控除**　所得税法は、課税所得を計算する上で総所得金額等から各種の控除を行うことができることを定めていますが、これらの控除を所得控除といいます。所得控除は、大別して、人的な諸控除と雑損控除や社会保険料控除などのその他の諸控除（(7)及び(8)参照）とに分けることができます。

人的な諸控除もその趣旨から、基礎・配偶者・扶養控除などのいわば基礎的な控除ともいうべきグループと、障害者など通常の人と比較して生活上追加的な費用が必要である人への配慮を主としたグループの二つに分けることが可能です。

第一のグループのうち、基礎控除はすべての人に無条件に認められているものであり、配偶者控除及び扶養控除は納税者が生計を一にする配偶者又は扶養親族を有し、それらの者の所得金額が38万円以下である場合に控除が認められるものです。この他、配偶者控除に関連して配偶者特別控除があります（(6)参照）。また、扶養控除においては、特定扶養控除、老人扶養控除など年齢等に応じた様々な加算・割増控除が認められます。

なお、平成22年度税制改正において、「所得控除から手当へ」等の観点から、当時の子ども手当の創設（平成24年4月1日より児童手当）とあいまって、年少扶養親族（～15歳）に対する扶養控除（38万円）が廃止されました。また、高校の実質無償化に伴い、16～18歳までの特定扶養親族に対する扶養控除の上乗せ部分（25万円）も廃止されました。それぞれ平成23年分以後の所得税に適用されています。

第二のグループの人的控除は、（特別）障害者控除、寡婦（夫）控除及び勤労学生控除です。これらの控除は、基本的には納税者本人が障害者などに該当する場合に認められていますが、（特別）障害者控除については、納税者と生計を一にする配偶者又は扶養親族が（特別）障害者に該当する場合にも認められます。寡婦（夫）・勤労学生控除については、所得要件などの一定の要件を満たしている必要があり、また、寡婦控除においては、特定の要件を満たしている場合には控除額が割増となるケースもあります。

第3編 わが国の税制の現状（国税）

人的控除の概要

		創設年 (所得税)	対　象　者	控除額	本人の 所得要件
基礎的な人的控除	基　礎　控　除	昭和22年 (1947年)	・本人	38万円	―
	配偶者控除	昭和36年 (1961年)	・生計を一にし、かつ、年間所得が38万円以下である配偶者（控除対象配偶者）を有する者		
	一般の控除 対象配偶者	昭和36年 (1961年)	・年齢が70歳未満の控除対象配偶者を有する者	38万円	―
	老人控除対象 配偶者	昭和52年 (1977年)	・年齢が70歳以上の控除対象配偶者を有する者	48万円	―
	配偶者特別控除	昭和62年	・生計を一にする年間所得が38万円を超え76万円未満である配偶者を有する者	最高 38万円	年間所得 1,000万円以下
	扶　養　控　除	昭和25年 (1950年)	・生計を一にし、かつ、年間所得が38万円以下である親族等（扶養親族）を有する者		
	一般の扶養 親族	昭和25年 (1950年)	・年齢が16歳以上19歳未満又は23歳以上70歳未満の扶養親族を有する者	38万円	―
	特定扶養親族	平成元年 (1989年)	・年齢が19歳以上23歳未満の扶養親族を有する者	63万円	―
	老人扶養親族	昭和47年 (1972年)	・年齢が70歳以上の扶養親族を有する者	48万円	―
	(同居老親等 加算)	昭和54年 (1979年)	・直系尊属である老人扶養親族と同居を常況としている者	＋10万円	―
特別な人的控除	障害者控除	昭和25年 (1950年)	・障害者である者 ・障害者である控除対象配偶者又は扶養親族を有する者	27万円	
	(特別障害者 控除)	昭和43年 (1968年)	・特別障害者である者 ・特別障害者である控除対象配偶者又は扶養親族を有する者	40万円	
	(同居特別 障害者控除)	平成23年 (2011年)	・特別障害者である控除対象配偶者又は扶養親族と同居を常況としている者	75万円	
	寡　婦　控　除	昭和26年 (1951年)	①夫と死別した者 ②夫と死別又は夫と離婚したもので、かつ、扶養親族を有する者	27万円	①の場合 年間所得 500万円以下
	(特別寡婦加 算)	平成元年 (1989年)	・寡婦で、扶養親族である子を有する者	＋8万円	年間所得 500万円以下
	寡　夫　控　除	昭和56年 (1981年)	・妻と死別又は離婚をして扶養親族である子を有する者	27万円	年間所得 500万円以下
	勤労学生控除	昭和26年 (1951年)	・本人が学校教育法に規定する学校の学生、生徒等である者	27万円	年間所得65万円以下かつ給与所得等以外が10万円以下

(6) **配偶者特別控除**　配偶者特別控除は、納税者（年間所得が1,000万円以下である場合に限ります）が生計を一にする配偶者を有し、その配偶者の所得金額の合計が38万円超76万円未満（給与収入では103万円超141万円未満）である場合に、配偶者の所得金額に応じた一定額を、納税者の所得金額から控除できる制度です。

　この制度は、昭和62年に、パート等で働く主婦の年間所得が一定額（38万円）を超える場合に、前述の配偶者控除（38万円）が適用されなくなり、かえって世帯全体の税引き後手取り額が減少してしまうという逆転現象を解消するため、設けられたものです。

　平成15年分の所得税までは、生計を一にする配偶者の所得金額が、76万円未満（給与収入では141万円未満）である場合に適用され、配偶者の所得が38万円以下（給与収入では103万円以下）である場合には、配偶者控除に上乗せして配偶者特別控除を適用することができました。

　平成16年分以降の所得税の計算からは、配偶者特別控除のうち、上述の「上乗せ」部分について廃止されています。これは、配偶者特別控除の創設以降の経済社会情勢の変化により、共働き世帯数が専業主婦世帯数を上回るようになり、女性の就業状況もパートなど世帯主の補助的な就労から本格的な就労へと移行する傾向があること等の状況を踏まえ、専業主婦世帯に過度な優遇措置となっている部分について廃止されたものです。

第3編 わが国の税制の現状（国税）

配偶者控除・配偶者特別控除制度の仕組み（配偶者が給与所得者の場合）

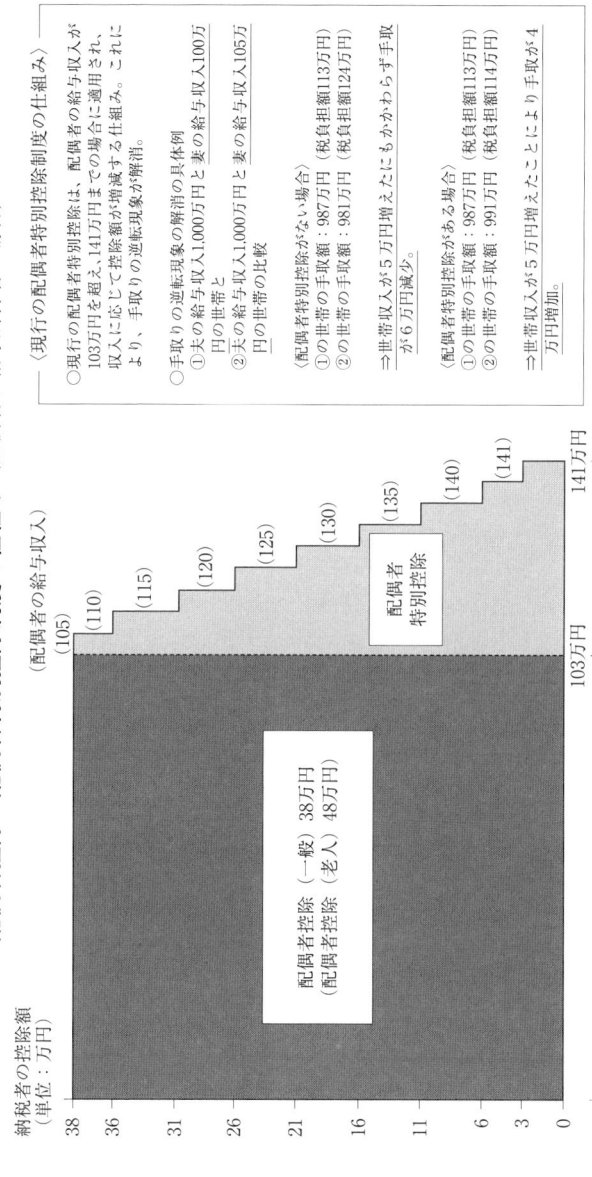

〈現行の配偶者特別控除制度の仕組み〉

○現行の配偶者特別控除は、配偶者の給与収入が103万円を超え、141万円までの場合に適用され、収入に応じて控除額が増減する仕組み。これにより、手取りの逆転現象が解消。

○手取りの逆転現象の具体例
①夫の給与収入1,000万円と妻の給与収入100万円の世帯と
②夫の給与収入1,000万円と妻の給与収入105万円の世帯の比較

〈配偶者特別控除がない場合〉
①の世帯の手取額：987万円（税負担額113万円）
②の世帯の手取額：981万円（税負担額124万円）

⇒世帯収入が5万円増えたにもかかわらず手取りが6万円減少。

〈配偶者特別控除がある場合〉
①の世帯の手取額：987万円（税負担額113万円）
②の世帯の手取額：991万円（税負担額114万円）

⇒世帯収入が5万円増えたことにより手取りが4万円増加。

納税者の控除額
（単位：万円）

給与収入	控除額
(105)	38
(110)	36
(115)	31
(120)	26
(125)	21
(130)	16
(135)	11
(140)	6
(141)	3

配偶者控除（一般）38万円
（老人）48万円

配偶者控除
（配偶者控除（老人））

配偶者特別控除

103万円　100万円程度　141万円

適用者数 1,400万人程度

（備考）配偶者控除（老人控除対象配偶者を含む。）及び配偶者特別控除の適用者数は、平成26年度予算ベースであり、給与所得者以外の人も含めた数である。
なお、給与所得者の配偶者控除の適用者数は、配偶者控除：約1,006万人、配偶者特別控除：約89万人（国税庁「民間給与の実態（平成24年分）」（1年を通じて勤務した給与所得者（納税者及び非納税者の合計））である。

(7) **雑損控除、医療費控除、寄附金控除**　雑損控除は、災害、盗難又は横領により、本人又は生計を一にする配偶者その他の扶養親族の有する住宅家財などについて受けた損失額及びその災害などに関連する支出の金額(保険金、損害賠償金等により補てんされた金額を除きます)を控除の対象とするものです。控除額の計算は、右頁のようになっています。なお、その年で控除しきれない部分の金額については、翌年以降3年間繰越控除ができることとされています。

医療費控除は、本人又は生計を一にする配偶者その他の親族に係る医師又は歯科医師による診療又は治療のための費用などの医療費の支出額(保険金などにより補てんされる金額を除きます)のうち、総所得金額等の5％と10万円とのいずれか低い金額を超過する場合のその超過額(最高限度額200万円)を控除するものです。

寄附金控除については、国又は地方公共団体に対する寄附金や特定公益増進法人などに対する寄附金で特定のものが控除(所得控除)の対象とされています。所得控除額は、寄附金額(総所得金額の40％が上限)から2,000円を控除した金額とされています。なお、政治活動に関する寄附金、認定NPO法人等に対する寄附金及び公益社団法人等に対する寄附金のうち一定のものについては、所得控除に代えて税額控除を選択適用することができます。税額控除額は、寄附金額(総所得金額の40％が上限)から2,000円を控除した金額の40％相当額とされています。なお、後述のとおり、この寄附金控除の枠組みを使って、平成20年度税制改正においては、ベンチャー企業等の創業支援の観点から、エンジェル税制の拡充が行われました(⒃参照)。

雑損控除、医療費控除については、一定の金額を超える雑損失や医療費の支出は納税者の担税力を弱めるという考え方に基づくものであり、寄附金控除については、公益的事業への個人の寄附の奨励を目的としています。

これらの控除を受けるためには確定申告書を提出する必要があります。

雑損・医療費・寄附金控除制度の概要

控除の種類	概　要	控除額の計算方式（――適用下限額）
雑損控除	住宅家財等について災害又は盗難若しくは横領による損失を生じた場合又は災害関連支出の金額がある場合に控除	次のいずれか多い方の金額 ①（災害損失の額＋災害関連支出の金額） 　－年間所得金額×10％ ②災害関連支出の金額－5万円
医療費控除	納税者又は納税者と生計を一にする配偶者その他の親族の医療費を支払った場合に控除	$\left[\begin{array}{l}支払った\\医療費の額\end{array}\right] - \left\{\begin{array}{l}次のいずれか低い方の金額\\ ①10万円\\ ②年間所得金額×5％\end{array}\right\}$ 医療費控除額 ＝（最高限度額 200万円）
寄附金控除 （所得控除）	特定寄附金を支出した場合に控除 （注）	$\left\{\begin{array}{l}次のいずれか低い方の金額\\ ①特定寄附金の合計額\\ ②年間所得金額×40％\end{array}\right\} - 2,000円＝寄附金控除額$

(注1) 特定寄附金とは、次のものをいう（3．法人税⑿参照）。
　① 国又は地方公共団体に対する寄附金
　② 指定寄附金
　③ 特定公益増進法人に対する寄附金
　④ 認定NPO法人に対する寄附金（平成13年10月から適用）
　⑤ 政治活動に関する寄附金（特定の政治献金）
(注2) 公益社団法人と公益財団法人については、すべて特定公益増進法人として取り扱われる。
(注3) 一定の特定新規中小企業者に投資した場合、投資額について、1,000万円を限度として、寄附金控除を適用できる。

(8) **生命保険料控除、地震保険料控除等**　(5)～(7)で述べた控除以外の所得控除としては、社会保険料控除、小規模企業共済等掛金控除、生命保険料控除及び地震保険料控除があります。

厚生年金保険の保険料や国民健康保険の保険料などの社会保険料を支払った場合（給与から控除される分も含みます）には、その全額が社会保険料控除として控除されます。

また、小規模企業共済契約に基づく掛金や確定拠出年金の個人型年金加入者掛金についても、その全額が小規模企業共済等掛金控除として控除されます。

生命保険料控除は、一般の生命保険契約に係る控除、個人年金保険契約に係る控除及び介護医療保険契約に係る控除の3本立てとなっています。一般の生命保険契約に係る控除は、保険金等の受取人を本人又は配偶者その他の親族とする生命保険契約や生命共済契約などについて、その支払った保険料のうち一定額（最高4万円）を控除するものです。また、個人年金保険契約に係る控除は、個人年金保険契約等のうち、年金の受取人や保険料の払込期間などの所定の要件を満たすものについて、保険料の一定額（最高4万円）を控除するものです。さらに、介護医療保険契約に係る控除は、介護医療保険契約等のうち、医療費等支払事由に基因して保険金等を受け取る契約について、保険料の一定額（最高4万円）を控除するものです。

なお、平成23年12月31日以前に締結した保険契約等に係る生命保険料控除については、一般生命保険料控除と個人年金保険料控除の2本立てとなっており、それぞれの適用限度額が5万円となっています。

地震保険料控除は、居住者が、その有する居住用家屋・生活用動産を保険等の目的とし、かつ、地震等を直接又は間接の原因とする火災等による損害（地震等損害）で生じた損失の額をてん補する損害保険契約等に係る地震等損害部分の保険料等を支払った場合には、その支払った保険料等の金額の合計額（最高5万円）を控除するものです。

第3編　わが国の税制の現状（国税）

生命保険料控除

次の①と②の合計額を生命保険料控除として所得控除（最高100,000円）

① 支払った一般の生命保険料の金額に応じて次により計算した金額

$$\left[\begin{array}{l}25,000円以下の場合 \cdots\cdots\cdots\cdots\cdots 生命保険料の金額の全額\\ 25,000円を超え50,000円以下の場合 \cdots 生命保険料の金額×1/2＋12,500円\\ 50,000円を超え100,000円以下の場合 \cdots 生命保険料の金額×1/4＋25,000円\\ 100,000円を超える場合 \cdots\cdots\cdots\cdots\cdots 50,000円\end{array}\right.$$

全額控除	2分の1控除	4分の1控除
～25,000円	25,000円～50,000円	50,000円～100,000円

（最高5万円）

② 支払った個人年金保険料の金額に応じて次により計算した金額

$$\left[\begin{array}{l}25,000円以下の場合 \cdots\cdots\cdots\cdots\cdots 個人年金保険料の金額の全額\\ 25,000円を超え50,000円以下の場合 \cdots 個人年金保険料の金額×1/2＋12,500円\\ 50,000円を超え100,000円以下の場合 \cdots 個人年金保険料の金額×1/4＋25,000円\\ 100,000円を超える場合 \cdots\cdots\cdots\cdots\cdots 50,000円\end{array}\right.$$

全額控除	2分の1控除	4分の1控除
～25,000円	25,000円～50,000円	50,000円～100,000円

（最高5万円）

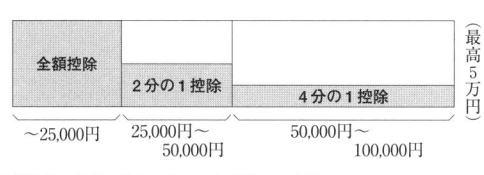

控除額合計最高10万円

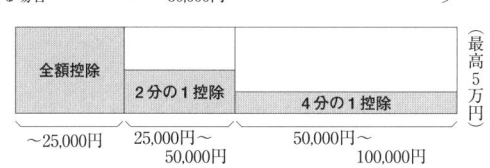

（注）　なお、生命保険料控除については、平成22年度改正において、新たな控除枠の創設等の見直しを行うことが決定しており、新制度は平成24年1月より実施されます。

生命保険料控除の改組

○ 生命保険料控除を改組し、各保険料控除の合計適用限度額を12万円（改正前：10万円、住民税は7万円の現行の水準を維持）とする。
(1) 平成24年1月1日以後に締結した保険契約等（新契約）に係る生命保険料控除
　　新たに介護医療保険料控除を設け、一般生命保険料控除、介護医療保険料控除、個人年金保険料控除のそれぞれの適用限度額を4万円（住民税：2.8万円）とする。
(2) 平成23年12月31日以前に締結した保険契約等（旧契約）に係る生命保険料控除
　　従前と同様の一般生命保険料控除、個人年金保険料控除（それぞれの適用限度額5万円（住民税：3.5万円））を適用する。

［適用限度額12万円（住民税7万円）］

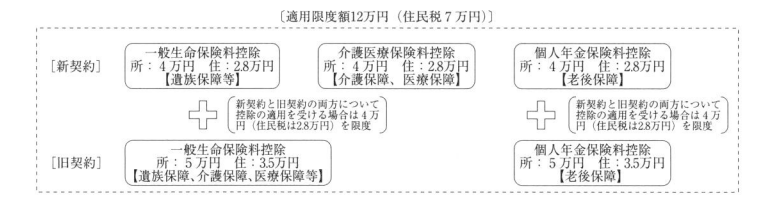

[新契約]
- 一般生命保険料控除　所：4万円　住：2.8万円【遺族保障等】
- 介護医療保険料控除　所：4万円　住：2.8万円【介護保障、医療保障】
- 個人年金保険料控除　所：4万円　住：2.8万円【老後保障】

＋ 新契約と旧契約の両方について控除の適用を受ける場合は4万円（住民税は2.8万円）を限度

＋ 新契約と旧契約の両方について控除の適用を受ける場合は4万円（住民税は2.8万円）を限度

[旧契約]
- 一般生命保険料控除　所：5万円　住：3.5万円【遺族保障、介護保障、医療保障等】
- 個人年金保険料控除　所：5万円　住：3.5万円【老後保障】

(9) **税率構造と税額の計算**　わが国の所得税法では、応能負担の原則の実現を図るため、納税者の個人的事情を考慮した所得控除の規定が設けられているほか、税額の計算に当たっては、原則として、各人のすべての所得を総合して、これに所得の増加に応じて適用する税率を累進的に増加させていく超過累進税率を適用することにより、所得金額の多寡に応じた負担力の差異に適応した税負担となるような仕組みになっています。

税率構造は、昭和63年12月の抜本的税制改革により、それまでの最高税率60%（昭和61年以前は70%）、12段階（昭和61年以前は15段階）というものが緩和され、さらに、平成6年11月の税制改革により20%の税率を中心として限界税率の適用所得区分（ブラケット）が拡大されています。

さらに平成11年度の税制改正により最高税率は50%から37%に引き下げられ、10%から37%までの4段階とかなり薄く簡素なものとなりました。住民税への税源移譲に伴う平成18年度改正により、現行の所得税率は、5%から40%までの6段階となっています。なお、平成25年度改正において、格差是正及び所得再分配機能の回復の観点から、最高税率が45%に引き上げられました。本改正は平成27年分より適用されます。

一般的な所得税率は以上のとおりですが、山林所得については5分5乗方式で税額を計算することとされているほか、土地建物等の譲渡所得などのように分離課税とされている所得については別途特別な税率が定められているなど、様々な税額の計算方式があります。

また、東日本大震災からの復旧・復興のための財源に係る税制措置として、復興特別所得税が創設されました。これは所得税額に対して、平成25年1月から平成49年12月までの時限的な措置として、2.1%の付加税を課するものです。負担額については、一般労働者（パートを除く）の平均年収である年収500万円程度の場合、夫婦子2人で年間1,600円、月額133円と試算されています。

第3編　わが国の税制の現状（国税）

所得税の主な税率改正の推移

昭和25年		昭和28年		昭和44年		昭和59年		昭和62年		平成元年		平成7年		平成11年		平成19年		平成27年	
税率	課税所得階級	税率	課税所得階級	税率	課税所得階級	税率	課税所得階級	税率	課税所得階級	税率	課税所得階級	税率	課税所得階級	税率	課税所得階級	税率	課税所得階級	税率	課税所得階級
%	万円	%	万円	%	万円	%	万円	%	万円	%	万円	%	万円	%	万円	5	万円 195	5	万円 195
				10	30	10.5	50	10.5	150	10	300	10	330	10	330	10	330	10	330
				14	60	12	120	12	200										
						14	200												
		15	2					16	300										
				18	100	17	300												
20	5	20	7	22	150	21	400	20	500	20	600	20	900		900	20	695	20	695
														23	900	23	900		
25	8	25	12	26	200	25	600	25	600										
30	10	30	20	30	250	30	800	30	800	30	1,000	30	1,800	30	1,800	33	1,800	33	1,800
				34	300														
35	12	35	30	38	400	35	1,000	35	1,000					37	1,800〜				
40	15	40	50	42	500	40	1,200	40	1,200	40	2,000		3,000			40	1,800〜	40	4,000
45	20	45	100	46	700	45	1,500	45	1,500									45	4,000〜
50	50	50	200	50	1,000	50	2,000	50	3,000	50	2,000〜	50	3,000〜						
55	50〜	55	300	55	2,000	55	3,000	55	5,000										
		60	500	60	3,000	60	5,000	60	5,000〜										
		65	500〜	65	4,500	65	8,000												
				70	6,000	70	8,000〜												
				75	6,500〜														

（刻み数）

8	11	16	15	12	5	5	4	6	7
（シャウプ勧告）	（富裕税廃止）	（長期税制答申）	（最高税率の引下げ）	（抜本改革）	（税制改革）		（最高税率の引下げ）	（税源移譲後）	（最高税率の引上げ）

所得税の限界税率ブラケット別納税者（又は申告書）数割合の国際比較

（2014年1月現在）

限界税率	10％以下	10％超〜20％以下	20％超
日　本（13年）	83％	13％	4％
アメリカ（11年）	29％	43％	28％
イギリス（12年度）	3％	84％	14％
フランス（10年）	55％	36％	9％

（注）1．日本のデータは平成25年度予算ベース。
2．諸外国のデータは各国の税務統計に基づいて作成した（ただし、日本と異なり、一部分離課税に係るものが含まれる）。
3．アメリカは個人単位と夫婦単位課税の選択制であり、フランスは世帯単位課税であるため、納税者数の割合は推計が困難である。このため、ここでは申告書数の割合を掲げている。
4．ドイツは課税所得に応じて税率が連続的に変化するため、ブラケット別納税者数割合は不明。
5．各国の税率構造について、表中の課税期間においては、日本は6段階（5・10・20・23・33・40％）、アメリカは6段階（10・15・25・28・33・35％）、イギリスは3段階（20・40・50％）、フランスは4段階（5.5・14・30・40％）である。なお、2014年1月現在においては、アメリカは7段階（10・15・25・28・33・35・39.6％）、フランスは5段階（5.5・14・30・41・45％）となっている。

(10) **税額控除**　税額控除は、課税所得の算出の段階で控除される所得控除とは異なり、課税所得に税率を適用して算出された所得税額から控除を行うものです。

所得税本法では、所得税と法人税との間の二重負担の調整のための配当控除（右頁参照）及びわが国の所得税と外国の所得の二重負担の調整のための外国税額控除（外国税額控除制度・第5編2参照）という二つの税額控除の規定が設けられています。

この他、租税特別措置法で、住宅借入金等を有する場合の税額控除（(18)参照）や試験研究費に対する税額控除などが認められています。

納税者の負担という側面から所得控除と税額控除を比較すると、所得控除は、家族構成等の納税者の担税力の減少に配慮するものであり、一定額を所得から差し引くため、高所得者ほど税負担軽減額が大きくなる一方、税額控除は、財政支援としての性格が強く、一定額を税額から差し引く負担調整の仕組みであるため、基本的に所得水準にかかわらず税負担軽減額は一定となります。

今後、所得税における控除のあり方を考える上で、担税力との関係、税額控除を設ける政策の必要性、関連する給付との役割の整理等、様々な論点が考えられます。

配 当 控 除

(1) 配当控除とは

　納税者が内国法人から受ける配当所得を有する場合に、その者の算出税額から一定額を控除できる仕組み。

(2) 控除額

区　分	配　当　控　除　額
課税総所得金額が1,000万円以下の場合	(配当所得の金額) × $\dfrac{10}{100}$
課税総所得金額が1,000万円を超える場合	$\begin{pmatrix}配当所得の金額のうち、課税総所得金額\\から1,000万円を差し引いた金額に達する\\までの部分の金額（A）\end{pmatrix} \times \dfrac{5}{100}$ $+ \begin{pmatrix}配当所得の金額のうち\\（A）以外の部分の金額\end{pmatrix} \times \dfrac{10}{100}$

(11) **給与所得に対する課税**　給与所得に係る所得税額の計算の概要は右頁の図のとおりです。まず、給与の収入金額から給与所得控除を控除して給与所得の金額が算出され、各種の所得控除後の金額に税率を適用して所得税額が算出されます。

給与所得控除には、①給与所得者が勤務ないし職務の遂行のために支出する費用を概算的に控除するという要素と、②給与所得の特異性に基づいた他の所得との負担調整という要素があるとされています。

給与収入が500万円の場合の給与所得控除の額は収入の30.8％に当たる154万円に上るなど、その水準は相当高いものとなっています。マクロ的にみても、平成24年度予算ベースにおける給与所得控除総額の給与総額に占める割合は29.3％に達しています。この控除額については、給与所得者の必要経費が収入に応じて必ずしも増加するとは考えられないこと、また、主要国においても定額又は上限があることなどを踏まえ、平成24年度税制改正によって、給与収入1,500万円を超える場合の給与所得控除に245万円の上限が設定されました。本改正は、所得税は平成25年分から、住民税は平成26年度分から適用されます。さらに平成26年度税制改正によって給与所得控除の上限が漸次引き下げられることとなり、具体的には、28年分の所得税（住民税は29年度分）について、給与収入1,200万円を超える場合の給与所得控除に230万円の上限が、29年分以後の所得税（住民税については30年度分以後）について、給与収入1,000万円を超える場合の給与所得控除に220万円の上限が設定されました。

なお、給与所得者が通勤費、転任に伴う引越し費用などの特定支出をした場合に、給与所得の金額の計算上、給与所得控除額のほかその超える部分の金額も控除することができるという特例（特定支出控除）が設けられています。この特定支出控除の適用判定基準については、平成24年度税制改正により、これまでの給与所得控除額の総額から給与所得控除額の2分の1とすることとなりました。本改正は、所得税は平成25年分から、住民税は平成26年度分から適用されます。

給与所得に対する所得税については源泉徴収制度が採用され、給料などが支払われる時に、その支払額に応じた所得税が天引きされ、国に納付されます。さらに、その年の最後の給与等の支払いが行われる際に、その年中の給与の総額に対する正規の年税額と給与の支払いのつど天引き徴収された所得税の額とを対比して過不足額の精算（この手続を「年末調整」といいます）が行われ、給与所得者が申告納税をする手間を省くこととされています。

第3編　わが国の税制の現状（国税）

年収700万円のサラリーマン（夫婦子2人）の場合の年収の内訳

控除（課税されない額）399万円				課税所得301万円
給与所得控除 190万円	社会保険料控除 70万円	特定扶養控除 63万円（子のうち1人は特定扶養親族1人は16歳未満であると仮定）（63万円）	配偶者控除 38万円 / 基礎控除 38万円	301万円 ― 195万円×5％＋(301万円－195万円)×10％ ≒20.4万円 （所得税額）

（注）1. 社会保険料は全額が控除されるが、ここでは収入900万円以下に係る社会保険料の割合を給与収入の10％として試算している。

給与所得控除制度の概要（現行）

給　与　収　入	控　除　率
	（最低65万円）
180万円以下の部分	40％
360　〃	30〃
660　〃	20〃
1,000　〃	10〃
1,500　〃	5〃
1,500万円超の部分	245万円

（付）給与所得控除額の割合

給与収入	控除額	割　合
万円	万円	％
50	50	100.0
100	65	65.0
150	65	43.3
200	78	39.0
300	108	36.0
500	154	30.8
800	200	25.0
1,000	220	22.0
1,500	245	16.3
2,000	245	12.3

給与所得者の特定支出控除の特例制度

① 制度の概要

　給与所得者が特定支出をした場合において、その年中の特定支出の額の合計額が給与所得控除額の2分の1を超えるときは、給与所得の金額は給与等の収入金額からその給与所得控除額の2分の1及びその超える部分の金額を控除した残額とすることができる。

② 控除対象となる特定支出の範囲

項　　目	内　　容
・通勤費	通勤のために通常必要な運賃等の額
・転任に伴う転居のための引越し費用	転任に伴う転居のために通常必要な運賃、宿泊費及び家財の運送費の額
・研修費	職務の遂行に直接必要な技術又は知識を習得することを目的として受講する研修費
・資格取得費	職務に直接必要な資格を取得するための費用
・単身赴任者の帰宅旅費	転任に伴い単身赴任をしている者の帰宅のための往復旅費（月4回を限度とする。）
・勤務必要経費	職務に関連するものとして必要な図書費、衣服費、交際費（65万円までの支出を限度とする。）

③ 適用手続

　確定申告書に特定支出の額の支出に関する明細書や勤務先の証明書を添付するとともに、その額を証する領収書等の書類を添付し、又は提示する。

(12) **公的年金等に対する課税**　公的年金等とは、国民年金法や厚生年金保険法などの規定に基づく年金、恩給（一時恩給を除きます）、適格退職年金契約などに基づいて支給を受ける退職年金などをいいます。公的年金等は、雑所得として扱われます。公的年金等に係る雑所得の計算は、公的年金等の収入金額から公的年金控除額を控除して求めることとされています。

平成17年分からは、65歳以上の者について、公的年金等控除の最低保障額を通常の額に50万円を加算することとされています。

また、年金所得者には年末調整制度がないことから確定申告を行う必要がありますが、その負担を軽減するため、平成23年度税制改正において、年金収入が400万円以下で、かつ年金以外の他の所得が20万円以下の人について確定申告を不要とする制度（申告不要制度）が創設されました（平成23年分以後の所得税について適用）。さらに、年金所得者の源泉徴収税額の計算において控除対象とされている人的控除の範囲に、寡婦（寡夫）控除が追加されました（平成25年1月1日以後に支払われる公的年金等から適用）。

公的年金等に対する課税については、年金制度が長期間の生活設計であることを踏まえ、今後も、拠出時、運用時、給付時を通じた適切な課税のあり方が検討されていく必要があります。

公的年金等に係る課税の仕組み

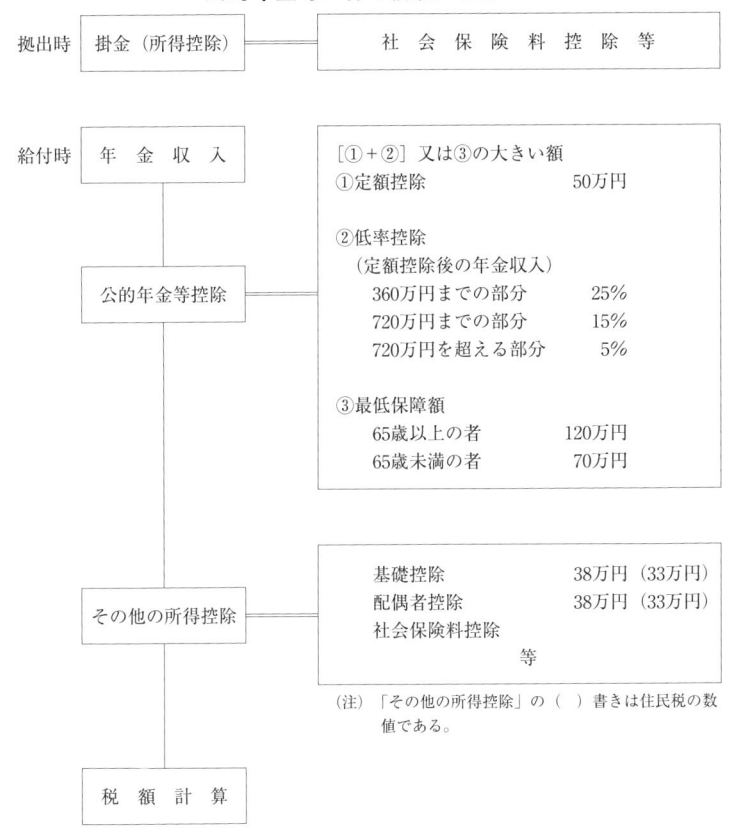

拠出時　掛金（所得控除）―――　社会保険料控除等

給付時　年金収入

公的年金等控除

［①＋②］又は③の大きい額
①定額控除　　　　　　　　　50万円

②低率控除
（定額控除後の年金収入）
　360万円までの部分　　　25%
　720万円までの部分　　　15%
　720万円を超える部分　　 5%

③最低保障額
　65歳以上の者　　　　　120万円
　65歳未満の者　　　　　 70万円

その他の所得控除

基礎控除　　　　　38万円（33万円）
配偶者控除　　　　38万円（33万円）
社会保険料控除
　　　　　　　　　等

(注)　「その他の所得控除」の（ ）書きは住民税の数値である。

税額計算

⑬ **利子・配当所得に対する課税**　利子所得とは、公社債や預貯金の利子、合同運用信託、公社債投資信託及び公募公社債等運用投資信託の収益の分配などをいいます。利子所得については、他の所得と区分し、その支払の際に、20％（地方税5％を含む）の税率により源泉徴収され、課税関係が終了します（源泉分離課税）。また、障害者等の少額貯蓄非課税制度などの非課税措置が設けられています。

　配当所得とは、法人から受ける剰余金の配当、利益の配当などに係る所得をいい、原則として総合課税により課税されます。また、配当所得は、源泉徴収の対象であり、原則20％の税率により、所得税が源泉徴収されます。一定の要件を満たす場合には、申告不要の特例により、源泉徴収のみで納税を完了することが可能です。

　これまで上場株式等に係る配当所得については、数次にわたる軽減税率の改正が行われてきました。現行制度は、平成23年度税制改正によって、平成25年12月まで10％（地方税3％を含む）の軽減税率を適用、平成26年1月から20％本則税率とすることとし、これに伴い、少額上場株式等に係る配当所得及び譲渡所得等の非課税措置の導入時期については、平成26年1月からとされました（⑮参照）。

　また、上場株式等に係る配当所得は、申告分離課税を選択の上、上場株式等の譲渡損失等との損益通算が可能とされています。なお、配当所得を総合課税により申告する場合には、配当控除の適用を受けることができます（⑩参照）。

第３編　わが国の税制の現状（国税）

利子所得・配当所得の課税の概要

利 子 所 得		概　　　要	
預金及び公社債の利子、合同運用信託及び公社債投資信託及び公募公社債等運用投資信託等の収益の分配等		源　泉　分　離　課　税 （所得税15％）　　　　　　　（住民税５％）	

区　分	平成21年〜平成25年	平成26年〜
公募株式投資信託の収益の分配等	① 申告不要（20％源泉徴収）（所15％、住５％） 【軽減税率（〜平成25年）】（注２） 　10％源泉徴収（所７％、住３％） 　　　　　　　　又　は ② 総合課税（配当控除） 【軽減税率（〜平成25年）】（注２） 　10％（所７％、住３％） （※）株式譲渡損との損益通算のため、20％申告分離課税（所15％、住５％）も選択可。（平成22年分からは、特定口座における損益通算可）	申告不要と総合課税との選択
剰余金の配当・利益の配当・剰余金の分配等	上場株式等の配当（大口以外）等（注１）	
	上　記　以　外	総合課税（配当控除）（所５〜40％、住10％） （20％の源泉徴収）
	１回の支払配当の金額が、 10万円×配当計算期間／12 以下のもの	確定申告不要 （20％の源泉徴収） （所20％）

（注１）「上場株式等の配当（大口以外）」とは、その株式等の保有割合が発行済株式又は出資の総数の３％未満である者が支払を受ける配当をいう。
（注２）【25年度改正】軽減税率の特例措置については、適用期限（平成25年12月31日）の到来をもって廃止。

(14) **株式等に係る譲渡所得等に対する課税**　個人の株式等に係る譲渡所得等に対する課税については、平成元年4月より、原則非課税から原則課税に改められ、申告分離課税方式と源泉分離課税方式の2方式により課税されていましたが、平成15年1月1日より、原則として、申告分離課税方式に一本化されました。

　個人の株式等に係る譲渡所得等（その収入金額から取得費や負債利子などを控除したもの）は、他の所得と区分され、20％（地方税5％を含む）の税率により課税されます（申告分離課税）。

　また、源泉分離課税の廃止に伴い、納税者の事務負担を軽減するために、証券会社、銀行等の金融商品取引業者等が設定した特定口座を通じて行われる一定の上場株式等の譲渡については、その所得計算又は納税事務が代行されることにより、簡便な申告又は源泉徴収により納税手続が終了する特例が設けられている一方で、上場株式等の譲渡損失と配当所得との間で損益通算が可能となっています。

　これまで上場株式等に係る譲渡所得等については、数次にわたる軽減税率の改正が行われてきました。現行制度は、平成23年度税制改正によって、平成25年12月まで10％（地方税3％を含む）の軽減税率を適用、平成26年1月から20％本則税率とすることとされています。これに伴い、平成25年度改正により、非課税口座内の少額上場株式等に係る配当所得及び譲渡所得等の非課税措置（NISA）が平成26年1月から創設されました（(15)参照）。

第3編　わが国の税制の現状（国税）

株式譲渡益課税等の沿革

	株　式　譲　渡　益　課　税	有価証券取引税
昭和28年度	・総合課税　→　原則非課税 　　　　　　　　〔回数多、売買株式数大、事業譲渡類似の場合は総合課税〕	・導入
平成元年度 （消費税導入） 平成10年度	・原則非課税　→　原則課税化 　　次のいずれかの方式を選択　　申告分離課税（みなし利益方式） 　　　　　　　　　　　　　　　　源泉分離課税 ・10年度税制改正要綱 　〔13　株式等譲渡益課税 　　　有価証券取引税及び所得税については、平成11年末までに金融システム改革の進捗状況、市場の動向等を勘案 　　　して見直し、株式等譲渡益課税の適正化と併せて廃止する。〕	・税率引下げ
		・税率引下げ
平成11年度	・申告分離課税への一本化 　（源泉分離課税の廃止）　　　　　　　　一体として法改正	・廃止 〔税収2,000億円 [ピーク時2兆円弱]〕
平成13年度 平成13年6月 平成13年11月	一本化の2年間延期（13年4月⇒15年4月） ・1年超保有上場株式等に係る100万円特別控除制度の創設　[※] ・申告分離課税への一本化前倒し（15年4月⇒15年1月） ・申告分離課税の税率引下げ 　　　　　　　　　　　26%⇒20%　（15年〜） 　　　　　　　　　　　20%⇒10%　（15年〜17年）　[※] ・上場株式等の譲渡損失の繰越控除制度の創設　（15年〜） ・緊急投資優遇措置（購入額1,000万円までの譲渡益非課税措置） ・特定口座内保管上場株式等に係る譲渡所得等の申告不要の特例制度の創設	
平成14年度 平成14年11月 平成15年度	・特定口座制度の見直し等 ・上場株式等に係る税率の引下げ　20%⇒10%　（15年〜19年） 　1年超保有上場株式等に係る100万円特別控除制度の廃止 　1年超保有上場株式等に係る軽減税率（10%）の廃止 ・非上場株式に係る税率の引下げ 26%⇒20%（16年〜）	
平成16年度	・源泉徴収口座（源泉徴収を選択した特定口座）における源泉徴収方式の改善（16年〜）	
平成19年度 平成20年度	・特定口座の取扱範囲の拡大 ・上場株式等に係る優遇措置の廃止（21・22年に限り年500万円以下の譲渡については、税率を10%とする特別措置を創設） ・上場株式等に係る譲渡損失と配当所得との損益通算及び繰越控除の特例の創設（21年〜）	
平成21年度	・上場株式等に係る優遇措置の延長（〜23年） 　（平成20年度税制改正の特例措置の見直し　21年から23年までに譲渡をした場合、税率を一律10%とする）	
平成22年度 平成23年度	・非課税口座内の少額上場株式等に係る譲渡所得等の非課税措置の創設（24年〜） ・上場株式等に係る優遇措置の延長（〜25年） ・非課税口座内の少額上場株式等に係る譲渡所得等の非課税措置創設（26年〜）	
平成25年度	・上場株式等に係る優遇措置の廃止 ・非課税口座内の少額上場株式等に係る譲渡損益並びに上場株式等に係る所得等の損益通算の範囲の拡大（28年〜）	

[※] 平成15年度税制改正において制度が廃止された。
（注）・個人住民税における取扱い
　　・原則申告分離課税。平成16年1月以降、源泉徴収口座においては上場株式等については特別徴収（申告不要）を導入（株式等譲渡所得割の創設）。

(15) **近年の金融・証券税制改正について**　資本の国際的な移動が活発化し、また、高齢化の進展に伴い貯蓄率が低下する中、わが国経済の活性化のためにも、個人金融資産の効率的活用が要請されています。このため、近年、個人の金融商品選択における課税の中立性を確保し、投資リスクを軽減できる簡素で分かりやすい税制となるように、平成15年度改正における申告分離課税への一本化をはじめ、「金融所得課税の一体化」に向けた様々な措置が講じられてきました。

上場株式等の配当等や譲渡益に対する軽減税率については、平成23年度税制改正によって、平成25年12月まで10％（地方税3％を含む）の軽減税率を適用、平成26年1月から20％本則税率とすることとされました。これに伴い、平成25年度改正により、非課税口座内の少額上場株式等に係る配当所得及び譲渡所得等の非課税措置（NISA）が、平成26年1月から創設されました。さらに、平成26年度税制改正ではNISAの利便性向上のための見直しが行われ、NISA口座開設金融機関の1年単位での変更が可能になるとともに、NISA口座を廃止した場合にNISA口座の再開設が可能となりました。本改正は平成27年1月1日より適用されます。

また、個人投資家の株式投資リスクを軽減するため、平成21年1月1日から、上場株式等の譲渡損失と上場株式等の配当所得との間で損益通算が可能となりました。これにより、上場株式等の譲渡損失は、上場株式等の配当所得（申告分離課税を選択したものに限る）の金額から控除することができます。平成22年1月1日からは、納税者の利便性を考慮して、この損益通算を特定口座（源泉徴収選択口座）においても可能にし、その納税手続を終了できる仕組みが導入されました。

平成25年度改正により、税負担に左右されずに金融商品を選択できるよう、金融所得課税の一体化が拡充されました。これにより、公社債等の譲渡益が非課税から20％申告分離課税の対象となる一方で、特定公社債等の利子所得等及び譲渡所得等並びに上場株式等に係る配当所得及び譲渡所得等の損益通算が可能となりました。本改正は平成28年1月1日より適用されます。

上場株式等の譲渡益及び配当の課税について

	～20.12	21.1 ～ 25.12	26.1 ～
税率	10%	【原則】　20% 【軽減税率】 　上場株式等の譲渡益　10% 　上場株式等の配当　　10%	20%
源泉徴収税率	10% (申告不要可)	10% (申告不要可)	20% (申告不要可)
損益通算	—	上場株式等の譲渡損と配当の損益通算 21.1 ～　確定申告による対応 22.1　　源泉徴収口座内における損益通算を可能に 28.1　　公社債等の利子・譲渡損益と損益通算が可能に	

NISAの利便性向上のための見直しについて

〈NISAの概要〉
1. 非課税対象　　　：NISA口座内の少額上場株式等の配当、譲渡益
2. 開設者（対象者）：口座開設の年の1月1日において満20歳以上の居住者等
3. 非課税投資額　　：毎年、①新規投資額及び②継続適用する上場株式等の時価の合計額で100万円を上限
4. 非課税投資総額　：最大500万円（100万円×5年間）
5. 口座開設期間　　：平成26年から平成35年までの10年間（毎年新たな口座開設は不要[※1]）
6. 保有期間　　　　：最長5年間、途中売却は自由（ただし、売却部分の枠は再利用不可）

〈NISAのイメージ〉

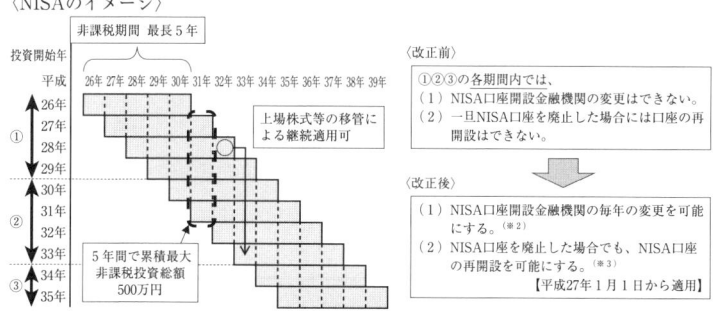

非課税期間 最長5年

投資開始年
平成 26年 27年 28年 29年 30年 31年 32年 33年 34年 35年 36年 37年 38年 39年

① 26年 27年 28年 29年
② 30年 31年 32年 33年
③ 34年 35年

上場株式等の移管による継続適用可

5年間で累積最大非課税投資総額500万円

〈改正前〉
①②③の各期間内では、
(1) NISA口座開設金融機関の変更はできない。
(2) 一旦NISA口座を廃止した場合には口座の再開設はできない。

〈改正後〉
(1) NISA口座開設金融機関の毎年の変更を可能にする。[※2]
(2) NISA口座を廃止した場合でも、NISA口座の再開設を可能にする。[※3]

【平成27年1月1日から適用】

(※1) ①②③の期間ごとに金融機関を選択し、その期間内に金融機関を変更しない場合には、新たな手続は不要。
(※2) 金融機関の変更は、その変更しようとする年にNISA口座に上場株式等を受け入れていない場合にのみ可能。
(※3) NISA口座を廃止した年に既にNISA口座に上場株式等を受け入れていた場合は、NISA口座の再開設は翌年以降から可能。

⒃ **エンジェル税制**　投資リスクの高い、創業期のベンチャー企業に対する個人投資家による資金供給を支援する観点から、一定の株式会社が発行する一定の株式（特定株式）について特例措置（いわゆるエンジェル税制）が講じられています。

エンジェル税制は、平成9年度税制改正において、繰越控除等の特例制度として創設されて以降、数次にわたる拡充の後、平成20年度税制改正において、思い切った拡充が行われました。現行制度の概要は、以下のとおりです。

〔出資段階の優遇措置〕

① 起業期のベンチャー企業（特定新規中小会社）が発行した株式を取得した場合の課税の特例［平成20年度創設］

特定新規中小会社に投資した場合、その投資額について1,000万円を限度として、寄附金控除の適用が認められます（銘柄ごとに②と選択適用）。なお、取得した株式の取得価額は、その取得額からこの控除した額を差し引いた額となります（右頁①）。

② ベンチャー企業（特定中小会社）が発行した株式の取得に要した金額の控除等

特定中小会社に投資した場合、その投資額をその年分の株式等に係る譲渡所得等の金額から控除できます。なお、取得した株式の取得価額は、その取得額からこの控除した額を差し引いた額となります（右頁②）。

〔出資後の優遇措置〕

③ 特定中小会社が発行した株式に係る譲渡損失の繰越控除等

上場等の日の前日までの期間内に特定株式の譲渡等をしたことにより生じた損失の金額のうち、控除しきれない金額については、一定の要件の下で、翌年以後3年内の繰越控除が認められます（右頁③）。

第3編　わが国の税制の現状（国税）

エンジェル税制の概要

【出資段階の優遇措置】
（①・②の選択適用）

① 起業期のベンチャー企業（特定新規中小会社）への出資した場合に寄附金控除を適用（1,000万円を限度）
【平成20年度改正で創設】

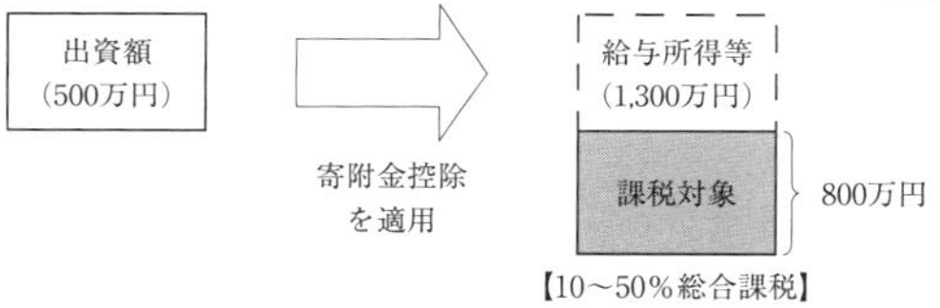

出資額（500万円） ⇒ 寄附金控除を適用

給与所得等（1,300万円）
課税対象　800万円
【10〜50％総合課税】

② ベンチャー企業（特定中小会社）への出資した場合に株式譲渡益を圧縮

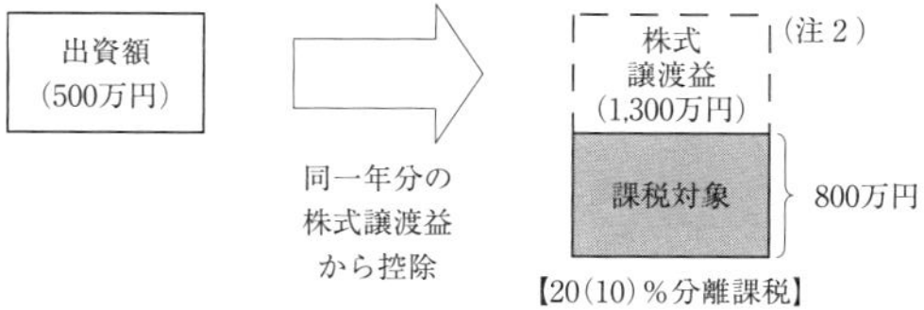

出資額（500万円） ⇒ 同一年分の株式譲渡益から控除

株式譲渡益（1,300万円）（注2）
課税対象　800万円
【20（10）％分離課税】

（注1）①又は②の優遇措置を適用した場合のベンチャー企業の株式の取得価額は、上記控除額を差し引いた額とする。
（注2）一般株式等に係る譲渡益又は上場株式等に係る譲渡益から控除（平成28年度分の所得より適用）

【出資後の優遇措置】

③ ベンチャー企業（特定中小会社）が事業に失敗し、上場等の前に譲渡等による損失が生じたときは、翌年以後3年間の繰越控除が可能

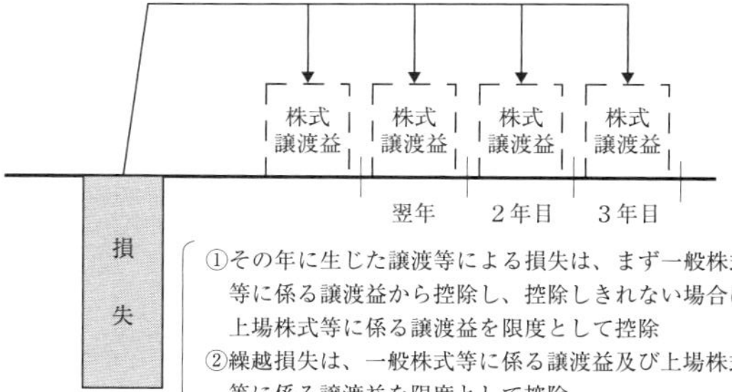

損失

翌年　　2年目　　3年目
株式譲渡益　株式譲渡益　株式譲渡益

① その年に生じた譲渡等による損失は、まず一般株式等に係る譲渡益から控除し、控除しきれない場合は上場株式等に係る譲渡益を限度として控除
② 繰越損失は、一般株式等に係る譲渡益及び上場株式等に係る譲渡益を限度として控除
（①、②は平成28年度分の所得より適用）

（注）平成20年4月30日前に取得した一定のベンチャー企業の株式のうち、その譲渡の日において3年超保有したもので、上場後3年以内の譲渡又は上場前M&Aによる譲渡をした場合には、その譲渡益（税負担）を2分の1に軽減

(17) **事業所得等に対する課税**　事業所得や不動産所得の所得金額は、総収入金額から必要経費（売上原価、販売費、一般管理費等）の額を控除して計算することとされています。所得金額の計算に当たっては、所得税法や租税特別措置法にて、種々の特例が設けられていますが、特に必要経費においては、引当金、準備金、減価償却などの特例が設けられています。引当金などの特例については法人税の場合とほぼ同様ですので、法人税に関する項（3⑽⑾）を参照して下さい。

医業又は歯科医業を営む者の社会保険診療報酬に係る所得の計算については、選択により、社会保険診療報酬の収入金額に応じて、右頁の表に掲げる率で計算した額を必要経費の額とすることができるという特例措置（社会保険診療報酬の所得計算の特例）が設けられています。なお、平成25年度改正において、社会保険診療報酬の収入金額が5,000万円を超える者に加え、その年の医業、歯科医業に係る収入金額が7,000万円を超える者も特例の対象から除外されることとなりました。

また、事業所得や不動産所得を生じる事業を営む青色申告者で一定の要件に該当する場合には、事業所得や不動産所得の計算上、青色申告特別控除（65万円又は10万円）が認められています（⑳参照）。

事業所得や不動産所得の計算上生じた損失は、一定の順序により、他の黒字の各種所得から控除することができます（損益通算）。また、損益通算をしてもなお控除しきれない損失や事業用資産について災害等により受けた損失（純損失の金額）が生じた場合には、担税力を調整する観点から、純損失の金額を翌年以後3年間繰越控除することができます。なお、純損失の繰越控除の対象となる純損失の金額の範囲は、青色申告者とそうでない者とでは異なります。

社会保険診療報酬に係る概算経費率

収　入　金　額	概算経費率
2,500万円以下の部分	72 %
2,500万円超　3,000　〃	70
3,000　〃　　4,000　〃　〃	62
4,000　〃　　5,000　〃　〃	57

(注)　社会保険診療報酬の収入金額が5,000万円を超える者及び、その年の医業、歯科医業に係る収入金額が7,000万円を超える者(後者について個人は平成26年分以後の所得税、法人は平成25年4月1日以後に開始する事業年度について適用)は、この特例の適用を受けることができない。

青色申告控除とみなし法人課税制度の沿革

みなし法人関係	適用年
青色事業主特別経費準備金制度の創設	昭和46年
制度廃止	昭和47年
みなし法人課税制度創設	昭和48年
事業主報酬額の適正化	昭和62年9月
制度廃止	平成4年

適用年	青色申告控除		
昭和47年～	(創設)　10万円 ↓		
	青　色　申　告　特　別　控　除		
	〔右記以外の者〕	〔事業所得又は不動産所得(事業的規模)に係る取引を正規の簿記の原則に従い記録している者〕	〔簡易な簿記の方法により記録している者〕(貸借対照表を添付)
平成5年～	(創設)　10万円	35万円	〈経過措置〉35万円
平成10年～		(10年度改正)45万円 ↓	(10年度改正)45万円
平成12年～		(12年度改正)55万円 ↓	
平成17年～		(16年度改正)65万円	(16年度改正)17年分以降廃止

(18) **住宅借入金等に係る税額控除制度**　居住者が住宅ローン等を利用して、マイホームの新築、取得又は増改築等（以下「取得等」）をし、平成11年1月1日から平成29年12月31日までに自己の居住の用に供した場合、一定の要件の下で、その取得等に係る住宅ローン等の年末残高の一定割合が各年分の所得税額から控除されます。持ち家取得の促進等を目的としたこの制度には、累次の税制改正によって複数の特例措置が設けられており、平成25年度改正においては、これらの特例措置の拡充と4年間の適用期限の延長がなされました。なお、消費税率引上げに伴う影響を平準化する観点から、所得税の住宅ローン控除の適用者（平成26年から平成29年までの入居者）について、所得税の住宅ローン控除可能額のうち所得税から控除しきれなかった額を、一定の限度額の範囲内で個人住民税から控除できる額が拡充されました。

〔認定住宅の特例〕

平成21年度改正において、景気回復を最優先で実現し、政策的に必要な分野について重点的な支援を行う観点から、居住者が住宅ローン等を利用して認定長期優良住宅の新築等を行った場合、その新築等に係る住宅ローン等の年末残高の一定割合を所得税額から控除する特例が創設されました。さらに平成24年度改正において、低炭素まちづくり促進法の制定に伴い、同法に規定する認定低炭素住宅の新築等をした場合についても、同様の特例措置が適用されることとなりました。平成25年度改正においては、本特例の適用期限が延長されると同時に、適用限度額の拡充等が行われました。

〔バリアフリー改修促進税制〕

平成19年度改正において、自発的な住宅のバリアフリー改修を促進する観点から、住宅のバリアフリー改修促進税制が創設されました。一定の居住者が、自己が所有している居住用家屋について特定のバリアフリー改修工事を含む増改築等を行った場合、当該増改築等に係る住宅ローン等の年末残高の1,000万円以下の部分の一定割合が、所得税額から控除されます。平成25年度改正においては、本特例の適用期限が延長されると同時に、控除限度額の拡充等が行われました。

〔省エネ改修促進税制〕

平成20年度改正において、自発的な住宅の省エネ改修を促進する観点から、住宅の省エネ改修促進税制が創設されました。居住者が住宅ローン等を利用して、自己が所有している居住用家屋について一定の省エネ改修工事を含む増改築等を行った場合、当該増改築等に係る住宅ローン等の年末残高の1,000万円以下の部分の一定割合が、所得税額から控除されます。平成25年度改正においては、本特例の適用期限が延長されると同時に、控除限度額の拡充等が行われました。

第3編　わが国の税制の現状（国税）

住宅ローン減税制度の概要（現行制度）

項目	制度の概要			
	一般	【認定住宅の特例】 （認定長期優良住宅・認定低炭素住宅）	バリアフリー改修促進税制	省エネ改修促進税制
1. 控除対象 借入金等の額	次の借入金等（償還期間10年以上）の年末残高 (1)住宅の新築・取得 (2)住宅の取得とともにする敷地の取得 (3)一定の増改築等	次の借入金等（償還期間10年以上）の年末残高 (1)認定住宅の新築・取得 (2)認定住宅の取得とともにする敷地の取得	バリアフリー改修工事を含む増改築借入金等（償還期間5年以上、死亡時一括償還も可）の年末残高	省エネ改修工事を含む増改築借入金等（償還期間5年以上）の年末残高
2. 対象住宅等	（主として居住の用に供する） (1)住宅の新築 (2)新築住宅の取得 　床面積50m²以上 (3)既存住宅の取得 　①床面積50m²以上 　②築後20年以内（耐火建築物は25年以内）又は地震に対する安全上必要な構造方法に関する技術的基準若しくは耐震基準に適合するものであること 【26年改正後】 　基準に適合する既存住宅について要件を満たす場合の既存住宅の取得も対象 (4)増改築等 　床面積50m²以上	（主として居住の用に供する） (1)住宅の新築 　①認定住宅であること 　②床面積50m²以上 (2)認定住宅の取得 　①認定住宅であること 　②床面積50m²以上	（主として居住の用に供する） バリアフリー改修工事を含む増改築等 　…床面積50m²以上	（主として居住の用に供する） 省エネ改修工事を含む増改築等 　…床面積50m²以上
3. 適用居住年、 控除期間	平成25年～平成29年居住分、10年間		平成25年～平成29年居住分、5年間	

4. 控除額等
（税額控除）

借入金等の
年末残高
×
控除率

居住年	借入金等の 年末残高の 限度額	控除率	各年の 控除額 限度額	最大 控除額
25年	2,000万円	1.0%	20万円	200万円
26年1月 ～ 26年3月	2,000万円	1.0%	20万円	200万円
26年4月 ～ 29年12月	4,000万円	1.0%	40万円	400万円

※「26年4月～29年12月」の欄の金額は、住宅の対価の額又は費用の額に含まれる消費税率が8％又は10％である場合の金額であり、それ以外の場合における借入金等の年末残高の限度額は26年1月～3月の欄の金額となる。

居住年	借入金等の 年末残高	控除率	各年の 控除額 限度額	最大 控除額
25年	3,000万円	1.0%	30万円	300万円
26年1月 ～ 26年3月	3,000万円	1.0%	30万円	300万円
26年4月 ～ 29年12月	5,000万円	1.0%	50万円	500万円

※「26年4月～29年12月」の欄の金額は、認定住宅の対価の額に含まれる消費税率が8％又は10％である場合の金額であり、それ以外の場合における借入金等の年末残高の限度額は26年1月～3月の欄の金額となる。

居住年	増改築等借入金等の 年末残高の限度額		控除率	各年の 控除額 限度額	最大 控除額
		特定増改築等限度額			
25年	1,000万円	200万円	1.0% 2.0%	12万円 4万円	60万円 20万円
26年1月 ～ 26年3月	1,000万円	200万円	1.0% 2.0%	12万円 4万円	60万円 20万円
26年4月 ～ 29年12月	1,000万円	250万円	1.0% 2.0%	12.5万円 5万円	62.5万円 25万円

※「26年4月～29年12月」の欄の金額は、増改築等の費用の額に含まれる消費税等の税率が8％又は10％である場合の金額であり、それ以外の場合における年末残高の限度額となる。
※「特定増改築等限度額」とは、一定のバリアフリー改修工事又は省エネ改修工事に係る工事費用相当から補助金等を控除した住宅ローン等の額をいう。

5. 所得要件	合計所得金額　3,000万円以下			
6. 適用期限	平成29年12月31日			
7. 他制度との調整	・居住用財産の買換え等の場合の譲渡損失の損益通算及び繰越控除制度との併用可 ・住宅取得等資金特別税額控除制度及び認定住宅新築等特別税額控除との選択			

⑲ **源泉徴収による所得税**　所得税は一定の課税期間内に稼得された所得を課税対象としているので、課税期間（1暦年）が終了しなければ課税対象となる所得は確定せず、したがって、所得税の納税義務は課税期間の終了の時に成立するものとされています。これが所得税の納税義務の成立に関する原則ですが、源泉徴収に係る特定の所得についてはその支払いの時に一定の所得税を徴収して国に納付する義務が成立するものとされています。すなわち、特定の所得については、その所得の発生の段階で、その支払源泉で所得の支払いをする者（源泉徴収義務者）が所得税を徴収し、それを国に納付するという方式がとられています。これは、主として徴税の確実性と納税者の煩雑な納税手続を省くために設けられているものです。

所得税を源泉徴収すべき所得は、利子、配当、給与、報酬、料金など特定されていますが、源泉徴収された所得税額については、原則として、その納税義務者がその年分の所得税につき確定申告をする際に精算すべきこととされています。ただし、給与所得についての源泉徴収には、前述したように「年末調整」の制度が取り入れられ、その年最後の給与を受ける段階で精算が行われることとされています。また、租税特別措置法の規定により分離課税とされている利子所得や一部の配当所得などについては、源泉徴収された所得税のみで最終的に納税額が確定し、確定申告は要しないこととされています。

　（注）　法人についても、利子、配当の支払いや金融類似商品の利息などの支払いが行われる際に所得税の源泉徴収が行われますが、ここで徴収された所得税は、法人税額の計算上、所得税額の控除という形で調整されます。

源泉徴収税額の累年比較

区　分	源泉徴収税額	前　年　比	内 給与所得分	内 利子所得等分
年分	億円	%	億円	億円
59	115,842	104.7	83,512	17,902
60	125,080	108.0	89,881	18,842
61	134,978	107.9	96,832	20,409
62	134,481	99.6	95,651	18,691
63	135,479	100.7	93,122	19,653
平成元	153,645	113.4	98,277	24,756
2	191,831	124.9	112,819	48,916
3	209,501	109.2	128,179	54,057
4	200,633	95.8	137,190	38,003
5	200,993	100.2	140,232	34,777
6	184,238	91.7	120,561	38,533
7	171,093	92.9	114,871	30,782
8	163,061	95.3	118,368	17,735
9	171,626	105.3	131,539	13,224
10	144,339	84.1	107,832	10,949
11	142,928	99.0	103,194	9,250
12	164,733	115.3	101,762	31,616
13	170,840	103.7	101,371	39,863
14	140,844	82.4	97,035	12,580
15	130,609	92.7	94,239	8,373
16	135,398	103.7	98,172	7,612
17	153,109	113.1	101,328	6,151
18	164,273	107.3	113,625	4,838
19	150,181	91.4	98,702	6,325
20	144,320	96.1	97,273	8,195
21	125,926	87.3	86,269	6,620
22	124,032	98.5	85,013	5,482
23	128,477	103.6	90,064	4,679
24	129,430	100.7	89,801	4,318

（備考）「国税庁統計年報書」による。
（注）　ここで、利子所得等は、利子所得、割引債の償還差益、金融類似商品の収益等をいう。

⑳ **青色申告と白色申告**　　わが国の所得税制度では、納税者が自主的に所得金額を計算し、税務署長に申告納付する申告納税制度がとられていますが、不動産所得、事業所得又は山林所得を生ずる業務を営んでいる人で税務署長の承認を受けている場合には、青色申告をすることができます。それ以外の人は、白色申告をすることになります。

青色申告者は、原則として、正規の簿記の原則に従い必要な帳簿に記録しなければならないこととされています。なお、前々年分の事業所得等の金額が300万円以下の人については、税務署長へ届け出ることにより、現金主義による記帳及び所得計算ができます。青色申告者については、事業専従者給与の必要経費算入や青色申告特別控除（65万円又は10万円）の適用など、所得計算上あるいは申告や納税の手続の上で様々な特典が認められています。

（注）「青色申告特別控除」は平成４年度税制改正において、従来の青色申告控除に代わって創設されました。現在、不動産所得又は事業所得を生ずる事業を営む青色申告者のうち、正規の簿記の原則により記帳しているものには65万円、他の者には10万円の青色申告特別控除が認められています。

白色申告者についても、青色申告者と比べて右頁の表のような記帳・記録保存制度が設けられています。

青色申告者と白色申告者の記帳制度の対比

項目	青 色 申 告 の 場 合	白 色 申 告 の 場 合
1. 記帳義務 (1) 対象者	青色申告者全員	前々年分又は前年分の事業所得等の金額が300万円を超える者（平成26年1月1日以降は白色申告者全員）
(2) 記帳方法	帳簿等を備え、資産、負債及び資本に影響を及ぼす一切の取引を正規の簿記の原則に従い、記録して正しくなければならない（原則）。 ただし、別途財務大臣の定める簡易な記録の方法及び記載事項によることができる（簡易方式）。 また、前々年分の事業所得等の金額が300万円以下の者については、税務署長へ届け出ることにより、現金主義による記帳及び所得計算ができる。	帳簿を備え、総収入金額及び必要経費に関する事項を左の簡易な方式よりもさらに簡易な方法により、記録しなければならない。
2. 記録保存 (1) 対象者	青色申告者全員	事業所得等が前々年分又は前年分の確定申告又は総収入金額報告書を提出した者及び決定を受けた者
(2) 保存期間	帳簿、決算関係書類　7年 現金取引等関係書類　7年（前々年分の事業所得等の金額が300万円以下の者は5年） その他の証ひょう書類　5年	記帳義務に基づいて作成した帳簿　7年 その他の帳簿書類　5年
(3) 保存方法の特例	・電子計算機を使用して作成する帳簿書類については、税務署長等の承認を受けたときは、電子データ又はCOMによる保存等ができる（平成10年7月1日施行）。 ・6・7年目の保存については、一定の要件の下で、撮影タイプのマイクロフィルムによる保存ができる。 ・一定の要件の下で、同タイプのマイクロフィルムにより、4・5年目の保存ができる（平成10年7月1日施行） 一定の書類については、その記録事項をスキャナーで記録する場合であって、税務署長の承認を受けたときは、その電子データによる保存ができる（スキャナ保存）。	電子データ又は電子データによるマイクロフィルムによる保存ができる（一部の書類については、一定の要件の下で、スキャナ保存。
3. 確定申告書に添付する書類 (1) 添付すべき者	青色申告者全員	事業所得者等で確定申告書を提出する者
(2) 添付書類及び記載事項	貸借対照表、損益計算書その他事業所得等の金額の計算に関する事項を記載した書類。簡易方式により帳簿の記載をしている場合は、貸借対照表の添付は要しない。	総収入金額及び必要経費の内容を記載した収支内訳書
4. 総収入金額報告書 (1) 提出義務者	事業所得等に係る総収入金額が、3,000万円を超える者（確定申告書を提出した者を除く。）	
(2) 記載事項	事業所得等に係る総収入金額の合計額その他参考となるべき事項	

（注）住民税においては、事業所得等で前々年又は前年中の所得について所得税の対象とされ、また記録保存の対象者とされ、市町村長が賦課徴収に必要と認めるものについて収支内訳書を添付させることができる。

(21) **申告・納付**　申告により所得税を納付する義務のある人は、その年の翌年2月16日から3月15日までの間に所轄の税務署長に対して確定申告書をしなければなりません。死亡した人や出国した人については、その各々について別の申告期限が設けられています。

サラリーマンについても、給与の収入金額が2,000万円を超える人や1カ所から給与を受けている人で給与所得及び退職所得以外の所得が20万円を超える人などについては確定申告書を提出する必要があります。また、雑損控除や医療費控除などの適用により税金の還付を受けるためにも確定申告が必要です。

確定申告により確定した所得税額については、申告期限である3月15日までに納めなければなりません。ただ、その額の2分の1以上を納付期限である3月15日までに納付し、税務署長に対して延納の届出書を提出すれば、その残額について5月31日まで納付を延期することができます。この場合には、利子税がかかります。

なお、所得税では予定納税の制度がとられています。これは、確定申告をして税金を納めている人で前年の税額が一定額以上の人に税務署長が通知して、その年の税金を予め納付してもらうという制度です。予定納税は年2回行いますが、1回目は7月1日から31日まで、2回目は11月1日から30日までが納付期限となっています。

申告や納付の期限については、災害などがあった場合には延長される場合もあります。

第3編 わが国の税制の現状（国税）

所得税の納税者数の推移

(単位：万人)

区　分	源泉分(給与)	申告分	申告分の内訳			
			営　業	その他事　業	農　業	その他
平成9年度	4,618	827	207	60	16	545
10	4,024	622	127	38	12	445
11	4,474	740	168	48	15	509
12	4,346	727	164	45	13	506
13	4,323	708	194		13	500
14	4,239	687	183		13	491
15	4,161	693	178		15	500
16	4,171	744	181		14	549
17	4,257	829	183		14	633
18	4,321	823	176		14	633
19	4,291	777	166		13	597
20	4,212	752	166			586
21	4,249	718	147			570
22	4,250	702	143			559
23	4,358	607	154			453
24	4,454	609	160			450

(備考)　「租税及び印紙収入予算の説明」による。

国税収入に占める源泉所得税・申告所得税の割合の推移

区分	国税収入	構成比	所得税	構成比	源泉分	構成比	申告分	構成比
年度	億円	%	億円	%	億円	%	億円	%
昭和30	9,363	100.0	2,787	29.8	2,141	22.9	646	6.9
40	32,785	100.0	9,704	29.6	7,122	21.7	2,581	7.9
50	145,043	100.0	54,823	37.8	39,663	27.3	15,160	10.5
60	391,502	100.0	154,350	39.4	122,495	31.3	31,855	8.1
平成10	511,977	100.0	169,961	33.2	137,658	26.9	32,304	6.3
11	492,139	100.0	154,468	31.4	126,186	25.6	28,282	5.7
12	527,209	100.0	187,889	35.6	158,785	30.1	29,104	5.5
13	499,684	100.0	178,065	35.6	150,301	30.1	27,764	5.6
14	458,442	100.0	148,122	32.3	122,492	26.7	25,631	5.6
15	438,566	100.0	139,146	30.7	113,926	25.1	25,220	5.6
16	481,029	100.0	146,705	30.5	121,846	25.3	24,859	5.2
17	522,905	100.0	155,859	29.8	129,558	24.8	26,301	5.0
18	541,169	100.0	140,541	26.0	114,943	21.2	25,598	4.7
19	526,558	100.0	160,800	30.5	129,285	24.6	31,515	6.0
20	458,309	100.0	149,851	32.7	121,612	26.5	28,239	6.2
21	402,433	100.0	129,139	32.1	104,995	26.1	24,144	6.0
22	437,074	100.0	129,844	29.7	106,770	24.4	23,073	5.3
23	451,754	100.0	134,762	29.8	110,108	24.4	24,654	5.4
24	470,492	100.0	139,925	29.7	114,725	24.4	25,200	5.4
25	495,160	100.0	147,850	29.9	121,560	24.5	26,290	5.3
26	536,456	100.0	147,900	27.6	122,620	22.9	25,280	4.7

(備考)　平成24年度以前は決算額、平成25年度は補正後予算額、平成26年度は当初予算額である。
(注)　四捨五入の関係で合計等が一致しないところがある。

⑵ 所得税の計算例

給与所得者がその他の所得を有する場合

〈設 例〉
- 給与の収入金額　　　　　　　　　　　1,000万円（源泉徴収税額　71万円）
- 原稿料収入　　　　　　　　　　　　　　50万円（源泉徴収税額　5万円）
- 定期預金の利子　　　　　　　　　　　　30万円（源泉徴収税額4.59万円）
- 医療費の支払額（保険金等での補てん分なし）　　　　　　45万円
- 社会保険料（給与からの控除額）　　　　　　　　　　　45.7万円
- 旧生命保険料の支払額　　　　　　　　　　　　　　　　　6万円
- 地震等相当部分の保険料等（1年契約）の支払額　　　　　0.3万円
- 家族の状況
　　妻（無職）、長女（学生、17歳）、長男（小学生）

　　　　　　　　　　　　　　　　　　　　　　　　（給与所得控除）
- 給与所得の金額　　　　　　　　　　　1,000万円 − 220万円 ＝ 780万円
- 雑所得の金額（必要経費を10万円と仮定）　　50万円 − 10万円 ＝ 40万円
- 総所得金額　　　　　　　　　　　　　　780万円 ＋ 40万円 ＝ 820万円
　（利子所得30万円は分離課税のため総所得金額には算入されない）
- 所得控除額
　医療費控除　　　　　　　　　　　　　　　45万円 − 10万円 ＝ 35万円
　社会保険料控除　　　　　　　　　　　　　　　　　　　　　　45.7万円
　生命保険料控除　　　　（6万円 − 5万円）× 0.25 ＋ 37,500円 ＝ 4万円
　地震保険料控除　　　　　　　　　　　　　　　　　　　　　　　0.3万円

　　　　　　　　　　　　（配偶者控除）（扶養控除）（基礎控除）
　人的控除　　　　　　　　　38万円　　＋　　38万円 ＋ 38万円 ＝ 114万円
　　　　　　　　　　　　　　　　　　　　　　　　　　　　　計199万円

- 課税総所得金額　　　　　　　　　　　　820万円 − 199万円 ＝ 621万円

　　　　　　　　　　　　　　　　（速算表を適用）
- 申告による所得税額　　　　（621万円 × 20％）− 42.75万円 ＝ 81.45万円
- 復興特別所得税額　　　　　　　　　　81.45万円 × 2.1％ ≒ 1.71万円
- 納付する税額　　81.45万円 ＋ 1.71万円 −（71万円 ＋ 5万円）＝ 7.16万円

(注) 1．結局、この例では、申告による所得税額及び復興特別所得税額の83.16万円と源泉分離課税の利子所得に係る所得税額及び復興特別所得税額4.59万円との合計額87.75万円が年間に納めた所得税額及び復興特別所得税額となります。
　　　なお、給与所得に係る年末調整は考慮されていません。
　　2．平成25年分の計算例

事業所得者（青色申告者）の場合

〈設　例〉
- 事業所得の収入金額（鉄工所経営） 1,500万円
- 事業所得の必要経費（専従者給与を除く） 1,000万円
- 不動産所得の収入金額（アパート経営） 200万円
- 不動産所得の必要経費 70万円
- 土地（先祖代々のもの）の譲渡収入金額 7,000万円
- 国民健康保険の保険料 26万円
- 国民年金の保険料 10万円
- 旧生命保険料の支払額 12万円
- 家族の状況
　妻（専従者……専従者給与額96万円）
　長男（中学生）、次男（小学生）

- 事業所得の金額　　　　　　　　　　　　1,500万円－1,000万円－96万円＝404万円
                                                           （青色申告特別控除）
- 不動産所得の金額　　　　　　　　　　　200万円　－　70万円　－　65万円　＝　65万円
- 総所得金額　　　　　　　　　　　　　　　　404万円＋65万円＝469万円
                                                          （概算取得費）
- 土地に係る譲渡所得の金額（分離課税）　7,000万円－7,000万円×5％＝6,650万円
- 所得控除額
　社会保険料控除　　　　　　　　　　　　　　　　　　26万円＋10万円＝36万円
　生命保険料控除（10万円超なので最高限度額）　　　　　　　　　　　　5万円
                                                         （基礎控除）
　人的控除　　　　　　　　　　　　　　　　　　　　　　　　　　　　38万円
                                                            計79万円
- 課税総所得金額　　　　　　　　　　　　　　469万円－79万円＝390万円
- 課税長期譲渡所得金額　　　　　　　　　　　　　　　　　　　6,650万円
- 所得税額　　　　　　　　　　　　　　　　　（速算表を適用）
　総所得金額に係る部分　　　　　　　　（390万円×20％－42.75万円）＝35.25万円
　土地の譲渡に係る部分　　　　　　　　　　6,650万円×15％＝997.5万円
- 復興特別所得税額　　　　　　　　（35.25万円＋997.5万円）×2.1％≒21.69万円
- 税額　　　　　　　　　　35.25万円＋997.5万円＋21.69万円＝1,054.44万円

　　（注）　平成25年分の計算例

平成25年分　　所得税の税額表 〔求める税額＝Ⓐ×Ⓑ－Ⓒ〕

Ⓐ　課税される所得金額	Ⓑ　税　率	Ⓒ　控　除　額
1,000円から　　1,949,000円まで	5％	0円
1,950,000円から　3,299,000円まで	10％	97,500円
3,300,000円から　6,949,000円まで	20％	427,500円
6,950,000円から　8,999,000円まで	23％	636,000円
9,000,000円から　17,999,000円まで	33％	1,536,000円
18,000,000円以上	40％	2,796,000円

（注）　1．1,000円未満は切り捨て。
　　　2．変動所得や臨時所得に対する平均課税の適用を受ける場合の調整所得に対する税額もこの表で求める。
　　　3．別途、所得税額の2.1％が復興特別所得税として課税される。

⑵3 **税務手続の電子化等**　わが国では、政府全体として「e-Japan 重点計画2002」（平成14年6月18日高度情報通信ネットワーク社会推進戦略本部（IT戦略本部）決定）等により、コンピュータやインターネットの活用による多様かつ質の高い公共サービスの提供を通じた国民生活の全般的な質の向上を図るため、電子政府の実現に向けた施策を推進しています。

具体的には、電子政府実現の一環として、現在書面を用いて行われる申告、納税及び申請・届出等について、納税者利便の向上を図る観点から、インターネット等を利用した手続が可能となるようe-Tax（国税電子申告・納税システム）を導入し、利用範囲の拡大を図ってきました。

e-Taxにおいては、納税者の方々に安心してシステムの利用をしていただけるように電子証明書等の認証技術や申告等データの暗号化によって、データの改ざん等を防止するなど、セキュリティの確保に万全を期しています。

平成19年度税制改正では、納税環境整備の観点から、電子証明書を取得した個人の電子申告に係る所得税の税額控除制度を創設するとともに、税務手続の電子化促進措置として、電子申告における医療費控除の領収書など7種類の第三者作成書類の添付省略等の措置を講じたほか、コンビニエンス・ストアで納税できる制度を創設するなど、納税者の一層の利便向上を図っています。

さらに、平成20年度改正においては、電子申告において添付が省略できる第三者作成書類の範囲について、雑損控除や寄附金控除に係る証明書など8種類が追加されました。

平成21年度税制改正、平成23年度税制改正では、電子申告に係る所得税額の特別控除制度が延長されましたが、平成25年度税制改正において、適用期限の到来をもって廃止されました。

第3編　わが国の税制の現状（国税）

税務手続の電子化促進措置

①第三者作成書類の添付省略

対象書類（19年度改正）
（平成20年1月4日から適用）
・医療費控除の領収書
・社会保険料控除の証明書
・小規模企業共済等掛金控除の証明書
・生命保険料控除の証明書
・地震保険料控除の証明書
・源泉徴収票（給与・退職）
・特定口座年間取引報告書

書類提出に代えて書類内容の送信
納税者による書類の保管

対象書類の追加（20年度改正）
（平成20年1月4日から適用）
・給与所得者の特定支出の控除の証明書
・雑損控除、寄附金控除
・個人の外国税額控除に係る証明書
・住宅借入金等特別控除に係る借入金年末残高証明書（適用2年目以降のもの）
・バリアフリー改修特別控除に係る借入金年末残高証明書（適用2年目以降のもの）※
・政党等寄附金特別控除の証明書

対象書類の追加（21年度改正）
（平成21年1月5日から支払通知書
・上場株式配当等の支払通知書
・オープン型証券投資信託の収益の分配の支払通知書
・配当等とみなす金額に関する支払通知書

税務署

電子申告

書類内容のデータ送信

医療費等の領収書等

③源泉徴収関係書類の電子提出（19年度改正）

対象書類（給与所得者）
・扶養控除等申告書
・配偶者特別控除申告書
・保険料控除申告書
（退職所得者）
・退職所得申告書
（公的年金等の受給者）
・扶養親族等申告書

給与所得の源泉徴収票

納税者

②源泉徴収票等の電子交付（18・19年度改正）

対象書類（給与・退職・年金）
・源泉徴収票（給与・退職・年金）
・支払明細書
・特定口座年間取引報告書
・オープン型証券投資信託の収益の分配の支払通知等
・配当等とみなす金額に関する支払通知書

源泉徴収義務者
申株
式
会
社

※平成20年度改正において追加された省エネ改修特別控除に係る借入金年末残高証明書（適用2年目以降のもの）についても、バリアフリー改修特別控除に係る借入金年末残高証明書（適用2年目以降のもの）と同様①の措置の対象となる。

3 法人税

(1) **法人税制度**　法人税とは、法人の企業活動により得られる所得に対して課される税です。この法人には様々な形態のものがありますが、法人税法では内国法人と外国法人とに分けて納税義務を定めています。内国法人とは、国内に本店又は主たる事務所を有する法人のことで、外国法人とはそれ以外の法人です。内国法人は、所得の源泉が国内にあるか国外にあるかを問わず、そのすべてについて納税義務を負いますが、外国法人は国内に源泉のある所得についてのみ納税義務を負います（第5編6参照）。内国法人とされるものには、普通法人、公共法人、公益法人等、協同組合等、人格のない社団等があり、それぞれの法人の性格に応じ法人税の課税所得の範囲が定められています。

普通法人とは、株式会社（特例有限会社を含む）、合名会社、合資会社、合同会社、相互会社等で、すべての所得に対して課税されます。

公共法人とは、地方公共団体、公社、公庫、国立大学法人等で、法人税は課税されません。

公益法人等とは、一般財団法人・一般社団法人（非営利型法人に該当するもの）、医療法人、学校法人、公益社団法人・公益財団法人、社会福祉法人、宗教法人等で、基本的に収益事業から生じた所得に限り課税されます（(9)参照）。なお、特定非営利活動法人（いわゆるNPO法人）は、法人税法その他法人税に関する法令の規定の適用については、公益法人等とみなされます。

協同組合等とは、農協、漁協等で、すべての所得に対して課税されます。

人格のない社団等は、法人税法上、法人とみなされ、収益事業から生じた所得に限り課税されます。

法人の種類別の法人数及び所得金額

区　分			申告法人数	所　得　金　額			
				利　益		欠　損	
				事業年度数	金　額	事業年度数	金　額
内国法人	普通法人	会　　社　　等	2,551,452	681,660	百万円 36,978,254	1,888,047	百万円 14,146,108
		うち特定目的会社	1,247	570	3,989	991	377,245
		企　業　組　合	1,578	444	2,296	1,144	1,862
		医　療　法　人	47,576	25,526	898,237	22,264	184,690
		小　　　　　計	2,600,606	707,630	37,878,786	1,911,455	14,332,659
	人格のない社団等		12,931	5,813	10,492	7,162	15,400
	協同組合等	農業協同組合及び同連合会	3,051	1,749	585,813	1,325	19,811
		消費生活協同組合及び同連合会	648	321	96,835	331	10,164
		中小企業等協同組合（企業組合を除く）	15,578	8,473	56,249	7,217	17,983
		漁業生産組合、漁業協同組合及び同連合会	1,980	851	11,481	1,135	7,205
		森林組合、同連合会及び生産森林組合	3,084	1,243	5,171	1,856	3,812
		そ　　の　　他	20,149	10,574	425,619	9,698	168,591
		小　　　　　計	44,490	23,211	1,181,168	21,562	227,566
	公　益　法　人　等		47,269	20,310	209,242	27,164	207,137
外　国　法　人			4,734	1,182	308,252	3,625	248,815
小　　　　　計			2,710,030	758,146	39,587,940	1,970,968	15,031,576
連　結　法　人			1,260	638	5,261,323	637	1,806,757
合　　　　　計			2,711,290	758,784	44,849,263	1,971,605	16,838,333

(備考)　1. この表は、平成24年4月1日から平成25年3月31日までの間に事業年度が終了した法人のうち、平成25年7月31日までに申告のあった法人の申告事績及び平成24年7月1日から平成25年6月30日までの間に処理を行った法人の処理事績を集計したものである。

　　　 2.「申告法人数」については、確定申告のあった事業年度数を法人単位に集約した件数を示した。また、連結申告を行った法人は、1グループを1社として集計している。

　　　 3.「所得金額」の金額は、申告に係る事績のほか処理に係る事績（更正・再更正及び決定による所得の増減額）を含んでいる。

(資料)　平成24年度版「国税庁統計年報書」

(2) **法人と株主の負担調整・法人税の転嫁と帰着**　法人は株主とは別個の独立した主体として経済活動を営む一方で、得られた利益は配当され株主に帰属するという二面性を有しています。このような実態から、法人税の性質及び課税根拠については、法人は株主の集合体と見る「法人擬制説」と、法人は株主とは独立した存在と見る「法人実在説」の二つの考え方があります。法人段階で利益に課される税（法人税）と、株主段階で配当所得に課される税（所得税・法人税）について、前者の考え方によれば負担の調整が必要とされ、後者の考え方によれば何ら調整を要しないということになります。わが国の税制では、個人株主については配当控除（税額控除）、法人株主については受取配当の益金不算入制度を採用し、税負担の一部を調整することとされていますが、諸外国でもその取扱いは様々（第6編5⑷右頁参照）であり、上述したいずれか一方の考え方によって現代の法人税を説明することは難しくなっています。

　また、法人税は税の転嫁と帰着（第1編11参照）についても様々な議論があります。法人税の転嫁の度合いは、生産する財・サービスの需給関係、資本や労働などの生産要素の組合せをいかに早く変更できるかなどの様々な点に左右されます。短期的に見ると、消費者や労働者よりも、主として企業とその株主に帰着し、また、法人税は利益に対する課税であり、企業の生産量には影響を与えないものとも考えられています。しかし、現実の市場や企業行動を踏まえると、法人税の負担は、企業の価格設定や賃金・利潤の分配、さらには生産活動にも影響を与えており、こうしたことから、法人（あるいは株主）のみならず労働者や消費者などにも帰着しているものと考えられています。

現行法人税の負担調整に関する仕組み

区　　　　　分	制　度　の　概　要
法人段階	――	法人段階での調整は行わない。
個人株主段階　配　当　控　除　制　度	受取配当の10％(配当所得を上積みとし、配当所得以外の所得と合計し、課税総所得金額が1,000万円を超える場合、その超える部分の金額については5％)の税額控除が認められる（総合課税を選択する場合に限る)。
法人間配当　受取配当益金不算入制度	完全子法人株式等に係る配当等の額については、全額益金不算入とされる。 　関係法人株式等（株式保有割合が25％以上のもの）に係る配当等の額については、配当等の額から関係法人株式等に係る負債利子(注)の額を控除した残額が益金不算入とされる。 　その他の株式等に係る配当等の額については、配当等の額からその他の株式等に係る負債利子(注)の額を控除した残額の50％が益金不算入とされる。

(注)　負債利子とは、その株式等の取得に要した借入金等の利子のことをいいます。

(3) **所得計算**　法人の各事業年度の所得金額は、その事業年度の益金の額から損金の額を控除した金額とされています。

ここでいう益金の額とは、商品や製品などの棚卸資産等の販売による売上収入、土地や建物等の固定資産の譲渡による収入、請負その他役務の提供による収入、預金や貸付金の利子収入などのように企業会計でいう決算利益を計算する上での収益に当たるものです。

なお、法人税法においては、無償による資産の譲渡又は役務の提供などについても益金とすることとされています。これは、いったん譲渡による収益が実現し、同時にそれが贈与されたものとみるべきであるという考え方に基づくものです。

また、損金の額とは、その事業年度の収益にかかわる売上原価、完成工事原価、販売費、一般管理費、災害等による損失などの決算利益を計算する上での費用や損失に当たるものです。

税法と会社法・企業会計原則は、企業の所得あるいは利益を計算するという点で共通するところがありますが、これらは、それぞれ固有の目的と機能を持っており、企業会計の決算利益と税法上の課税所得が一致するとは限りません。これは、企業の会計には、財産・持分をめぐる株主や債権者などの利害関係者の間の利害を調整する機能と、関係者に企業の財政状態と経営成績を開示するという情報を提供する機能の二つの機能があるのに対し、税法は、税負担の公平や税制の経済に対する中立性を確保することなどを基本的な考え方としており、適正な課税を実現するため、国と納税者の関係を律しているものであるためです。

したがって、企業会計による決算利益をもとに益金不算入、益金算入、損金不算入及び損金算入の税務調整を行うことにより、税法上の所得金額を計算することになります。

法人税法上の所得と決算利益の関係

	内　　容	項　　目
益金不算入	決算利益では、収益とされているが、税法上は益金の額に算入されないもの	・受取配当等の益金不算入 ・資産の評価益の益金不算入 ・還付金等の益金不算入
益金算入	決算利益では、収益とされていないが、税法上は益金の額に算入されるもの	・法人税額から控除する外国子会社の外国税額の益金算入 ・内国法人に係る特定外国子会社等の留保金額の益金算入
損金不算入	決算利益では、費用とされているが、税法上は損金の額に算入されないもの	・減価償却超過額の損金不算入 ・資産の評価損の損金不算入 ・特定の役員給与、過大な使用人給与等の損金不算入 ・寄附金の損金不算入 ・交際費等の損金不算入 ・不正行為等に係る費用等の損金不算入 ・法人税額等の損金不算入 ・海外親会社等へ支払う過大な利子の損金不算入
損金算入	決算利益では、費用とされていないが、税法上は損金の額に算入されるもの	・各種の特別償却の損金算入 　（償却限度額の増額） ・圧縮記帳による圧縮額の損金算入 ・繰越欠損金の損金算入 ・特定の基金に対する負担金等の損金算入 ・各種準備金の損金算入 ・協同組合等の事業分量配当等の損金算入 ・収用換地等の場合の所得の特別控除など

(4) **税　率**　法人税の税率は、普通法人又は人格のない社団等については25.5％（資本金1億円以下の普通法人又は人格のない社団等の所得の金額のうち年800万円以下の金額については15％）、公益法人等については法人の区分等に応じて19％（年800万円以下の金額については15％）又は25.5％（年800万円以下の金額については15％）、協同組合等については19％（年800万円以下の金額については15％）とされています。

法人税の税率は、国の税収の確保を目的として所得税等の他の税とのバランスを図りながら、その時々における財政事情や経済情勢等を反映して決定されています。抜本改革時（昭和63年12月改正）においては、基本税率が42％から37.5％に引き下げられ、配当軽課制度が廃止されました。また、平成10年度税制改正においては、経済活動に対する税の中立性を高めることにより、企業活力と国際競争力を維持する観点から、課税ベースの大幅な見直しが行われ、基本税率が34.5％に引き下げられました。さらに、平成11年度税制改正においては、景気情勢に配慮し、課税ベースの見直しは行わずに基本税率が30％に引き下げられました。平成23年度税制改正においては、国際競争力の向上や立地環境の改善等を図り、国内の投資拡大や雇用創出を促進するため、課税ベースの拡大とともに、基本税率が25.5％に引き下げられ、平成24年度より適用されています。

このほかに、同族会社の留保金額に対する特別税率と土地の譲渡がある場合の特別の税率の規定があります（(8)及び5参照）。

国税と地方税を合わせた法人税率は、現行では34.62％となっています。

(注)　国・地方合わせた法人税率の計算方法
（事業税込所得を100とした場合）
① 事業税引後所得　　100 ÷ (1＋0.043＋0.028982) ＝ 93.285…
② 法人税額　　　　　93.285… ×　25.5 ％ ＝ 23.787…
③ 道府県民税額　　　23.787… ×　 3.2 ％ ＝ 0.761…
④ 市町村民税額　　　23.787… ×　 9.7 ％ ＝ 2.307…
⑤ 地方法人税額　　　23.787… ×　 4.4 ％ ＝ 1.046…
⑥ 事業税額　　　　　93.285… ×　 4.3 ％ ＝ 4.011…
⑦ 地方法人特別税額　93.285… ×　 4.3 ％ × 67.4％ ＝ 2.703…
　　　　国・地方合わせた法人税率　（②～⑦計）　　　　34.617…

国・地方合わせた法人税率は、法人事業税が損金算入されることを調整した上で②～⑥の税率を合計したものであり、上記の数値は外形標準課税の対象となる資本金1億円超の法人の場合です（平成26年10月以降の数値）。

なお、東日本大震災の復興財源に充てるため、平成24年度から3年間、法人税額に対して10％の復興特別法人税が課されることとされていましたが、平成26年度税制改正により、1年間前倒しして廃止されています。

第3編　わが国の税制の現状（国税）

法 人 税 率

区　　　分		昭和63年度 (抜本改正前)	平成2年度 (抜本改正後)	平成10年度 (法人税制改革després)	平成11年度 (改正後)	平成20年度 (改正後)	平成21年度 (改正後)	平成22年度 (改正後)	平成24年度 (改正後)
普通法人	留保分	42	37.5	34.5	30	30	30	30	25.5
	配当分	32							
中小法人の軽減税率	留保分	30	28	25	22	22	18	18 (注1)	15 (注1)
(年所得800万円以下部分)	配当分	24							
協同組合等	留保分	27	27	25	22	22	22	22 (注2)	19 (注2)
	配当分	22						(注2)	
公益法人等		27	27	25	22	22又は30	22又は30 (注2)	22又は30 (注2)	19又は25.5 (注2)
特定医療法人									

(注1) 資本金の額等が5億円以上である法人等との間にその法人等による完全支配関係があるもの等を除く。

(注2) 年所得800万円までは15％。

(参考) 平成24年4月1日から平成26年3月31日までの期間内に最初に開始する事業年度から同日以後2年を経過する日までの期間内の日の属する事業年度については、基準法人税額の10％の復興特別法人税が課される。

普 通 法 人 の 法 人 税 率

適用事業年度	基 本 税 率		軽 減 税 率		
	留保分	配当分	所得区分	留保分	配当分
昭25. 4以降終了	35%		───	───	
27. 1〃	42				
30. 7〃	40				
30. 10〃	〃		年50万円以下	35%	
32. 4〃	〃		年100万円以下	〃	
33. 4〃	38		年200万円以下	33	
36. 4〃	38	28	〃	33	24
39. 4〃	〃	26	年300万円以下	〃	22
40. 4〃	37		〃	31	〃
41. 1以降開始	35		年300万円以下 (資本金1億円以 下の法人のみ)	28	
45. 5以降終了	36.75		(〃)	〃	〃
49. 5〃	40	28	年600万円以下 (〃)	〃	〃
50. 5〃	〃	30	年700万円以下 (〃)	〃	〃
56. 4〃	42	32	年800万円以下 (〃)	30	24
59. 4〃	43.3	33.3	〃 (〃)	31	25
62. 4〃	42	32	〃 (〃)	30	24
平元. 4以降開始	40	35	〃 (〃)	29	26
2. 4〃	37.5		(〃)	28	
10. 4〃	34.5		(〃)	25	
11. 4〃	30		(〃)	22	
21. 4以降終了	30		(〃)	18	
22. 4以降開始	30		年800万円以下 資本金1億円以下の法人の み（資本金の額等が5億円以 上である法人等との間にその 法人等による完全支配関係が あるもの等を除く。）	18	
24. 4以降開始	25.5		〃 (〃)	15	

(5) **連結納税制度**　近年、わが国企業の経営環境が大きく変化する中で、連結を主体とする企業会計への移行、独占禁止法における持株会社の解禁、会社分割や株式交換についての商法改正等により、企業の柔軟な組織再編を可能とするための法制等の整備が進められてきました。これらを踏まえ、税制においても、平成14年度税制改正において連結納税制度が創設されました。

　この制度は、実質的に一つの法人とみることができる企業グループを一つの納税単位として課税することにより、実態に即した適正な課税を行うことを可能にするほか、企業の組織再編をより柔軟に行うことを可能とし、わが国企業の国際競争力の強化と経済の構造改革に資することを目的として導入されたものです。

　制度の適用は選択性で、親法人とその親法人が直接又は間接に100％の株式を保有するすべての子法人が対象となります。法人税の申告・納付は親法人が行い、子法人は連帯納付責任を負うこととなります。

　連結法人税額については、連結グループ内の各法人の所得金額に所要の調整を行った連結所得金額に税率を乗じ、さらに必要な調整を行って計算されます。

　その他、包括的な租税回避行為防止規定、質問検査権、罰則等について所要の規定が整備されています。

第3編　わが国の税制の現状（国税）

連結納税制度の概要

1 適用対象
   ○ 親会社と、それが直接又は間接に100％の株式を保有するすべての子会社（外国法人を除く）
   ○ 選択制（一旦選択した場合は、原則として継続適用）

2 申告・納付
   ○ 親会社が法人税の申告・納付（子会社は連帯納付責任を負い、個別帰属額等を提出）

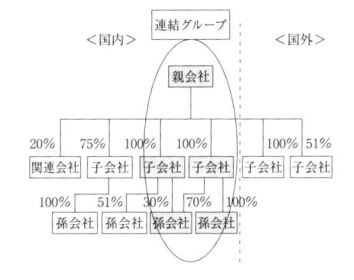

3 所得、税額の計算
   ○ 連結グループ内の各法人の所得金額に所要の調整を行った連結所得金額に税率を乗じ、さらに必要な調整を行い連結税額を算出
   ○ 税率は、25.5％

⑹ **資本に関係する取引等に係る税制の整備**　企業グループを対象とした法制度や会計制度が定着しつつある中、税制においても持株会社制のような法人の組織形態の多様化に対応するとともに、課税の中立性や公平性等を確保する観点から、グループ法人の一体的運営が進展している状況や、資本に関係する取引についての実態を踏まえて、100％グループ内の法人間の取引、大法人の100％子法人の範囲とその中小企業向け特例措置の適用、繰越欠損金に関する取り扱い、連結納税制度の整備、清算所得課税、組織再編税制など、多岐にわたって見直しが進められています。

第3編 わが国の税制の現状(国税)

資本に関係する取引等に係る税制の見直しの主な事項

① 100%グループ内の法人間の譲渡取引の損益の繰延べ

【改正の内容】
　資産のグループ内取引により生ずる譲渡損益については、その資産がグループ外に移転する等の時まで、計上を繰り延べる
　※　連結納税においては、既に同様の仕組みである連結法人間取引の損益調整制度が導入済

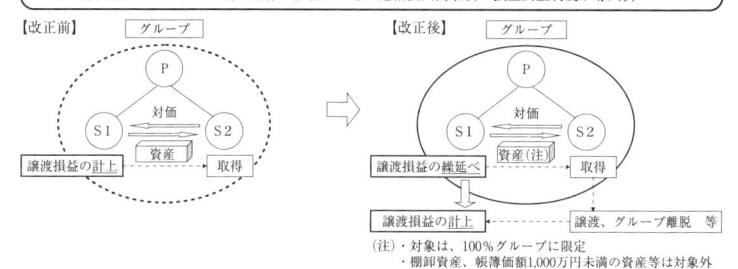

(注)・対象は、100%グループに限定
　　・棚卸資産、帳簿価額1,000万円未満の資産等は対象外

② 大法人の100%子法人に対する中小企業向け特例措置の適用の見直し

【改正の内容】
　大法人の100%子法人である中小法人は、それ以外の中小法人と資金調達能力など経営実態が異なることから、中小企業向け特例措置(資本金の額が1億円以下の法人に係る次の制度)については、資本金の額が5億円以上の法人又は相互会社等の100%子法人には適用しない
(中小企業向け特例措置)
・軽減税率　　　　　　　　　・特定同族会社の特別税率の不適用
・貸倒引当金の法定繰入率　　・交際費等の損金不算入制度における定額控除制度
・欠損金の繰戻しによる還付制度

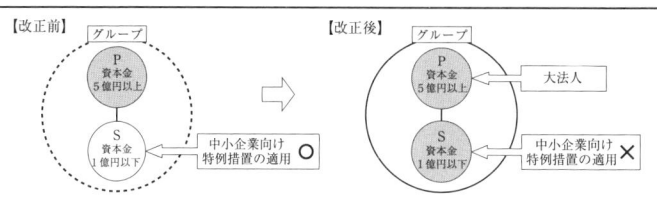

③ 連結子法人の連結開始前欠損金の持込制限の見直し

【改正の内容】
　連結納税の開始・加入に伴う資産の時価評価制度の適用対象外となる連結子法人のその開始・加入前に生じた欠損金額を、その個別所得金額を限度として、連結納税制度の下での繰越控除の対象に追加

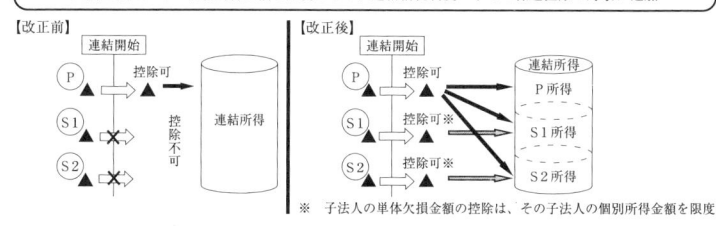

※　子法人の単体欠損金額の控除は、その子法人の個別所得金額を限度

133

(7) **企業組織再編税制**　平成13年度税制改正において、改正商法（平成13年4月施行）による会社分割法制の創設にあわせ、合併、分割、現物出資、事後設立を中心として、企業組織再編成全般にわたる抜本的な見直しが行われました。この見直しに当たっては、企業組織再編成により資産の移転を行った場合、その取引の実態に合った課税を行うとともに、企業組織再編成全体を通じてバランスのとれた税制を整備することなどが考慮されました。具体的には、組織再編成により資産を移転する法人に係る移転資産の譲渡損益の繰延べや組織再編成を行う法人の株主に係る株式の譲渡損益の繰延べ等の措置が講じられるとともに、引当金等の引継ぎについても組織再編成の形態に応じた所要の措置が講じられています。

平成19年度税制改正では、会社法における合併等対価の柔軟化（平成19年5月施行）により親会社の株式を交付する合併（三角合併）が可能となったことから、組織再編税制においても合併対価の要件を緩和し、100％親法人の株式のみを交付する場合について譲渡損益の繰延べが可能となりました。なお、その他の適格要件については、現行の組織再編税制の枠組みに沿って、合併等における当事者間（合併法人等と被合併法人等）で判定されます。

また、従来、組織再編成を租税回避の手段として乱用されることを防止する組織再編成に関する包括的な租税回避防止規定が設けられていましたが、新たに可能となる三角合併を利用した国際的な租税回避を防止するための措置も設けられました。

こうした企業組織再編成に係る税制の整備により、課税要件等が従前に比べて一層詳細に規定され、より透明性の高い税制の構築が図られています。これは、近時、企業活動が多様化・複雑化している中で、税制に求められる納税者の税負担に係る予見可能性と法的安定性の確保に資するものといえます。

第3編　わが国の税制の現状（国税）

会社分割・合併等の企業組織再編成に係る税制上の措置

1．法人における課税の取扱い

○　資産が移転する際にはその移転資産の譲渡損益（株式交換及び株式移転の場合には時価評価損益）に課税するのが原則であるが、次の組織再編で、合併法人等の株式のみの交付（合併・分割及び株式交換については、合併法人、分割承継法人又は株式交換完全親法人の100％親法人の株式のみの交付を含む）をする場合には、課税を繰り延べる。

	企業グループ内の組織再編成	共同事業を営むための組織再編成
適格要件	○　100％関係の法人間で行う組織再編成 　・100％関係の継続 ○　50％超関係の法人間で行う組織再編成 ①　50％超関係の継続 ②　主要な資産・負債の移転 ③　移転事業従業者の概ね80％が移転先事業に従事（株式交換・株式移転の場合は完全子法人の従業者の継続従事） ④　移転事業の継続（株式交換・株式移転の場合は完全子法人の事業の継続）	①　事業の関連性があること ②　㈹事業規模（売上、従業員、資本金等）が概ね5倍以内　又は 　　㈹特定役員への就任（株式交換・株式移転の場合は完全子法人の特定役員の継続） ③　左の②〜④ ④　移転対価である株式の継続保有（株主） ⑤　完全親子関係の継続（株式交換・株式移転のみ）

（注）　適格組織再編成の共同事業要件のうち「事業性」及び「事業関連性」について、その判断基準を法人税法施行規則において明記。

2．株主における課税の取扱い

○　株主が、合併法人等の株式のみの交付（合併、分割及び株式交換については、合併法人、分割承継法人又は株式交換完全親法人の100％親法人の株式のみの交付を含む）を受けた場合は旧株の譲渡損益の課税を繰り延べる。

(8) **特定同族会社の留保金課税制度**　特定同族会社の各事業年度の留保金額が留保控除額を超える場合には、その同族会社の各事業年度の所得に対する法人税の額は、通常課される各事業年度の所得に対する法人税額に加え、その超える部分の留保金額の区分に応じ、10～20％の累進税率による課税が行われます。これが特定同族会社の留保金課税制度といわれるもので、間接的に配当支払の誘因としての機能を果たしつつ、法人形態と個人形態における税負担の差を調整するために設けられています。

　一般的に、法人企業は受け入れた資本に対して利益が生じた場合には利益に応じた分配が行われることが経済的に要請されており、適正な配当が行われることになりますが、会社と株主の意思決定が同一であるような同族会社においては、少数の特定の株主が思いのままに配当額を決定したり、自己の都合の良い時期に配当を行うことが可能であるため、利益を内部留保する傾向が強くなっています。

　個人企業形態の場合には、利益を得た時期に所得税が課され、その所得金額に応じて超過累進税率が適用されて税額が算出されることになっていますから、同族会社の過大な内部留保をそのまま放置した場合には、個人企業形態との課税のバランスにおいて問題が生じます。そこで、特定同族会社において一定の限度額を超えて所得の留保を行ったときには、通常の法人税額のほかに特別の税率による税額が加算される制度がとられています。

　一方で、この制度は、同族会社の資本蓄積としての内部留保に対して抑制的であり、大企業に比べ、資金調達面での制約の強い中小企業にとって、設備投資資金などを確保するための資本蓄積を阻害する要因となっているともいわれていました。そこで、平成19年度税制改正において、中小企業の資本蓄積を促進するため、資本金1億円以下の中小企業はこの制度の対象外となりました。

特定同族会社の留保金課税制度

【制度の概要】
○ 適用対象　：特定同族会社（1株主グループ（その同族関係者を含む）による持株割合等が50％を超える会社（資本金又は出資金の額が1億円以下の会社にあっては、資本金の額等が5億円以上である法人等との間にその法人等による完全支配関係があるものに限る））
○ 制度の概要：課税留保金額に対し、次の税率により課税を行う。
　課税留保金額＝所得－（配当＋法人税等）－留保控除

```
留保控除（以下最も多い額）
 ① 所得基準：所得等×40％
 ② 定額基準：2,000万円
 ③ 積立金基準：資本金×25％－利益積立金
```

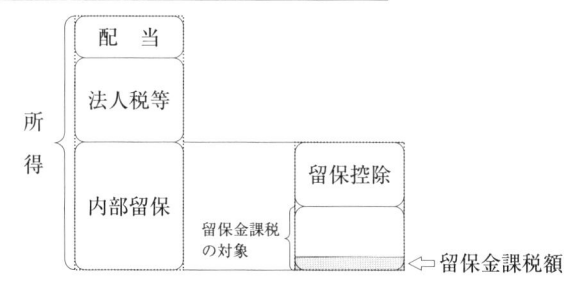

○ 税率
　　課税留保金額3,000万円以下の部分…10％
　　　〃　　　　1億円以下の部分……15％
　　　〃　　　　1億円超の部分………20％

(9) **公益法人等及び協同組合等に対する課税**　公益法人等については、昭和24年のシャウプ勧告以来、公益性の高い事業の遂行を主目的とするその性格を踏まえつつ、一般法人や個人と競合する事業もあることから、各事業年度の所得のうち収益事業から生じた所得に対してのみ法人税が課税されていました。なお、ここでいう収益事業の範囲は、物品販売業、不動産販売業など法令に列挙されています（次頁参照）。

公益法人等のうち社団法人及び財団法人については、主務官庁の許可主義の下、法人設立が簡便でない、公益性の判断基準が不明確であるなどの批判が見受けられたことを踏まえるとともに、民間非営利部門の活動を促進するため、平成18年度に改革が行われ、新しい公益法人制度が平成20年12月から施行されています。税制についても、民間が担う公益活動を推進する観点から、収益事業課税を基本としつつ、新たに認定される公益目的事業から生じる所得を非課税とするとともに、収益事業から公益目的事業の実施のために支出した金額については、全額損金算入の対象とされました。

次に、協同組合等については、普通法人と同じように全所得に対して法人税が課税されます。しかし、協同組合等については適用する税率が低く定められており（19％）、また事業分量配当等の損金算入が認められています。

事業分量配当等は、本来剰余金の分配であり損金ではないのですが、協同組合等は組合員のための共同販売、共同仕入れ等の協同事業を目的とすることから組合員に対する事業分量配当等は一種の値引きや割戻しと考えるべきであり、損金の額に算入することとされているものです。

第3編　わが国の税制の現状（国税）

非営利法人に対する課税の取扱い

	公益社団法人 公益財団法人	学校法人 社会福祉法人 更生保護法人	その他の公益法人等 （日本赤十字社等）	認定NPO法人 仮認定NPO法人	NPO法人	非営利型の一般社団法人 一般財団法人 （注1）	一般社団法人 一般財団法人
課税対象	収益事業課税 ただし、公益目的事業に該当するものは、収益事業であっても非課税	収益事業課税	収益事業課税	収益事業課税	収益事業課税	収益事業課税	全所得課税
みなし寄附金損金算入限度額 （注2）	次のいずれか多い金額 ①所得金額の50％ ②公益目的事業の実施に必要な金額	次のいずれか多い金額 ①所得金額の50％ ②年200万円	所得金額の20％	次のいずれか多い金額 ①所得金額の50％ ②年200万円 ※仮認定NPO法人には適用なし	なし	なし	なし
法人税率	25.5％ （所得年800万円まで15％ （注3））	19％ （所得年800万円まで15％ （注3））	19％ （所得年800万円まで15％ （注3））	25.5％ （所得年800万円まで15％ （注3））	25.5％ （所得年800万円まで15％ （注3））	25.5％ （所得年800万円まで15％ （注3））	25.5％ （所得年800万円まで15％ （注3））
金融資産収益 （注4） 法人税	収益事業から生じるもののみ課税	収益事業から生じるもののみ課税	収益事業から生じるもののみ課税	収益事業から生じるもののみ課税	収益事業から生じるもののみ課税	収益事業から生じるもののみ課税	課税
所得税 （源泉徴収）	非課税 （なし）	非課税 （なし）	非課税 （なし）	課税 （あり）	課税 （あり）	課税 （あり）	課税 （あり）
寄附者に対する寄附優遇	あり	あり	あり （一部の法人）	あり	あり		

(注1) 非営利型の一般社団法人・一般財団法人は、①非営利性が徹底された法人、②共益的活動を目的とする法人。
(注2) 「みなし寄附金」とは、収益事業に属する資産のうちから収益事業以外の事業のために支出した金額がある場合には、その支出した金額を寄附金の額とみなして、寄附金の損金算入限度額の範囲内で損金算入を認めるもの。
(注3) 平成24年4月1日以後に開始する各事業年度に適用。
(注4) 法人税の課税対象となる利子・配当等の金融資産収益については、所得税額控除又は所得税額の還付の規定の適用あり。

収益事業の範囲

収　益　事　業		
1．物品販売業	13．写　真　業	27．遊　技　所　業
2．不動産販売業	14．席　貸　業	28．遊　覧　所　業
3．金銭貸付業	15．旅　館　業	29．医　療　保　健　業
4．物品貸付業	16．料理店業その他の飲食店業	30．洋裁、和裁、着物着付、編物手芸、料理、理容、美容、茶道、生花、演劇、演芸、舞踊舞踏、音楽、絵画、書道、写真、工芸、デザイン（レタリングを含む）、自動車操縦又は一定の船舶操縦（技芸）の教授を行う事業又は入試、補習のための学力の教授若しくは公開模擬学力試験を行う事業
5．不動産貸付業	17．周　旋　業	
6．製　造　業 （電気、ガス又は熱の供給業及び物品の加工修理業を含む）	18．代　理　業	
	19．仲　立　業	
	20．問　屋　業	
7．通　信　業	21．鉱　業	
8．運　送　業	22．土石採取業	
9．倉　庫　業	23．浴　場　業	31．駐　車　場　業
10．請　負　業	24．理　容　業	32．信用保証業
11．印　刷　業	25．美　容　業	33．無体財産権の提供等を行う事業
12．出　版　業	26．興　行　業	34．労働者派遣業
上記の収益事業のうち、その業務が法律の規定に基づいて行われる等特に公共・公益的な一定の事業は収益事業から除外しています。		

(備考) 次に掲げる事業は、事業の種類を問わず収益事業から除外しています。
① 身体障害者及び生活保護者等が従業員の1/2以上を占め、かつ、その事業がこれらの者の生活の保護に寄与しているもの。
② 母子福祉団体が行う事業で、母子福祉資金等の貸付期間内に行われるもの及び公共施設内において行われるもの。
③ 保険契約者保護機構が、破綻保険会社の保険契約の引受け及びその引受けに係る保険契約の管理等の業務として行うもの。

(10) **引当金・準備金** 引当金の繰入れ、準備金の積立ては、将来において発生又は発生する見込みのある費用や損失のために行うもので、税法上、当期に損金算入を認めているものです。

引当金の繰入れは、適正な期間損益計算上、費用収益対応の立場から当期の費用として計上すべきもので損金経理が前提とされ、準備金の積立ては、将来発生する可能性のある損失又は将来の投資や利益処分たる支出に対して備えておくためのもので、損金経理のほかに利益処分経理による計上も税法上の損金算入が認められます。

企業会計上は数多くの引当金が認められていますが、法人税法においては貸倒引当金、返品調整引当金の二つの引当金のみが規定されており、貸倒引当金については、資本金1億円以下の普通法人（資本金の額等が5億円以上である法人等との間にその法人等による完全支配関係があるもの等を除く。）、公益法人等及び協同組合等並びに銀行・保険会社等に限って損金算入を認めるなど、損金算入が認められている範囲は多くありません。

準備金の積立ては特定の政策目的のためで、租税特別措置法に規定されています。

積み立てられた引当金・準備金の取崩し方法は、その引当金・準備金ごとに個別に定められています。例えば、貸倒引当金などは翌期に全額を、海外投資等損失準備金などは翌期以降の一定の期間内に毎年均等額を取り崩し、益金の額に算入されます。

上記のような企業会計上と税法上の引当金・準備金の取扱いの違いは、企業会計においては、財政状態や経営成績の把握を目的としているために費用収益の対応を重視することにより将来の特定の費用や損失はできる限り見越し計上して引当金の設定を行うこととしているのに対し、税法においては、課税の公平の見地から会計慣行の確立しているもの等について限定的に法令に規定し、一定限度額までの範囲内で損金算入を認めていることによるものです。

引当金及び主な準備金の種類と内容

〔引当金〕

種　　　　類	内　　　　容
貸　倒　引　当　金	法人がその有する売掛金・貸付金その他これらに準ずる債権の貸倒れにより見込まれる損失のための引当金
返 品 調 整 引 当 金	出版業、医薬品製造業等を営む法人で買戻しの特約を結んでいるものが、買戻しにより見込まれる損失のための引当金

〔主な準備金〕

種　　　　類	内　　　　容
特　別　修　繕　準　備　金	法人の有する資産で周期的に修繕を要し、かつ、その周期が相当の期間にわたると認められるものの特別な修繕に充てるための準備金
海外投資等損失準備金	資源開発事業法人など一定の法人の株式等を取得した場合において、その株式等の価格の低落又は貸倒れによる損失に備えるための準備金

⑾ **減価償却制度**　減価償却制度とは、建物、機械及び装置等の減価償却資産の取得価額をその使用される年数にわたって費用配分することをいいます。減価償却資産は、事業の用に供され、時の経過あるいは使用することによりその価値が減少していきます。よって、適正な期間損益計算を行うために、減価償却資産の取得価額を資産の種類に応じた費用配分の方法により各事業年度に配分されなければならず、そのため減価償却制度が設けられています。

　法人税法は、減価償却の計算の基礎となる取得価額の算定方法、償却方法、耐用年数などを詳細に規定しています。これは、減価償却が内部取引であるため、他の外部取引と異なり法人の恣意に委ねると課税の公平が期せられないと考えられるからです。そこで法人が償却費として損金経理をした金額のうち法人税法で定める償却方法により計算した金額（償却限度額）の範囲内で損金の額に算入することとしています。

　近年、税制における国際的なイコールフッティングを確保し、投資の促進を図る観点から、減価償却制度の抜本的な見直しが行われています。その見直しの中で、従来定められていた減価償却をすることができる限度額（償却可能限度額）と耐用年数経過時に見込まれる処分価額（残存価額）が廃止されました。また、項目数の多い機械・装置を中心に資産区分を整理するとともに、使用実態を踏まえ、法定耐用年数が見直されています。さらに定率法の算定方法も、現在では200％定率法が採用されており、償却率についても国際的に遜色のない水準となっています（第6編6⑶右頁参照）。

　なお、設備等の取得促進といった特定の政策目的を実現するために、通常の減価償却額と比較して、取得時から短期間で多額の損金算入を認める特別償却などもあります。

減価償却資産の償却方法

区	分		償 却 方 法	法定償却方法
有形減価償却資産	一般資産	建物	定 額 法	
		建物附属設備 構築物 機械及び装置 船舶 航空機 車両及び運搬具 工具、器具及び備品	定 額 法 定 率 法	定 率 法
	鉱業用資産	鉱業経営上直接必要で鉱業の廃止により著しくその価値を減ずる資産	定 額 法 定 率 法 生 産 高 比 例 法	生産高比例法
無形減価償却資産	一般資産	（物権的財産権） 漁業権、ダム使用権、水利権 （工業所有権） 特許権、実用新案権、意匠権、商標権 （利用権） 水道施設利用権、電気ガス供給施設利用権、公共施設等運営権等	定 額 法	
	鉱業用資産	鉱業権（租鉱権及び採石権その他土石を採掘し又は採取する権利を含む）	定 額 法 生 産 高 比 例 法	生産高比例法
	営 業 権		5年間均等償却	
	ソフトウエア	複写して販売するための原本 その他のもの	3年間均等償却 5年間均等償却	
生物		（動物） 牛、馬、豚、綿羊、やぎ （果樹） かんきつ樹、りんご樹等 （果樹以外の植物） 茶樹、オリーブ樹等	定 額 法	

⑿ **寄附金の損金不算入制度** 法人が支出する寄附金については、特定の寄附金を除き一定の限度額を超える部分の金額は、損金の額に算入されないこととされています。これは、寄附金は本来反対給付のない任意の財産の出捐であり、利益処分に近い性格を有するものもあると考えられるためです。寄附金をすべて損金とみるとすれば、寄附金相当額の課税所得が減少し、結果的に国が寄附金の一部を補助するのと同じことになってしまいます。

しかし、寄附金には事業活動の円滑化やある種の広報活動の必要性、公益的な慈善事業等に対する寄附など、社会通念上必要と認めるべきものもあることから、その損金性を全く否定することはできません。そこで、国・地方公共団体に対する寄附金や公益性が高いと指定される指定寄附金については限度額なしに全額損金算入を認めるとともに、特定公益増進法人の主たる目的である業務に関する寄附金や認定NPO法人の行う特定非営利活動に関する寄附金についても、一般の寄附金とは異なる特例措置が設けられています（次頁参照）。

なお、平成24年分の法人企業の寄附金の支出額は6,755億円ですが、このうち指定寄附金は1,624億円、特定公益増進法人に対する寄附金は915億円となっています。

寄附金に関する税制の概要

寄附金の区分		損金算入額
公益性の高い寄附金	国又は地方公共団体に対する寄附金 ・公立高校 ・公立図書館　など	支出額の全額を損金に算入する。
	指定寄附金 ・国宝の修復 ・オリンピックの開催 ・赤い羽根共同募金 ・私立学校の教育研究等 ・国立大学法人の教育研究等　など	
	特定公益増進法人に対する寄附金 ・独立行政法人、一定の地方独立行政法人、日本赤十字社など ・公益社団法人、公益財団法人 ・学校法人 ・社会福祉法人　など	下記の一般寄附金の損金算入枠を使用できるほか、次の額を限度として損金に算入する。 損金算入限度額＝(所得金額の6.25％＋資本金等の額の0.375％)×1／2
	認定NPO法人等の特定非営利活動に対する寄附金 ・特定非営利活動を行う法人（NPO法人）のうち一定の要件を満たすものとして所轄庁の認定又は仮認定を受けたもの	
一般の寄附金		次の額を限度として損金に算入する。 損金算入限度額＝(所得金額の2.5％＋資本金等の額の0.25％)×1／4

(13) **租税特別措置**　租税特別措置は、経済政策、社会政策その他の政策的理由に基づき、税負担の公平・中立・簡素という税制の基本理念の例外措置として設けられているものです。

　法人税法の特例は、わが国産業の競争力強化、中小企業等の投資の促進・経営基盤の強化などの政策目的により設けられており、これらの法人税に関する特別措置はその性質から大きく三つに分類することができます。

　第一は、法人税を軽減するもので、税額控除や所得控除によるものがあります。

　第二は、法人税の課税の繰延べを行うもので、普通償却額を超えて償却を行う特別償却によるもの、積立額の一定限度内の損金算入を認める準備金の形によるもの、資産の取得価額の圧縮を認めるいわゆる圧縮記帳の制度などがあります。平成25年度税制改正において創設された所得拡大促進税制や生産等設備投資促進税制（第8編336頁以下参照）なども具体例として挙げられます。

　第三は、課税の適正化を通じ増収効果をもつもので、交際費課税制度、移転価格税制及びタックス・ヘイブン対策税制などが挙げられます。

　第一と第二の類型に属する特別措置は、一定の条件に該当する行為に対するインセンティブとしての意味が付されていますが、個人・企業の自由な経済活動を尊重し、それらの経済活動に中立的な税制とすることが求められる経済社会の中で、特定の政策目的のために税制上の優遇措置という手段を用いることは極力回避されるべきであること、また、税制によって経済社会を誘導しようとすることにはおのずと限界があることから、その政策目的・効果や政策手段としての適正性を十分に吟味する必要があります。そこで、平成22年度税制改正において、租税特別措置の適用状況を透明化するとともに適切な見直しを推進し、国民が納得できる公平で透明な税制の確立に寄与する目的から、いわゆる「租特透明化法」（租税特別措置の適用状況の透明化等に関する法律）が制定されました。この法律により、租税特別措置の適用状況等を記載した報告書が会計年度ごとに作成され、翌年の通常国会に提出されることになっており、最初の報告書が平成25年の通常国会に提出されました。

第3編　わが国の税制の現状（国税）

租税特別措置の例

【法人税関係】
○試験研究を行った場合の法人税額の特別控除（研究開発税制）
○雇用者給与等支給額が増加した場合の特別税額控除
○国内の設備投資額が増加した場合の機械等の特別償却又は特別税額控除制度の制度
○退職年金等積立金に対する法人税の課税の停止
○中小企業者等が機械等を取得した場合の特別償却又は法人税額の特別控除（中小企業投資促進税制）
○中小企業者等の法人税率の特例
○交際費等の損金不算入

【所得税関係】
○住宅借入金等を有する場合の所得税額の特別控除（住宅ローン減税）
○確定申告を要しない配当所得
○公的年金等控除の最低控除額等の特例
○青色申告特別控除

【その他】
○石油化学製品の製造のため消費される揮発油の免税等（ナフサ免税）
○地価税の課税の停止
○自動車重量税の免税等（エコカー減税）
○小規模宅地等についての相続税の課税価格の計算の特例
○土地の売買による所有権の移転登記等の税率の軽減
○農地等についての相続税の納税猶予等及び特定貸付けを行った農地又は採草放牧地についての相続税の課税の特例
○直系尊属から住宅取得等資金の贈与を受けた場合の贈与税の非課税及び住宅取得等資金の贈与に係る相続時精算課税制度の特例
○引取りに係る石油製品等の免税
○自動車重量税率の特例
○揮発油税及び地方揮発油税の税率の特例

「租税特別措置の適用状況の透明化等に関する法律（租特透明化法）」について（平成22年３月成立）

|目的|
　租税特別措置について、その適用状況の透明化を図るとともに、適宜、適切な見直しを推進し、もって国民が納得できる公平で透明性の高い税制の確立に寄与する。

|対象とする租税特別措置|
　租税特別措置法に規定する措置のうち、特定の行政目的の実現のために設けられたもの（政策税制措置）とする。

|適用実態調査の実施等|
⑴　法人税関係特別措置（減収効果のあるもの）の適用を受ける法人は、適用額明細書を法人税申告書に添付しなければならない（平成23年４月１日以後終了する事業年度の申告から適用）。
⑵　財務大臣は、法人税関係特別措置について、適用額明細書の記載事項を集計し、措置ごとの適用法人数、適用額の総額等を調査する（国税庁長官に委任）。
⑶　上記のほか、財務大臣は、租税特別措置の適用実態を調査する必要があるときは、税務署長に提出される調書等を利用できるほか、行政機関等に対し資料の提出及び説明を求めることができる。

|報告書の作成と国会への提出等|
⑴　財務大臣は、毎会計年度、租税特別措置の適用状況等を記載した報告書を作成。内閣は、これを国会に提出する（翌年１月に開会される国会の常会に提出することを常例とする）。
⑵　行政機関の長等は、政策評価を行うため、財務大臣に対し、適用実態調査により得られた情報の提供を求めることができる。

147

(14) **交際費課税制度**　法人が支出する交際費は、企業会計上はその全額が費用とされますが、税法の上では租税特別措置法により損金算入が制限されています。これが昭和29年に創設された、いわゆる交際費課税制度です。

創設当時、役員や従業員に対する給与が所得課税を免れるために遊興費・交際費等の形で支給される傾向が生じ、また役員・従業員の私的関係者に会社の経費で接待するとか、事業関係者に対しても事業上の必要を超えた接待をする傾向があり、そのために企業の資本蓄積が阻害されていました。このことから仮装の給与等の支給に対しては、これを給与所得として把握し所得課税の適正化を図るとともに、交際費の濫費を抑制し、経済の発展に資するために交際費課税制度が設けられました。

創設当初の制度は、一定金額を超える部分の50％を損金不算入としていましたが、交際費の支出の状況及びこれに対する強い社会的批判からその後損金不算入割合も順次引き上げられて、大法人（資本金が1億円を超える法人等）についてはその支出額の全額、中小法人（資本金が1億円以下の法人）についてはその支出額のうち年600万円までの部分はその1割、600万円を超える部分はその全額が損金不算入とされていました。しかし、平成25年度税制改正では、景気を刺激し中小法人を支援するため、中小法人についてはその支出額のうち年800万円以下の部分について損金算入が認められることとなり、さらに、平成26年度税制改正では、平成25年度末までとされていた適用期限が2年間延長されるとともに、消費の拡大を通じた経済の活性化を図る観点から、大法人・中小法人を問わず、飲食のための支出（社内接待費を除く。）の50％が損金算入できることとなりました（中小法人については、従来の定額控除（800万円）との選択制）。なお、1人当たり5,000円以下の一定の飲食費については、交際費から除くこととされています。

なお、所得税法上は、個人事業者が事業を行うために支出する接待・交際費は全額必要経費として認められています。

業種別交際費支出状況等

業　　　種	交際費等支出額 （百万円）	損　金 不算入額 （百万円）	損金不算入割　合 （％）	営業収入1,000円当たり交際費 （円・銭）
農 林 水 産 業	12,996	2,046	15.7%	3.04
鉱　　　　　業	5,830	2,291	39.3%	1.32
建　　設　　業	485,339	122,856	25.3%	5.46
繊　維　工　業	10,309	3,239	31.4%	2.37
化　学　工　業	126,612	95,234	75.2%	2.19
鉄 鋼 金 属 工 業	78,338	31,780	40.6%	2.37
機　械　工　業	128,892	59,174	45.9%	1.54
食 料 品 製 造 業	65,073	37,257	57.2%	1.83
出 版 印 刷 業	47,480	21,720	45.7%	3.32
その他の製造業	86,633	30,327	35.0%	2.71
卸　　売　　業	374,592	155,426	41.5%	1.61
小　　売　　業	224,046	52,566	23.5%	1.73
料理飲食旅館業	70,590	15,049	21.3%	3.66
金 融 保 険 業	102,422	71,948	70.2%	1.36
不　動　産　業	159,786	39,794	24.9%	5.42
運輸通信公益事業	152,153	74,266	48.8%	1.88
サ ー ビ ス 業	576,433	140,211	24.3%	4.17
連　結　法　人	193,494	191,688	99.1%	0.60
合　　　計	2,901,018	1,146,873	39.5%	2.09

（資料）　平成24年分「会社標本調査結果報告」（国税庁）

(15) **圧縮記帳**　圧縮記帳とは、一定の理由に基づき取得した資産について一定額までその帳簿価額を減額（圧縮記帳）し、その金額を損金の額に算入する制度です。

　法人税法においては、国庫補助金や保険金などについて圧縮記帳が認められています。法人税法上、国庫補助金自体は益金とされますが、国庫補助金は特定の目的のために交付されるものであり、これに課税が行われるとすれば対応する税額分だけ補助金の額が削られるのと同様の結果となり、補助金の目的を実現することができなくなります。また、保険金についても火災などの災害により滅失又は損壊した資産の代替資産を取得するためのものであることから、保険差益（保険金と滅失直前の資産の帳簿価額の差額）に課税するとすれば従前の資産と同等の代替資産の取得が困難となります。

　そこで、国庫補助金や保険金で取得した資産の一定額を圧縮し、その圧縮額を損金の額に算入して補助金、保険差益などの益金と相殺することにより、その段階では課税しないこととしているのです。

　また、租税特別措置法において、特定の資産の買換えや収用等により取得した資産等について圧縮記帳を認めていますが、これは土地政策ないし国土政策のうえで積極的にプラスになる特定の土地等の買換えや収用等について圧縮記帳により課税の繰延べを認めているものです。

　圧縮記帳を行った資産の帳簿価額は実際の取得価額ではなく圧縮記帳後の金額となることから、実際の取得価額を基礎とする場合に比べて、圧縮記帳による損金算入の額に対応する部分の金額だけ譲渡原価、減価償却費が少なくなります。つまり、圧縮記帳の制度は、課税を免除するものではなく課税を繰り延べるものなのです。

圧縮記帳の分類

区　　分	法　人　税　法	租　税　特　別　措　置　法
補助金等を受けた場合の圧縮記帳	・国庫補助金等で取得した固定資産 ・工事負担金で取得した固定資産 ・保険金等で取得した固定資産	・賦課金で取得した試験研究用資産 ・転廃業助成金等で取得した固定資産
交換の場合の圧縮記帳	・交換により取得した資産	・換地処分等に伴い取得した資産 ・特定の資産の交換により取得した資産
有償譲渡の場合の圧縮記帳		・収用等に伴い取得した代替資産 ・特定の資産の買換えにより取得した資産

圧縮記帳の仕組み

国庫補助金等で取得した固定資産等の圧縮記帳

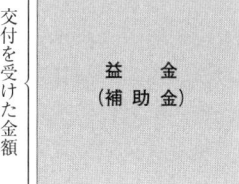

交付を受けた金額 — 益　金（補助金）　　国庫補助金

取得金額 — 損　金（圧縮損）／改訂取得価額(注)（帳簿価額）　　取得資産

(注)　圧縮記帳により、帳簿価額がゼロとなる場合には、備忘価額として1円を付することになります。

(16) **申告・納付**　法人は、事業年度の終了の日の翌日から2カ月以内に税務署に法人税の申告書（連結子法人は連結法人税の個別帰属額等を記載した書類）を提出しなければなりません。これを確定申告書といいますが、法人税の確定申告書は所得税の確定申告書と違って、利益又は欠損のいずれであっても提出しなければなりません。

ただし、災害その他やむを得ない場合や会計監査のために決算が申告期限内に確定しないときは、一定期間の申告期限の延長が認められます。

また、事業年度が6カ月を超える法人は、事業年度開始の日以後6カ月分について、6カ月を経過した日から2カ月以内に中間申告書を提出しなければなりません。

中間申告には、前事業年度の法人税額の実績額による方法と仮決算による方法があります。前事業年度の法人税の実績額による方法は前事業年度の税額の1/2を申告・納付することになりますが、納付金額が10万円以下の場合は中間申告書を提出する必要はありません。なお、中間申告書を提出しなければならない法人がその中間申告書を提出期限までに提出しなかった場合、前事業年度の法人税の実績額による方法による申告を行ったものとみなされます。また、確定申告による中間納付額の還付金に付される還付加算金を利殖目的に利用する行為を防止する観点から、前年度実績に基づく予定申告による中間税額が10万円以下である場合又はない場合及び仮決算による中間税額が前年度実績に基づく予定申告による中間税額を超える場合には、仮決算による中間申告はできないこととされています。

中間申告書及び確定申告書を提出した法人はその申告書の提出期限までに申告書に記載された法人税額を納付しなければなりません。確定申告では、中間申告による納付がある場合、中間納付額を差し引いた税額を納付することになります。

法人税についても所得税と同様に青色申告制度があり、法人が帳簿を備えてその記録に基づき正確な所得の計算や税額を申告する場合には、各種の準備金、減価償却資産の特別償却、特別税額控除等の課税上の特例措置を受けることができることとされています。

第3編　わが国の税制の現状（国税）

法 人 数 の 内 訳

区　分	青白区分		同非区分			組織区分				計
	青色	白色	特定同族会社	同族会社	非同族会社	株式会社	合名会社	合資会社	合同会社	その他	
資本金階級											
100万円以下	202,777	2,677	3	193,767	11,684	165,368	2,436	12,481	14,356	10,813	205,454
100万円超	37,963	348	—	35,876	2,435	30,702	547	2,823	1,858	2,381	38,311
200万円 〃	1,175,690	6,914	—	1,165,815	16,789	1,165,151	633	3,492	3,445	9,883	1,182,604
500万円 〃	735,414	2,757	2	708,551	29,618	710,840	418	1,906	871	24,136	738,171
1,000万円 〃	148,654	406	—	138,695	10,365	141,002	97	371	58	7,532	149,060
2,000万円 〃	143,528	365	2	132,171	11,720	135,513	67	341	65	7,907	143,893
5,000万円 〃	45,331	100	17	40,872	4,542	43,433	17	47	40	1,894	45,431
1億円 〃	14,644	32	4,709	7,002	2,965	13,632	—	—	22	1,022	14,676
5億円 〃	1,833	3	344	1,001	491	1,699	2	—	5	130	1,836
10億円 〃	3,377	3	361	2,017	1,002	2,979	—	1	2	398	3,380
50億円 〃	786	1	42	417	328	696	—	—	2	89	787
100億円 〃	1,138	—	31	519	588	1,010	1	—	4	123	1,138
計	2,511,135	13,606	5,511	2,426,703	92,527	2,412,025	4,218	21,462	20,728	66,308	2,524,741

（資料）平成24年分「会社標本調査結果報告」（国税庁）

4　相続税・贈与税

(1) **基本的仕組み**　相続税は、相続、遺贈（遺言による贈与）又は死因贈与（贈与者の死亡により効力を生じる贈与）により財産を取得した者に対して、その財産の取得の時における時価を課税価格として課される税です。相続税を課税する根拠については、遺産課税方式を採るか遺産取得課税方式を採るかにより位置付けは若干異なりますが、基本的には、遺産の取得（無償の財産取得）に担税力を見出して課税するもので、所得の稼得に対して課される個人所得課税を補完するものと考えられます。その際、累進税率を適用することにより、富の再分配を図るという役割を果たしています。

わが国の現行相続税制度は、相続人その他の者が取得した財産の価額を課税物件とする遺産取得課税方式を基礎としながらも、これに、被相続人の遺産額を課税物件とする遺産課税方式を加味したものとなっています。すなわち、相続税の総額を算定するに際しては、実際の遺産分割にかかわりなく、遺産総額及び法定相続人の数とその法定相続分という客観的基準によります。その上で、各人の納付税額の算定に当たっては、相続税の総額を実際の相続割合に応じて按分した算出税額から、配偶者の税額軽減など個人的事情を考慮した各種の税額控除等を行うこととされているのです。

これに対し、個人から贈与（遺贈、死因贈与以外）により財産を取得した者に対しては、その取得財産の価額を課税価格として、贈与税（法人からの贈与は所得税）が課されます。贈与税は、相続課税の存在を前提に、生前贈与による相続課税の回避を防止するという意味で、相続課税を補完するという役割を果たしています。

第3編　わが国の税制の現状（国税）

相続税の仕組み

(相続人が配偶者＋子2人の場合)

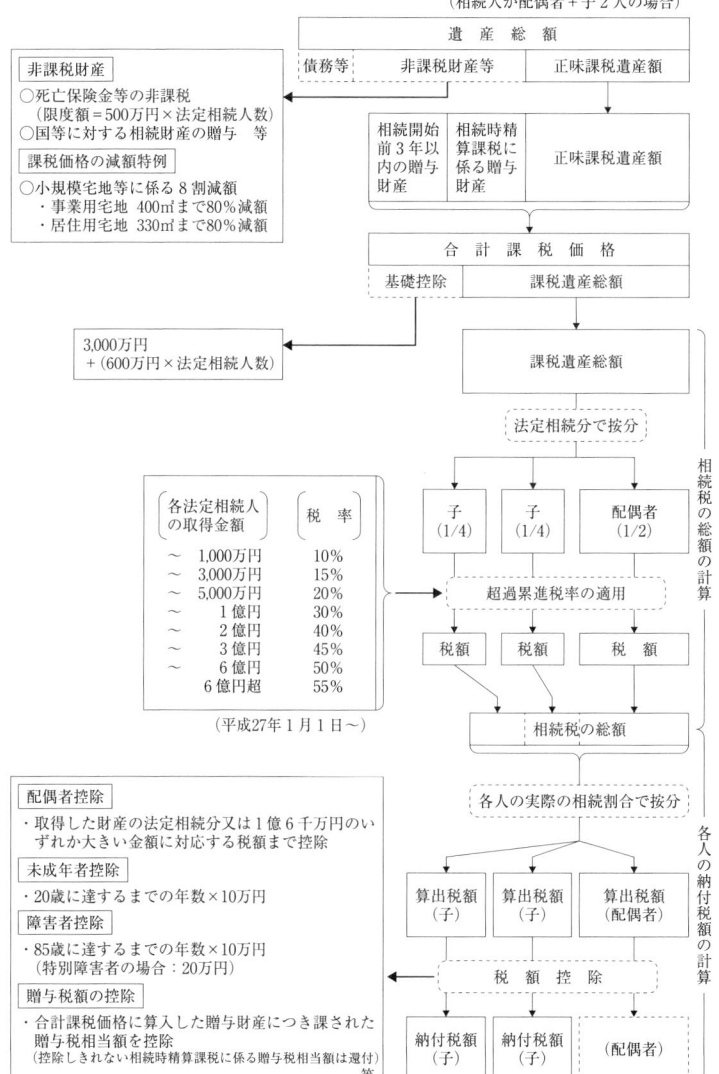

```
                    遺　産　総　額
        ┌──────┬──────────┬──────────┐
        │ 債務等 │ 非課税財産等 │ 正味課税遺産額 │
        └──────┴──────────┴──────────┘
                              │
                    ┌────┬────┬──────────┐
                    │相続開始│相続時精│            │
                    │前3年以│算課税に│ 正味課税遺産額 │
                    │内の贈与│係る贈与│            │
                    │財産　 │財産　 │            │
                    └────┴────┴──────────┘
```

非課税財産
○死亡保険金等の非課税
　（限度額＝500万円×法定相続人数）
○国等に対する相続財産の贈与　等

課税価格の減額特例
○小規模宅地等に係る8割減額
　・事業用宅地　400㎡まで80％減額
　・居住用宅地　330㎡まで80％減額

```
              合　計　課　税　価　格
        ┌──────┬──────────────┐
        │ 基礎控除 │   課税遺産総額   │
        └──────┴──────────────┘
```

3,000万円
＋(600万円×法定相続人数)　←　基礎控除

```
                    課税遺産総額
                         │
                   法定相続分で按分
                         │
        ┌────────┬────────┬─────────┐
        │  子    │  子    │  配偶者   │
        │ (1/4)  │ (1/4)  │  (1/2)   │
        └────────┴────────┴─────────┘
                         │
                  超過累進税率の適用
                         │
        ┌────────┬────────┬─────────┐
        │  税額   │  税額   │  税　額   │
        └────────┴────────┴─────────┘
                         │
                    相続税の総額
                         │
                 各人の実際の相続割合で按分
                         │
        ┌────────┬────────┬─────────┐
        │ 算出税額 │ 算出税額 │ 算出税額  │
        │  (子)   │  (子)   │ (配偶者)  │
        └────────┴────────┴─────────┘
                         │
                     税額控除
                         │
        ┌────────┬────────┬─────────┐
        │ 納付税額 │ 納付税額 │          │
        │  (子)   │  (子)   │ (配偶者)  │
        └────────┴────────┴─────────┘
```

各法定相続人の取得金額	税率
〜　1,000万円	10%
〜　3,000万円	15%
〜　5,000万円	20%
〜　1億円	30%
〜　2億円	40%
〜　3億円	45%
〜　6億円	50%
6億円超	55%

（平成27年1月1日〜）

相続税の総額の計算／各人の納付税額の計算

配偶者控除
・取得した財産の法定相続分又は1億6千万円のいずれか大きい金額に対応する税額まで控除

未成年者控除
・20歳に達するまでの年数×10万円

障害者控除
・85歳に達するまでの年数×10万円
　（特別障害者の場合：20万円）

贈与税額の控除
・合計課税価格に算入した贈与財産につき課された贈与税相当額を控除
（控除しきれない相続時精算課税に係る贈与税相当額は還付）
　　　　　　　　　　　　　　　　　等

(2) **基礎控除及び課税状況**　相続税は、被相続人の遺産額が一定の金額に達しなければ課税されませんが、この金額が相続税の課税最低限たる遺産に係る基礎控除額で、5,000万円に法定相続人1人につき1,000万円を加算した金額とされています。

相続税の基礎控除額は、昭和63年12月の抜本改革において、昭和50年以後の個人財産の増加及び地価の上昇、更には一般的な物価水準の上昇などが考慮され、定額控除が2,000万円から4,000万円に、法定相続人比例控除が400万円から800万円にそれぞれ引き上げられました。その後、土地の相続税評価の適正化（平成4年分から実施）に伴い、定額控除が4,800万円に法定相続人比例控除が950万円にそれぞれ引き上げられました。

さらに、平成6年度税制改正により、制度の簡明化の観点等から定額控除が5,000万円に、法定相続人比例控除が1,000万円にそれぞれ引き上げられました。

こうしたことなどによって、昭和62年には7.9％となっていた死亡者のうちに占める課税被相続人の割合は、平成20年では4.2％にまで低下しています。

なお、平成25年度税制改正では、資産再分配機能を回復し、格差の固定化を防止する観点から定額控除が3,000万円に、法定相続人比例控除が600万円に引き下げられています（平成27年1月1日以後の相続に適用）。

贈与税の基礎控除額は、平成13年以降110万円とされています（(8)参照）。なお、平成15年度に創設された相続時精算課税制度の適用を受ける場合には、2,500万円の特別控除が適用されます。

第3編　わが国の税制の現状（国税）

基礎控除額の推移（暦年課税）

年	相　　　　　続　　　　　税	贈与税
昭和33年	150万円＋(30万円×法定相続人数)	20万円
昭和37年	200万円＋(50万円×法定相続人数)	
昭和39年	250万円＋(50万円×法定相続人数)	40万円
昭和41年	400万円＋(80万円×法定相続人数) ＋配偶者控除最高額200万円	
昭和46年	400万円＋(80万円×法定相続人数) ＋配偶者控除最高額400万円	
昭和48年	600万円＋(120万円×法定相続人数) ＋配偶者控除最高額600万円	
昭和50年	2,000万円＋(400万円×法定相続人数)	60万円
昭和63年	4,000万円＋(800万円×法定相続人数)	
平成4年	4,800万円＋(950万円×法定相続人数)	
平成6年	5,000万円＋(1,000万円×法定相続人数)	
平成13年		110万円
平成27年	3,000万円＋(600万円×法定相続人数)	

課税状況の推移

年分	相　　続　　税					贈　　与　　税			
	死亡者数①	被相続人数(課税分)②	課税価格	相続税額	②／①	課税件数	財産価額	贈与税額	
	千人	千人	億円	億円	％	千件	億円	億円	
昭和62	751	59	82,509	14,343	7.9	506	14,185	1,809	
平成7	922	51	152,998	21,730	5.5	521	14,570	1,241	
8	896	48	140,774	19,376	5.4	512	14,586	1,335	
9	913	49	138,635	19,339	5.3	487	14,129	1,299	
10	936	50	132,468	16,826	5.3	455	13,010	1,166	
11	982	51	132,699	16,876	5.2	445	12,942	1,143	
12	962	48	123,409	15,213	5.0	415	11,974	955	
13	970	46	117,035	14,771	4.7	376	13,457	811	
14	982	44	106,397	12,863	4.5	361	12,685	692	
15	1,015	44	103,582	11,263	4.4	404	23,081	877	
16	1,029	43	98,618	10,651	4.2	404	23,101	966	
17	1,084	45	101,953	11,567	4.2	405	23,760	1,159	
18	1,084	45	104,056	12,234	4.2	370	20,288	1,183	
19	1,108	47	106,557	12,666	4.2	359	20,538	1,074	
20	1,142	48	107,482	12,517	4.2	325	17,581	1,039	
21	1,142	46	101,230	11,632	4.1	311	16,299	1,018	
22	1,197	50	104,630	11,753	4.2	310	15,291	1,292	
23	1,253	52	107,468	12,516	4.1	340	16,248	1,362	
24	1,256	53	107,718	12,446	4.2	356	15,798	1,288	

(3) **法定相続人及び法定相続分**　相続税額計算の際、課税価格の合計額から遺産に係る基礎控除額を差し引いた課税遺産額は、各法定相続人に対して、それぞれの法定相続分に応じ按分することとなります。按分された課税遺産額にそれぞれ税率を適用して税額を計算したものの合計が相続税の総額となるのです。

法定相続人及び法定相続分は民法に規定されています。相続税額の計算においては、法定相続人の数は、相続の放棄をした者がいても、放棄がなかったものとして取り扱われます。法定相続分は、①配偶者と子が相続人の場合は配偶者１／２、子１／２（子同士では均分）、②子がなく、配偶者と直系尊属（父母、祖父母など）が相続人の場合は配偶者２／３、直系尊属１／３（直系尊属同士では均分）、③子と直系尊属がなく、配偶者と被相続人の兄弟姉妹が相続人の場合は配偶者３／４、兄弟姉妹１／４（兄弟姉妹同士では均分）、④配偶者のみが相続人の場合は全額配偶者となっています。

①と③の場合、子や兄弟姉妹が相続の開始以前に死亡したとき又は相続権を失ったときは、その者の直系卑属（孫、甥など）がこれらを代襲して相続人となります。また、嫡出でない子（非嫡出子）の相続分は、嫡出の子の相続分の半分であり、父母の一方だけを同じくする兄弟姉妹の相続分は、父母の双方を同じくする兄弟姉妹の相続分の半分とされています。

なお、昭和63年12月31日以後の相続については、相続税の税額計算上、法定相続人の数に含める養子の数は、実子のいる場合は１人、実子のいない場合は２人までとする措置が講じられています。これは、遺産に係る基礎控除額と相続税の総額の計算の仕組みから明らかなように、法定相続人の数によって相続税額が異なることから節税目的の養子縁組が見受けられるようになり、課税の公平の観点から、昭和63年の抜本改革で措置されたものです。

相続税額計算上の法定相続人及び法定相続分の具体例

系図（被相続人は甲）	法定相続人：法定相続分
A´―a、b／A×／甲、乙／B／C（放棄）	乙（配偶者）：$1/2$ B、C（子）：$1/2 \times 1/3 = 1/6$ a、b（孫）：$1/2 \times 1/3 \times 1/2 = 1/12$
A×／父―兄／甲／B／C／母―D、乙	乙（配偶者）：$2/3$ B、C、D（祖父母）：$1/3 \times 1/3 = 1/9$
乙／甲／母×／父×／A／B／C／継母	乙（配偶者）：$3/4$ A、B（兄弟）：$1/4 \times 2/3 = 1/6$ C（母が異なる兄弟）：$1/4 \times 1/3 = 1/12$

(4) **相続税の課税範囲**　相続税は、相続等により取得した経済的価値のあるすべての財産を課税の対象とします。また、結果として相続等により財産を取得したのと同様の経済的効果があると認められる財産もみなし相続財産として課税の対象とされており、代表的なものとしては死亡保険金、死亡退職金などがあります。

また、相続等により財産を取得した者が、相続開始前3年以内に被相続人から生前贈与により財産を取得していた場合には、その贈与財産（贈与を受けた時における価額）も相続税の課税価格に算入することとされています（これに対応し(5)で説明する贈与税額控除があります）。ただし、その中に贈与税の配偶者控除を受けた財産が含まれている場合は、その価額を差し引いた残りの価額が相続税の課税価格に加算されます。

一方、相続税においては、非課税とされている財産があります。具体的には墓地、神棚、仏壇や、宗教、慈善、学術その他公益を目的とする事業の用に供されることが確実な一定の財産のほか、被相続人の死亡により相続人が取得した死亡保険金、死亡退職金のうち法定相続人の数に500万円を乗じて得た金額までの部分などがあります。

さらに、相続税額計算の際、正味課税遺産額の算定に当たっては、被相続人の債務と葬式費用を遺産総額から差し引くことができます。差し引くことのできる債務は、相続開始の時点で現に存するものに限られており、被相続人の借入金や未払金などのほか、公租公課も含まれます。また、差し引くことのできる葬式費用は、社会通念上いわゆる葬式に要する費用の額であり、埋葬、火葬、納骨などに要した費用などがあります。

相続税法上の納税義務者

	相続人 受遺者 受贈者	国内に 住所あり	国内に住所なし		
			日本国籍あり		日本国籍 なし
被相続人 贈与者			5年以内に 国内に住所 あり	5年を超えて 国内に住所 なし	
国内に住所あり		国内・国外財産ともに課税	国内・国外財産ともに課税		国内財産のみに課税
国内に住所なし	5年以内に国内に住所あり (国籍の有無を問わない)	国内・国外財産ともに課税	国内・国外財産ともに課税		国内財産のみに課税
	5年を超えて国内に住所なし (国籍の有無を問わない)	国内・国外財産ともに課税			国内財産のみに課税

保険金の課税関係

契約者	被保険者	保険料の負担者	保険金受取人	保険事故等	課税関係
A	A	A	A	満期	Aの一時所得となる。
				Aの死亡	Aの相続人が相続により取得したものとみなされる。
A	A	A	B (Aの子)	満期	BがAから贈与により取得したものとみなされる。
				Aの死亡	Bが相続により取得したものとみなされる。 (Bが相続を放棄した場合は遺贈による取得)
A	A	C	B (Aの子)	満期 Aの死亡	BがCから贈与により取得したものとみなされる。
A	A	A 1/2 C 1/2	B (Aの子)	満期	BがAとCから贈与により取得したものとみなされる。
				Aの死亡	Bは①Aから2分の1を相続により、②Cから2分の1を贈与により取得したものとそれぞれみなされる。
B	B	A (Bの父)	B	Aの死亡	Bが生命保険契約に関する権利を相続により取得したものとみなされる。

(5) **相続税の税額控除等**　相続税額計算の際、各人の納付税額の算定に当たっては、各人の算出税額から個人的事情を考慮した各種の税額控除等を行うこととされており、具体的には次のようなものがあります。

① 相続税額の2割加算……財産の取得者が、被相続人の一親等の血族及び配偶者以外の者（被相続人の養子となった被相続人の孫は含まない）の場合には、その者の税額は20％増額されます。

② 贈与税額控除……財産の取得者が、相続開始前3年以内に被相続人から財産の贈与を受けている場合には、その財産を相続税の課税価格に算入することに対応し、既に納付した贈与税額が納付すべき相続税額から控除されます。

③ 配偶者の税額軽減……その配偶者が遺産分割により実際に取得した遺産額と、課税価格の合計額のうち配偶者の法定相続分相当額（その額が1億6,000万円を下回る場合は1億6,000万円）とのいずれか少ない金額に対応する税額が配偶者の相続税額から控除されます。つまり、配偶者の取得財産について全相続財産に占める割合がその法定相続分以下あるいは1億6,000万円以下である場合は課税されません。

④ 未成年者控除・障害者控除……法定相続人に該当する財産の取得者が20歳未満である場合にはその者が20歳に達するまでの年数に、財産の取得者が障害者である場合にはその者が85歳に達するまでの年数に、それぞれ6万円を乗じた金額（特別障害者の場合は12万円）が相続税額から控除されます。

　なお、平成25年度税制改正により、6万円から10万円に（特別障害者の場合は12万円から20万円に）引き上げられています（平成27年1月1日以後の相続に適用）。

⑤ その他の税額控除……10年以内に複数の相続が発生した場合の相次相続控除、外国にある財産を相続し、わが国の相続税に相当する税金を課税された場合の外国税額控除があります。

相続税の税額控除の適用状況の推移

年分	課税相続人数 (被相続人の数)	配偶者の軽減		未成年者控除		障害者控除	
		適用数	控除額	適用数	控除額	適用数	控除額
	人	人	億円	人	億円	人	億円
平成5	150,851 (52,877)	31,100	12,400	3,960	16	2,513	30
6	130,298 (45,335)	26,094	9,868	3,054	12	2,073	31
7	143,937 (50,729)	28,097	9,929	2,897	12	2,137	28
8	133,832 (48,476)	27,082	8,847	2,739	15	2,247	67
9	134,324 (48,605)	27,297	8,371	2,657	11	2,122	24
10	158,184 (49,526)	26,991	7,689	2,340	11	2,030	27
11	136,271 (50,731)	27,848	7,805	2,574	15	2,475	26
12	128,940 (48,463)	26,460	7,117	2,418	12	2,397	26
13	120,657 (46,012)	24,657	7,258	2,208	10	2,030	22
14	115,275 (44,370)	23,436	5,737	2,059	12	1,930	22
15	114,723 (44,438)	23,255	4,806	1,922	14	2,051	22
16	111,820 (43,488)	22,364	4,408	1,844	7	2,099	22
17	116,309 (45,152)	23,110	4,439	1,691	8	2,030	21
18	115,389 (45,177)	22,777	4,818	1,566	5	1,918	20
19	118,582 (46,820)	22,842	4,745	1,586	6	1,958	20
20	120,038 (48,016)	22,753	4,772	1,482	5	2,194	22
21	115,574 (46,439)	21,680	4,114	1,402	5	2,197	21
22	122,705 (49,891)	22,863	3,818	1,248	4	3,019	39
23	125,033 (51,559)	22,800	3,912	1,364	4	3,546	47
24	126,371 (52,572)	22,814	3,679	1,210	3	3,768	48

(6) **相続税額の計算**　相続税額の計算は、課税価格の合計額の計算、課税遺産額の計算、相続税の総額の計算、各人の算出税額の計算及び各人の納付税額の計算の5段階に分けて考えることができます（(1)の右頁参照）。

① 課税価格の合計額の計算‥‥遺産総額から非課税財産を控除した上、財産の取得者ごとにその負担する被相続人の債務、葬式費用を差し引き、これに相続開始前3年以内の贈与財産を加算して各人の課税価格を算出し、それらを合計します。この課税価格の合計額が遺産に係る基礎控除額以下であれば、相続税の申告・納付は必要ありません。

② 課税遺産額の計算‥‥課税価格の合計額から遺産に係る基礎控除額を差し引いて課税遺産額を求めます。

③ 相続税の総額の計算‥‥課税遺産額を各法定相続人がそれぞれの法定相続分に従って取得したものと仮定した場合の各人ごとの取得額にそれぞれ税率を適用して仮の税額を算出し、それらを合計して相続税の総額を求めます。

④ 各人の算出税額の計算‥‥相続税の総額を課税価格の合計額に占める各人の課税価格の割合で按分して各人の算出税額を求めます。

⑤ 各人の納付税額の計算‥‥各人の算出税額から配偶者の税額軽減などの税額控除等を行って各人の納付税額を求めます。

なお、相続税の申告期限までに相続財産の一部又は全部が分割されていない場合、その未分割財産については法定相続分の割合により財産を取得したものとして計算を行うこととされています。ただし、この場合、申告期限後一定の期間内（原則3年）に相続財産の分割が行われない限り、配偶者の税額軽減の適用を受けることができないことに留意する必要があります。

相続税額計算の具体例

被相続人の遺産2億円を、妻1億円、長男6,000万円、長女（18歳）4,000万円ずつ相続し、債務・葬式費用500万円は、長男が負担した場合。なお、この他、被相続人が保険料を支払っていた保険契約に係る死亡保険金3,000万円と死亡退職金2,500万円を妻が取得している。

1．課税価格の合計額の計算
　　妻　　1億円＋(3,000万円−1,500万円)＋(2,500万円−1,500万円)＝1億2,500万円
　　長男　6,000万円−500万円＝5,500万円
　　長女　4,000万円
　　合計　1億2,500万円＋5,500万円＋4,000万円＝2億2,000万円

2．課税遺産額の計算
　　2億2,000万円−(3,000万円＋600万円×3)＝1億7,200万円

3．相続税の総額の計算
　　妻　　　　1億7,200万円×1／2＝8,600万円
　　　　　　　8,600万円×30％−700万円＝1,880万円（速算表による）
　　長男・長女　1億7,200万円×1／2×1／2＝4,300万円
　　　　　　　4,300万円×20％−200万円＝660万円（速算表による）
　　合計　　　1,880万円＋660万円×2＝3,200万円

4．各人の算出税額の計算
　　妻　　3,200万円×1億2,500万円／2億2,000万円＝1,818万円
　　長男　3,200万円×　　5,500万円／2億2,000万円＝　800万円
　　長女　3,200万円×　　4,000万円／2億2,000万円＝　582万円

5．各人の納付税額の計算
　　妻　　0（課税価格が1億6,000万円以下であるため全額が税額控除される）
　　長男　800万円
　　長女　436万円−10万円×(20歳−18歳)＝416万円

（備考）上記の計算においては、便宜上、万円単位で端数処理を行っている。

相続税の速算表

法定相続分に応ずる取得金額	税率	控　除　額
1,000万円以下	10％	—
3,000万円以下	15％	50万円
5,000万円以下	20％	200万円
1　億　円以下	30％	700万円
2　億　円以下	40％	1,700万円
3　億　円以下	45％	2,700万円
6　億　円以下	50％	4,200万円
6　億　円超	55％	7,200万円

（平成27年1月1日〜）

(7) **財産の評価**　相続税及び贈与税においては、相続、遺贈又は贈与によって取得した財産の価額の合計額が課税価格となりますが、いずれも資産の無償移転に課税するものですから、その財産の評価が税負担の軽重に直結する重要な問題となります。

　財産評価は、相続税法に特別の定めのあるものを除くほかは、課税時期における「時価」によることとされています。特別に評価方法が定められているのは、地上権、永小作権、定期金に関する権利など数種の財産であり、他の大部分の財産については、国税庁が定めた「財産評価基本通達」において、評価方法に関する原則や各種の評価単位ごとの評価方法を具体的に定めその取扱いを統一し、課税の公平を期すとともに、それを公表することにより申告時における納税者の便宜に供しています。

　評価通達では、「時価とは、課税時期において、それぞれの財産の現況に応じ、不特定多数の当事者間で自由な取引が行われる場合に通常成立すると認められる価額」をいうものとされています。

　主な財産の評価方法は右のとおりですが、相続税の課税上、小規模宅地等については、評価額から特定事業用等宅地等（400m^2以下）及び特定居住用宅地等（240m^2以下。なお、平成27年1月1日以降、330m^2以下）で80％、貸付事業用宅地等（200m^2以下）で50％が控除されるという課税の特例が設けられています。また、これら以外の事業用又は居住用の小規模宅地等（200m^2以下）については、50％の控除が認められていましたが、平成22年度税制改正により、相続人等が相続税の申告期限まで事業又は居住を継続しない場合には適用から除外されることになりました。

主な財産の評価方法の概要

財産の種類	評　価　方　法	備　　　　考
宅　　地	市街地等……路線価方式又は倍率方式 郊外地等……倍率方式又は路線価方式	路線価方式とは、評価する宅地の面する道路に付された1m²当たりの路線価を基とし、その宅地の位置、形状に応じ一定の補正を行って評価する方法である。 　倍率方式とは、その土地の固定資産税評価額に一定の倍率を乗じて計算した価額により評価する方法である。 　宅地比準価額とは、その農地の付近にある宅地について評価した価額を基とし、その宅地とその農地との位置、形状などの条件の差を考慮して評価した価額をいう。
純農地、 中間農地	倍率方式	
市街地周辺農地	（宅地比準価額－宅地造成費） 　　×0.8 　又は倍率方式×0.8	
市街地農地	宅地比準価額－宅地造成費 又は倍率方式	
家　　屋	倍率方式	家屋の倍率は1.0とされているため自用家屋の場合は固定資産税評価額がそのまま相続税評価額となる。
上場株式	金融商品取引所が公表する課税時期における終値と課税時期の属する月以前3カ月間の各月の終値の月平均額とを比べて、最も低い価額	負担付贈与により取得したものは、課税時期における終値
取引相場のない株式	①原則的評価方式 イ．大会社…類似業種比準方式 　　　　　　（純資産価額方式による頭打ち） ロ．中・小会社 　　　　…イと純資産価額方式の併用（0.6、0.75、0.9 ただし小会社にあっては0.5）（純資産価額方式による頭打ち） ハ．株式保有特定会社、土地保有特定会社など 　　　　…純資産価額方式 ②特例的評価方式 イ．配当還元方式 ロ．イの価額が①の価額を超える場合は①の価額	類似業種比準方式とは、評価しようとする株式の発行会社と事業の種類が類似する複数上場会社の株価の平均値に会社の規模により評価の安全性に対するしんしゃく率（大会社は0.7、中会社0.6、小会社は0.5）を比準してその株式の価額を求める方法である。 　純資産価額方式とは、課税時期における評価会社の1株当たりの純資産価額をもって評価額とする方法である。 　配当還元方式は、その株式に係る2年間の平均配当金額を基とし、非同族株主等で持株数の少ないものを評価する場合に採用される。
預 貯 金	預入残高 ＋ [既経過利子 － 源泉所得税相当額]	定期預金、定期郵便貯金及び定額郵便貯金以外は、既経過利子が少額のときは加算しない。

(8) **贈与税の課税範囲及び計算**　相続時精算課税を選択しない暦年課税の場合、贈与税は、原則として、個人間における贈与により取得したすべての財産を課税の対象としていますが、それ以外にも、実質的に本来の贈与と同様の経済的利益を伴うものについては、贈与があったものとみなして課税される場合があります。具体的には、生命保険契約の期間が満了して保険金を受け取った者がその保険料を負担していなかった場合や、著しく低い価額で財産を譲り受けた場合のほか、不動産や株式などの名義変更の際、当事者間に金銭授受のなかった場合などがあります。

　一方、扶養義務者相互間で通常必要と認められる生活費や教育費に充てるために財産の贈与があった場合、あるいは社会通念上相当と認められる範囲内での香典や見舞金などについては贈与税は課税されません。さらに、特別障害者を受益者とする一定の信託受益権についても6,000万円までの金額が非課税とされています。また、親の土地を無償で借り受け子が家を建てるような場合（使用貸借）、その土地の使用権の価額は、零として取り扱うこととされています（贈与税の課税はない）。

　贈与税額は、その年1月1日から12月31日までの間に受けた贈与財産の価額から基礎控除額110万円を差し引いた後の残額に税率を乗じて計算します。ただし、婚姻期間が20年以上の配偶者から、居住用不動産又は居住用不動産を取得するための金銭の贈与を受けた場合には、一定の要件の下で、基礎控除額のほかに最高2,000万円までの配偶者控除が適用されます。

　なお、相続税と同様、外国にある財産の贈与を受け、わが国の贈与税に相当する税金を課税された場合は、その外国税額を控除することができます。

贈与税(暦年課税)の仕組み

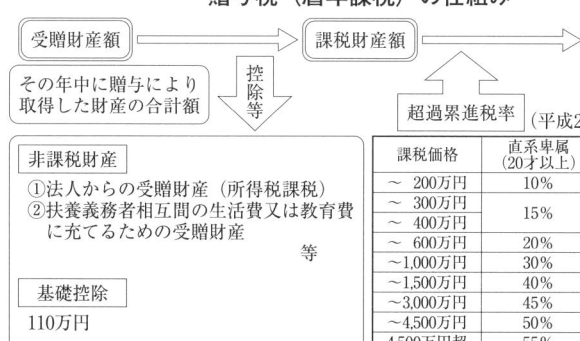

```
受贈財産額  →  課税財産額  →  税 額
```

その年中に贈与により取得した財産の合計額

控除等

超過累進税率 (平成27年1月1日〜)

非課税財産
① 法人からの受贈財産(所得税課税)
② 扶養義務者相互間の生活費又は教育費に充てるための受贈財産 等

課税価格	直系卑属(20才以上)	一般
〜 200万円	10%	10%
〜 300万円	15%	15%
〜 400万円		20%
〜 600万円	20%	30%
〜1,000万円	30%	40%
〜1,500万円	40%	45%
〜3,000万円	45%	50%
〜4,500万円	50%	55%
4,500万円超	55%	

基礎控除
110万円

配偶者控除
居住用不動産:最高2,000万円

※平成15年度税制改正において「相続時精算課税制度」が導入され、暦年課税との選択制となっている。

申告手続
・申告期限　贈与を受けた翌年の2月1日から3月15日
・納税地　贈与を受けた人の住所地

贈与税額計算の具体例

① 父から現金150万円、祖父から土地250万円の贈与を受けた場合
　　150万円+250万円=400万円
　　(400万円-110万円)×15%-10万円=33.5万円(速算表による)
② 時価1,000万円の土地を400万円で譲り受けた場合
　　1,000万円-400万円=600万円
　　(600万円-110万円)×20%-65万円=33万円(速算表による)

贈与税(暦年課税)の速算表

基礎控除後の課税価格	直系卑属(20才以上)		一般	
	税率	控除額	税率	控除額
200万円　以下	10%	0円	10%	0円
300万円　以下	15%	10万円	15%	10万円
400万円　以下			20%	25万円
600万円　以下	20%	30万円	30%	65万円
1,000万円　以下	30%	90万円	40%	125万円
1,500万円　以下	40%	190万円	45%	175万円
3,000万円　以下	45%	265万円	50%	250万円
4,500万円　以下	50%	415万円	(3,000万円超)	
4,500万円　超	55%	640万円	55%	400万円

(平成27年1月1日〜)

(9) **相続時精算課税制度**　生前贈与を容易にして、高齢者の保有する資産の次世代への移転を円滑化するために、平成15年度税制改正において、相続時精算課税制度が創設されました。この制度は、生前贈与について、受贈者の選択により、贈与時に贈与財産に対して従来の贈与税より軽減、簡素化された贈与税を支払い、その後の相続時にその贈与財産と相続財産とを合計した価額を基に計算した相続税額から、既に支払った贈与税額を控除することにより贈与税・相続税との間の精算を行うことができるものです。この制度の適用対象となる贈与者は65歳以上の親、受贈者は20歳以上の子である推定相続人です。この制度は、受贈者である兄弟姉妹が別々に贈与者（父又は母）ごとに選択することができます。贈与財産の種類、金額、贈与回数には制限はありません。なお、平成25年度税制改正により、生前贈与の容易化を図る観点から、贈与者の年齢要件が60歳以上に引き下げられるとともに、受贈者に20歳以上の孫も追加されています（平成27年1月1日以後の贈与から適用）。

贈与時には、贈与財産の価額から、複数年にわたり利用できる非課税枠2,500万円（特別控除）を控除した後の金額に、一律20％の税率を乗じて贈与税額を計算します。

また、相続時には、それまでの贈与財産と相続財産とを合算して現行と同様の課税方式により計算した相続税額から、既に納付した贈与税相当額を控除して相続税額を計算します。その際、相続税額から控除しきれない金額は、還付を受けることができます。

なお、住宅取得等のための資金の贈与を受けた場合には、65歳未満の親からの贈与であっても当該制度を選択することができます。

第3編 わが国の税制の現状（国税）

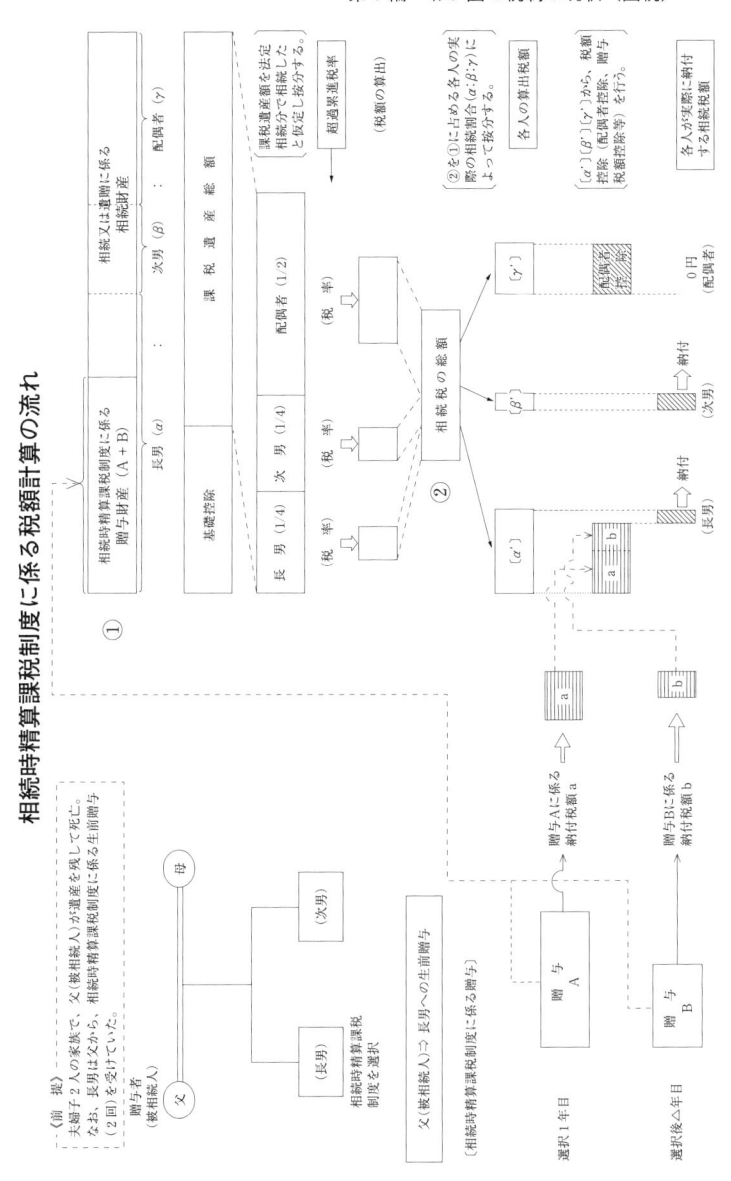

相続時精算課税制度に係る税額計算の流れ

〈前提〉
夫婦子2人の家族で、父（被相続人）が遺産を残して死亡。
なお、長男は父から、相続時精算課税制度に係る生前贈与
（2回）を受けていた。

贈与者（被相続人）父 ─ 母
　　　　　　　　　｜
　　　［長男］　　［次男］

父（被相続人）⇒長男への生前贈与
相続時精算課税制度を選択

（相続時精算課税制度に係る贈与）

選択1年目：贈与A → 贈与Aに係る納付税額 a
選択後△年目：贈与B → 贈与Bに係る納付税額 b

① 相続時精算課税制度に係る (A+B) 贈与財産　｜　相続又は遺贈に係る相続財産

　　　　　長男 (α) ： 次男 (β) ： 配偶者 (γ)

基礎控除

課税遺産総額

　長男 (1/4)　次男 (1/4)　配偶者 (1/2)
　（税率）　　（税率）　　（税率）

超過累進税率

課税遺産額を法定相続分で相続したと仮定し按分する。
（税額の算出）

相続税の総額

② (α')　　(β')　　(γ')

②を①に占める各人の実際の相続割合 ($\alpha:\beta:\gamma$) によって按分する。

各人の算出税額

(α')（β'）(γ') から、税額控除（配偶者控除、贈与税額控除等）を行う。

　a　　　　　　　　　　　　　　配偶者控除
　b
↓納付　　↓納付　　　　0円
（長男）　（次男）　　（配偶者）

贈与Aに係る納付税額 a
贈与Bに係る納付税額 b

各人が実際に納付する相続税額

(10) **申告・納付**　相続又は遺贈により財産を取得した者及び相続時精算課税適用者は、納付すべき税額がある場合や配偶者の税額軽減などの適用を受けようとする場合には、原則として、相続の開始があったことを知った日（通常は被相続人の死亡日）の翌日から10カ月以内に、被相続人の死亡時の住所地の所轄税務署長に申告書を提出し、あわせて納付しなければなりません。

ただし、納付すべき税額が10万円を超え、かつ、納期限までに金銭で納付することが困難な事由がある場合には、担保の提供を条件として、年賦延納が認められます。その場合の延納期間は、土地等の不動産が相続財産中に占める割合や財産の種類などに応じて定められています。延納の適用を受ける場合には、一定の割合（年0.7％～3.5％（日本銀行の基準割引率が0.3％の場合））の利子税を納付することが必要です。また、延納によっても現金で納付することが困難な場合には、国債、不動産、株式等による物納が認められています。

なお、相続時精算課税適用者は、前述したように還付を受けることができる場合もあります。

また、贈与により財産を取得した者は、納付すべき税額がある場合や、配偶者控除などの特例を受けようとする場合には、贈与を受けた年の翌年の2月1日から3月15日までの間に、住所地の所轄税務署長に申告書を提出し、あわせて納付しなければなりません。

ただし、相続税と同様に、納付すべき税額が10万円を超え、かつ、納付困難事由がある場合には、担保の提供を条件として、5年以内の年賦延納が認められています。この場合、年3.8％（日本銀行の基準割引率が0.3％の場合）の利子税を納付することが必要です。

さらに、平成21年度改正により、中小企業の事業承継を円滑化するため、非上場株式に係る相続税及び贈与税の納税猶予制度が導入されました。

相続税の負担状況
(法定相続分により遺産を取得した場合の仮定計算例)

課税価格の合計額	配偶者と子2人の場合		子2人の場合	
	税　額	負担割合	税　額	負担割合
	千円	%	千円	%
1億円	3,150	3.2	7,700	7.7
2 〃	13,500	6.8	33,400	16.7
3 〃	28,600	9.5	69,200	23.1
5 〃	65,550	13.1	152,100	30.4
10 〃	178,100	17.8	395,000	39.5
20 〃	434,400	21.7	932,900	46.6

贈与税(暦年課税)の負担状況
(特例の適用がない場合の仮定計算例)

贈与額	税　額		負　担　割　合	
	直系卑属(20才以上)	左記以外	直系卑属(20才以上)	左記以外
300万円	190 千円	190 千円	6.3 %	6.3 %
500万円	485	530	9.7	10.6
700万円	880	1,120	12.6	16.0
1,000万円	1,770	2,310	17.7	23.1
1,500万円	3,660	4,505	24.4	30.0
2,000万円	5,855	6,950	29.3	34.8

(11) **農地等に係る納税猶予の特例**　農地等に係る納税猶予の特例は、贈与税の納税猶予の特例と相続税の納税猶予の特例の二つから成り立っています。これらの特例は、農地の特殊性を考慮し、農地の細分化防止などを目的とする農業政策の観点から設けられているものです。

　贈与税の納税猶予の特例は、農業を承継する推定相続人の1人に農地の全部並びに採草放牧地及び準農地のそれぞれ3分の2以上を贈与した場合の贈与税について、担保の提供を条件として贈与者の死亡の日までその納税を猶予し、贈与者が死亡した場合は贈与税を免除するとともに、相続税の課税に当たっては、その農地等は贈与者から相続により取得したものとして課税するというものです。

　また相続税の納税猶予の特例は平成21年度改正により見直しが行われましたが、農地等の相続人が引き続き農業を営む場合等に、一定の要件の下に、その取得した農地等の価格のうち恒久的に耕作又は養畜の用に供されるものであるとした場合に通常成立すると認められる取引価格（農業投資価格）を超える部分に対する相続税について、担保の提供を条件としてその納税を猶予し、①その相続人が死亡した場合、又は②その相続人が農地等を農業後継者に生前一括贈与した場合には、その納税を免除するというものです（ただし、三大都市圏以外の市街化区域農地については、その相続税の申告期限後20年間農業を継続した場合にも、猶予税額の免除制度が適用されます）。

　なお、三大都市圏の特定市の市街化区域農地については、平成3年の土地税制改革により、生産緑地地区内にある農地を除き、相続税及び贈与税の納税猶予の特例の適用が廃止されています。

農地等に係る納税猶予の特例の仕組み

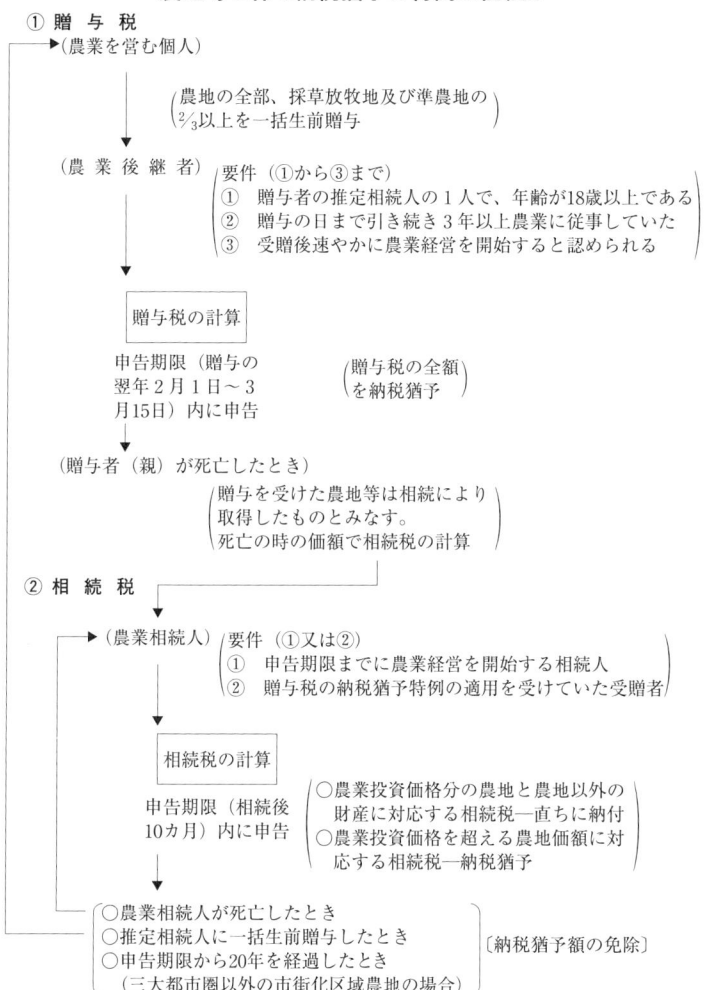

① 贈 与 税

→（農業を営む個人）

↓ （農地の全部、採草放牧地及び準農地の2/3以上を一括生前贈与）

（農業後継者） 要件（①から③まで）
① 贈与者の推定相続人の1人で、年齢が18歳以上である
② 贈与の日まで引き続き3年以上農業に従事していた
③ 受贈後速やかに農業経営を開始すると認められる

↓

[贈与税の計算]

申告期限（贈与の翌年2月1日～3月15日）内に申告　（贈与税の全額を納税猶予）

↓

（贈与者（親）が死亡したとき）

（贈与を受けた農地等は相続により取得したものとみなす。死亡の時の価額で相続税の計算）

② 相 続 税

→（農業相続人） 要件（①又は②）
① 申告期限までに農業経営を開始する相続人
② 贈与税の納税猶予特例の適用を受けていた受贈者

↓

[相続税の計算]

申告期限（相続後10カ月）内に申告
○農業投資価格分の農地と農地以外の財産に対応する相続税─直ちに納付
○農業投資価格を超える農地価額に対応する相続税─納税猶予

○農業相続人が死亡したとき
○推定相続人に一括生前贈与したとき
○申告期限から20年を経過したとき
（三大都市圏以外の市街化区域農地の場合）
〔納税猶予額の免除〕

5　土地税制

　日本における土地そのものへの課税は、明治初期の地租改正に始まります。地租は後に固定資産税となり、その他の取得及び譲渡段階の課税も整備され、現在の土地税制が形成されました。

　土地税制とは、一般には、種々の税目による土地に対する保有、譲渡及び取得時の課税の総称という意味で用いられます。

　土地税制については、経済・社会情勢を踏まえた改革が実施されてきました。バブル期には、地価の高騰や平成元年12月の土地基本法の制定を踏まえた検討が行われ、平成2年10月に「土地税制のあり方についての基本答申」が政府税制調査会によってとりまとめられました。同答申においては、「土地の公共性」に照らし、土地の私的な保有、譲渡又は取得により土地の便益を享受する場合には、他の資産や所得との均衡上、一層の税負担を求める必要があること、また、資産格差の拡大への対応や土地譲渡益の公共への還元という観点から、土地の資産としての適切な税負担を求める必要があるとされました。このような考え方から、平成3年度改正により、地価税の創設、個人・法人の土地譲渡益に対する税負担の適正化など、抜本的な土地税制改革が行われました。

　この土地税制改革以降、急激かつ継続的な地価の下落により、土地保有の有無による資産格差の縮小、法人の土地の含み益の大幅な減少、投機的な土地取引の沈静化など、土地を巡る状況には変化が生じていました。そこで、平成8年度に、土地の保有、譲渡、取得の各段階の税負担のあり方が見直され、一定の調整が行われました。さらに、平成10年度には、長期にわたる地価の下落、土地取引の状況などの土地を巡る状況や現下の極めて厳しい経済情勢にかんがみ、臨時緊急的な措置として、地価税の課税停止、個人・法人の土地譲渡益の課税緩和などの措置が講じられました。

また、平成15年度改正では、不動産の登記に係る登録免許税について税負担が軽減され、平成16年度改正では、土地・建物等の譲渡益に対する税率が引き下げられました。

(1) **譲渡時の課税** 土地の譲渡益に対しては、国税として所得税又は法人税、地方税として住民税が課されており、土地の所有者が個人、法人の別、土地の所有期間の長短などにより、その課税方法は異なります。

具体的には、個人の場合には、長期所有（5年超）の土地・建物等を譲渡した場合、一律15％（他に住民税5％）、短期所有（5年以内）の土地・建物等を譲渡した場合には、一律30％（他に住民税9％）の所得税が課されます。なお、土地・建物等の譲渡所得と他の所得との損益通算は、個人に係る土地・建物等の譲渡所得の税率を現在の水準に引き下げた平成16年度改正の際、廃止されました。

法人の場合には、所有期間の長短を問わず、通常の法人税が課されます。さらに、長期所有の場合には5％、短期所有の場合には10％を追加課税されますが、平成25年12月31日まで適用停止となっています。

なお、特定の政策目的に応じた譲渡には特別控除、軽減税率の特例が、特定の事業用資産の買換え等には課税の繰延べが認められています。また、平成21年度改正により、平成21年、22年に取得する土地を5年超所有して譲渡する際の譲渡益について1,000万円の特別控除制度、及び事業者が平成21年、22年に土地を先行取得して、その後10年間に他の土地を売却した場合、その譲渡益課税を繰り延べることを可能とする制度が創設されました。

(2) **保有時の課税** 土地の保有に対しては、第4編の固定資産税及び都市計画税が課されています（いずれも市町村税）。

なお、土地税制改革の一環として、資産価値に応じた税負担を求

めるとの趣旨で、地価税（国税）が平成4年より導入され、個人又は法人がその年の1月1日に所有する土地等の価額に対し、税率0.15％（平成4年は0.2％、平成5～7年は0.3％）で毎年課税（一定水準以下の資産価値の土地保有については課税対象から除外することが適当との考えで基礎控除や非課税措置などが設けられていました）されていましたが、平成10年度改正により、当分の間、その課税が停止されています。

また、投機的土地取引の抑制と土地の有効利用の促進を目的とした政策税制として、その年の1月1日現在における土地（保有期間が10年を超えるものを除く）の所有者及び土地の取得者を納税義務者とする特別土地保有税（市町村税）がありますが、保有に係る同税（税額は、課税標準額（取得価額）に税率1.4％を乗じた額から、固定資産税相当額（固定資産税の課税標準となるべき価格に1.4％を乗じた額）を控除した額）については、平成15年度改正により、当分の間、停止されました。

(3) **取得時の課税**　土地の取得に対しては、不動産取得税（道府県税）、土地の登記をする際の登録免許税（国税）、土地を含めた相続財産に課される相続税（国税）により税負担が求められています。

なお、取得に係る特別土地保有税（税額は、課税標準額（取得価額）に税率3％を乗じた額から、不動産取得税相当額（不動産取得税の課税標準となるべき価格に4％を乗じた額）を控除した額）もありますが、これも、平成15年度改正により、当分の間、課税を行わないものとされています。

第3編　わが国の税制の現状（国税）

土地譲渡益課税制度の概要

【個人の場合】
○ 譲渡益に対する課税

5 年 以 内	5 年 超	10 年 超
［基本的な課税］ 譲渡益×30%（住民税 9 %）	一律15%（住民税 5 %） （適用期限なし） ［特例措置］ ●優良住宅地の造成等のために土地等を譲渡した場合の軽減税率の特例 　2,000万円以下の部分……10%（住民税 4 %） 　2,000万円超の部分……15%（住民税 5 %） （平成25年12月31日まで）	［特例措置］ ●居住用財産を譲渡した場合の軽減税率の特例 　6,000万円以下の部分……10%（住民税 4 %） 　6,000万円超の部分……15%（住民税 5 %） ●居住用財産の買換え等の特例 （平成25年12月31日まで）

○ 譲渡損の取扱い

損 益 通 算
土地建物等の譲渡による所得以外の所得との通算は不可 ただし、特定の居住用財産の譲渡 ［損失は他の所得と損益通算可能］

○ 特別控除・課税の繰延べ措置

○ 収用等のための譲渡	
○ 特定の土地区画整理事業等のための譲渡	5,000万円
○ 特定住宅地造成事業等のための譲渡	2,000万円
○ 平成21年及び平成22年に取得した土地等の長期譲渡	1,500万円
○ 農地保有合理化等のための譲渡	1,000万円
○ 居住用財産の譲渡	800万円
○ 収用交換等により代替資産を取得した場合の課税の特例	3,000万円
○ 平成21年及び平成22年に土地等の先行取得をした場合の課税の特例　等	

軽減税率との重複適用不可

【法人の場合】
○ 法人の土地譲渡益については、その年の1月1日における所有期間が5年以内のものは10%、5年超のものは5%を通常の法人税額に追加して課税する。
　ただし、平成25年12月31日までの間適用停止。
○ 特別控除・課税の繰延べ措置については、個人と同様の制度がある。

6 消費税

(1) **消費税の創設とその意義** 消費税は、昭和63年12月の税制の抜本的な改革の大きな柱の一つとして創設され、平成元年4月から3％の税率で実施されました。

改革の背景には、シャウプ勧告を原点とする当時の税制がわが国の経済社会の変化にうまく対応しきれていないのではないか、という問題意識がありました。

当時の税制は所得課税にウエイトが偏っており、税負担の水平的公平に対する関心が高まっていました。

消費税は、物品間の課税のアンバランスやサービスに対する課税の不存在、消費課税制度の違いにも起因する諸外国との貿易摩擦など、当時の個別間接税制度が直面していた問題点を根本的に解決し、税体系全体を通じた税負担の公平を図るとともに、国民福祉の充実などのために必要な歳入構造の安定化に資するため、消費一般に広く公平に負担を求める税として創設されました。

その後、平成3年5月の消費税法改正（議員立法）による非課税範囲の拡大や簡易課税制度の見直し、個人所得課税の負担軽減と消費課税の充実を内容とする平成6年秋の税制改革による消費税率の5％への引上げ（地方消費税を含む）や中小事業者に対する特例措置の見直しを経て、平成15年度税制改正では中小事業者に対する特例措置の縮減等や総額表示方式の義務付けが図られています。また、平成11年度予算以降、国の消費税収のうち、地方交付税交付金に充てる金額を除いた金額については、基礎年金・高齢者医療・介護の3経費に充てることが毎年度の予算総則に明記されています。

平成24年8月には、消費税率の引上げを含む税制抜本改革法が成立し、国・地方を合わせた消費税の税率を平成26年4月以降8％、平成27年10月以降10％へと段階的に引き上げるとともに、引上げ分は全額社会保障財源に充当することが予定されていたところ、平成26年4月に予定通り8％へと引き上げられました。

第3編 わが国の税制の現状（国税）

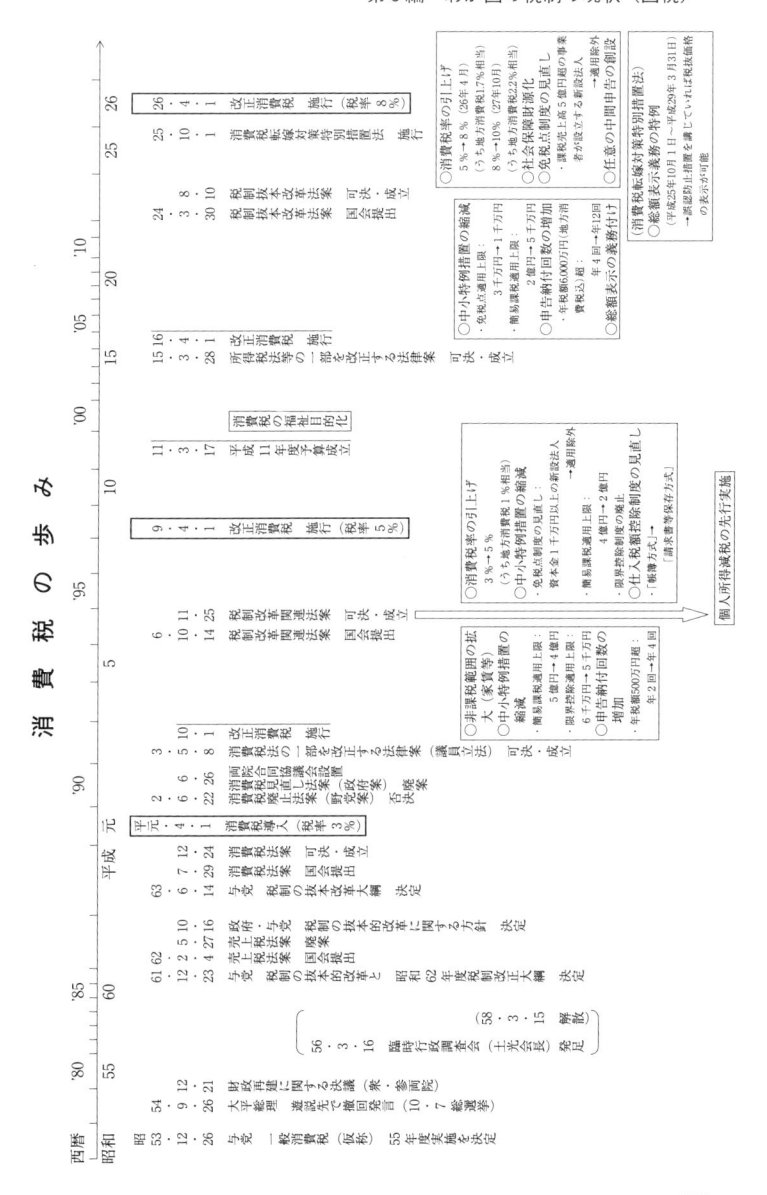

消費税の歩み

西暦	昭和	出来事
'80	54・9・12	大平総理遊説先で撤回発言（10・7総選挙）
	54・12・21	財政再建に関する決議（衆・参両院）
	53・12・26	与党 一般消費税（仮称）55年度実施を決定
'85	56・3・16	臨時行政調査会（土光会長）発足 （58・3・15 解散）
	60・9・	昭和62年度税制改正大綱決定
	61・12・5	与党完売上税法案 国会提出
	62・2・23	与党 税制の抜本的改革と昭和62年度税制改正大綱決定
	62・4・27	売上税法案 国会提出
	62・5・16	売上税法案 廃案
	63・6・14	税制の抜本改革大綱 決定
平成元	63・7・29	消費税法案 国会提出
	63・12・24	消費税法案 可決・成立
	平元・4・1	消費税導入（税率3％）
'90	2・3・	消費税見直し法案（政府案）、廃止法案（野党案）
	2・6・6	消費税両院合同協議会設置
	2・6・22	消費税両院合同協議会議長裁定
	2・6・26	改正消費税法の一部を改正する法律案 否決
	3・5・10	改正消費税 施行
	6・10・11	税制改革関連法案 国会提出
	6・11・25	税制改革関連法案 可決・成立
	9・4・1	改正消費税 施行（税率5％）
'00	11・3・17	消費税の福祉目的化
	11・	平成11年度予算成立
'05	15・3・4	所得税法等の一部を改正する法律案
	16・1・28	可決・成立
'10	24・3・30	税制抜本改革法案 国会提出
	24・8・10	税制抜本改革法案 可決・成立
	25・10・1	消費税転嫁対策特別措置法 施行
	26・4・1	改正消費税 施行（税率8％）

平成6年税制改革時

- 非課税範囲の拡大（家賃等）
- 中小特例措置の縮減
 ・免税点制度の見直し：
   資本金1千万円以上の新設法人 →適用除外
 ・簡易課税適用上限：
   5億円→4億円
 ・限界控除制度の廃止
- 申告納付回数の増加
  6千万円→5千万円
 ・年税額500万円超
   →年2回→年4回
- 個人所得減税の先行実施（請求書等保存方式）

平成11年税制改革時

- 消費税率の引上げ
  3％→5％
  （うち地方消費税1％相当）
- 中小特例措置の縮減
 ・免税点制度の見直し：
   資本金1千万円以上の新設法人 →適用除外
- 簡易課税適用上限：
  2億円→5千万円
- 申告納付回数の増加
  年税額6,000万円超 地方消費税込み
   →年4回→年12回
- 総額表示の義務付け

平成26年4月

- 消費税率の引上げ
  5％→8％（26年4月）
  （うち地方消費税1.7％相当）
  8％→10％（27年10月）
  （うち地方消費税2.2％相当）
- 社会保障財源化
- 免税点制度の見直し
 ・課税売上高5億円超の事業者が設立する新設法人
   →適用除外
- 任意の中間申告制度の創設

- 消費税転嫁対策特別措置法
  （平成25年10月1日～平成29年3月31日）
  →誤認防止措置を講じていれば税抜価格の表示が可能

消費税創設前に指摘されていた物品税等の問題点

課税のアンバランス <物品税の例>

	課 税	不 課 税
贅沢品か否か	普通の家具（けやき製等）、食器棚、金貨、ゴルフ用具	桐製・うるし塗りの家具、システムキッチン、金地金、テニス用具、スキー
新商品と旧商品	白黒テレビ、ラジオ	液晶テレビ、留守番電話、自動車電話、電器パン製造機、パソコン、ワープロ
同じように普及しているもの	扇風機、ストーブ、冷蔵庫、掃除機、コーヒー、ココア、ウーロン茶	こたつ、アイロン、ミシン、紅茶、緑茶
サービス課税の欠如	化粧品、ビデオテープ、航空運賃、掃除機	美容サロン、ビデオレンタル、宅配便、家政婦サービス

(注) このほか、免税点制度については、価格体系を歪める等の問題点が指摘されていた。

サービス課税の欠如

	昭和63年度(%)
サービス課税の税収（国税・地方税合計）に占める割合	1.0
サービス課税の間接税税収に占める割合	4.7
消費支出に占めるサービス支出の割合	54.4

(備考) サービス課税：旧入場税、旧通行税、旧娯楽施設利用税、旧料理飲食等消費税、入湯税。

貿易摩擦の原因 <物品税の例>

国名等	品目	批判の内容
EC アメリカ	乗用車	大型乗用車に高い税率が適用されるため、輸入車が不利
カナダ	金地金	金地金（非課税）に比べ不利
スイス	貴金属時計	一般の時計（税率10%）に比べ貴金属時計（税率30%）が不利

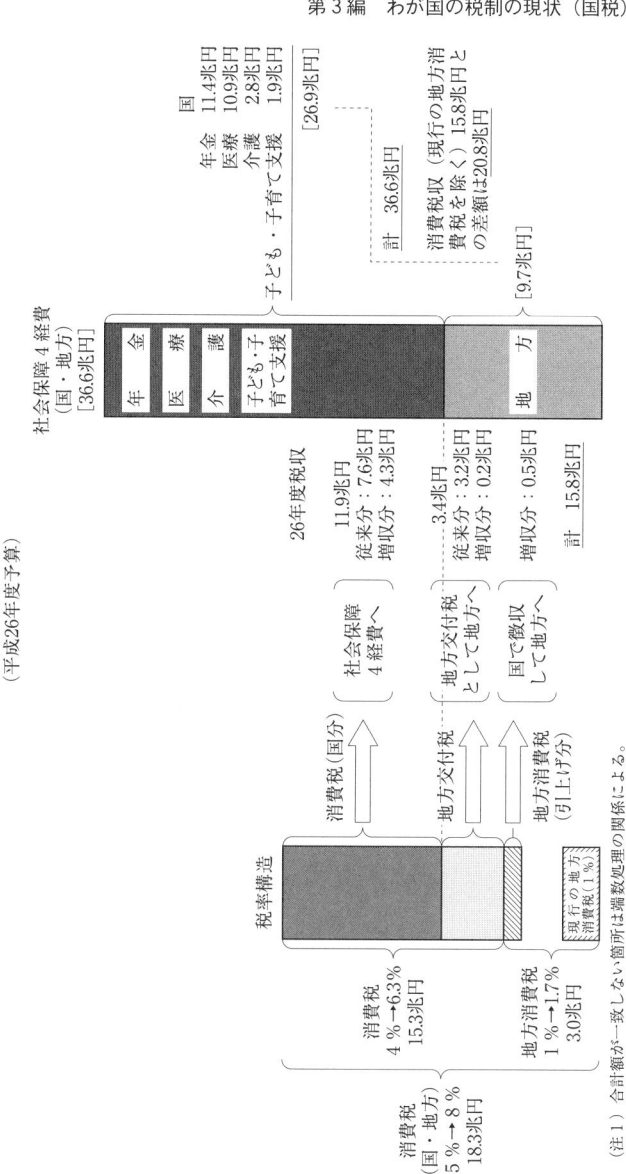

第3編　わが国の税制の現状（国税）

消　費　税　の　使　途
(平成26年度予算)

税率構造

消費税（国・地方）
5％→8％
18.3兆円

- 消費税　4％→6.3％　15.3兆円
- 地方消費税　1％→1.7％　3.0兆円

現行の地方消費税（1％）

- 消費税（国分）→ 社会保障4経費へ
- 地方交付税 → 地方交付税として地方へ
- 地方消費税（引上げ分）→ 国で徴収して地方へ

26年度税収
- 11.9兆円
  - 従来分：7.6兆円
  - 増収分：4.3兆円
- 3.4兆円
  - 従来分：3.2兆円
  - 増収分：0.2兆円
- 増収分：0.5兆円

計　15.8兆円

社会保障4経費
（国・地方）
[36.6兆円]

年金／医療／介護／子ども・子育て支援

地　方　[9.7兆円]

国
- 年金　11.4兆円
- 医療　10.9兆円
- 介護　2.8兆円
- 子ども・子育て支援　1.9兆円

計　36.6兆円　[26.9兆円]

消費税収（現行の地方消費税を除く）15.8兆円との差額は20.8兆円

(注1) 合計額が一致しない箇所は端数処理の関係による。
(注2) 年金の額には年金特例公債に係る償還費等約0.3兆円を含む。
(注3) 上図の社会保障4経費のほか、「社会保障4経費に則った範囲」の地方単独事業がある。

(2) **消費税の仕組みと性格**　消費税は、消費一般に対して広く公平に負担を求めるため、次のような仕組みを採っています。すなわち、消費税制度においては、

① 原則としてすべての財貨・サービスの国内における販売、提供などを課税対象とし、

② 生産、流通、販売などの全段階において、他の事業者や消費者に財貨・サービスの販売、提供などを行う事業者を納税義務者とし、その売上げに対して課税を行うとともに、

③ 税の累進を排除するために、事業者は、売上げに係る税額から仕入れに係る税額を控除（仕入税額控除）し、その差引税額を納付する（控除額が売上げに係る税額を上回る場合には控除不足額の還付が行われる）こととされており、

④ 事業者に課される税相当額は、コストとして財貨・サービスの販売価格に織り込まれて転嫁され、最終的には消費者が負担することが予定されています。

⑤ また、国内における消費に負担を求める税（内国消費税）としての性格上、輸入取引については、保税地域から課税貨物を引き取る者（事業者だけでなく、消費者たる個人を含む）を納税義務者として課税を行い、輸出取引については、売上げに対して課税を行わないとともに、仕入税額控除と控除不足額の還付が行われることにより、いわゆる国境税調整が行われます。

このように、消費税は、ヨーロッパ諸国などにおいて「付加価値税」と呼ばれているタイプの税と同様、多段階累積排除型の課税ベースの広い間接税として構築されています。

第3編 わが国の税制の現状（国税）

消費税の仕組み

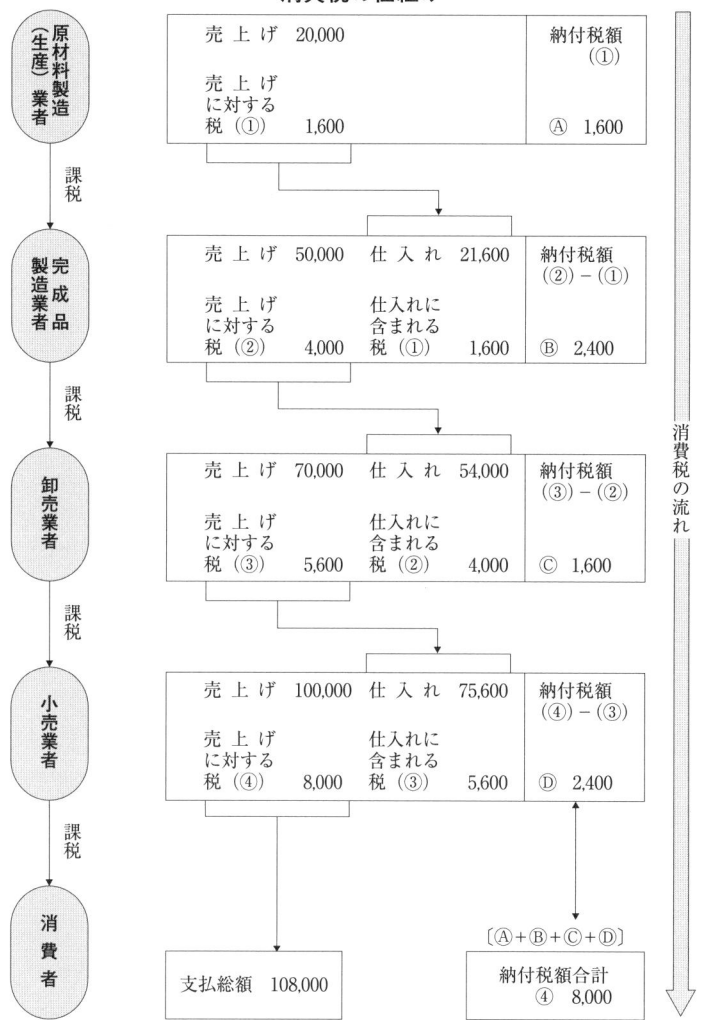

原材料製造（生産）業者

売上げ 20,000		納付税額（①）
売上げに対する税（①） 1,600		Ⓐ 1,600

↓ 課税

完成品製造業者

売上げ 50,000	仕入れ 21,600	納付税額（②）−（①）
売上げに対する税（②） 4,000	仕入れに含まれる税（①） 1,600	Ⓑ 2,400

↓ 課税

卸売業者

売上げ 70,000	仕入れ 54,000	納付税額（③）−（②）
売上げに対する税（③） 5,600	仕入れに含まれる税（②） 4,000	Ⓒ 1,600

↓ 課税

小売業者

売上げ 100,000	仕入れ 75,600	納付税額（④）−（③）
売上げに対する税（④） 8,000	仕入れに含まれる税（③） 5,600	Ⓓ 2,400

↓ 課税

消費者

支払総額 108,000

〔Ⓐ＋Ⓑ＋Ⓒ＋Ⓓ〕
納付税額合計
④ 8,000

消費税の流れ

(3) **課税対象**　消費税は、原則として国内におけるすべての財貨・サービスの販売・提供等を課税対象としています。また、この国内取引との税負担のバランスをとるため、輸入取引にも消費税が課されます。

① 国内取引

国内取引の課税対象は、国内において事業者が行った資産の譲渡等（事業として対価を得て行われる資産の譲渡、資産の貸付け及び役務の提供）です。すなわち、次のいずれの要件にも該当するものです。

イ　資産の譲渡、資産の貸付け及び役務の提供であること

　　物品の販売や貸付け、サービスの提供一般を指します。

ロ　国内において行うものであること

　　原則として、資産の譲渡又は貸付けについてはその資産の所在場所、役務の提供については役務の提供が行われた場所が国内であれば、国内取引になります。

ハ　事業者が事業として行うものであること

　　「事業者」とは、個人事業者と法人をいい、「事業」とは、同種の行為を反復、継続かつ独立して遂行することをいいます。

ニ　対価を得て行うものであること

　　無償取引は原則として課税対象から除外されます。ただし、個人事業者の棚卸資産等の家事消費や法人の自己の役員に対する贈与は、みなし譲渡として課税対象となります。

② 輸入取引

輸入取引の課税対象は、保税地域から引き取られる外国貨物であり、有償取引であるか無償取引であるかを問わず課税対象となります。

第3編 わが国の税制の現状（国税）

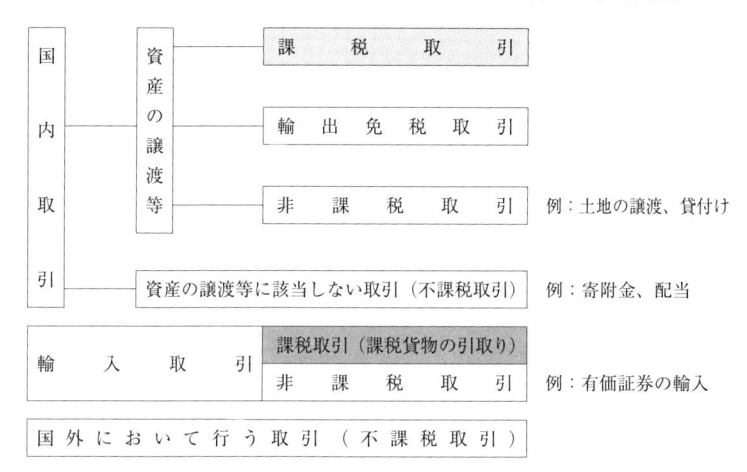

```
国内取引 ─┬─ 資産の譲渡等 ─┬─ 課税取引
         │               ├─ 輸出免税取引
         │               └─ 非課税取引          例：土地の譲渡、貸付け
         └─ 資産の譲渡等に該当しない取引（不課税取引）  例：寄附金、配当

輸入取引 ─┬─ 課税取引（課税貨物の引取り）
         └─ 非課税取引                        例：有価証券の輸入

国外において行う取引（不課税取引）
```

(4) 納税義務者

① 国内取引の納税義務者

課税資産の譲渡等を行う事業者(個人事業者及び法人)が納税義務者であり、非居住者及び外国法人であっても国内において課税資産の譲渡等を行う限り、消費税の納税義務者となります。ただし、小規模零細事業者の納税事務負担や税務執行面に配慮する必要があることから、一定の事業規模以下の小規模事業者については、納税義務を免除することとなっています(事業者免税点制度)。すなわち、基準期間(個人事業者は前々年、法人は前々事業年度)における課税売上高が1,000万円以下の事業者は免税事業者になります(ただし、平成25年1月1日以降、前年上半期の課税売上高が1,000万円を超える場合には課税事業者となる)。なお、資本金の額等が1,000万円以上の新設法人および、資本金1,000万円未満の新設法人で、課税売上高5億円超の事業者等がグループで50％超出資し設立された法人については、基準期間のない事業年度において納税義務は免除されません。

免税事業者はその課税期間には消費税の納税義務が免除されますが、課税仕入れに係る消費税額及び引き取った課税貨物に係る消費税額の控除もできません(控除できない課税仕入れに係る消費税額は免税事業者のコストになります)。しかし、輸出取引を行っていることにより、仕入れに係る税額の控除をし、還付を受けようとする事業者((6)参照)等については、課税選択の届出書を所轄税務署長に提出して、納税義務者になることを選択することもできることとされています。この届出書を提出した事業者は、2年間は継続適用することが必要となります。なお、相続、合併、分割等があった場合の納税義務の免除の特例規定が設けられています。

② 輸入取引の納税義務者

外国貨物を保税地域から引き取る者が納税義務者となります。したがって、事業者だけでなく、消費者たる個人が輸入する場合にも納税義務者になります。

第3編　わが国の税制の現状（国税）

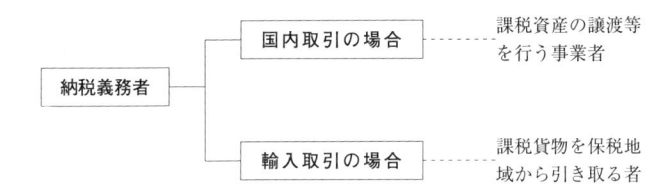

```
納税義務者 ─┬─ 国内取引の場合 ……… 課税資産の譲渡等を行う事業者
            └─ 輸入取引の場合 ……… 課税貨物を保税地域から引き取る者
```

(注)　「課税資産の譲渡等」とは、資産の譲渡等のうち、消費税を課さないこととされているもの以外のものをいい、また「課税貨物」とは、保税地域から引き取られる外国貨物のうち、消費税を課さないこととされるもの以外のものをいう。

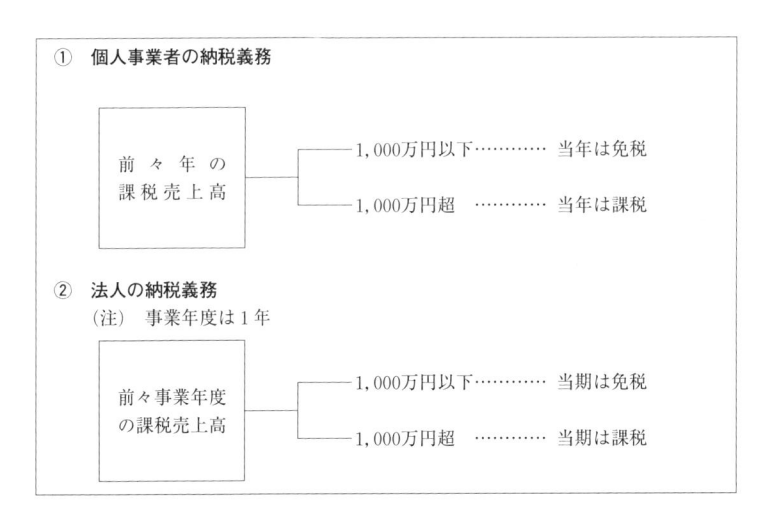

① **個人事業者の納税義務**

```
前々年の       ┬─ 1,000万円以下 ………… 当年は免税
課税売上高     └─ 1,000万円超  ………… 当年は課税
```

② **法人の納税義務**
　(注)　事業年度は1年

```
前々事業年度   ┬─ 1,000万円以下 ………… 当期は免税
の課税売上高   └─ 1,000万円超  ………… 当期は課税
```

(5) **非課税取引**　消費税は、原則として国内におけるすべての財貨・サービスの販売・提供等及び貨物の輸入を課税対象としていますが、これらの財貨・サービスの中には、消費に対して負担を求める税の性格上、課税対象とならないものがあります。また、政策上課税とすることが不適当と考えられたものもあります。これらの取引は非課税取引として消費税を課税しないこととされています。

なお、政策的配慮に基づく非課税取引については、消費一般に広く負担を求めるというこの税の性格上極めて限定されています。

消費税の性格から非課税取引とされるのは、①土地（土地の上に存する権利を含みます）の譲渡及び貸付け（一時的に使用させる場合等を除きます）、②有価証券等及び支払手段（収集品及び販売用のものは除きます）の譲渡、③利子を対価とする貸付金などの資産の貸付け等の金融取引及び保険料を対価とする役務の提供等、④郵便切手類、印紙及び証紙の譲渡、⑤物品切手等の譲渡、⑥国、地方公共団体等が法令に基づき徴収する手数料等に係る役務の提供、⑦外国為替及び外国貿易法に規定する外国為替業務に係る役務の提供です。

政策的配慮に基づき非課税とされるのは、⑧健康保険法等の医療保険各法等に基づいて行われる医療の給付等、⑨介護保険法に基づく居宅介護サービス費の支給に係る居宅サービス等、⑩社会福祉事業及び更生保護事業として行われる資産の譲渡等、⑪助産に係る資産の譲渡等、⑫埋葬料及び火葬料を対価とする役務の提供、⑬一定の身体障害者用物品の譲渡、貸付け等、⑭学校教育法上のいわゆる１条学校（小学校、中学校、高等学校、幼稚園等）、専修学校、各種学校及び職業訓練学校等の授業料、入学金、施設設備費等、⑮学校教育法に規定する教科用図書の譲渡、⑯住宅の貸付けです。

第3編 わが国の税制の現状（国税）

非課税取引	性格上課税対象とならないもの	1 土地の譲渡及び貸付け（①） 2 有価証券等、支払手段の譲渡（②） 3 貸付金等の利子、保険料等（③） 4 郵便切手類、印紙等の譲渡（④、⑤） 5 行政手数料等、外国為替取引（⑥、⑦）
	特別の政策的配慮に基づくもの	6 医療保険各法等の医療（⑧） 7 介護保険法の居宅サービス等（⑨） 8 社会福祉事業法に規定する社会福祉事業等として行われる資産の譲渡等（⑩） 9 助産に係る資産の譲渡等（⑪） 10 埋葬料又は火葬料を対価とする役務の提供（⑫） 11 身体障害者用物品の譲渡、貸付け等（⑬） 12 学校教育法第1条に規定する学校等の授業料、入学金、施設設備費、入学検定料、学籍証明等手数料（⑭） 13 教科用図書の譲渡（⑮） 14 住宅の貸付け（⑯）

(6) **輸出免税**　消費税は、国内で消費される物品やサービスについて負担を求める内国消費税ですので、事業者が輸出取引や国際輸送等の輸出に類似する取引として行う課税資産の譲渡等については、国際慣行に従い消費税が免除されます。

前述した非課税取引は、売上げには課税されない一方、その売上げに対応する仕入税額が控除されないのに対し、輸出取引等については、売上げに課税されないのに加え、その売上げに対応する仕入税額の控除が認められており、この点で両者の性格は基本的に異なっています。売上げに課税されず、仕入税額の控除が認められる結果、輸出品には消費税の負担がまったくかからないことになります。

国内で消費される輸入品には輸入価格に消費税が課されることとあわせて、内国消費税としての性格を貫徹させるような仕組みとなっているのです。このように、消費課税については一般に生産・輸出国では課税せず、消費国で課税する「消費地課税主義」が国際的な原則となっています。

免税とされる輸出取引等の範囲は右のとおりです。なお、輸出免税の適用を受けるためには、輸出許可書、税関長の証明書又は輸出の事実を記載した帳簿や書類を整理し、納税地等に7年間保存することにより、その取引が輸出取引等に該当するものであることを証明することが必要です。

また、輸出物品販売場を経営する事業者が、外国人旅行者などの非居住者に対して、所定の免税販売の手続により輸出携帯品（通常生活の用に供する物品で、消耗品以外のものが対象〔平成26年10月1日より、飲食料品や化粧品等の消耗品も対象となる〕）を販売する場合には、消費税が免除されます。ただし、市中の輸出物品販売場では対価の額の合計額が1万円を超える場合に限り、一定の要件の下に消費税が免除となります。

免税とされる輸出取引等の範囲

① 国内からの輸出として行われる資産の譲渡又は貸付け

② 外国貨物の譲渡又は貸付け（①に該当するものを除く）

③ 国内と国外との間の旅客や貨物の輸送（国際輸送）、国際通信又は国際郵便

④ 船舶運航事業者等に対する外航船舶等の譲渡、貸付け又は修理

⑤ 国際輸送に用いられるコンテナー等の譲渡、貸付け又は修理で、船舶運航事業者等に対するもの

⑥ 外航船舶等の水先、誘導、その他入出港もしくは離着陸の補助又は入出港、離着陸、停泊もしくは駐機のための施設の提供に係る役務の提供等で船舶運航事業者等に対するもの

⑦ 外国貨物の荷役、運送、保管、検数又は鑑定等の役務の提供

⑧ 国内及び国内以外の地域にわたって行われる郵便

⑨ 非居住者に対する一定の無形固定資産の譲渡又は貸付け

⑩ 非居住者に対する役務の提供（国内に所在する資産の運送、保管、国内における飲食、宿泊等を除く）

(7) **課税標準及び税率**　消費税の課税標準は、課税対象の区分に応じ、右頁のようになります。

　課税標準である「課税資産の譲渡等の対価の額」とは、対価として収受し、又は収受すべき一切の金銭や金銭以外の物又は権利その他経済的な利益の額をいいますが、課税資産の譲渡等につき課されるべき消費税及び地方消費税に相当する額を除きます（「税抜きの売上げ」）。

　酒税、たばこ税、揮発油税、石油石炭税等の「個別消費税」は課税標準に含まれます。なお、利用者等が納税義務者となっている軽油引取税、ゴルフ場利用税及び入湯税は原則としてここでの「個別消費税」には含まれません。

　また、個人事業者が事業用の資産を家事のために消費した場合や、法人が資産をその役員に対して贈与した場合などは、前述のようにみなし譲渡とされ、課税対象となりますが、これらの場合の課税標準は、その時における資産の価額に相当する金額（時価）です。さらに、法人が資産をその役員に対して著しく低い対価により譲渡した場合にも、その資産の時価が課税標準になります。

　平成24年8月に成立した税制抜本改革法に基づき、消費税の税率は6.3％（地方消費税（消費税額の17/63）と合わせた税率は8％）となっています。

　なお、同法に基づき、消費税の税率は平成27年10月以降7.8％（地方消費税（消費税額の22/78）と合わせた税率は10％）となる予定です。

```
                              課税資産の譲渡等の対価の額（消費税及
           ┌─ 国内取引 ──  び地方消費税の額は含まれないが、個別
           │                 消費税の額は含まれる）
課税標準 ──┤
           │
           └─ 外国貨物 ──  関税の課税価格（CIF）＋ 個別消費税額
                            ＋関税額
```

```
                                              （税率）
           ┌─ 国内取引 ── 資産の譲渡、貸付け
課税対象 ──┤                 及び役務の提供    …… 6.3％
           │
           └─ 外国貨物 ── 外国貨物の引取り     …… 6.3％

   （注）　地方消費税（消費税額の17/63）と合わせた負担率は8％
```

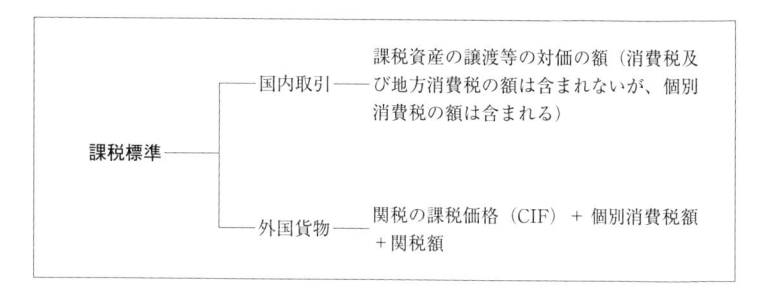

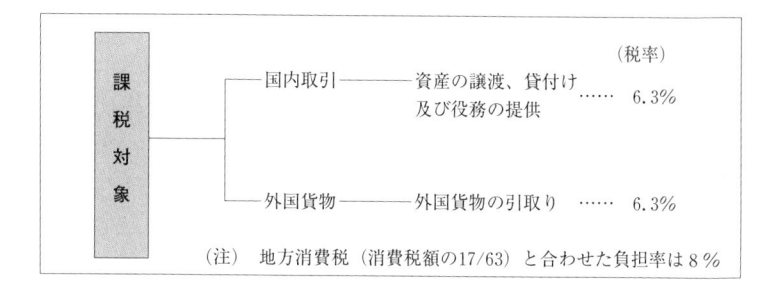

(8) **納付税額の計算方法**　事業者は、税抜きの売上げ（課税標準）に税率を乗じた額（売上げに係る消費税額）から、仕入れに含まれている消費税相当額を控除した額を納付することとなります（右頁の算式(a)参照）。

課税仕入れに係る消費税額については、原則として、その全額が仕入税額控除の対象となります。ただし、課税売上割合（右頁の算式(b)参照）が95％未満又はその課税期間の課税売上高が5億円を超える場合には、課税売上げに対応する部分の仕入税額だけが控除されることになります。この場合の控除税額は、事業者の選択により、個別対応方式又は一括比例配分方式のいずれかの方式により計算します。

ここで個別対応方式とは、その課税期間の課税仕入れ等の税額を、①課税売上げのみに対応するもの、②非課税売上げのみに対応するもの、③課税売上げと非課税売上げに共通するもの、に区分し、右頁の算式(c)により計算した額を控除税額とする方式です。一括比例配分方式とは、その課税期間の課税仕入れ等の税額に課税売上割合を乗じて計算した額を控除する方式です（右頁の算式(d)参照）。

なお、個別対応方式による場合、所轄税務署長の承認により、課税売上割合の代わりに合理的な基準をもとに計算した割合を用いることができます。

仕入税額控除の適用を受ける場合には、課税仕入れ等の事実の帳簿への記録及び保存と課税仕入れ等の事実を証する請求書等の双方を保存することが要件とされています（請求書等保存方式）。

第3編　わが国の税制の現状（国税）

(a) **納付税額**

$$納付税額 = \begin{bmatrix} 課税期間中の \\ 課税売上げに \\ 係る消費税額 \end{bmatrix} - \begin{bmatrix} 課税期間中の \\ 課税仕入れ等に \\ 係る消費税額 \end{bmatrix}$$

(b) **課税売上割合**

$$課税売上割合 = \frac{課税期間中の課税売上高（消費税及び地方消費税を除く）}{課税期間中の総売上高（消費税及び地方消費税を除く）}$$

(c) **個別対応方式**

控除税額 ＝ 〔①の税額〕＋〔③の税額〕×（課税売上割合）

課 税 期 間 中 の 課 税 仕 入 れ 等 に 係 る 消 費 税 額		
① 課税売上げのみに対応するもの	③ ①と②の両方に共通するもの （課税売上割合で按分）	② 非課税売上げのみに対応するもの
控除する消費税額	控除できない消費税額	

(d) **一括比例配分方式**

控除税額 ＝ （課税仕入れ等の税額）×（課税売上割合）

課 税 期 間 中 の 課 税 仕 入 れ 等 に 係 る 消 費 税 額	
(課税売上割合で按分)	
控除する消費税額	控除できない消費税額

(9) **簡易課税制度**　一定規模以下の中小事業者については、選択によって、売上げに係る消費税額を基礎として仕入れに係る消費税額を簡単に計算することができるという仕組みが採られています。

具体的には、基準期間における課税売上高が5,000万円以下の事業者（免税事業者を除きます）が、簡易課税制度の適用を受ける旨の届出書を所轄税務署長に提出した場合には、その翌課税期間以後、その課税期間における課税売上げに係る消費税額（売上対価の返還等がある場合にはこれらに係る消費税額の合計額を控除した後の金額）にみなし仕入率（注）を乗じた額を、課税仕入れに係る消費税額の合計額とみなして控除できます。

（注）　みなし仕入率は次のようになっています。

第一種事業（卸売業）は90％、第二種事業（小売業）は80％、第三種事業（製造業等）は70％、第四種事業（その他）は60％、第五種事業（サービス業等）は50％（平成27年4月1日以後に開始する課税期間より、事業分類が見直され、第一種事業（90％）から第六種事業（40％）までの計6種の事業分類に応じてみなし仕入率が決められます）

したがって、実際の課税仕入れ等に係る消費税額を計算する必要はなく、課税売上高から納付する消費税額を算出することができます（右頁の算式参照）。

ここで卸売業とは、他の者から購入した商品をその性質及び形状を変更しないで他の事業者に対して販売する事業をいい、小売業とは、他の者から購入した商品をその性質及び形状を変更しないで販売する事業で卸売業以外のものをいいます。また、製造業等には、農林業、漁業、鉱業、建設業、電気・ガス業、熱供給業及び水道業が含まれます。

なお、この制度の適用を受ける旨の届出書を提出した場合には、2年間は継続適用することが必要です。

簡易課税制度の仕組み

$$\text{納付する消費税額} = \text{課税売上げに係る消費税額} - \left(\text{課税仕入れ等に係る消費税額} + \text{売上対価の返還等に係る消費税額} + \text{貸倒れに係る消費税額}\right)$$

(1) 1種類の事業の専業者の場合

$$\text{課税仕入れ等に係る消費税額} = \left(\text{課税売上げに係る消費税額} - \text{売上対価の返還等に係る消費税額}\right) \times \text{みなし仕入率}$$

- 第一種事業（卸　売　業）90％
- 第二種事業（小　売　業）80％
- 第三種事業（製　造　業　等）70％
- 第四種事業（そ　の　他）60％
- 第五種事業（サービス業等）50％

(2) 2種類以上の事業を営む事業者の場合（原則）

$$\text{課税仕入れ等に係る消費税額} = \left[\text{課税売上げに係る消費税額} - \text{売上対価の返還等に係る消費税額}\right] \times$$

$$\frac{\text{第一種事業に係る消費税額} \times 90\% + \text{第二種事業に係る消費税額} \times 80\% + \text{第三種事業に係る消費税額} \times 70\% + \text{第四種事業に係る消費税額} \times 60\% + \text{第五種事業に係る消費税額} \times 50\%}{\text{第一種事業に係る消費税額} + \text{第二種事業に係る消費税額} + \text{第三種事業に係る消費税額} + \text{第四種事業に係る消費税額} + \text{第五種事業に係る消費税額}}$$

(3) 1種類の事業の課税売上高が全体の75％以上である場合の特例

2種類以上の事業のうち、1種類の事業の課税売上高が全体の75％以上を占める場合には、その75％以上を占める事業のみなし仕入率を全体の課税売上高に対して適用することができる。

(4) 2種類の事業の課税売上高の合計額が全体の75％以上である場合の特例

3種類以上の事業を営む事業者で、そのうちの2種類の事業の課税売上高の合計額が全体の75％以上を占める場合には、その2種類の事業のうち低い方のみなし仕入率をその2種類の事業以外の課税売上高に対しても適用することができる。

（備考）1．課税売上高とは、その課税期間における課税売上げの合計金額（消費税額及び地方消費税額を除く）をいう。

2．売上対価の返還等とは、返品、値引きなどを行い、代金を返還することをいう。

3．「第一種（第二種、第三種、第四種、第五種）事業に係る消費税額」とは、それぞれの事業ごとの課税資産の譲渡等に係る消費税額の合計額から売上対価の返還等の金額に係る消費税額の合計額を控除した残額をいう。

⑽ **申告・納付**　国内取引の場合には、事業者（免税事業者を除きます）は、課税期間の末日の翌日から2カ月以内に、確定申告書を提出するとともに消費税額を納付します（個人事業者については、規定により当分の間は3月末日とされています）。

また、前課税期間の消費税の年税額が4,800万円を超える場合には、課税期間の初日以後1カ月ごとに区分した各期間につき、その各期間の末日の翌日から2カ月以内に、前課税期間の消費税額（年税額）の12分の1に相当する消費税額を、年税額が400万円を超え4,800万円以下の場合には、課税期間の初日以後3カ月ごとに区分した各期間につき、その各期間の末日の翌日から2カ月以内に、前課税期間の消費税額（年税額）の4分の1に相当する消費税額を、年税額が48万円を超え400万円以下の場合には、課税期間の初日以後6カ月ごとに区分した各期間につき、その各期間の末日の翌日から2カ月以内に、前課税期間の消費税額（年税額）の2分の1に相当する消費税額を、それぞれ中間申告・納付することになっています。年税額が48万円以下である場合には、中間申告・納付は不要です。

なお、この中間申告については、その中間申告対象期間を一課税期間とみなして計算した消費税額によることもできます。

確定申告の際に、仕入控除税額が売上げに係る消費税額を上回っていたり、中間納付額が控除しきれない場合には、事業者は、申告書を提出し、還付を受けることができます。

輸入取引の場合には、申告納税方式が適用される課税貨物を保税地域から引き取ろうとする者は、原則として課税貨物を保税地域から引き取る時までに、その保税地域の所轄税関長に輸入申告書を提出するとともに、引き取る課税貨物に課される消費税額を納付することとされています。

申告・納付の手順

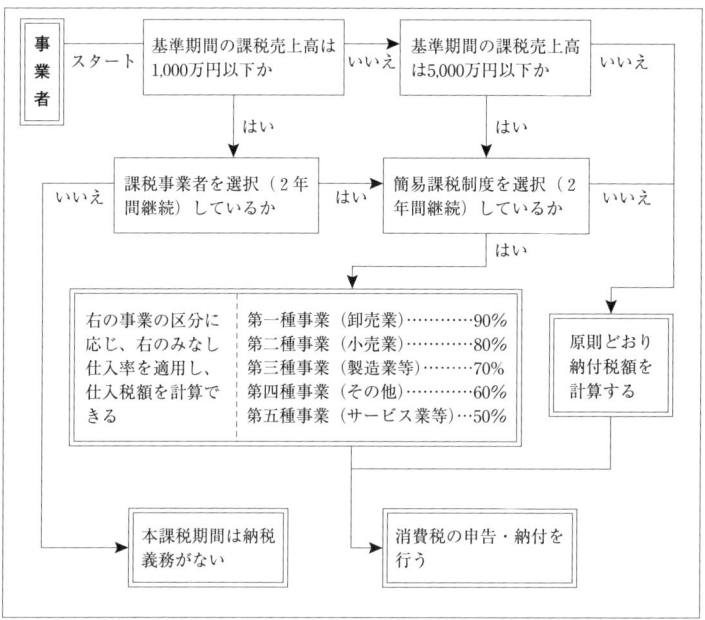

```
事業者 → スタート → 基準期間の課税売上高は1,000万円以下か
         ├─ いいえ → 基準期間の課税売上高は5,000万円以下か
         │           ├─ いいえ → 原則どおり納付税額を計算する
         │           └─ はい → 簡易課税制度を選択（2年間継続）しているか
         └─ はい → 課税事業者を選択（2年間継続）しているか
                   ├─ いいえ → 本課税期間は納税義務がない
                   └─ はい → 簡易課税制度を選択（2年間継続）しているか
                             ├─ いいえ → 原則どおり納付税額を計算する
                             └─ はい → 右の事業の区分に応じ、右のみなし仕入率を適用し、仕入税額を計算できる
```

区分	みなし仕入率
第一種事業（卸売業）	90%
第二種事業（小売業）	80%
第三種事業（製造業等）	70%
第四種事業（その他）	60%
第五種事業（サービス業等）	50%

→ 消費税の申告・納付を行う

（備考）　この判定表は、課税期間が1年である事業者を前提に作成しているので、事業年度が1年に満たない法人については、「基準期間の課税売上高」を1年分に換算すること。

7 その他の国税

(1) **酒　税**　酒類やたばこについては、他の物品と異なる特殊なし好品としての性格に着目して、従来から、他の物品に比べ高い税負担を求めています。

酒税は戦前においては国税収入の第1位を占めていた時期もありましたが、戦後は直接税収入が増加し、現在では国税収入の約4％程度となっています。なお、昭和63年12月の抜本改革により、従価税制度及び級別制度の廃止等の簡素合理化が行われるとともに、酒類間の税負担格差の縮小等が行われ、平成18年度税制改正では、酒税の分類を従来の10種類から4種類に大括り・簡素化するとともに、酒類間の税負担格差の縮小が行われました。

酒税は、酒類、すなわちアルコール分1度以上の飲料を課税対象として、酒類の製造場からの移出や輸入の段階で課税されるもので、酒類の製造者又は輸入者を納税義務者として課される税です。

課税に当たっては、酒類をその製法や性状等により4種類（ビールや発泡酒等の発泡性酒類、清酒や果実酒等の醸造酒類、しょうちゅうやウイスキー等の蒸留酒類、リキュールやみりん等の混成酒類）に大別して、それぞれの酒類に応じた税率が設定されています（右頁参照）。

酒類を製造しようとする者は製造場ごとに、酒類の販売業を営もうとする者は販売場ごとに、それぞれ所在地の所轄税務署長の免許を受けなければなりません。酒類の製造者は、毎月所定の申告書を翌月末日までに所轄税務署長に提出した上で、当該申告に係る酒類を製造場から移出した、翌々月末日までに酒税を納付します。保税地域からの引取者は、引取りの時までに所定の申告書を提出して酒税を納付します。

区　　　　分	税　　率 （1 kl 当たり）	アルコール分 1度当たりの加算額
発 泡 性 酒 類	220,000円	—
発泡酒（麦芽比率25〜50％未満）	178,125円	—
〃　　（麦芽比率25％未満）	134,250円	—
その他の発泡性酒類 　（ホップ等を原料としたもの（一定の 　ものを除く）を除く）	80,000円	
醸 造 酒 類	140,000円	
清　　酒	120,000円	
果 実 酒	80,000円	
蒸 留 酒 類	（アルコール分20度） 200,000円	10,000円
ウイスキー・ブランデー・スピリッツ	（アルコール分37度） 370,000円	10,000円
混 成 酒 類	（アルコール分20度） 220,000円	11,000円
合 成 清 酒	100,000円	
みりん・雑酒(みりん類似)	20,000円	
甘味果実酒・リキュール	（アルコール分12度） 120,000円	10,000
粉 末 酒	390,000円	

（備考）　発泡性酒類…ビール、発泡酒、その他の発泡性酒類（ビール及び発泡酒以外の
　　　　　　　　　　　酒類のうちアルコール分10度未満で発泡性を有するもの）
　　　　醸造酒類……清酒、果実酒、その他の醸造酒(その他の発泡性酒類を除く)
　　　　蒸留酒類……連続式蒸留しょうちゅう、単式蒸留しょうちゅう、ウイスキー、
　　　　　　　　　　ブランデー、原料用アルコール、スピリッツ(その他の発泡性酒
　　　　　　　　　　類を除く)
　　　　混成酒類……合成清酒、みりん、甘味果実酒、リキュール、粉末酒、雑酒(そ
　　　　　　　　　　の他の発泡性酒類を除く)
（注）　上記の税率は、平成18年5月1日から適用されている。

(2) **たばこ税**　たばこ税は、日本専売公社の民営化に伴い、従来の専売納付金に代えて昭和60年に「たばこ消費税」として創設されました。その後、平成元年度の税制の抜本改革において、消費税の導入との関係から名称が「たばこ税」と改められ、従来の税負担水準を原則として維持しつつ、従価・従量併課方式を従量税制度一本化する等の改正が行われました。

現在、たばこについては、消費税及び地方消費税のほかに、国のたばこ税及び地方のたばこ税（道府県たばこ税・市町村たばこ税）並びにたばこ特別税が課されています。

国のたばこ税及びたばこ特別税は、たばこを課税対象として、製造場からの移出時又は保税地域からの引取り時に、たばこの製造者又は引取者を納税義務者として課されています。なお、たばこ特別税の収入は、国債整理基金特別会計の歳入に組み入れられ、旧国鉄長期債務及び国有林野累積債務の処理に充てることとされています。

また、地方のたばこ税は、卸売販売業者等がたばこを小売販売業者に売り渡す場合において、その売渡しに係るたばこに対し、その小売販売業者の営業所所在の地方公共団体において、その売渡しを行う卸売販売業者等を納税義務者として課されています。

なお、平成22年度税制改正では、たばこ税について、国民の健康に与える負荷を踏まえた課税という観点を明確にし、1本あたり3.5円（国税1.75円、地方税1.75円）の税率の引上げが行われることとなりました。新しい税率は平成22年10月1日より適用され、これに伴い、たばこの小売価格も同日以降について改定されています（たとえば、マイルドセブン（現メビウス）等33銘柄については、300円から410円に改定されました。価格上昇幅110円のうち、70円がたばこ税率引上げに相当する分です（国税35円、地方税35円））。

第3編 わが国の税制の現状（国税）

たばこ税等の税率及び税収

区分 種類	国税			地方税			合計
	たばこ税	たばこ特別税	小　計	道府県たばこ税	市町村たばこ税	小　計	
	（円/千本）	（円/千本）	（円/千本）	（円/千本）	（円/千本）	（円/千本）	（円/千本）
紙巻たばこ パイプたばこ 葉巻たばこ 刻みたばこ かみ用及びかぎ用の製造たばこ	5,302	820	6,122	860	5,262	6,122	12,244
旧3級品の紙巻たばこ	2,517	389	2,906	411	2,495	2,906	5,812
平成26年度予算額 地方財政計画額	（億円） 9,220	（億円） 1,426	（億円） 10,646	（億円） 1,509	（億円） 9,230	（億円） 10,739	（億円） 21,385

(注) 1. 国税及び地方税の税率は、平成26年1月現在の税率。
  2. たばこ特別税は平成10年12月1日から実施。
  3. 国のたばこ税収（9,220億円）のうち、25％は地方交付税として地方に配分される。
  4. パイプたばこ及び葉巻たばこは1gを1本に、刻みたばこ、かみ用及びかぎ用の製造たばこは2gを1本に、それぞれ換算する。
  5. 旧3級品の紙巻たばことは、エコー、わかば、しんせい、ゴールデンバット、バイオレット及びウルマの6銘柄の紙巻たばこをいう。

たばこ1箱（例：430円、20本入り）当たりの税負担額

たばこ税等の税額　244.88　（税負担割合：56.9％）

消費税 31.85	国税 122.44	地方税 122.44	税抜価格 153.27

（参考）たばこ税等の税収額（国・地方：平成26年度予算額、地方財政計画額）
（単位：億円）

21,385

国　税　10,646			地方税　10,739	
特別たばこ税 1,426	たばこ税 9,220 (6,915)	税地方交付税分 (25％) (2,305)	道府県 たばこ税 1,509	市町村 たばこ税 9,230

実質国分　8,341(39％)　実質地方分　13,044(61％)

(3) **自動車課税**　国税である自動車関係諸税として、揮発油税及び地方揮発油税、石油ガス税、自動車重量税があります。これらの税については、従来、道路特定財源と位置付けられていましたが、平成21年度から、すべて一般財源化されました。

平成22年度税制改正では、揮発油税及び地方揮発油税に係る従前の10年間の暫定税率を廃止したうえで、財政事情や地球温暖化対策との関係を勘案し、当分の間、従来の税率水準を維持することとされたほか、自動車重量税について、平成22年4月1日から車体の環境負荷に応じた複数税率を設定することにより、温室効果ガスの排出削減を促すとともに、税負担の軽減を図ることとされました。

平成24年度税制改正では、自動車重量税について、燃費等の環境性能に関する一定の基準を満たしている自動車には本則税率を適用し、それ以外の自動車に適用される「当分の間税率」について、13年超経過自動車を除き、引下げを行うこととされました。

なお、税制抜本改革法（平成24年8月10日可決・成立）では、燃料課税については、地球温暖化対策等の観点から当分の間税率が維持されていること及び平成24年度以降において石油石炭税の税率の上乗せを行うこととしたことを踏まえ、引き続き検討することとされています。また、自動車取得税及び自動車重量税については、国及び地方を通じた関連税制の見直しを行い、安定的な財源を確保した上で、地方財政にも配慮しつつ、簡素化、負担の軽減及びグリーン化の観点から、見直しを行うこととされています。

こうした議論をふまえ、平成26年度税制改正では、自動車重量税については、エコカー減税の拡充及び経年車に対する税率の引上げ、自動車取得税については税率引下げとエコカー減税の拡充、自動車税については、グリーン化特例の見直し、軽自動車税については税率引上げ等を行うこととされました（三輪、四輪については、28年度より経年車重課が導入されます。）。

① 揮発油税及び地方揮発油税

揮発油税及び地方揮発油税は揮発油に課税され、製造場から移出された場合は移出者が、保税地域から引き取られた場合は引取者が納税義務を負います。税率は、揮発油1klにつき、揮発油税4万8,600円、地方揮発油税5,200円、計5万3,800円の従量税率となっています。

② 石油ガス税

石油ガス税は、自動車用の石油ガス容器に充てんされている石油ガスに課税されます。納税義務者は、石油ガスの充てん場から移出する場合は充てん者、保税地域から引き取る場合は引取者です。税率は、課税石油ガス1kgにつき17円50銭の従量税率です。

③ 自動車重量税

自動車重量税は道路運送車両法によるいわゆる車検を受ける自動車と、同法による使用の届出をする軽自動車に課税され、自動車検査証の交付等を受ける者(検査自動車)及び車両番号の指定を受ける者(届出軽自動車)が納税義務を負います。税率は、車検の有効期間や自動車の重量等を基本とし、車体の環境負荷に応じて設定されており、たとえば、自家用乗用車の場合、次世代自動車(電気自動車、一定のハイブリッド車等)などの環境性能に関する一定の基準を満たしている自動車は車両重量0.5t・年ごとに2,500円、13年超経過自動車は同5,400円(平成28年度から5,700円)、18年超経過自動車は同6,300円、これら以外のガソリン自動車は同4,100円となっています。

なお、一定の排ガス性能・燃費性能等を備えた自動車については、平成24年5月1日から、平成29年4月30日までの間における新車の新規車検等の際に、減免措置(いわゆるエコカー減税)が講じられています。

(4) **特定財源**　航空機燃料税、石油石炭税、電源開発促進税は、その税収を特定の公的サービスに要する費用の財源に充てることとされています。

① 航空機燃料税

航空機燃料税は、航空機に積み込まれた航空機燃料に課税され、航空機の所有者又は使用者が納税義務を負います。税率は1klにつき1万8,000円の従量税率です。税収は国の空港整備財源及び空港関係地方公共団体の空港対策費に充てられます。

② 石油石炭税

石油石炭税は、原油、輸入石油製品、ガス状炭化水素及び石炭に課税され、採取場から移出された場合は採取者が、保税地域から引き取られた場合は引取者が納税義務を負います。なお、平成24年10月1日より「地球温暖化対策のための課税の特例」として、CO_2排出量に応じた税率が上乗せされることとなりました。税率は段階的に引き上げられますが、引き上げ後の税率（平成28年4月1日から適用）は、原油及び輸入石油製品は1klにつき2,800円、天然ガス及び石油ガス等は1tにつき1,860円、石炭は1tにつき1,370円の従量税率となっています。石油石炭税の税収は燃料安定供給対策、エネルギー需給構造高度化対策及び地球温暖化対策に充てられます。

③ 電源開発促進税

電源開発促進税は、一般電気事業者（いわゆる電力会社）の販売電気に課される税です。販売電気とは、一般電気事業者が事務所、事業所や一般家庭の需要に応じ供給する電気及び一般電気事業者が自家消費した電気です。税率は、販売電気1,000キロワット時につき375円となっています。税収は、電源立地対策及び電源利用対策に充てられます。

特定財源諸税の概要

税目	課税対象・税率					税収の使途
国税 航空機燃料税	航空機燃料：18,000円／kl					・7/9は国の空港整備財源 ・2/9は空港関係市町村及び都道府県の空港対策費として譲与
電源開発促進税	一般電気事業者の販売電気：千kw時につき 375円					・電源立地対策及び電源利用対策
石油石炭税	課税物件	本則税率	H24年10/1～	H26年4/1～	H28年4/1～	・燃料安定供給対策及びエネルギー需給構造高度化対策 ・地球温暖化対策の推進
	原油・石油製品 1kl当たり	(2,040円)	+250円 (2,290円)	+250円 (2,540円)	+260円 (2,800円)	
	ガス状炭化水素 1t当たり	(1,080円)	+260円 (1,340円)	+260円 (1,600円)	+260円 (1,860円)	
	石炭 1t当たり	(700円)	+220円 (920円)	+220円 (1,140円)	+230円 (1,370円)	

(5) **印紙税** 印紙税は、契約書や領収書など、経済取引に伴い作成される広範な文書に対して軽度の負担を求める税であり、現在、契約書や領収書などの文書を作成した場合には、これに収入印紙を貼付するということが、取引上の慣習として定着してきています。

契約書や領収書などの文書が作成される場合、その背後には、取引に伴って生じる何らかの経済的利益があるものと考えられます。また、経済取引について文書を作成するということは、取引の当事者間において取引事実が明確となり法律関係が安定化されているという面もあります。印紙税は、このような点に着目し、文書の作成行為の背後に担税力を見出して課税している税ということができます。

なお、印紙税は、金融取引を含む各種の経済取引に対し、文書を課税対象として課税しているものであり、財貨又はサービスの消費を課税対象とする消費税とは基本的に性格が異なるものです。

現行の印紙税法では、経済取引に伴い作成される文書のうち、不動産の譲渡契約書、請負契約書、手形や株券などの有価証券、保険証券、領収書、預貯金通帳など軽度の補完的課税を行うに足る担税力があると認められる特定の文書を20に分類掲名した上、課税対象としています。

印紙税の納税義務は、課税文書を作成した時に成立し、その作成者が納税義務者となります。また、その課税納付制度は、課税文書の作成行為を捉えて、原則として納税義務者が作成した課税文書に印紙税に相当する金額の収入印紙を貼付することによって納税が完結する、客観的で簡素な仕組みとなっています。

印紙税の税率は、定額税率を基本としつつ、より担税力があると認められる特定の文書については階級定額税率を適用するとともに、特定の文書には免税点が設けられ、一定の記載金額以下の文書には印紙税を課税しない仕組みとなっています。

第3編 わが国の税制の現状（国税）

主な課税文書の印紙税の税率

号別	課税文書	階級区分	税率
1	不動産の譲渡契約書等 消費貸借契約書	記載された契約金額が1万円未満 10万円以下 10万円を超え　50万円以下 50万円　〃　100万円　〃 100万円　〃　500万円　〃 500万円　〃　1,000万円　〃 1,000万円　〃　5,000万円　〃 5,000万円　〃　1億円　〃 1億円　〃　5億円　〃 5億円　〃　10億円　〃 10億円　〃　50億円　〃 50億円を超えるもの 契約金額の記載のないもの	非課税 200円 400円 1,000円 2,000円 1万円 2万円 6万円 10万円 20万円 40万円 60万円 200円
	上記のうち、不動産の譲渡に関する契約書（平成26年4月1日から平成30年3月31日までの間に作成されるもの）	記載された契約金額が 10万円を超え　50万円以下 50万円　〃　100万円　〃 100万円　〃　500万円　〃 500万円　〃　1,000万円　〃 1,000万円　〃　5,000万円　〃 5,000万円　〃　1億円　〃 1億円　〃　5億円　〃 5億円　〃　10億円　〃 10億円　〃　50億円　〃 50億円を超えるもの	200円 500円 1,000円 5,000円 1万円 3万円 6万円 16万円 32万円 48万円
	（参考） （平成9年4月1日から平成26年3月31日までの間に作成されたもの）	記載された契約金額が 1,000万円を超え　5,000万円以下 5,000万円　〃　1億円　〃 1億円　〃　5億円　〃 5億円　〃　10億円　〃 10億円　〃　50億円　〃 50億円を超えるもの	1万5千円 4万5千円 8万円 18万円 36万円 54万円
2	請負契約書	記載された契約金額が1万円未満 100万円以下 100万円を超え　200万円以下 200万円　〃　300万円　〃 300万円　〃　500万円　〃 500万円　〃　1,000万円　〃 1,000万円　〃　5,000万円　〃 5,000万円　〃　1億円　〃 1億円　〃　5億円　〃 5億円　〃　10億円　〃 10億円　〃　50億円　〃 50億円を超えるもの 契約金額の記載のないもの	非課税 200円 400円 1,000円 2,000円 1万円 2万円 6万円 10万円 20万円 40万円 60万円 200円
	上記のうち、建設業法に規定する建設工事の請負に係る契約に基づき作成されるもの（平成26年4月1日から平成30年3月31日までの間に作成されるもの）	記載された契約金額が 100万円を超え　200万円以下 200万円　〃　300万円　〃 300万円　〃　500万円　〃 500万円　〃　1,000万円　〃 1,000万円　〃　5,000万円　〃 5,000万円　〃　1億円　〃 1億円　〃　5億円　〃 5億円　〃　10億円　〃 10億円　〃　50億円　〃 50億円を超えるもの	200円 500円 1,000円 5,000円 1万円 3万円 6万円 16万円 32万円 48万円
	（参考） （平成9年4月1日から平成26年3月31日までの間に作成されたもの）	記載された契約金額が 1,000万円を超え　5,000万円以下 5,000万円　〃　1億円　〃 1億円　〃　5億円　〃 5億円　〃　10億円　〃 10億円　〃　50億円　〃 50億円を超えるもの	1万5千円 4万5千円 8万円 18万円 36万円 54万円
3	約束手形 為替手形	記載された金額が100万円以下 100万円を超え　200万円以下 200万円　〃　300万円　〃 300万円　〃　500万円　〃 500万円　〃　1,000万円　〃 1,000万円　〃　2,000万円　〃 2,000万円　〃　3,000万円　〃 3,000万円　〃　5,000万円　〃 5,000万円　〃　1億円　〃 1億円　〃　2億円　〃 2億円　〃　3億円　〃 3億円　〃　5億円　〃 5億円　〃　10億円　〃 10億円を超えるもの 受取金額の記載のない受取書 記載された手形金額が10万円未満 手形金額の記載のない手形	200円 400円 600円 1,000円 2,000円 4,000円 6,000円 1万円 2万円 4万円 6万円 10万円 15万円 20万円 200円 非課税
17	売上代金に係る金銭又は有価証券の受取書	記載された受取金額が5万円未満 （26年3月31日以前は3万円未満） 営業に関しない受取書	非課税
4	株券・社債券等	記載された券面金額が500万円以下 500万円を超え　1,000万円以下 1,000万円　〃　5,000万円　〃 5,000万円　〃　1億円　〃 1億円を超えるもの	200円 1,000円 2,000円 1万円 2万円

（備考）合併契約書等及び定款には4万円、継続的取引の基本となる契約書及び判取帳には4,000円、その他の通帳には400円、その他の課税文書には200円の定額税率が適用される。

(6) **登録免許税**　登録免許税は、国による登記、登録、免許などを課税対象に、登記などを受ける者に対して、不動産の価額などを課税標準として、登記などの区分に応じた比較的低い税率で負担を求める税です。また、登録免許税は、基本的に、登記などによって生じる利益に着目するとともに、登記・登録などの背後にある財の売買その他の取引などを種々の形で評価し、その担税力に応じた課税を行うものです。

納税義務者は、登記等を受ける者です。登記等を受ける者が2人以上あるときは、その登記等を受ける者は連帯して納付する義務を負います。なお、国、地方公共団体等が自己のために受ける登記等については非課税とされます。

登録免許税を課税対象からみると、不動産登記に対して課されるもの、商業登記に対するもの、人の資格や事業免許などに対するものなどがあります。不動産登記に対する登録免許税は、不動産(土地、建物など)の所有権の保存・移転登記などに対して課されるものです。不動産の価額(基本的に、固定資産税評価額を不動産の価額とします)を課税標準とし、登記原因ごとに1,000分の4から1,000分の20までの税率を設定することにより、具体的税負担を決定する仕組みが採られています。また、商業登記に対する登録免許税は、会社の設立登記や増資の登記などに課されるもので、商業登記により会社が営業上の利益を受けることに着目するとともに、それらの登記の背後に担税力の存在を推認して課税するものです。

納付は、現金納付を原則とし、登記等の申請書を提出する際に、申請書に領収証書を貼付することにより行います。ただし、税額が3万円以下の場合は現金納付ではなく印紙納付が認められ、また、一定の免許等については事後現金納付により行います。

不動産登記に関する主な登記の税率

事　　　　項	課税標準	税　　率
不動産の所有権の保存の登記	不動産の価額	1,000分の4
不動産の所有権の移転の登記		
相続・合併による登記	〃	1,000分の4
遺贈・贈与による登記	〃	1,000分の20
共有物の分割による登記	〃	1,000分の4
売買による登記	〃	1,000分の20（注）
不動産の抵当権の設定の登記	債権金額等	1,000分の4

（注）　土地の売買による所有権の移転登記については、平成18年4月1日から平成23年3月31日までの間、税率を半減する措置が講じられていますが、その後は軽減税率を段階的に引き上げていくこととされています。

本則税率	平成18年4月1日 ～平成23年3月31日	平成23年4月1日 ～平成24年3月31日	平成24年4月1日 ～平成27年3月31日
1,000分の20	1,000分の10	1,000分の13	1,000分の15

住宅用家屋に係る特例

事　　　　項	課税標準	本則税率	軽減税率
所有権の保存の登記	不動産の価額	1,000分の4	1,000分の1.5
所有権の移転の登記 （売買・競売に限る）	〃	1,000分の20	1,000分の3
抵当権の設定の登記	債権金額	1,000分の4	1,000分の1

不動産登記以外の場合の税率の例

事　　　　項	課税標準	税　　率
株式会社の設立登記	資本金の額	1,000分の7 （15万円に満たないときは、15万円）
著作権の移転登録	著作権の件数	1件につき 18,000円
弁護士の登録	登録件数	1件につき 6万円

8　国税の徴収手続等

(1) **更正及び決定**　所得税や法人税などの申告納税方式による国税は、納税者による納税申告書の提出によりその納付すべき税額が確定することを原則としています。

しかし、この申告書に記載された課税標準や税額などが税務官庁の調査したところと異なる場合には、その内容を変更する必要が生じます。この変更を行うために税務官庁が行う手続を「更正」といいます。この「更正」には、既に確定している税額を増額させる、あるいは還付金の額を減額させる増額更正と、その税額を減額させる、あるいは還付金の額を増額させる減額更正とがあります。このように「更正」とは、申告などにより既に確定している課税標準や税額などが過大又は過少の場合にその額を変更するものですが、納税申告書を提出しなければならない者が、その申告書の提出期限までに申告書を提出していないため、まだ課税標準や税額などが確定していない場合には、税務官庁がその課税標準や税額などを確定させるために「決定」という手続を行います。

なお、更正や決定は、税務署長が更正通知書又は決定通知書を納税者に対して送達して行われますが、法定申告期限から5年、7年等一定の期間を経過した後には行うことができません。

このように、更正や決定は、税務官庁側から行う課税標準や税額などの変更・確定のための手続ですが、これらの処分が実施されるまでは納税者側から課税標準や税額などを増額させる「修正申告」、課税標準や税額などを確定させる「期限後申告」を行うことができます。また、納税者側から減額更正を求める手続として「更正の請求」があります。税務官庁は、この請求内容を調査し、減額更正等を行います。

更正・決定ができる期間

区　　　分			単純過少申告又は単純無申告の場合	脱税の場合
更正			法定申告期限から5年	それぞれの法定申告期限等から7年
決定				
純損失等の金額に係る更正			法定申告期限から5年（法人税については9年）	
通常の賦課決定	課税標準申告書の提出を要するもの	提出した場合	当該申告書の提出期限から3年	
		提出していない場合	当該申告書の提出期限から5年	
	課税標準申告書の提出を要しないもの		納税義務の成立の日から5年	
減額賦課決定			当該申告書の提出期限から5年	
更正をすることができないこととされる日前6月以内にされた更正の請求に係る更正			更正の請求があった日から6月	

(2) **附帯税**
① **延滞税・利子税**　延滞税は、国税を法定納期限までに納付していない場合に、その未納税額に対して課される附帯税で、国税の期限内における適正な納付の担保及び期限内に適正に国税を納付した者と納付しない者との権衡を図るために設けられた制度であり、国税債務の履行遅滞に対する遅延損害金的性格を有するものです。延滞税の額は、法定納期限の翌日から完納する日までの日数に応じて、その未納税額に年14.6％の割合（納期限までの期間又は納期限の翌日から2月を経過する日までの期間については、年7.3％の割合）を乗じて計算した税額です。利子税の額は、所得税の延納税額や法人税の確定申告税額についてはその延納などが認められた期間の日数に応じて年7.3％（年7.3％の延滞税と同様の特例があります。）を乗じて計算した額とされ、相続税や贈与税の延納税額についてはその延納の認められる期間の日数に応じて一定の割合（1.2～6.6％。なお、特例基準割合に応じて軽減されます。）を乗じて計算した額とされています。特例基準割合の具体的な値は、平成26年1月1日から平成26年12月31日までの期間は、1.9％となっています。

利子税は、所得税、相続税及び贈与税の延納制度並びに法人税についての申告書の提出期限の延長制度を利用したりする場合に、その延納税額や期限延長に係る確定申告税額に対して課される附帯税で、約定利息の性質を有するものです。これは、これらの期間中はまだ国税が履行遅滞となったものとはいえないとの考え方によるものです。なお、この延滞税の割合については低金利の状況を踏まえ、特例が設けられています。具体的には、各年の特例基準割合（各年の前々年の10月から前年の9月までの各月における銀行の新規の短期貸出約定平均金利の合計を12で除して計算した割合として各年の前年の12月15日までに財務大臣が告示する割合に、年1％の割合を加算した割合をいいます。）が年7.3％に満たない場合には、年14.6％の割合の延滞税についてはその特例基準割合に年7.3％を加算した割合となり、年7.3％の割合の延滞税についてはその特例基準割合に年1％を加算した割合（その加算した割合が年7.3％を超える場合には、年7.3％の割合）となります。

延滞税は、個人、法人を問わず所得金額の計算上必要経費又は損金の額に算入できませんが、利子税は、延滞税とは性質が異なるため、これが可能となっています。

　（注）　平成12年1月1日から平成25年12月31日までの期間に対応する利子税及び延滞税（7.3％の割合の部分に限ります。）の特例割合は、各年の前年の11月30日を経過する時における公定歩合に年4％を加算した割合とされていました。

主な税目の法定納期限等

税　　目	法　定　納　期　限　等
申 告 所 得 税	予定納税　1期 → 7月31日、2期 → 11月30日 確定申告　→ 3月15日
源 泉 所 得 税	支払の日の属する月の翌月10日 〔特例——10人未満の事業所の給与、退職金等の支払の場合 　1月～6月支払分 → 7月10日、7月～12月支払分 → 翌年1月10日〕
法　　人　　税	中間申告 → 当該事業年度開始の日以後6月を経過した日から2月 確定申告 → 当該事業年度終了の日の翌日から2月 〔申告期限の延長特例適用の場合 → 3月〕
相　　続　　税	相続の開始があったことを知った日の翌日から10月 (平成5年以降段階的に延長された)
贈　　与　　税	その年の翌年3月15日
消　　費　　税	中間申告 → 課税期間開始の日以後6月（前期年税が400万円超は 　　　　　　3月、6月、9月。前期年税が4,800万円超は毎月末） 　　　　　　を経過した日から2月 確定申告 → 課税期間（課税期間は原則1年、選択により3月又は 　　　　　　1月）終了の日の翌日から2月（個人は3月末日）
酒　　　　　税	移出した月の翌々月末日（申告は翌月末日まで）
た　ば　こ　税 たばこ特別税	移出した月の翌月末日
印　　紙　　税	申告納税分 → 翌月末日 その他　　 → 文書作成の時
登 録 免 許 税	現金納付及び印紙納付分 → 登記等を受ける時 新規免許 → 免許等をした日から1月以内の登録機関の定める日
修　正　申　告 期　限　後　申　告	申告書を提出した日
更　正　・　決　定	更正通知書又は決定通知書が発せられた日の翌日から1月を経過する日

② **加算税**　加算税は、所得税などの申告義務や給与などの支払者が行う源泉徴収などの徴収納付義務の履行について、国税に関する法律の適正な執行を妨げる行為や事実の防止さらには制裁措置の性質をもつ負担として課される附帯税です。

加算税には、過少申告加算税、無申告加算税、不納付加算税及びこれらに代えて課される重加算税の四種類があります。

過少申告加算税は、①期限内申告が提出されている場合、②還付申告書が提出されている場合、③期限後申告書が提出された場合において、期限内申告書の提出がなかったことについて正当な理由があると認められる場合又は期限内申告書を提出する意思があったと認められる一定の場合のいずれかの場合に、その修正申告や更正に基づき納付すべき税額に一定の割合で課されるものです。

無申告加算税は、①期限後申告書の提出又は決定があった場合、②期限後申告書の提出又は決定があった後に修正申告書の提出又は更正があった場合のいずれかの場合に、その申告、更正又は決定に基づき納付すべき税額に一定の割合で課されるものです。

不納付加算税は、源泉徴収などにより徴収して納付すべき国税がその法定納期限までに完納されなかった場合に、法定納期限までに納付されなかった税額に一定の割合で課されるものです。

重加算税は、上記の各種加算税が課される事由がある場合において、その事由についてその基礎となるべき事実の全部又は一部を隠ぺいし、又は仮装したところに基づいて申告書を提出し、又は法定納期限までに納付しなかった場合などに、それぞれの加算税に代えて一定の割合で課されるものです。たとえば、ニセの帳簿をつけ、そのニセの帳簿に基づいて申告をしていたような場合がこれに当たります。

なお、過少申告や無申告となったこと等について正当な理由があ

ると認められるときは、これらの加算税は課されません。また、平成18年度改正において、無申告加算税については法定申告期限内に申告する意思があったと認められる場合には不適用とすることとされ、不納付加算税についても同旨の不適用制度が創設されました。

各種加算税の割合

区分	加算税を課する要件		割合
過少申告加算税	修正申告書の提出又は更正があった場合		10%
	期限内申告税額に相当する金額と50万円のいずれか多い金額を超える部分の税額		超える部分の税額の5%を加算
	更正を予知しない申告		0
	過少に申告したことについて正当な理由があると認められる場合		0
無申告加算税	期限後申告書の提出又は決定があった場合等		15%
	納付すべき税額が50万円を超える部分の税額		超える部分の税額の5%を加算
	決定又は更正を予知しない申告		5%
	申告がなかったことについて正当な理由があると認められる場合及び法定申告期限内に申告する意思があったと認められる一定の場合		0
不納付加算税	源泉徴収による国税がその法定納期限までに完納されなかった場合		10%
	納税告知を予知しない納付		5%
	納付がなかったことについて正当な理由があると認められる場合及び法定納期限内に納付する意思があったと認められる一定の場合		0
重加算税	隠ぺいし、又は仮装したところに基づき申告又は納付等をしていた場合	過少申告加算税に代えて課する場合	35%
		無申告加算税に代えて課する場合	40%
		不納付加算税に代えて課する場合	35%

(3) **国税の滞納処分**　　滞納処分とは、納税者が国税を自主的に納付しない場合にこれを強制的に実現する手続であり、債権者たる国の機関が自ら執行する一種の自力執行をいいます。国税の徴収を確保することは、国家の財政力を確保する上で最も重要性を有するものであることなどから、滞納処分は、国税の優先徴収権とともに国税の徴収確保措置における車の両輪にたとえられる重要な制度といわれます。

　滞納処分は、滞納者の財産の差押え、差し押さえた財産の換価（差し押さえた財産が債権の場合には、その債権の取立て）、換価代金の滞納国税への充当といった一連の手続により執行されます。また、他の執行機関が行う強制換価手続に参加し換価代金の交付を求めることにより、国税債権の実現を図る交付要求や参加差押えの手続もこの滞納処分に含まれます。

　滞納処分は、納税者が督促を受け、その督促状が発せられた日から起算して10日を経過した日までに国税を完納しないときは、いつでも開始することができます。なお、督促は、単なる納付の催告ということにとどまらず、差押えの前提要件としての効果、時効中断の効果等を併せもちます。

　滞納処分の執行に関しては、差し押さえた財産の換価を一時猶予したり、滞納者に差し押さえるべき財産がまったくない場合などにその滞納処分自体を停止するなど納税者の事情に即した執行ができるような種々の緩和措置が設けられています。

国税の滞納処分の流れ

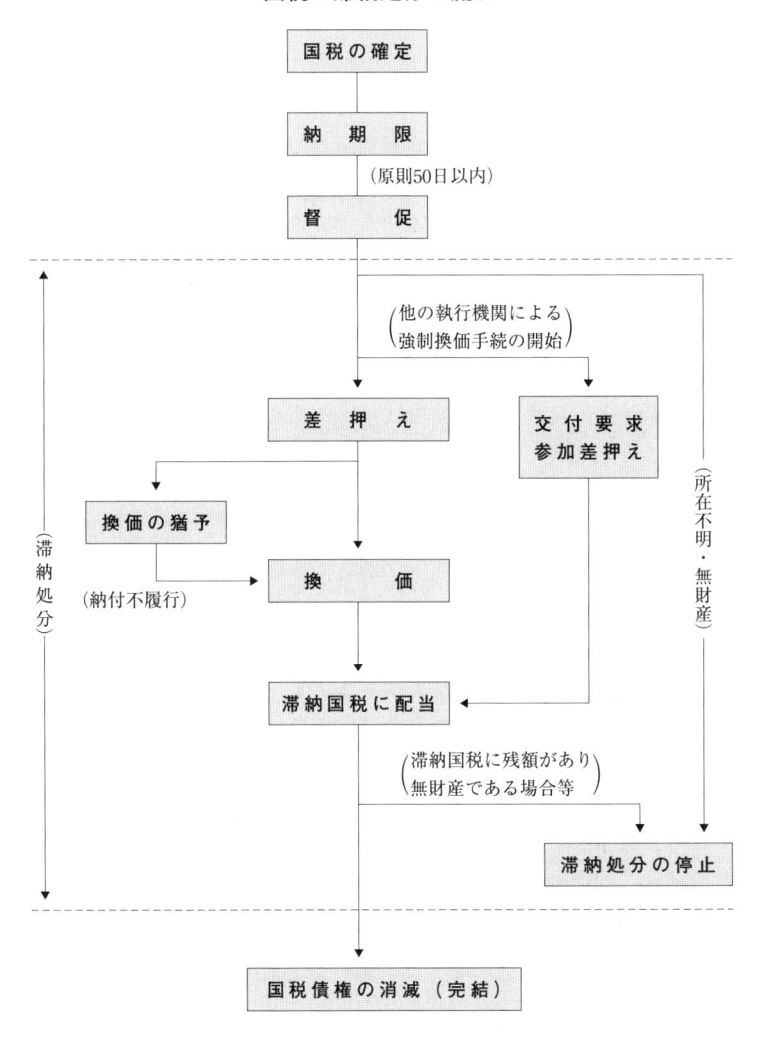

```
           ┌─────────────┐
           │  国税の確定  │
           └──────┬──────┘
                  ↓
           ┌─────────────┐
           │  納 期 限   │
           └──────┬──────┘
              (原則50日以内)
                  ↓
           ┌─────────────┐
           │  督   促    │
           └──────┬──────┘
```

──────────────────────────────────────

(他の執行機関による強制換価手続の開始)

```
     ┌─────────┐         ┌──────────┐
     │ 差 押 え │         │ 交付要求  │
     └────┬────┘         │ 参加差押え │
          │              └─────┬────┘
   ┌──────┤                    │
   ↓      ↓                    │
┌────────┐ ┌─────────┐          │
│換価の猶予│→│ 換 価  │          │
└────────┘ └────┬────┘          │
 (納付不履行)   │                │
                ↓                │
         ┌──────────────┐        │
         │ 滞納国税に配当 │←──────┘
         └──────┬───────┘
```

(滞納国税に残額があり無財産である場合等)

(所在不明・無財産)

```
         ┌──────────────┐
         │ 滞納処分の停止 │
         └──────────────┘
```

(滞納処分)

──────────────────────────────────────

```
         ┌──────────────────┐
         │ 国税債権の消滅(完結) │
         └──────────────────┘
```

(4) **国税の不服審査制度**　国税に関する不服申立ては、国税不服審判所の設置、異議申立ての前置などの特色を有する制度が設けられています。

不服申立てには、その処分をした行政庁に対して行う異議申立てと国税不服審判所に対して行う審査請求とがありますが、通常は、まず、異議申立てをしなければならないこととされており、直接審査請求をすることは認められません（青色申告に係る更正処分があった場合などは直接審査請求をすることが認められています）。

不服申立てができる者は、不服申立ての対象となる処分について不服がある者で、税務官庁の違法又は不当な処分により直接自己の権利又は法律上の利益を侵害された者に限られています。

納税者等が、税務官庁の処分に不服がある場合には、その処分があったことを知った日から2カ月以内に処分をした行政庁に異議申立てをし、これについて処分庁は調査のうえ異議申立てに対する決定（異議決定といいます）をします。さらにこの異議決定に不服がある場合には、その決定の処分があってから1カ月以内に審査請求をし、これについて不服審判所は調査・審理をして裁決をします。この裁決に対しても不服がある場合には、その裁決があってから6カ月以内に訴訟を提起することができます。

継続的性質を有する事実行為及び不作為等については国税に関する特殊性が存しないことから、これらに係る不服申立ては国税通則法ではなく、行政不服審査法に基づいて行うことになります。

また、異議決定及び裁決、不作為に係る不服申立てに対する決定及び裁決、通告処分・差押え・留置等の処分など一定の処分については、不服申立てができないため、これらの処分に不服のある者は直ちに訴訟を提起することができます。

　　（注）　平成26年の行政不服審査法の見直しに合わせ、国税不服申立制度について、直接審査請求を可能とし（「異議申立て」を廃止し、「再調査の請求」（選択制）を創設）、不服申立期間を2カ月から3カ月に延長する等の見直しが行われています。

第3編　わが国の税制の現状（国税）

国税の不服申立制度のあらまし

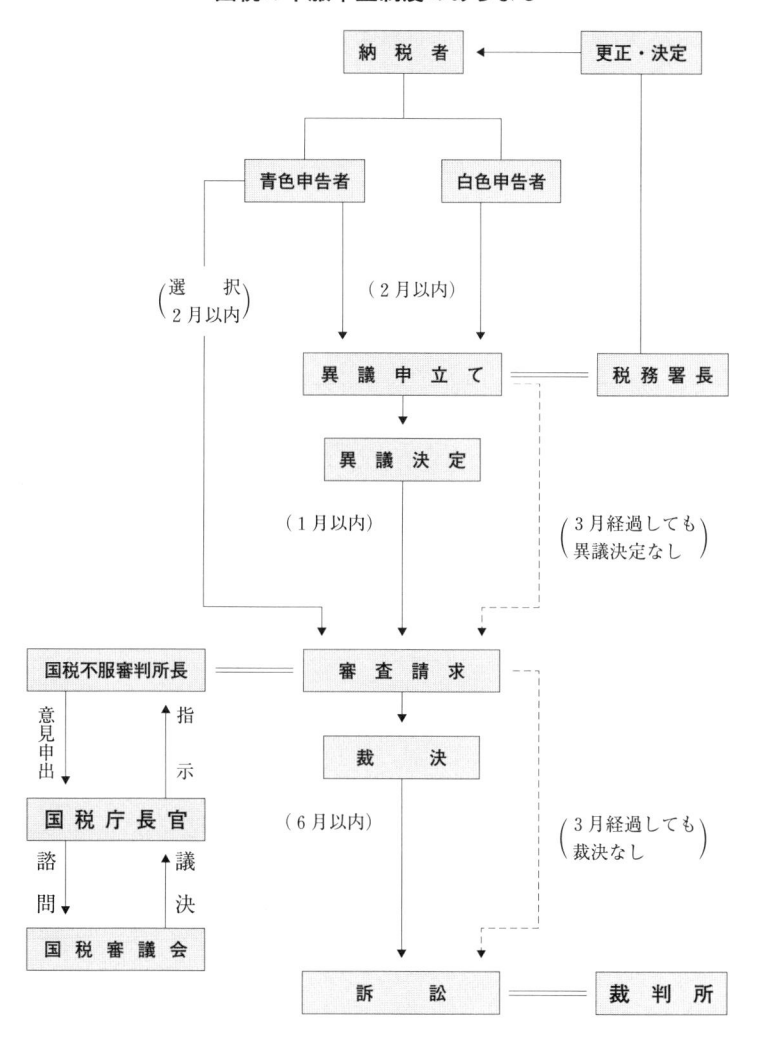

```
                          納 税 者  ◄──── 更正・決定
                         ╱       ╲
                   青色申告者      白色申告者
                    │
           （選　択）    （2月以内）
           （2月以内）      │
                    ▼        ▼
                    異　議　申　立　て  ══════ 税務署長
                         │
                         ▼
                    異　議　決　定
                                        （3月経過しても
                    （1月以内）           異議決定なし）

  国税不服審判所長 ══════ 審　査　請　求
    意       指                │
    見       示                ▼
    申                      裁　　決
    出                                   （3月経過しても
    ▼       ▲              （6月以内）     裁決なし）
   国税庁長官
    諮       議
    問       決
    ▼       ▲              ▼
   国税審議会              訴　　訟  ══════ 裁　判　所
```

223

(5) **書類の送達、端数計算**　書類の送達：税務官庁が行う処分などは、納税者に通知されなければ、法的効力を持ちません。この通知を行うための手続を「送達」といいます。税務官庁が行う書類の一般的な送達手段としては、郵便等による送達と交付送達の二つの方法があります。交付送達とは、税務官庁の職員が送達を受けるべき者に対して、その住所又は居所において書類を直接交付することをいいますが、その例外として、出会送達、補充送達、差置送達があります。

　端数計算：国税の課税標準を計算する場合の端数計算は、一般的には、その額に1,000円未満の端数があるときは、その端数金額を切り捨て、その額の全額が1,000円未満であるときは、全額を切り捨てます。また、国税の確定金額については、一般的には、100円未満の端数があるときは、その端数金額を切り捨て、全額が100円未満であるときは、全額を切り捨てます。

書類送達の一覧

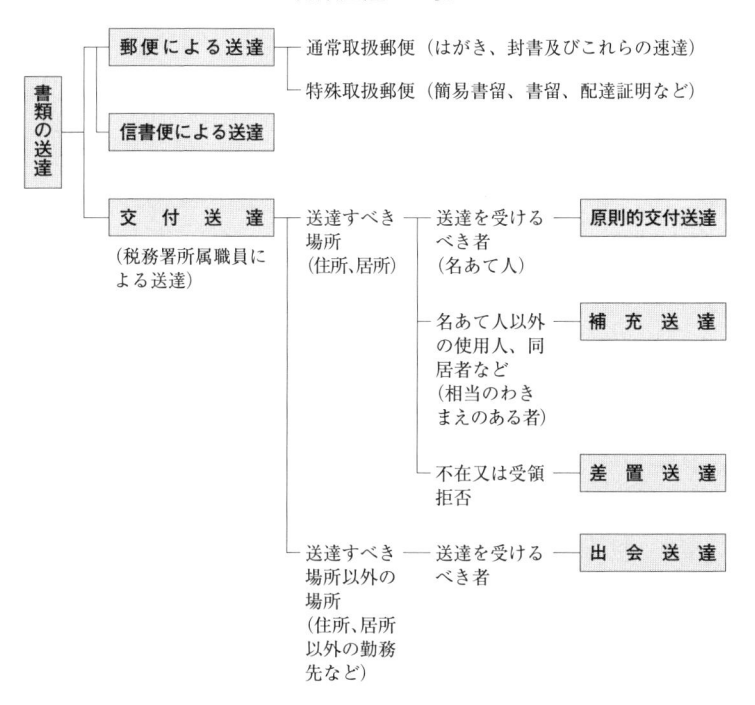

- 書類の送達
  - 郵便による送達
    - 通常取扱郵便（はがき、封書及びこれらの速達）
    - 特殊取扱郵便（簡易書留、書留、配達証明など）
  - 信書便による送達
  - 交付送達（税務署所属職員による送達）
    - 送達すべき場所（住所、居所）
      - 送達を受けるべき者（名あて人） → **原則的交付送達**
      - 名あて人以外の使用人、同居者など（相当のわきまえのある者） → **補充送達**
      - 不在又は受領拒否 → **差置送達**
    - 送達すべき場所以外の場所（住所、居所以外の勤務先など）
      - 送達を受けるべき者 → **出会送達**

(6) **社会保障・税番号制度**　社会保障・税制度の効率性・透明性を高め、公平・公正な社会を実現するためのインフラ整備として、2016年1月以降、社会保障・税・防災の各分野で利用される社会保障・税番号制度（個人番号・法人番号）が導入されます。

個人番号は、市町村長より住民票コードを基礎として、通知カードによって本人に通知され、法人番号は、会社法人等番号を基礎として、国税庁長官より通知されます。

税務分野においては、税務署に提出される納税申告書や法定調書等に番号の記載を求めることで、より正確な所得把握が可能となり、社会保障や税の給付と負担の公平化や行政事務の効率化が図られることになります。

税務以外の、年金・医療・介護保険・福祉等の分野においては、共通の番号が利用されることで、行政事務の効率化が図られるだけでなく、給付過誤や給付漏れの防止等を通じて、真に手を差し伸べるべき人の把握につながります。

なお、海外の多くの国では、税務分野において番号制度が利用されています（第6編14参照）。

第3編　わが国の税制の現状（国税）

社会保障・税番号制度の概要
～行政手続における特定の個人を識別するための番号の利用等に関する法律～

基本理念
○ 個人番号及び法人番号の利用に関する施策の推進は、個人情報の保護に十分に配慮しつつ、社会保障、税、災害対策に関する分野における利用の促進を図るとともに、他の行政分野及び行政分野以外の国民の利便性の向上に資する分野における利用の可能性を考慮して行う。

個人番号
○ 市町村長は、法定受託事務として、住民票コードを変換して得られる個人番号を指定し、通知カードにより本人に通知。盗用、漏洩等の被害を受けた場合等に限り変更可。中長期在留者、特別永住者等の外国人住民も対象。
○ 個人番号の利用範囲を法律に規定。①国・地方の機関での社会保障分野、国税・地方税の賦課徴収及び災害対策等に係る事務での利用、②当該事務に係る申請・届出等を行う者（代理人・受託者を含む。）が事務処理上必要な範囲での利用、③災害時の金融機関での利用に限定。
○ 番号法に規定する場合を除き、他人に個人番号の提供を求めることは禁止。本人から個人番号の提供を受ける場合、個人番号カードの提示を受ける等の本人確認を行う必要。

個人番号カード
○ 市町村長は、顔写真付きの個人番号カードを交付。
○ 政令で定めるものが安全基準に従って、ICチップの空き領域を本人確認のために利用。（民間事業者については、当分の間、政令で定めないものとする。）

個人情報保護
○ 番号法の規定によるものを除き、特定個人情報（個人番号付きの個人情報）の収集・保管、特定個人情報ファイルの作成を禁止。
○ 特定個人情報の提供は原則禁止。ただし、行政機関等は情報提供ネットワークシステムでの提供など番号法に規定するものに限り可能。
○ 民間事業者は情報提供ネットワークシステムを使用できない。
○ 情報提供ネットワークシステムでの情報提供を行う際の連携キーとして個人番号を用いないなど、個人情報の一元管理ができない仕組みを構築。
○ 国民が自宅のパソコンから情報提供等の記録を確認できる仕組み（マイ・ポータル）の提供、特定個人情報保護評価の実施、特定個人情報保護委員会の設置、罰則の強化など、十分な個人情報保護策を講じる。

法人番号
○ 国税庁長官は、法人等に法人番号を通知。法人番号は原則公表。民間での自由な利用も可。

検討等
○ 法施行後3年を目途として、個人番号の利用範囲の拡大について検討を加え、必要と認めるときは、国民の理解を得つつ、所要の措置を講ずる。
○ 法施行後1年を目途として、特定個人情報保護委員会の権限の拡大等について検討を加え、その結果に基づいて所要の措置を講ずる。

社会保障・税番号制度の導入に伴う税制上の対応

○ 社会保障・税番号制度の導入に伴い、税務分野における番号制度の適正な利用を確保するため、申告書や法定調書に「番号」の記載を求める等の所要の税制上の措置を講ずる。
○ これにより、税務当局が、納税申告書の情報と、取引の相手方から提供される資料情報を、その番号をキーとして集中的に名寄せ・突合できるようになり、納税者の所得情報をより的確に把握。

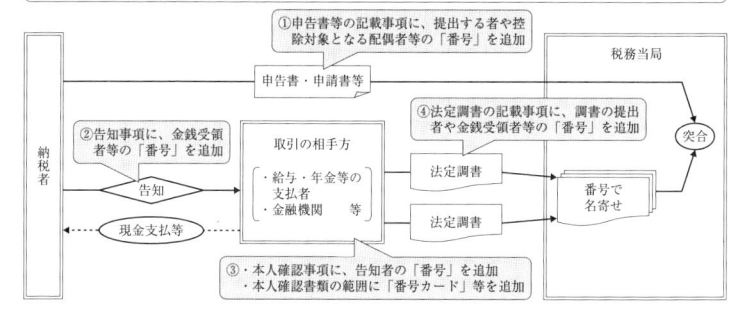

①申告書等の記載事項に、提出する者や控除対象となる配偶者等の「番号」を追加

申告書・申請書等 → 税務当局

②告知事項に、金銭受領者等の「番号」を追加

納税者 → 告知 → 取引の相手方
・給与・年金等の支払者
・金融機関　等

④法定調書の記載事項に、調書の提出者や金銭受領者等の「番号」を追加

法定調書 → 番号で名寄せ → 突合

現金支払等

③・本人確認事項に、告知者の「番号」を追加
　・本人確認書類の範囲に「番号カード」等を追加

227

第4編　わが国の税制の現状（地方税）

1　概　説　地方税の主な税目を簡単に紹介しましょう。

まず、所得に対し課せられる税として、道府県民税、市町村民税及び事業税があります。このうち道府県民税と市町村民税は、一般に「住民税」と呼ばれているものです。

消費に対し課せられる税としては、自動車関係の税として自動車税、軽自動車税、自動車取得税があるほか、平成9年4月1日から地方消費税が導入されました。

このほか、固定資産に関係する税として、固定資産税、都市計画税、不動産取得税などがあります。

地方税は、国の法律である地方税法にそれぞれの税目の内容が定められており、通常は標準税率による課税が行われますが、一定の税目については、各地方自治体により制限税率までの範囲で税率を定めることができます。

ここで地方交付税、地方譲与税について若干説明を補足しておきましょう。この両者は国税収入の一部を地方自治体が使うというものです（第1編6参照）。地方交付税は所得税、法人税、消費税等の一定割合を地方自治体に対しその財政力に応じて交付するものであり、地方譲与税は、地方揮発油税、石油ガス税等を客観的基準によって地方自治体に譲与するものです。

また、平成18年度税制改正において所得税から個人住民税への本格的な税源移譲が、個人住民税所得割の税率をフラット化することを基本として実施されました。平成20年度税制改正においては、新たに地方法人特別税の創設、ふるさと納税などの個人住民税における寄附金税制の拡充及び特例措置の創設等が実施されました。また、平成21年度税制改正においては、個人住民税における住宅ローン特別控除の創設等が、平成22年度税制改正においては、個人住民税における扶養控除の見直し及び地方のたばこ税の税率引上げ等、平成26年度税制改正においては、法人住民税法人税割の税率引下げとあわせて地方法人税（国税）の創設が行われました。

地方税の内訳（平成26年度地方財政計画）

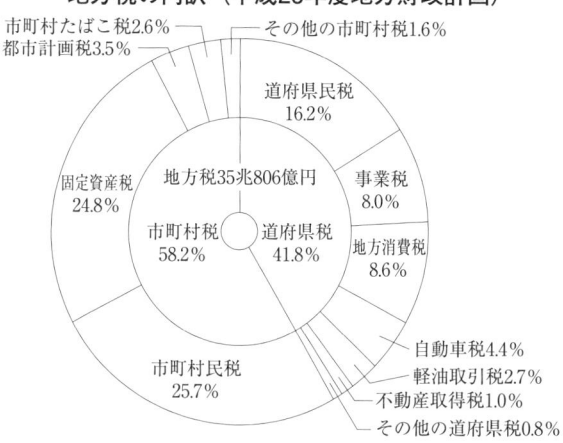

- 市町村たばこ税 2.6%
- その他の市町村税 1.6%
- 都市計画税 3.5%
- 道府県民税 16.2%
- 固定資産税 24.8%
- 事業税 8.0%
- 地方消費税 8.6%
- 自動車税 4.4%
- 軽油取引税 2.7%
- 不動産取得税 1.0%
- その他の道府県税 0.8%
- 市町村民税 25.7%

地方税 35兆806億円
- 市町村税 58.2%
- 道府県税 41.8%

地方税収入の構成比の推移

(単位：％)

年度 区分	昭和 25	35	45	55	平成 2	12	20	21	22	23	24	25 (見込)	26 (見込)
所得課税	44.9	49.6	55.6	57.1	63.7	47.4	55.2	50.6	48.6	48.4	50.0	50.2	50.6
個人所得課税	38.9	15.4	20.1	27.6	31.1	27.8	32.5	35.8	34.0	33.6	34.5	34.4	34.2
法人所得課税	6.0	34.1	35.5	29.6	32.6	19.6	22.8	14.8	14.5	14.8	15.5	15.8	16.4
消費課税	18.1	23.3	24.5	19.2	12.3	20.7	17.1	18.4	19.4	19.6	19.5	19.4	19.4
資産課税等	36.9	27.1	19.9	23.7	24.0	31.9	27.6	31.0	32.0	32.0	30.5	30.3	30.0
計	100.0	100.0	100.0	100.0	100.0	100.0	100.0	100.0	100.0	100.0	100.0	100.0	100.0

(注) 1. 本表は便宜上 OECD 歳入統計の区分基準に従って作成した。
   2. 平成24年度までは決算額、平成25年度以降は地方財政計画額に計画外収入見込額を加えた額をベースとしている。
   3. 比率の端数調整はしていない。

2　住民税

(1) **個人住民税**　　一般に、道府県民税と市町村民税を合わせて、住民税と呼んでいます。ここでいう住民には、個人だけでなく法人も含まれます。所得税が所得再分配の機能を有するのに対して、住民税は、地方自治の見地から、地域社会の費用をできるだけ多数の住民に分担させるという性格を有しています。

個人住民税の納税義務者は、①市町村（都道府県）内に住所を有する個人、②市町村（都道府県）内に事務所、事業所又は家屋敷を有する個人で当該事務所、事業所又は家屋敷を有する市町村内に住所を有しない者とされており、①の者に対しては均等割額及び所得割額の合算額によって、②の者に対しては均等割額によって課税することとされています。

均等割の標準税率は、道府県民税が1,000円、市町村民税が3,000円です。なお、東日本大震災からの復旧・復興のための時限的な税制措置として、平成26年6月から10年間、道府県民税が1,500円、市町村民税が3,500円となります。また所得割額については、前年中の収入等について、所得税と同様の所得区分に従い所得金額を計算した上で、個人住民税独自の所得控除額を控除して算出した所得割の課税所得金額に税率（右頁）を乗じ、必要な税額控除を行い算出されます。

なお、平成20年度改正では、いわゆる「ふるさと納税」の仕組みが整備されました。平成21年度改正では、個人住民税における住宅ローン特別控除が創設され、平成22年度改正では、扶養控除の見直し（個人住民税における年少扶養親族に係る扶養控除の廃止等）が行われました。

個人住民税の賦課・徴収は、市町村が一括処理しており、一般の事業所得者などの場合は、市町村から交付される納税通知書により、通常年4回に分けて納付します（普通徴収）。また、給与所得者の場合は、給与支払者が毎月の給与から税額を徴収し、徴収した月の翌月の10日までにこれを市町村に納入します（特別徴収）。

個人住民税の均等割

市町村民税(年額)	道府県民税(年額)
3,000円	1,000円

(注) 平成26年6月から10年間、市町村民税(年額)は3,500円、道府県民税(年額)は1,500円となる。

個人住民税所得割の税率

市町村民税(標準税率)		道府県民税(標準税率)	
課税所得金額階級	税率	課税所得金額階級	税率
一律	6%	一律	4%

(注) 平成19年度分より適用

(2) **法人住民税** 法人住民税の納税義務者は、①道府県・市町村内に事務所又は事業所のある法人（継続して事業所を設けて収益事業を行う人格のない社団等を含む）、②道府県・市町村内に寮などはあるが事務所又は事業所のない法人、③道府県・市町村内に事務所又は事業所があり、法人課税信託の引受けを行うことにより法人税を課される個人です。そして、①の法人については均等割及び法人税割の合算額が、②の法人については均等割のみが、③の個人については法人税割のみが課税されます。

均等割は、所得の有無にかかわらず課税され、その標準税率は、道府県民税が資本金等の額に応じ2万円から80万円までの5段階、市町村民税が資本金等の額及び従業者数に応じ5万円から300万円までの9段階となっています（制限税率は標準税率の1.2倍）。また法人税割は、法人税額（法人税額から控除される各種税額控除がある場合にはその控除前の額）又は個別帰属法人税額を課税標準としており、その標準税率は、道府県民税が5.0％、市町村民税が12.3％となっています（制限税率は前者が6.0％、後者が14.7％）。

法人住民税の納付は、申告納付の方法で行われ、納税義務者である法人は、事業年度又は連結事業年度終了の日から2カ月以内にその申告書を地方団体に提出するとともに、その申告税額を納付しなければなりません。また、事業年度の期間が6カ月を超える法人については、法人税と同様、中間申告を行う必要があります。

なお、2以上の道府県又は市町村に事務所又は事業所を有する法人は、それぞれの地方団体に均等割の税額を納付するとともに、事業年度末日現在における各事務所などの従業者の数に基づく分割基準に従って法人税割の税額を分割納付することとされています。

(3) **地方法人税** 平成26年度税制改正において、地域間の税源の偏在性を是正し、財政力格差の縮小を図るため、地方法人税が創設され、法人住民税法人税割の一部を地方交付税原資化することとされました。

地方法人税は、法人税額を課税標準としており、その税率は4.4％となっています。また、国が賦課徴収を行う国税と位置付けられます。

これにあわせ、法人住民税の標準税率について、道府県民税が5.0％から3.2％へ（▲1.8％）、市町村民税が12.3％から9.7％へ（▲2.6％）それぞれ引き下げられました。つまり、法人住民税の引下げ分（▲1.8％＋▲2.6％＝▲4.4％）を規模とする地方法人税という国税が創設され、これが地方交付税の原資となるという仕組みとなっています。

なお、地方法人税そして法人住民税の税率の引下げは、平成26年10月1日以後開始事業年度から適用されることとなっています。

法人住民税の均等割

区分		市町村 法人均等割	道府県 法人均等割
資本金等の額（相互会社については純資産額）	市町村内の事務所等の従業者数		
次に掲げる法人 イ 法人税法に規定する公共法人及び公益法人等のうち、均等割を課することができないもの以外のもの ロ 人格のない社団等 ハ 一般社団法人及び一般財団法人 ニ 保険業法に規定する相互会社以外の法人で資本金の額又は出資金の額を有しないもの ホ 資本金等の額を有する法人で資本金等の額が1千万円以下のもの	50人を超えるもの	12万円 （14万4千円）	2万円
	50人以下であるもの	5万円 （6万円）	
1千万円を超え1億円以下である法人	50人を超えるもの	15万円 （18万円）	5万円
	50人以下であるもの	13万円 （15万6千円）	
1億円を超え10億円以下である法人	50人を超えるもの	40万円 （48万円）	13万円
	50人以下であるもの	16万円 （19万2千円）	
10億円を超え50億円以下である法人	50人を超えるもの	175万円 （210万円）	54万円
	50人以下であるもの	41万円 （49万2千円）	
50億円を超える法人	50人を超えるもの	300万円 （360万円）	80万円
	50人以下であるもの	41万円 （49万2千円）	

（備考）1．（　）書は、制限税率（標準税率×1.2倍）です。
　　　　2．資本金等の額とは、資本金等の額又は連結個別資本金等の額です。

3　事業税

(1) **個人事業税**　個人事業税は、個人の行う第一種事業、第二種事業及び第三種事業に対し、その事業から生じた前年中の所得を課税標準として課される道府県税です。地方税法において第一種事業として列挙されている事業は、いわゆる営業に属するもので、物品販売業、不動産貸付業、製造業などがあります。第二種事業は、畜産業、水産業などです。また、第三種事業は、おおむね自由業に属するもので、医業、マッサージ業、弁護士業などがあります。課税主体は、これらの事業を行う事務所又は事業所所在の道府県ですが、事務所などを設けないで事業を行う場合については、事業者の住所又は居所のうち事業と最も関係の深いものを事務所とみなして課税されます。

税額は、課税標準に税率を乗じて計算しますが、課税標準となる所得は、具体的には、所得税法に規定する事業所得及び不動産所得の計算の例により算定することとされています。ただし、青色申告者の「青色申告特別控除」などは、事業税では適用されないという差異もあります。そして、課税標準の算定に当たっては、低所得者の負担を軽減するため、事業税独自のものとして、年間290万円の事業主控除が設けられています。

標準税率は、第一種事業5％、第二種事業4％及び第三種事業原則5％となっていますが、第三種事業のうちマッサージ業など特定のものについては、その担税力への配慮が行われ、3％と税率が軽減されています。なお、制限税率は、標準税率の1.1倍となっています。

個人事業税の納付は、普通徴収の方法で行われ、都道府県知事から交付される納税通知書により、原則として8月及び11月中に納付します。

個人事業税の課税事業

第一種事業	①物品販売業（動植物その他普通に物品といわないものの販売業を含む）、②保険業、③金銭貸付業、④物品貸付業（動植物その他普通に物品といわないものの貸付業を含む）、⑤不動産貸付業、⑥製造業（物品の加工修理業を含む）、⑦電気供給業、⑧土石採取業、⑨電気通信事業（放送事業を含む）、⑩運送業、⑪運送取扱業、⑫船舶ていけい場業、⑬倉庫業（物品の寄託を受け、これを保管する業を含む）、⑭駐車場業、⑮請負業、⑯印刷業、⑰出版業、⑱写真業、⑲席貸業、⑳旅館業、㉑料理店業、㉒飲食店業、㉓周旋業、㉔代理業、㉕仲立業、㉖問屋業、㉗両替業、㉘公衆浴場業（第三種事業に該当するものを除く）、㉙演劇興行業、㉚遊技場業、㉛遊覧所業、㉜商品取引業、㉝不動産売買業、㉞広告業、㉟興信所業、㊱案内業、㊲冠婚葬祭業……………………………………………標準税率5％
第二種事業	①畜産業（農業に付随して行うものを除く）、②水産業（小規模な水産動植物の採捕の事業で一定のものを除く）、③薪炭製造業……………………………………………………………同4％
第三種事業	①医業、②歯科医業、③薬剤師業、④獣医業、⑤弁護士業、⑥司法書士業、⑦行政書士業、⑧公証人業、⑨弁理士業、⑩税理士業、⑪公認会計士業、⑫計理士業、⑬社会保険労務士業、⑭コンサルタント業、⑮設計監督者業、⑯不動産鑑定業、⑰デザイン業、⑱諸芸師匠業、⑲理容業、⑳美容業、㉑クリーニング業、㉒公衆浴場業（温泉、むし風呂その他特殊なものを除く）、㉓歯科衛生士業、㉔歯科技工士業、㉕測量士業、㉖土地家屋調査士業、㉗海事代理士業、㉘印刷製版業…………………同5％
	㉙あん摩、マッサージ又は指圧、はり、きゅう、柔道整復その他の医業に類する事業、㉚装蹄師業…………………………同3％

(2) **法人事業税**　個人事業税が、個人の行う事業活動のうち一定のものだけを課税対象とするのに対して、法人事業税は、内国法人・外国法人の区別なく、法人の行うすべての事業をその課税対象としています。法人でない社団又は財団で代表者又は管理人の定めがあり、かつ、収益事業又は法人課税信託の引受けを行うものに対しても、法人とみなして法人事業税が課税されます。ただし、林業、鉱物の掘採事業、特定の農事組合法人が行う農業に対しては、法人事業税は課税されません。また、平成15年度税制改正において、資本金1億円超の法人を対象として、外形基準を4分の1とする外形標準課税制度を創設し、平成16年から適用されることになりました。

外形標準課税以外については、従前どおり、税額は、課税標準に税率を乗じて計算しますが、法人事業税の場合、電気供給業、ガス供給業及び保険業を行う法人にあっては各事業年度の収入金額、その他の法人にあっては各事業年度の所得（原則として法人税の課税標準である所得）を課税標準として課税されます。

標準税率は、右頁1のようになっています（制限税率は標準税率の1.2倍）。ただし、暫定措置としての地方法人特別税の創設（(3)参照）に対応して、平成20年10月1日以降に開始する事業年度から税率が引き下げられています（右頁2参照）。

法人事業税の納付は、申告納付の方法で行われ、納税義務者である法人は、事業年度終了の日から2カ月以内に事務所又は事業所の所在地の都道府県知事に申告書を提出するとともに、その申告税額を納付しなければなりません。

なお、2以上の都道府県にまたがり事務所などを設けて事業を行う法人は、各事務所などが所在している都道府県に対し、従業者の数や固定資産の価額などに基づく一定の分割基準に従って税額を分割納付することとされています。

平成26年度税制改正においては、地方法人特別税（(3)参照）の規模を1/3縮小し、法人事業税に復元することとされました。具体的には、平成26年10月1日以後開始事業年度について、法人事業税の税率は右頁下の税率のカッコ内の率へ引き上げることとされました。

第4編　わが国の税制の現状（地方税）

1．法人事業税の税率

　法人事業税の標準税率は次のとおりであり、標準税率を超える場合には標準税率の1.2倍（制限税率）を超えることはできない（法72の24の7）。
(1)　(2)以外の事業を行う法人
(イ)　特別法人　各事業年度の所得のうち年400万円以下の金額　　　　　　　　　　　5％
　　　　　　　　各事業年度の所得のうち年400万円を超える金額　　　　　　　　　　6.6％
(ロ)　資本金の額又は出資金の額が1億円を超える法人（公益法人等、特別法人、人格のない社団等、投資法人及び特定目的会社を除く）。
　　　付加価値割　　　　　　　　　　　　　　　　　　　　　　　　　　　　　　　0.48％
　　　資本割　　　　　　　　　　　　　　　　　　　　　　　　　　　　　　　　　0.2％
　　　所得割
　　　各事業年度の所得のうち年400万円以下の金額　　　　　　　　　　　　　　　　3.8％
　　　　〃　　　　　　年400万円を超え年800万円以下の金額　　　　　　　　　　　5.5％
　　　　〃　　　　　　年800万円を超える金額　　　　　　　　　　　　　　　　　　7.2％
(ハ)　その他の法人　各事業年度の所得のうち年400万円以下の金額　　　　　　　　　5％
　　　　　　　　　　各事業年度の所得のうち年400万円を超え年800万円以下の金額
　　　　　　　　　　　　　　　　　　　　　　　　　　　　　　　　　　　　　　　7.3％
　　　　　　　　　　各事業年度の所得のうち年800万円を超える金額　　　　　　　　9.6％
(2)　電気供給業、ガス供給業又は保険業を行う法人　　　　　　　　　収入金額の1.3％

2．暫定措置としての税率の引下げ

　平成20年度税制改正において、税制の抜本的な改革において偏存性の小さい地方税体系の構築が行われるまでの間の暫定措置として、法人の事業税の税率の引下げを行うとともに、地方法人特別税を創設し、その収入額を地方法人特別譲与税として都道府県に譲与することとされた。
　これにより、平成20年10月1日以後に開始する各事業年度に係る法人の事業税について、標準税率を以下のとおりとする（所得割・収入割）。

特別法人
　所得のうち400万円以下の金額　　　　　　　　　　　　　　　2.7％（3.4％）
　所得のうち400万円を超える金額　　　　　　　　　　　　　　3.6％（4.6％）

資本金の額又は出資金の額が1億円超の法人
　所得のうち400万円以下の金額　　　　　　　　　　　　　　　1.5％（2.2％）
　所得のうち400万円を超え、800万円以下の金額　　　　　　　 2.2％（3.2％）
　所得のうち800万円を超える金額　　　　　　　　　　　　　　2.9％（4.3％）

資本金の額又は出資金の額が1億円以下の法人
　所得のうち400万円以下の金額　　　　　　　　　　　　　　　2.7％（3.4％）
　所得のうち400万円を超え、800万円以下の金額　　　　　　　 4.0％（5.1％）
　所得のうち800万円を超える金額　　　　　　　　　　　　　　5.3％（6.7％）

電気・ガス供給業又は保険業を行う法人
　収入金額　　　　　　　　　　　　　　　　　　　　　　　　 0.7％（0.9％）
※カッコ内の税率は、平成26年10月1日以後開始事業年度から適用されます。

(3) **地方法人特別税・地方法人特別譲与税**　地域経済の格差の一つの要因として、大企業を有する都市部で法人住民税・法人事業税の税収が大きいのに対し、そうした企業を持たない地方ではこの地方法人二税の税収が小さくなる点が指摘されてきました。

このような地域間の税源の偏在からくる地方団体の間の財政力格差の問題に対応するため、消費税を含む税体系の抜本的改革が行われるまでの間の暫定措置として、平成20年度税制改正では、法人事業税の一部を分離して、地方法人特別税及び地方法人特別譲与税の仕組みを創設することにより、偏在性を是正する取組みが行われました。

地方法人特別税は国税と位置づけられますが、その賦課徴収は、法人事業税と合わせて、都道府県が行うこととされており、納税義務者は法人事業税の納税義務者と同一となります。この制度は、法人事業税の付加税として設計されており、その税額は、課税標準を地方税法の規定により計算した法人事業税額（所得割額又は収入割額）として、所定の税率（右頁）を乗じて得た金額となります。なお、この制度の創設とともに、法人事業税の税率は引き下げられており（(2)参照）、個々の納税者の税負担は制度改正の前後で基本的に変動がないことになります。

地方法人特別税の税収は、国（交付税及び譲与配付金特別会計）に全額収納され、地方法人特別譲与税として、各都道府県に譲与されます。各都道府県への譲与額は、地方法人特別譲与税基本額の2分の1の額を国勢調査の結果による各都道府県の人口で、残りの2分の1の額を事業所統計の結果による各都道府県の従業者数で按分した額の合算額となっています。

これらの制度は平成20年10月1日以後に開始する事業年度から適用されています。

平成26年度税制改正においては、地方法人特別税の規模を1／3縮小し、法人事業税に復元することとされました。具体的には、平成26年10月1日以後開始事業年度について、地方法人特別税の税率は右頁の税率のカッコ内の率へ引き下げることとされました。

地方法人特別税及び地方法人特別譲与税の創設（イメージ）

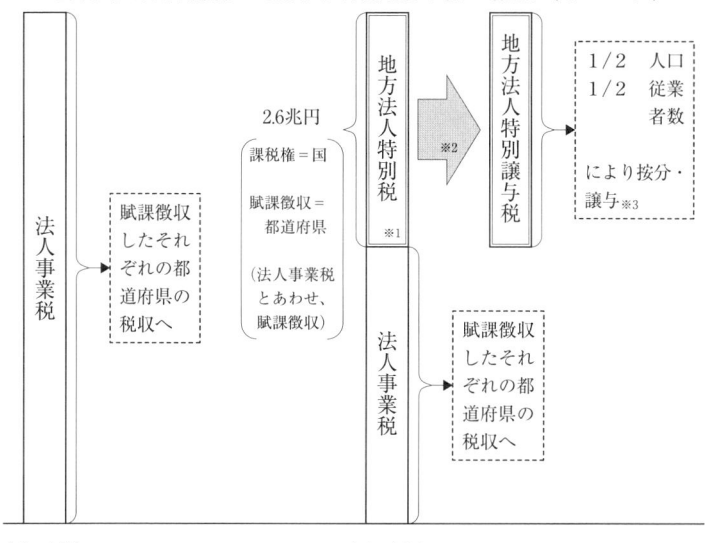

（改正前）　　　　　　　　　　　　（改正後）

※1　地方法人特別税の課税標準は、法人事業税（所得税・収入割）の税額（標準税率分）
※2　都道府県が賦課徴収した地方法人特別税の税収は、全額を地方法人特別譲与税として都道府県に譲与
※3　今回の改正による減収額が、財源超過額の１／２を超える場合、減収額の１／２を限度として、当該超える額を譲与額に加算
※　規模は、平成20年度地方財政計画（制度創設時）をベースにしたもの

地方法人特別税の税率

① 付加価値割額、資本割額及び所得割額の合算額によって法人事業税を課税される法人の所得割額に対する税率（外形対象法人）　　　　　　　　　　　　148％（67.4％）
② 所得割額によって法人事業税を課税される法人の所得割額に対する税率（外形対象外法人）　　　81％（43.2％）
③ 収入割額によって法人事業税を課税される法人の収入割額に対する税率（収入金額課税法人）　81％（43.2％）

※カッコ内の税率は、平成26年10月１日以後開始事業年度から適用されます。

4　固定資産税等

(1) **固定資産税・都市計画税**　固定資産税は、土地、家屋及び償却資産を課税客体とし、その所有者を納税義務者として、当該固定資産の所在する市町村が、当該固定資産の価値に応じて毎年経常的に課税する財産税です。固定資産は市町村の規模に応じおおむね普遍的に所在し、また、年度ごとに著しく増減するものでないことから、市町村民税と並んで市町村税の有力な税源となっています。

また、都市計画税は、都市計画事業や土地区画整理事業を行う市町村において、その事業の財源に充当するため、都市計画区域のうち、原則として市街化区域内に所在する土地及び家屋について、その所有者に課税される目的税です。納税義務者、課税標準、納付の方法などは、固定資産税と同様です。

固定資産税の課税標準は、原則として、固定資産の価格（適正な時価）で固定資産課税台帳に登録されたもので、土地及び家屋については基準年度（3年ごと）に評価替えが行われ、特別の場合を除いて、価格は3年間据え置かれることとなっています。

基準年度（平成24年度が該当）の価格について、平成25、26年度については、一定の場合には、価格を修正できる特例措置が講じられています。

税率は、固定資産税が標準税率1.4％、都市計画税が制限税率0.3％となっています。課税標準額が土地30万円、家屋20万円、償却資産150万円未満の場合には課税されません。また、一定の要件を満たす住宅用地や新築住宅などについては、課税標準や税額の軽減措置が設けられています。平成20年度税制改正においては、住宅の省エネ改修に係る減額措置等が創設されました。

住宅用地に対する固定資産税・都市計画税の課税標準の特例の概要

<table>
<tr><td rowspan="2">住宅用地の範囲</td><td>専用住宅（もっぱら人の居住の用に供する家屋）の敷地</td><td>当該土地の面積
（床面積の10倍が限度）</td></tr>
<tr><td>併用住宅（その一部を人の居住の用に供する家屋）の敷地</td><td>当該土地の面積
（床面積の10倍が限度） × 家屋の種類及び居住部分の割合に応じた一定率</td></tr>
<tr><td rowspan="2">課税標準の特例</td><td>一般住宅用地（住宅の敷地で住宅1戸について200m²を超え、住宅の床面積の10倍までの土地）</td><td>評価額の1/3（都市計画税にあっては2/3）の額</td></tr>
<tr><td>小規模住宅用地（住宅の敷地で住宅1戸について200m²までの土地）</td><td>評価額の1/6（都市計画税にあっては1/3）の額</td></tr>
</table>

新築住宅に対する固定資産税の税額軽減の概要

<table>
<tr><th colspan="2"></th><th>普 通 住 宅</th><th>中高層耐火建築住宅
（地上階数3以上のもの）</th></tr>
<tr><td rowspan="2">要件</td><td>居住部分</td><td colspan="2">居住用部分の面積（別荘部分を除く）がその家屋の面積の1/2以上であるもの（区分所有住宅にあっては一の専有部分のうちその人の居住の用に供する部分が1/2以上であるもの）</td></tr>
<tr><td>床面積</td><td colspan="2">住宅部分の1戸当たりの床面積が50m²以上280m²以下のもの
　区分所有住宅……専有居住部分の床面積が50m²以上280m²以下
　戸建以外の貸家住宅……40m²以上280m²以下</td></tr>
<tr><td rowspan="2">軽減</td><td>期間</td><td>3年間</td><td>5年間</td></tr>
<tr><td>税額</td><td colspan="2">120m²までの部分に相当する税額の1/2が軽減される</td></tr>
</table>

省エネ改修工事を行った既存住宅に対する固定資産税の税額軽減の概要

<table>
<tr><th colspan="2"></th><th>既存住宅（平成20年1月1日に存する住宅）</th></tr>
<tr><td rowspan="2">要件</td><td>工事内容</td><td>次の①～④までの工事のうち、①を含む工事を行うこと。
①窓の断熱改修工事②床の断熱改修工事③天井の断熱改修工事④壁の断熱改修工事①～④までの改修工事により、各部位が現行の省エネ基準に新たに適合するようになること。</td></tr>
<tr><td>費用</td><td>50万円以上</td></tr>
<tr><td rowspan="2">軽減</td><td>期間</td><td>1年間</td></tr>
<tr><td>税額</td><td>120m²までの部分に相当する税額の1/3が軽減される</td></tr>
</table>

(2) **不動産取得税** 不動産取得税は、いわゆる流通税の性格を有しており、不動産の取得を課税客体とし、それを取得した個人又は法人に課税される道府県税です。ここにいう不動産とは、土地及び家屋をいい、立木その他の土地の定着物は含まれません。なお、家屋の増築や改築により家屋の価格が増加した場合も課税の対象となります。また取得とは、有償、無償を問わず、売買、交換、贈与、建築などが含まれ、その所有権取得の登記が行われているか否かも問いません。ただし、相続、法人の合併・分割など所有権の形式的移転とされているもののほか、公益社団法人または公益財団法人がその本来の事業の用に供するための不動産の取得などについては非課税とされています。

課税標準は、不動産の価格ですが、具体的には、固定資産課税台帳に価格が登録されている不動産については、原則としてその価格となります。家屋の新築などによりまだ固定資産課税台帳に価格が登録されていないものについては、固定資産税と同様の評価基準によって評価された価格によります。

標準税率は4％です。なお、平成18年度から平成26年度まで土地、住宅の取得に係る税率を3％とする特例措置が講じられています。また、免税点制度が設けられており、取得した不動産の価格が土地10万円未満、建築に係る家屋23万円未満、その他の家屋12万円未満の場合には課税されません。住宅建設の促進など一定の政策目的により、種々の特例措置が設けられており、宅地及び宅地比準土地の取得について課税標準を2分の1とする特例措置が講じられています（平成21年度～平成26年度）。

納付は、普通徴収の方法で行われ、都道府県知事から交付される納税通知書により、記載されている期日までに納付します。

第4編　わが国の税制の現状（地方税）

不動産取得税の課税標準及び税額の特例措置

1　住宅に関する軽減

適用区分		控除額（一戸につき）	
新築住宅	次の要件に該当する住宅（特例適用住宅）を新築したり、未使用の特例適用住宅を購入した場合 ・床面積が50平方メートル以上（賃貸マンションなどは一区画につき40平方メートル以上）240平方メートル以下	1,200万円	
中古住宅	次の要件すべてに該当する住宅（既存住宅）を取得した場合 (1)　取得者自身が居住すること (2)　床面積が50平方メートル以上240平方メートル以下 (3)　木造・軽量鉄骨造：新築後20年以内 　　　鉄骨造等一定の耐火構造：新築後25年以内 ※(3)の年数を超える家屋で、新耐震基準を満たす場合は、特例措置が適用される（平成17年4月1日以降の取得から適用）	新築年月日	控除される額
		昭和 51.1.1〜56.6.30	万円 350
		56.7.1〜60.6.30	420
		平成 60.7.1〜元.3.31	450
		元.4.1〜9.3.31	1,000
		9.4.1〜	1,200

2　住宅用土地に関する軽減

適用区分		減額される額
新築住宅用土地	(1)　取得した土地の上に3年以内（平成27年3月31日までの取得に限る）に特例適用住宅が新築された場合（注1） (2)　特例適用住宅の新築後1年以内にその敷地を取得した場合 (3)　新築未使用の特例適用住宅及びその敷地を住宅の新築後1年以内（注2）に取得した場合	①、②のどちらか多い方の額 ①45,000円（150万円×税率） ②土地の評価額（注3）÷土地の面積×住宅の床面積×2×税率（3％） 下線部分については、一戸につき200平方メートルを限度 （注3）土地の評価額は、平成27年3月31日までに取得した場合、2分の1となります。
中古住宅等用土地	(4)　既存住宅の敷地をその住宅を取得した日の前後1年以内に取得した場合	

（注）1．土地を取得した者がその土地を特例適用住宅の新築の時まで引き続き所有している場合、または土地を取得した者がその土地を譲渡し、直接その土地の譲渡を受けた者が特例適用住宅を新築した場合に限ります。また、土地の取得から3年以内に住宅が新築されることが困難なものとして政令で定める場合には4年以内となります。
　　　2．平成10年4月1日以後に新築された住宅（自己の居住用でないもの）で、かつ土地の取得が平成11年4月1日から平成16年3月31日までに行われた場合は2年以内となります。

5　地方消費税

(1) **創設の趣旨等**　平成6年の税制改革の一環として、地方税源の充実を図る観点から、消費譲与税に代えて新たに地方消費税が創設され、平成9年4月から実施されました。

(2) **概　要**　地方消費税は、国の消費税と同様、消費一般に対して広く公平に負担を求める税であり、消費税の納税義務者をその納税義務者とし、消費税額を課税標準とする税です。平成9年4月から100分の25（消費税率換算1％相当）の税率で実施され、平成26年4月から63分の17（消費税率換算1.7％相当）の税率となっています。

地方消費税の申告納付は、国内取引については、納税義務者の事務負担を考慮して、当分の間、その賦課徴収を国に委ねており、税務署（国）において消費税の例により、消費税と併せて行うこととされています。輸入取引については、税関（国）において、消費税の例により、消費税と併せて行うこととされています。

地方消費税については、消費税のような多段階累積排除型の間接税を各都道府県の消費課税として仕組む場合には最終消費地と税収の帰属を一致させる必要があることから、そのための仕組みとして、いったん地方消費税として各都道府県に納付された税収について、各都道府県間において消費に相当する額に応じて清算を行うこととされています。

なお、地方消費税の2分の1に相当する額を市町村に交付する交付金制度が設けられています。

第4編　わが国の税制の現状（地方税）

地方消費税の概要

1. 課　税　団　体：都道府県
2. 納　税　義　務　者：消費税と同じ
3. 課　税　標　準：消費税額
4. 税　　　　　　率：消費税額の63分の17（消費税率換算で1.7%）
5. 申　告　・　納　付：譲渡割（国内取引）に係る申告・納付⇒当分の間、税務署に消費税と併せて申告・納付
   貨物割（輸入取引）に係る申告・納付⇒税関に消費税と併せて申告・納付
6. 都道府県間の清算：各都道府県に納付された地方消費税収を、「各都道府県ごとの消費に相当する額」に応じて清算
   （注）「各都道府県ごとの消費に相当する額」については、商業統計に基づく小売年間販売額とサービス業基本統計に基づくサービス業のうちの対個人事業収入額の合算額（8分の6）、国勢調査に基づく人口（8分の1）、事業所統計に基づく従業者数（8分の1）により算出
7. 市町村への交付：都道府県間の清算後の金額の2分の1相当額を、「人口・従業者数」で按分して市町村に交付
8. 消費譲与税の廃止：地方消費税の創設に伴い、消費譲与税は廃止
9. 施　行　期　日：平成9年4月1日から適用

地方消費税の仕組み

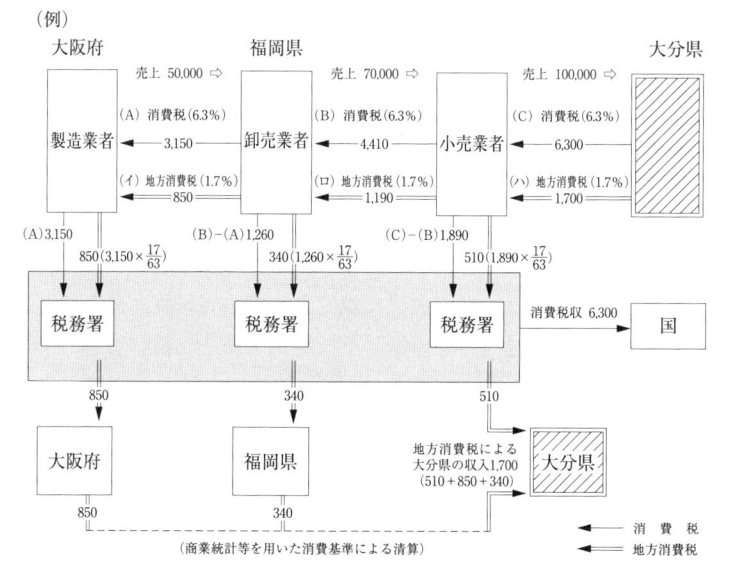

（例）

大阪府　　　　　福岡県　　　　　　　　　　　　大分県

売上 50,000 ⇒　売上 70,000 ⇒　売上 100,000 ⇒

製造業者 ← (A) 消費税(6.3%) 3,150 ― 卸売業者 ← (B) 消費税(6.3%) 4,410 ― 小売業者 ← (C) 消費税(6.3%) 6,300 ―

　　　　　← (イ) 地方消費税(1.7%) 850 ―　　　　← (ロ) 地方消費税(1.7%) 1,190 ―　　　　← (ハ) 地方消費税(1.7%) 1,700 ―

(A) 3,150　　　　　(B)−(A) 1,260　　　　　(C)−(B) 1,890
850 $(3,150 \times \frac{17}{63})$　　340 $(1,260 \times \frac{17}{63})$　　510 $(1,890 \times \frac{17}{63})$

税務署　　　　　税務署　　　　　税務署 → 消費税収 6,300 → 国

↓ 850　　　　　↓ 340　　　　　↓ 510

大阪府　　　　　福岡県　　　　　地方消費税による大分県の収入 1,700（510＋850＋340）　大分県

850 ―――――― 340 ――――――
（商業統計等を用いた消費基準による清算）

← 消費税
⇐ 地方消費税

245

6 その他の地方税 これまで説明した以外にも、地方税法には様々な地方税が規定されており、その概要は右のとおりです。

道府県民税の利子割は、利子などの支払を行う金融機関の営業所所在地の都道府県が、その支払の際、5％の税率（所得税の15％と合わせ20％が徴収されます）で課税するものです。

自動車の所有者に対しては、道府県税として自動車税、市町村税として軽自動車税が課税されます。これらは毎年4月1日現在の所有者に賦課されるもので、税額は、1,500cc超2,000cc以下の自家用乗用車であれば年額3万9,500円、四輪の乗用・自家用・軽自動車であれば年額7,200円などとなっています。ただし、自動車税には燃費等により税率が重課・軽減する措置が設けられています。また、自動車（中古を含む）の取得者に対しては、道府県税として自動車取得税が課税されます。自動車取得税の課税標準は、自動車の取得価額であり、税率は2％（ただし、軽自動車以外の自家用自動車については3％）となっています。ただし、平成30年3月31日までに取得されるものについて、取得価額が50万円以下の場合は課税されません。

このほか、ゴルフ場利用税は、施設の経営者が利用者から特別徴収して道府県に申告納入することとされており、標準税率は1人1日につき800円（制限税率は1,200円）となっています。

なお、地方団体は、地方税法に規定されている税目とは別に、その実情に応じ、総務大臣と協議の上、条例で新たに税目を起こすことができることとされています。これを法定外税といいます。現在設けられている主なものとしては、核燃料税、産業廃棄物税などがあります。

第4編　わが国の税制の現状（地方税）

その他の地方税一覧

	税　　　　　目	納　税　義　務　者
道府県税	道府県民税の利子割	金融機関から利子の支払を受ける者
	自動車税	自動車の所有者
	自動車取得税	自動車の取得者
	軽油引取税	元売業者などからの軽油の引取者
	道府県たばこ税	製造たばこの卸売販売業者など
	ゴルフ場利用税	ゴルフ場の利用者
	鉱区税	鉱区の設定許可を受けた鉱業権者
	狩猟税〔目的税〕	狩猟者の登録を受ける者
	水利地益税〔目的税〕	水利に関する事業等により利益を受ける者
市町村税	軽自動車税	軽自動車などの所有者
	市町村たばこ税	製造たばこの卸売販売業者など
	鉱産税	掘採事業を行う鉱業者
	入湯税〔目的税〕	鉱泉浴場の入湯者
	事業所税〔目的税〕	事業所などにおいて事業を行う者
	水利地益税〔目的税〕	水利に関する事業等により利益を受ける者
	共同施設税〔目的税〕	共同施設により利益を受ける者
	宅地開発税〔目的税〕	宅地開発を行う者
	国民健康保険税〔目的税〕	国保の被保険者である世帯主

第5編 国際課税制度

1 概説 国際課税とは、国境を越える経済活動に対する課税をいいます。国境を越える経済活動に対する課税権の行使については、納税者の居住している国（居住地国）が、その者の国外での所得も含めた全世界所得に対して課税するという考え方（居住地国課税）と、所得の源泉のある国（源泉地国）が、その国の居住者はもとより、それ以外の者（非居住者）に対しても源泉地国で生じた所得に対して課税するという考え方（源泉地国課税）があります。各国において、それぞれの考え方に基づいて課税が行われる結果、居住地国と源泉地国の課税権の競合（国際的二重課税）が生じることとなります。

一方で、経済活動がグローバルに展開する中で、タックス・ヘイブンに設立した子会社等を利用した税負担の不当な軽減や移転価格を利用した所得の海外移転などの国際的租税回避行為が増加し、課税の空白（どの国においても課税されない）や課税ベースの浸食も生じています。

このような国際的二重課税や課税の空白などの発生は、経済活動を歪め、税の公平性や中立性を損なうことになります。国際課税の意義は、国際的二重課税を調整しつつ、一方で課税の空白を防止することにより、自国の課税権を確保することにあります。進展する経済のグローバル化や事業形態の複雑化・多様化の下で、国際課税の重要性はますます増してきていると言えるでしょう。

わが国においても、このような背景の下、国際的二重課税を調整するための外国税額控除制度、国際的租税回避へ対応するための移転価格税制や外国子会社合算税制などが整備されてきました。

また、租税条約も、国内法制とともに、二重課税の調整、租税回避への対応、投資交流の促進を図る経済インフラとして、重要であると考えられています。

居住地国課税と源泉地国課税の競合

源泉地＼居住地	A国居住者	B国居住者
A国国内源泉所得	A国による居住地国課税	A国による源泉地国課税 B国による居住地国課税
B国国内源泉所得	B国による源泉地国課税 A国による居住地国課税	B国による居住地国課税

わが国をめぐる国際課税制度系統図

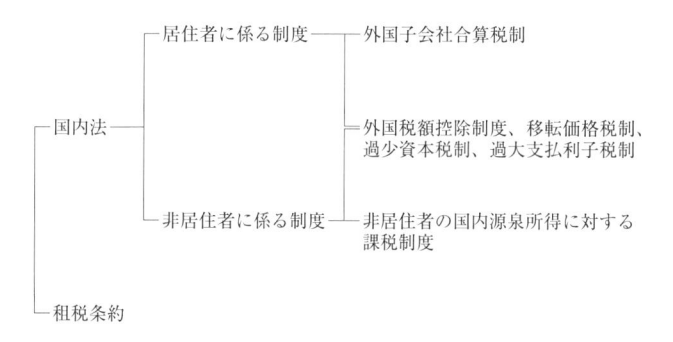

- 国内法
  - 居住者に係る制度
    - 外国子会社合算税制
    - 外国税額控除制度、移転価格税制、過少資本税制、過大支払利子税制
  - 非居住者に係る制度
    - 非居住者の国内源泉所得に対する課税制度
- 租税条約

2 外国税額控除制度 わが国の税制では、居住者又は内国法人の全世界所得及び外国法人及び非居住者が我が国に有する恒久的施設に帰属する所得に対し、所得税、法人税が課されることになっています。他方、国外に源泉がある所得については、源泉地国においても課税が行われることが一般的であることから、国際的二重課税が生じます。

国際的二重課税を排除する方法としては、源泉地国で納めた税金を居住地国で納める税から控除する外国税額控除方式と、国外で稼得した所得については居住地国では免税とする国外所得免除方式があります。一般的に、前者は居住者が投資を国内で行うか国外で行うかについての選択に課税が影響を及ぼさない（資本輸出中立）と考えられており、後者はある国に対して国外から投資を行う者がその国における競争について課税の影響を受けない（資本輸入中立）という特徴があると考えられています。

わが国では、外国税額控除方式を採用し、国外源泉所得に対して国外で課された税を、その国外源泉所得に対応するわが国の税額（控除限度額）を限度として、全世界所得に対するわが国の税額から控除することを認めています。控除限度額の算定に当たっては、全ての国外所得を一括して計算する一括限度額方式を採用しています。

平成21年度税制改正で、外国子会社配当益金不算入制度（親会社が外国子会社からの受取配当を益金不算入とする）が導入されたことに伴い、間接外国税額控除制度（外国子会社等が納付した外国税額のうち内国法人の受取配当に対応する部分を控除する）は廃止されました。対象外国子会社は、内国法人の持株割合が25％（又は租税条約で定められた割合）以上、保有期間が6月以上の外国法人です。外国子会社からの受取配当の額から5％相当額を、その配当に係る費用として控除（配当の95％相当額を益金不算入）します。

第5編　国際課税制度

二重課税排除方式の概要

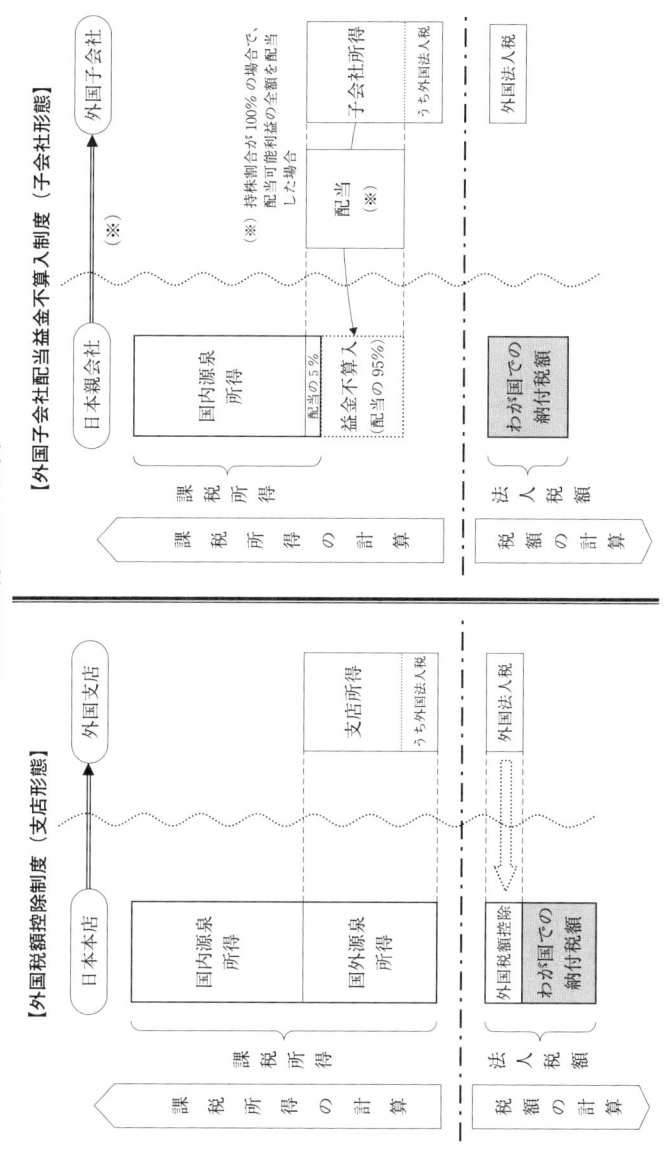

【外国税額控除制度（支店形態）】

日本本店	外国支店
国内源泉所得 / 国外源泉所得（課税所得）	支店所得（うち外国法人税）
外国税額控除／わが国での納付税額（法人税額）	外国法人税

課税所得の計算／税額の計算

【外国子会社配当益金不算入制度（子会社形態）】

日本親会社	外国子会社
国内源泉所得　配当の5％／益金不算入（配当の95％）（課税所得）	子会社所得（うち外国法人税）／配当（※）
わが国での納付税額（法人税額）	外国法人税

（※）持株割合が100％の場合で、配当可能利益の全額を配当した場合

課税所得の計算／税額の計算

251

3 外国子会社合算税制　　外国子会社合算税制（正式には、内国法人（又は居住者）の特定外国子会社等に係る所得の課税の特例）はいわゆるタックス・ヘイブン（租税回避に利用される軽課税国）を利用した国際的な租税回避を防止する制度であり、わが国では昭和53年度改正により導入されました。

わが国の内国法人等が、税負担の著しく低い外国子会社等を通じて国際取引を行うことによって、直接国際取引した場合より税負担を不当に軽減・回避し、結果としてわが国での課税を免れる事態が生じ得ます。

外国子会社合算税制は、このような租税回避行動に対処するため、その所在地における税負担がわが国の法人税負担に比べて著しく低い外国子会社等（特定外国子会社等）の留保所得に相当する金額につき、わが国の内国法人等の課税上、一定の条件の下に株式の直接・間接の所有割合に応じてそれらの者の所得に合算して課税する制度です。

ただし、その適用はタックス・ヘイブン等で実体的な企業活動を行っていない場合など、租税回避に対処する必要がある場合に限定されます。すなわち、特定外国子会社等が独立事業として実態を備え、かつ、その他で事業活動を行うことにつき十分な経済合理性があると認められる要件（適用除外基準）を満たしている場合には、本制度の適用はありません。

平成22年度税制改正では、国外に進出する企業の事業形態の変化や諸外国における法人税等の負担水準の動向に対応する観点から、特定外国子会社等に該当することとされる著しく低い租税負担割合の基準（いわゆるトリガー税率）の引下げ等の見直しを実施しました。また、租税回避行為を一層的確に防止する観点から合算課税対象所得の見直しも実施しました。

第5編　国際課税制度

外国子会社合算税制の概要

○　わが国の内国法人等が、税負担の著しく低い外国子会社等を通じて国際取引を行うことによって、直接国際取引した場合より税負担を不当に軽減・回避し、結果としてわが国での課税を免れる事態が生じ得る。
○　このような租税回避行為に対処するため、一定の税負担の水準（20％）以下の外国子会社等の所得に相当する金額について、内国法人等の所得とみなし、それを合算して課税（会社単位での合算課税）。
（注）　外国子会社等が、以下のすべての条件（適用除外基準）を満たす場合には、会社単位での合算課税の対象とならない。
①　事業基準（主たる事業が株式の保有等、一定の事業でないこと）
②　実体基準（本店所在地国に主たる事業に必要な事務所等を有すること）
③　管理支配基準（本店所在地国において主たる事業の管理、支配及び運営を自ら行っていること）
④　次のいずれかの基準
　　(1)　所在地国基準（主として本店所在地国で事業を行っていること）
　　　※　下記以外の業種に適用
　　(2)　非関連者基準（非関連者との取引割合が50％超であること）
　　　※　卸売業、銀行業、信託業、金融商品取引業、保険業、水運業、航空運送業に適用
○　また、一定の税負担の水準（20％）以下の外国子会社等が得る資産運用的な所得については、適用除外基準を満たす場合でも、内国法人等の所得とみなし、それを合算して課税（資産性所得の合算課税）。

外国子会社合算税制の仕組み

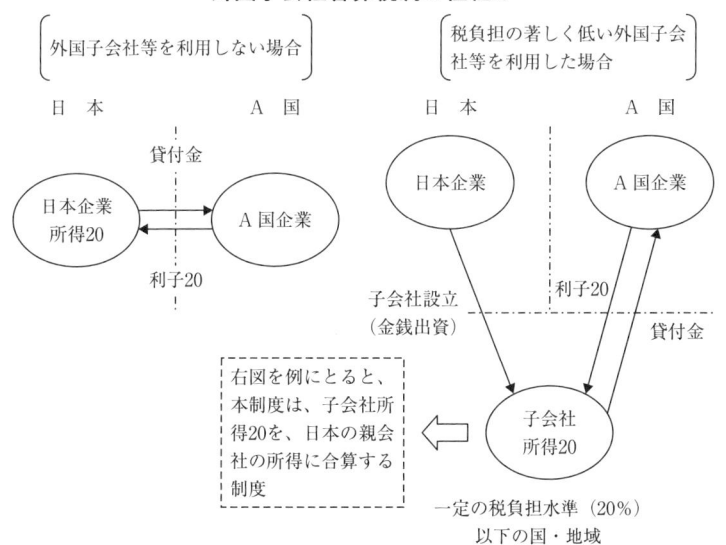

253

4 移転価格税制　移転価格税制（正式には、国外関連者との取引に係る課税の特例）は、国内の企業（外国法人の在日支店等を含む）が国外にある関連企業（親会社、子会社等）と取引を行う際に設定する価格（「移転価格」）を、第三者との通常の取引価格（独立企業間価格）とは異なる価額に設定したことにより、その所得が減少している場合、法人税の課税上、その取引価格を独立企業間価格に置き直して課税所得を再計算する制度です。わが国では昭和61年度の税制改正において導入されました。

たとえば、国内にある親会社が外国にある販売子会社に対して独立企業間価格より低い移転価格で製品を輸出しているような場合には、外国の販売子会社から消費者に販売する際の価格が一定であるとすれば、当該親会社の所得は通常より圧縮され、その分だけ外国子会社の所得が増大することになります。このような場合には、関係企業間で決めた移転価格に基づいて計算された当該国内親会社の申告所得を、法人税に関しては独立企業間価格に基づいて再計算する（増額する）というものです。

ところで、自国企業の外国にある関連企業が外国の課税当局によって移転価格税制の適用を受けその所得が増額された場合には、関連企業を一体としてみたとき、元の移転価格と独立企業間価格の差に対応する所得が両国によって重複して課税され、いわば国際的に経済的二重課税が生じていることになります。

そこで、租税条約の相手国が移転価格課税により当該国のわが国関連企業の所得を増額した場合において、両国の税務当局間で独立企業間価格についての合意（増額処分の維持又は減額修正）がなされたときは、租税条約上に基づく措置として、合意された移転価格に基づき自国の関連企業の所得を減額することになっています（「対応的調整」）。

第5編　国際課税制度

移転価格税制の概要

○　企業が海外の関連企業との取引価格（移転価格）を通常の価格と異なる金額に設定すれば、一方の利益を他方に移転することが可能となる。

○　移転価格税制は、このような海外の関連企業との間の取引を通じた所得の海外移転を防止するため、海外の関連企業との取引が、通常の取引価格（独立企業間価格）で行われたものとみなして所得を計算し、課税する制度。

○　わが国の独立企業間価格の算定方法は、OECD移転価格ガイドラインにおいて国際的に認められた次の方法に沿ったものとなっている。
　①　伝統的な取引基準法　・独立価格比準法
　　　　　　　　　　　　　・再販売価格基準法
　　　　　　　　　　　　　・原価基準法

　②　その他の方法　　　　・利益分割法
　　　　　　　　　　　　　・取引単位営業利益法

移転価格税制の仕組み

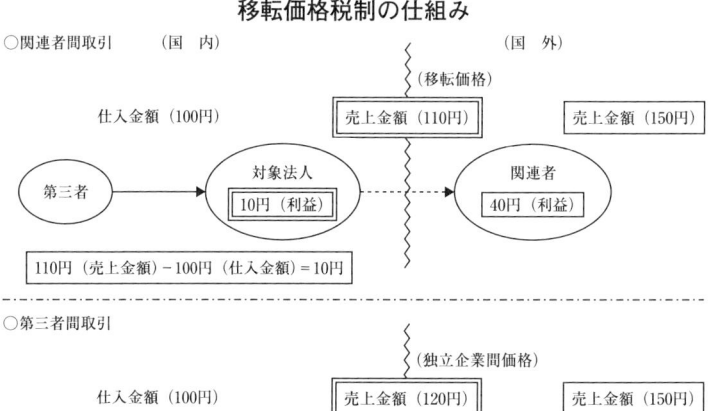

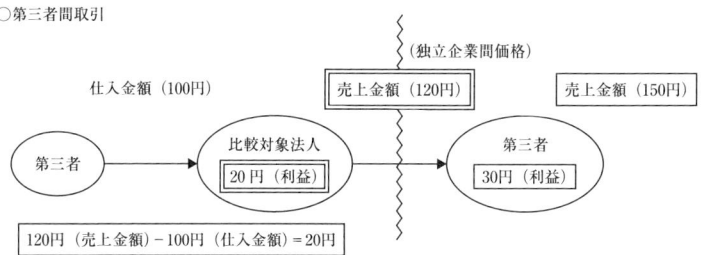

○関連者間取引　　　（国　内）　　　　　　　　（国　外）
　　　　　　　　　　　　　　　　　（移転価格）
　　　仕入金額（100円）　　　売上金額（110円）　　　売上金額（150円）

　　第三者　→　対象法人　10円（利益）　---→　関連者　40円（利益）

　　110円（売上金額）－100円（仕入金額）＝10円

○第三者間取引
　　　　　　　　　　　　　　　　　（独立企業間価格）
　　　仕入金額（100円）　　　売上金額（120円）　　　売上金額（150円）

　　第三者　→　比較対象法人　20円（利益）　→　第三者　30円（利益）

　　120円（売上金額）－100円（仕入金額）＝20円

255

5　過少資本税制　過少資本税制（正式には、国外支配株主等に係る負債の利子の課税の特例）は、いわゆる過少資本を利用した国際的な租税回避行為を防止するための制度であり、わが国では平成4年4月に導入されました。なお、本税制は、既に、アメリカ、フランス等の国々でも何らかの形で規定が設けられており、国際的に認知されたものとなっています。

たとえば、在日の外資系企業（外資系内国法人、外国法人の支店）が資金を調達する場合、親会社からの出資を極力少なめにし、その分、海外関係会社に対する負債を多くすることによって、わが国における税負担を人為的に減らすことが可能です。これは、法人税の課税所得の計算上、支払配当は経費になりませんが、負債の利子の支払は経費として控除できることを利用したものです。

過少資本税制は、このような関係企業グループによる水際の租税回避行為に対処するため、法人の海外関係会社に対する負債が、原則として、これら海外関係会社の保有する当該法人の自己資本持分の3倍を超える場合（ただし、法人全体の負債総額が法人の自己資本の額の3倍以下となる場合には、適用除外となる）には、その超過額に対応する支払利子は法人税の課税所得の計算上、経費として控除できないものとする制度です。なお、平成18年度改正において、海外関係会社に対する負債から、借入れと貸付けの対応関係が明らかな債券現先取引等に係る負債を控除できることとされました（この場合、海外関係会社の保有する自己資本持分は2倍超）。ただし、法人が類似内国法人の負債・自己資本比率に照らし妥当な比率を示した場合には、3倍に代えてその倍率を用いることができます。

なお、本制度は、借入依存企業を一般的に規制するというものではなく、あくまでも、企業グループによる国際的な税負担回避行為に対処するためのものです。

過少資本税制の概要

○ 企業が海外の関連企業から資金を調達するのに際し、出資（関連企業への配当は損金算入できない）を少なくし、貸付け（関連企業への支払利子は損金算入できる）を多くすれば、わが国での税負担を軽減することができる。

○ 過少資本税制とは、海外の関連企業から過大な貸付けを受け入れることによる企業の租税回避を防止するため、出資と貸付けの比率が一定割合（原則として、外国親会社等の資本持分の3倍）を超える部分の支払利子に損金算入を認めないこととする制度。

過少資本税制の仕組み

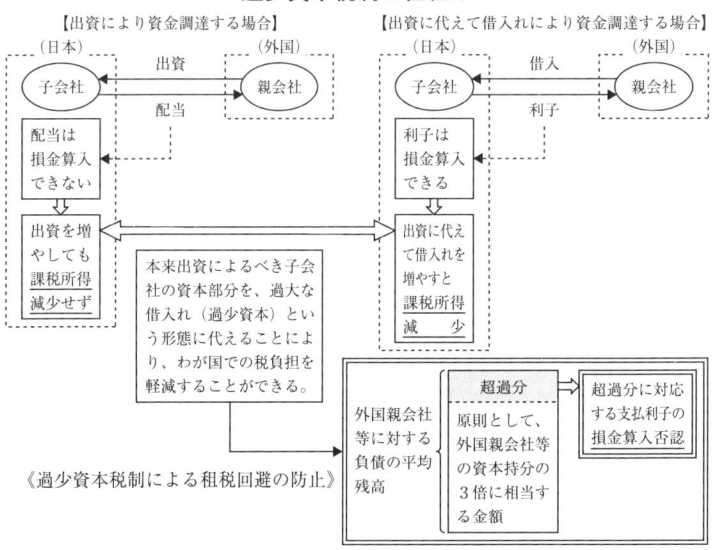

【出資により資金調達する場合】
（日本）　出資　（外国）
子会社　←配当　親会社

配当は損金算入できない
⇓
出資を増やしても課税所得減少せず

【出資に代えて借入れにより資金調達する場合】
（日本）　借入　（外国）
子会社　←利子　親会社

利子は損金算入できる
⇓
出資に代えて借入れを増やすと課税所得減少

本来出資によるべき子会社の資本部分を、過大な借入れ（過少資本）という形態に代えることにより、わが国での税負担を軽減することができる。

《過少資本税制による租税回避の防止》

外国親会社等に対する負債の平均残高

超過分　原則として、外国親会社等の資本持分の3倍に相当する金額

超過分に対応する支払利子の損金算入否認

6 過大支払利子税制　過大支払利子税制（正式には、関連者等に係る純支払利子等の課税の特例）は、所得金額に比して過大な利子を関連者間で支払うことを通じた租税回避を防止する制度であり、わが国では平成24年4月に導入されました（平成25年4月1日以後に開始する事業年度について適用）。

過大支払利子税制の導入前は、①利率が過大な支払利子に対しては『移転価格税制』により、また、②資本に比して負債が過大な場合には『過少資本税制』により、それぞれ関連者間での利子を用いた租税回避に対応していましたが、③所得金額に比して過大な利子を支払うことを通じた租税回避に対応する制度が十分でなく、わが国の税制は、支払利子を利用した課税ベースの流出のリスクに対して脆弱でした。

③の例として、企業の所得の計算上、支払利子が損金に算入されることを利用して、関連者間の借入れを恣意的に設定し、関連者全体の費用収益には影響させずに、わが国において過大な支払利子を損金に計上することにより、税負担を圧縮しようとする租税回避行為が挙げられますが、従来はこのようなケースに対処することが困難でした。

このような租税回避を防止するため、関連者への純支払利子等（関連者（直接・間接の持分割合50％以上の親会社・子会社等）への支払利子等の額（利子等の受領者側で我が国の法人税の課税所得に算入されるもの等を除く）からこれに対応する受取利子等の額を控除した残額）の額のうち調整所得金額の一定割合（50％）を超える部分の金額につき当期の損金の額に算入しないこととしました。

第5編 国際課税制度

過大支払利子税制の概要

○ 現行制度上、利率が過大な支払利子や資本に比して負債が過大な場合には『移転価格税制』や『過少資本税制』により対応していたが、所得金額に比して過大な利子の支払いを通じた租税回避に対応する制度が十分でなく、支払利子を利用した課税ベースの流出のリスクに対して脆弱。

○ 過大支払利子制度は、所得に比して過大な利子を関連者間で支払うことを通じた租税回避を防止するため、関連者への純支払利子等の額のうち調整所得金額の50%を超える部分の損金算入を認めない制度。

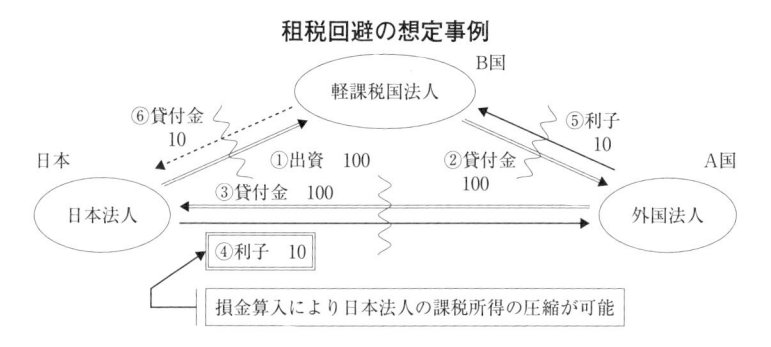

租税回避の想定事例

B国
軽課税国法人

⑥貸付金 10
①出資 100
②貸付金 100

日本　　　　　　　　　　　　　　　　　　　　　　　　A国
③貸付金 100
日本法人　　　⇒⇒⇒⇒⇒⇒⇒⇒⇒⇒　外国法人
④利子 10
⑤利子 10

損金算入により日本法人の課税所得の圧縮が可能

過大支払利子税制のイメージ

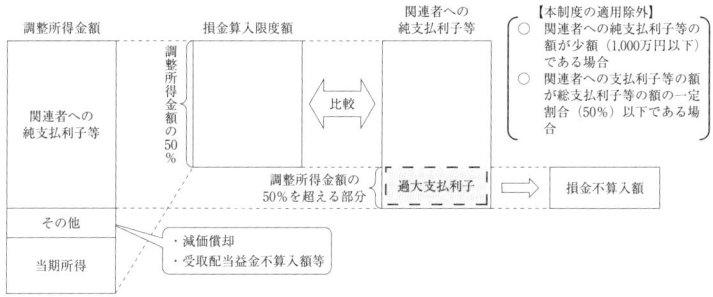

【本制度の適用除外】
○ 関連者への純支払利子等の額が少額（1,000万円以下）である場合
○ 関連者への支払利子等の額が総支払利子等の額の一定割合（50％）以下である場合

調整所得金額／損金算入限度額／関連者への純支払利子等

関連者への純支払利子等
その他
・減価償却
・受取配当益金不算入額等
当期所得

調整所得金額の50％

比較

調整所得金額の50％を超える部分　過大支払利子　⇒　損金不算入額

259

7 非居住者に対する課税制度　わが国の国内法上、非居住者（非居住者（個人）及び外国法人）に対しては、その国内源泉所得に対してのみ所得税、法人税の課税が行われることとされており、非居住者に対する課税についての規定は、国内源泉所得とは何かを規定するいわゆるソース・ルールと、非居住者の恒久的施設（国内の支店、工場その他事業を行う一定の場所。Permanent Establishment：以下「PE」）の有無及び国内源泉所得のPEへの帰属の有無に応じた課税の範囲と課税方法を規定する部分から構成されています。

　国内源泉所得の範囲は右頁のとおりです。わが国に設けた支店等の事業活動を通じて得られる所得であるPE帰属所得と、わが国への資産投資等から生ずる国内源泉所得に大別できます。

　課税範囲及び課税の方法についても右表に示したとおりです。PEを有する非居住者の場合、その有する国内源泉所得のうちPEに帰属するものについては、わが国で総合課税により税負担を求めることとし、PEに帰属しないものについては、一部を除いて源泉徴収のみで課税関係が終了する仕組みとなっています。PEを有しない非居住者については、PEを有する非居住者のPEに帰属しない国内源泉所得と同様に、一部を除いて源泉徴収のみで課税関係が終了する仕組みとなっています。

　なお、非居住者・外国法人の受け取る振替国債等や特定の振替社債等の利子等及び特定のTB・FB等の償還差益について、原則として非課税とされ源泉徴収が免除される等の措置、民間国外債の利子等の非課税措置、いわゆるオフショア勘定からの利子の非課税措置その他の租税特別措置が講じられています。

第5編　国際課税制度

国内源泉所得の範囲（平成26年度改正後）

① PEに帰属する所得（PEの譲渡により生ずる所得を含む。）
② 国内にある資産の運用・保有により生ずる所得（⑧から⑯までに該当するものを除く。）
③ 国内にある資産の譲渡により生ずる所得（国内不動産の譲渡による所得等の一定の国内資産の譲渡所得に限る。）
④ 国内における人的役務の提供事業の対価
⑤ 国内にある不動産等の貸付けによる対価
⑥ 組合契約事業から生ずる利益の配分
⑦ 国内土地等の譲渡対価
⑧ わが国の国債・地方債や内国法人の発行する社債の利子等
⑨ 内国法人から受ける剰余金の配当等
⑩ 国内業務のために用いられる貸付金から生ずる利子
⑪ 国内業務のために用いられる工業所有権、著作権、機械・装置等の使用料
⑫ 国内における勤務等の人的役務の提供に基づき個人が受ける報酬
⑬ 国内事業の広告宣伝のための賞金
⑭ 国内営業所で締結された生命保険契約に基づく年金等
⑮ 国内営業所が受け入れた定期積金に係る給付補塡金等
⑯ 匿名組合契約等に基づく利益の分配金等
⑰ その他源泉が国内にある所得として一定のもの
（注）法人税における国内源泉所得は、①〜⑤及び⑰とされる。

非居住者・外国法人に対する課税の概要（平成26年度改正後）

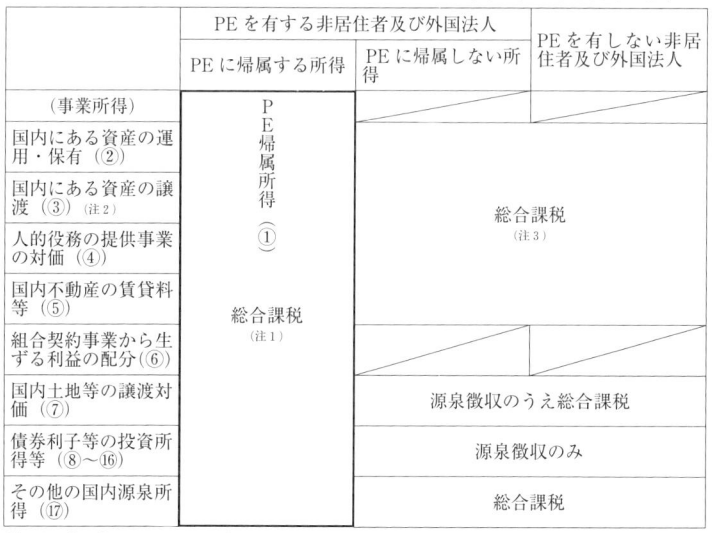

	PEを有する非居住者及び外国法人		PEを有しない非居住者及び外国法人
	PEに帰属する所得	PEに帰属しない所得	
（事業所得）	PE帰属所得 ①　総合課税（注1）		
国内にある資産の運用・保有（②）		総合課税（注3）	
国内にある資産の譲渡（③）（注2）			
人的役務の提供事業の対価（④）			
国内不動産の賃貸料等（⑤）			
組合契約事業から生ずる利益の配分（⑥）			
国内土地等の譲渡対価（⑦）		源泉徴収のうえ総合課税	
債券利子等の投資所得等（⑧〜⑯）		源泉徴収のみ	
その他の国内源泉所得（⑰）		総合課税	

（注1）④〜⑯については、源泉徴収のうえ総合課税。
（注2）③のうち国内にある土地の譲渡については、その譲渡対価に対して10％の源泉徴収。
（注3）④及び⑤については、源泉徴収のうえ総合課税。

8 租税条約　　各国の国内法の規定ぶりがまちまちである中、国際的な課税権を調整する際に租税条約が結ばれることがあります。

租税条約は通常所得課税に関して結ばれますが、他の条約と同様、国内法より優先され、条約締結国間における、①国際的二重課税の排除、②課税権の配分、③相手国居住者への課税関係の明確化、④相手国の国内税制変更による不確実性への保護、⑤課税当局の紛争処理及び租税回避防止に係る協力体制といった機能により、締結国間の経済交流に貢献しています。

具体的には、租税条約では、居住地国による課税権を前提として所得の種類ごとに、源泉地国における課税権の範囲を規定し、課税権の競合を最小限に抑えるとともに、居住地国に対し外国税額控除などによる二重課税の排除を義務付けることなどが規定されています。

事業所得については、恒久的施設を有しない限りその国で課税されることはないという原則や恒久的施設の定義が規定されます。

恒久的施設を有しない非居住者の稼得する利子、配当、使用料のいわゆる投資所得については、各国は通常源泉分離課税を行っていますが、租税条約では、条約上の相手国の居住者について相互に一定税率（限度税率）を超えて課税してはならないことを規定しています。なお、日米租税条約等の近年に改正された租税条約では、投資所得について、源泉地国（投資先国）における課税が大幅に軽減されるなどの措置が講じられています。

このように租税条約は源泉地国での課税権を一般的に抑制する内容となっています。これは二重課税のリスクが減少するといった意義を持つのみならず、課税権を源泉地国ではなく、居住国に傾斜配分することにより両国間の投資交流の促進を図ろうとしていることも反映しています。

なお、わが国は、平成23年11月、税務行政執行共助条約を締結（2014年6月1日現在の署名国は64カ国）し、署名国間の情報交換・徴収共助・送達共助を通じて国際的な脱税及び租税回避行為により適切に対処していくことが可能となりました。また、これに合わせ、平成24年度税制改正において、徴収共助・送達共助に係る国内法の整備を行いました。

第5編　国際課税制度

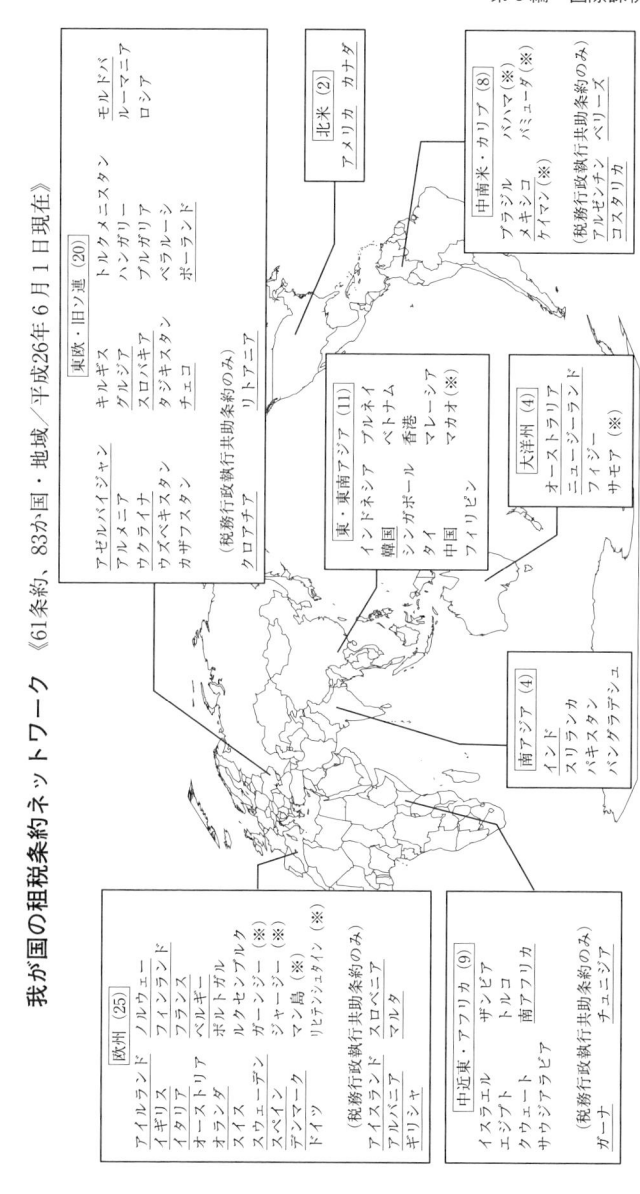

我が国の租税条約ネットワーク 《61条約、83か国・地域／平成26年6月1日現在》

欧州（25）
アイルランド　ノルウェー
イギリス　　　フィンランド
イタリア　　　フランス
オーストリア　ベルギー
オランダ　　　ポルトガル
スイス　　　　ルクセンブルク
スウェーデン　ガーンジー（※）
スペイン　　　ジャージー（※）
デンマーク　　マン島（※）
ドイツ　　　　リヒテンシュタイン（※）

（税務行政執行共助条約のみ）
アイスランド　スロベニア
アルバニア　　マルタ
ギリシャ

東欧・旧ソ連（20）
アゼルバイジャン　キルギス　　トルクメニスタン　モルドバ
アルメニア　　　　グルジア　　ハンガリー　　　　ルーマニア
ウクライナ　　　　スロバキア　ブルガリア　　　　ロシア
ウズベキスタン　　タジキスタン　ベラルーシ
カザフスタン　　　チェコ　　　　ポーランド

（税務行政執行共助条約のみ）
クロアチア　　リトアニア

北米（2）
アメリカ　カナダ

中南米・カリブ（8）
ブラジル　　バハマ（※）
メキシコ　　バミューダ（※）
ケイマン（※）

（税務行政執行共助条約のみ）
アルゼンチン
コスタリカ

中近東・アフリカ（9）
イスラエル　　ザンビア
エジプト　　　トルコ
クウェート　　南アフリカ
サウジアラビア

（税務行政執行共助条約のみ）
ガーナ　　チュニジア

南アジア（4）
インド
スリランカ
パキスタン
バングラデシュ

東・東南アジア（11）
インドネシア　ブルネイ
韓国　　　　　ベトナム
シンガポール　香港
タイ　　　　　マレーシア
中国　　　　　マカオ（※）
フィリピン

大洋州（4）
オーストラリア
ニュージーランド
フィジー
サモア（※）

（注1）条約数、地域数の内訳は以下のとおり。
・租税条約（いわゆる租税条約）：51条約、62か国・地域
・二重課税の回避、脱税防止及び情報交換を主たる内容とする条約（いわゆる租税条約）：51条約、62か国・地域
・情報交換を主たる内容とする条約（いわゆる情報交換協定）：9か国、（※）で表示
・税務行政執行共助条約（締約国は我が国を除いて全38か国（図中、国名に下線）、うち我が国と二国間条約を締結していない国は12か国

（注2）多国間条約である税務行政執行共助条約、及び、旧ソ連・旧チェコスロバキアとの条約の複数国への承継のため、条約数と国・地域数が一致しない。

263

第6編　租税制度の国際比較

1　概説　第2編でみたように、明治期以降のわが国税制は欧米の影響を受けて発展してきました。第二次世界大戦後は、シャウプ勧告に代表されるアメリカの影響を受け、所得税の総合課税を中心とする税制が採用され、現在のわが国税制の基礎となっています。現在、わが国税制は、少子高齢化や経済のグローバル化への対応が課題となっていますが、多くの先進諸外国も同じような問題に直面しており、諸外国がどのような対策をとってきたのか、またとろうしているのかを知ることは、今後、わが国税制がこうした問題にどのように対応していくべきかを考える際の参考となります。また、情報技術の発展などに後押しされ資本や労働の国境を越えた移動が活発化する中、世界的な競争は様々な分野に広がっており、税制も諸外国の制度と比較して検討することが求められています。

本編では、まず、主要先進国における近年の税制改革の概要について紹介します。各国は、その時々の経済・財政状況に合わせて税制改正を行ってきています。次に国民負担率や税収といったマクロの指標を用いた国際比較を概観した上で、所得税、法人税、相続・贈与税、付加価値税（消費税）といった個別税目の制度比較を紹介します。こうした資料から、日本人が負担する租税が国際的にみて重いのか軽いのか、わが国の制度が諸外国の制度と比較してどのような特徴を持っているのかといったことがみえてきます。

このように租税制度の国際比較をすることは、今後のわが国税制を考えるに当たって大変参考になるのですが、注意しなければならないことは、税制は、各国の歴史、経済社会の状況、財政状況等、それぞれの事情を反映した上で形成されているものであり、各国の制度が、必ずしもわが国にそのまま当てはまるものではないということです。

主要国における最近の主な税制改正

	日本	アメリカ	イギリス	ドイツ	フランス
所得税の税率と累進構造	10～75%の19段階 1984 10.5～70%の15段階 1987 10.5～60%の12段階 1989 10～50%の5段階 1999 10～37%の4段階 2007 5～40%の6段階 ※ 2015年1月に最高税率が45%に引き上げられる。	11～50%の14段階 1986 15、28%の2段階 1990 15、28、31%の3段階 1993 15～39.6%の5段階(OBRA90) 2001 10～38.6%の6段階(OBRA93) 2003 10～35%の6段階 2013 10～39.6%の7段階	25～83%の11段階 1979 25～60%の7段階 1988 25、40%の2段階 1992 20、25、40%の3段階 1996 20、24、40%の3段階 1997 20、23、40%の3段階 1999 10、23、40%の3段階 2000 10、22、40%の3段階 2008 20、40%の2段階 2010 20、40、50%の3段階 2013 20、40、45%の3段階	22～56% 1990 19～53% 1996 25.9～53% 1999 23.9～53% 2000 22.9～51% 2001 19.9～48.5% 2004 16～45% 2005 15～42% 2007 15～45% 2009 14～45% ※ 税額算出式による累進課税	5～60%の12段階 1983 5～65%の13段階 1988 5～56.8%の12段階 1994 12～56.8%の6段階 1997 10.5～54%の6段階 2000 9.5～54%の6段階 2001 8.25～53.25%の6段階 2002 7.5～52.75%の6段階 2003 7.05～49.58%の6段階 2004 6.83～48.09%の6段階 2007 5.5～40%の4段階 2011 5.5～41%の4段階 2013 5.5～45%の5段階
法人税の税	留保42%、配当32% 1989 留保40%、配当35% 1990 37.5% 1998 34.5% 1999 30.0% 2012 25.5%	46% 1986 34% 1993 35%	52% 1983～86 35% 1991 33% 1997 31% 1999 30% 2008 28% 2011 26% 2012 24% 2013 23% 2014 21% ※ 2015年4月に20%に引き下げられる予定。	留保56%、配当36% 1990 留保50%、配当36% 1994 留保45%、配当30% 1999 留保40%、配当30% 2001 25% 2003 26.5% 2004 25% 2008 15% ※ 1991、1995～99年には法人税額の7.5%、1998年からは法人税額の5.5%の連帯付加税が課されている。	50% 1986 45% (数次改正) 1992 34% 1993 33 1/3 % 1995 法人税付加税の導入（税額の10%） 2001 法人税付加税の引下げ（税額の6％） 2002 法人税付加税の引下げ（税額の3％） 2005 法人税付加税の引下げ（税額の1.5%） 2006 法人税付加税の廃止
付加価値税の税率	1989 3％ 1997 5％ (地方消費税の創設（1％相当）を含む) 2014 8％ (地方消費税（1.7％相当）を含む)		1979 8％ 1991 15% 2008 17.5％ 2010 15％ 2011 20%	1993 14% 1998 15% 2007 19%	1982 17.6% 1995 18.6% 2000 20.6% 2014 19.6% 20%

2 主要先進国における近年の税制改革

(1) **アメリカ** レーガン政権（共和党）による1981年税制改正では、所得税・法人税の課税ベースを縮小するとともに税率を引き下げましたが、想定した成長は達成できず、大幅な財政・経常収支赤字、長期金利の上昇、ドル高を招きました。歳入中立で行われた86年の税制改正では、所得税の税率構造の簡素化、法人税率の引下げとともに、租税特別措置の縮減をはじめとする課税ベースの拡大により減税財源がまかなわれました。

90年代には、ブッシュ（父）大統領（共和党）、クリントン大統領（民主党）の下で、財政再建を目的とした税制改革が実施されました。包括財政調整法（OBRA90,93）に基づき、歳出削減と並行して所得税の最高税率の引上げ等が行われました。こうした政策努力に経済成長も加わり、98年度には財政収支を黒字化しました。

2001年に就任したブッシュ大統領（共和党）は、2001年、2003年に財政黒字の国民への還元や景気回復などを目的として大規模な減税（ブッシュ減税）を実施しました。所得税率の段階的引下げ、児童税額控除額の段階的引上げ、配当及び長期キャピタルゲインに対する軽減課税の導入・段階的引下げ、法人税における特別償却制度の拡充、遺産税の段階的廃止（2010年）などを行いました。

2009年に成立したオバマ政権（民主党）下では、サブプライム・ローンの焦げ付きに端を発した金融危機に対応する大規模な景気対策の一環として、勤労世帯向けの定額型減税（時限措置）等が実施されたほか、ブッシュ政権下で廃止された遺産税を復活させました。また、2012年米国納税者救済法により、所得税・遺産税の最高税率の引上げ等の富裕層に対する増税が行われた一方、低中所得者に対してはブッシュ減税が延長されました。

第6編　租税制度の国際比較

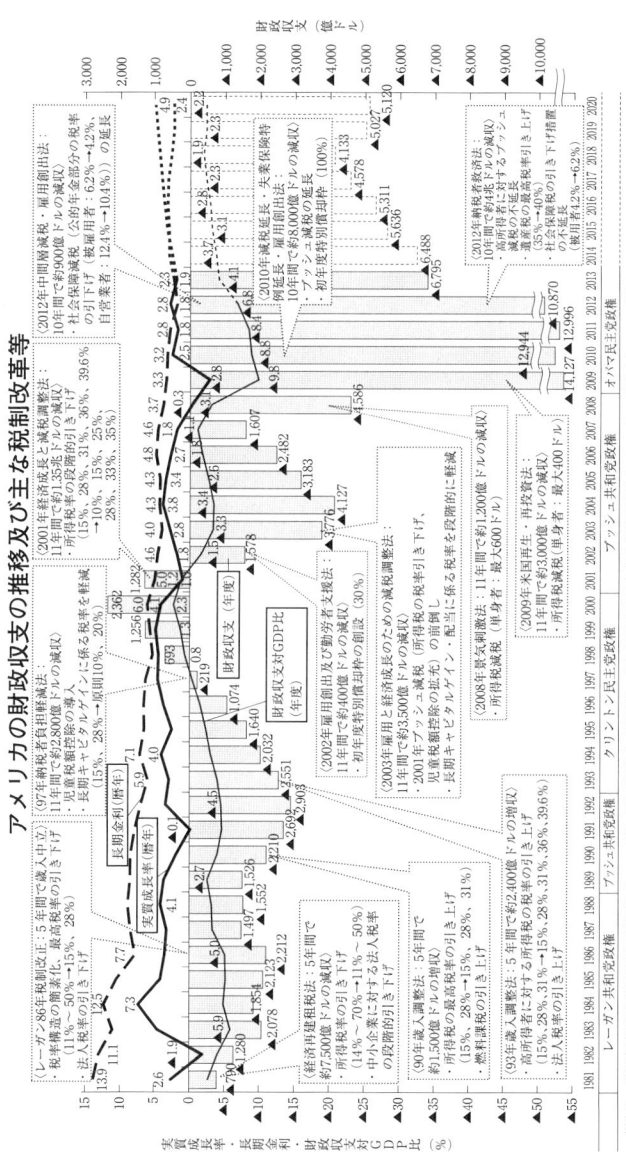

アメリカの財政収支の推移及び主な税制改革等

(注1) 財政収支及び対財政収支対GDP比については、2013年度までは実績。2014年度から2015年度までは大統領予算教書（2014年3月発表）、それ以降は2015年度大統領予算教書による見込し。
2. 実質成長率については、2013年度大統領経済諮問委員会、2014年以降は、2015年度統合予算収支見込。
3. 2015年度大統領予算教書
3. 長期金利については、2013年度までは、連邦準備銀行データ、2014年以降は、2015年度大統領予算教書。
(出典) 1. 2015年度大統領予算教書
2. 実質成長率については、2013年度までは、商務省経済分析局の「国民経済計算」、2014年以降は、2015年度大統領予算教書。
3. 長期金利については、2013年度までは、連邦準備銀行データ、2014年以降は、2015年度大統領予算教書。
4. 長期金利は、米国10年国債金利年平均。

(2) **イギリス**　1979年に登場したサッチャー内閣（保守党）は、民間部門の活力再生のため、労働・投資インセンティブの向上を目的として所得税の税率引下げと税率構造の簡素化、法人税の税率引下げと租税特別措置の整理合理化による課税ベースの拡大などを行うとともに、付加価値税の税率引上げを実施し、所得課税から消費課税へのシフトが図られました。一方財政再建を目的として、国営企業の民営化などの歳出削減措置を行いました。この結果、高インフレの抑制に成功し、88年度には財政黒字が達成されましたが、その後景気の悪化などに伴い、90年度には再び財政赤字に陥りました。

90年に成立したメージャー内閣（保守党）は、サッチャー政権の政策を踏襲し、更なる所得税・法人税の税率引下げを行いつつ、財政規律に基づく歳出削減と並行して、所得税の諸控除の縮小や、付加価値税及び個別間接税の税率引上げ、保険税や航空旅客税といった新税導入による増税を行いました。こうした歳出歳入両面における措置の結果として、財政収支は98年度に黒字化しました。

97年に成立したブレア内閣（労働党）は、従来の労働党の高福祉高負担路線を変更し「第三の道」という政策をとりました。好調な経済状況を背景に、財政規律に基づいた堅実な財政運営が行われてきましたが、教育や社会保障への政府支出の増加などに伴い、2001年以降は再び財政赤字となりました。税制面では、所得税の税率引下げ、税額控除の導入・拡大や法人税率の引下げを行う一方、個別間接税の引上げや気候変動税などの新税の導入を実施しました。2007年6月にブレア首相の後を継ぎ成立したブラウン内閣（労働党）は、基本的にはブレア政権の政策を継承しつつ、所得税の最低税率の引上げ、法人税率の引下げを行いました。

2008年秋以降の金融・経済危機に際しては、付加価値税率を時限的に引き下げる一方、2010年度以降の個人所得増税等による財政健全化方針を提示しました。

2010年5月に成立したキャメロン内閣（保守党・自由民主党連立）は、財政赤字の削減を最優先事項として、付加価値税率の引上げとともに、社会保障を中心とした歳出削減を行うなど、歳入・歳出両面からの改革のほか、企業の国際競争力の向上等を目的として、法人税率の段階的な引下げを実施しています。

第6編　租税制度の国際比較

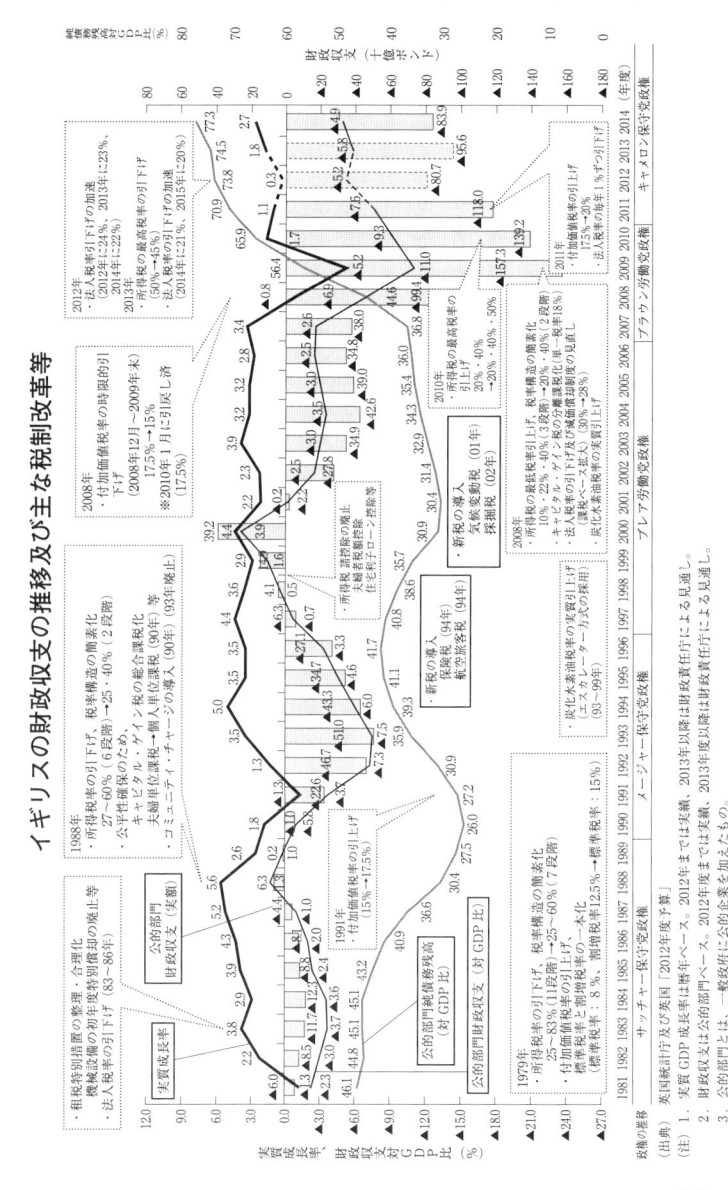

イギリスの財政収支の推移及び主な税制改革等

(3) **ドイツ**　1982年に成立したコール政権（キリスト教民主同盟）は、80年代には、経済成長と雇用の拡大を目的とした所得税・法人税の税率引下げなどを行う一方で、付加価値税の税率引上げを実施しました。90年の東西ドイツ統一後は、旧東ドイツ支援などへの財政負担に対応するため、91年に連帯付加税が1年限りで導入され、95年には恒久的措置として再導入されました。また、付加価値税の標準税率の引上げが93、98年に行われました。こうした取組みにより、財政収支は2000年に黒字化しました。

98年に成立したシュレーダー政権（社会民主党）の下では、経済成長を促す観点から、所得税・法人税の税率の引下げを含む大規模な減税を内容とする「税制改正2000」が策定されました。しかし「税制改正2000」は期待された効果をもたらすことはできず、2001年のITバブルの崩壊などによる経済の低迷もあり財政状況は急速に悪化し、2002年以降は、マーストリヒト条約に基づく財政赤字対GDP比3％基準に違反することとなりました。

景気の低迷、失業問題の深刻化を背景として2005年に行われた連邦議会選挙では各党とも過半数を獲得することができず、連立協議の末に、キリスト教民主同盟のメルケル党首を首相とする大連立政権が樹立されました。このメルケル政権の下、2007年には財政健全化などのために付加価値税の標準税率の引上げ・所得税の最高税率の引上げが実施され同年、財政収支の黒字化を達成しました。また2008年には、ドイツの企業立地上の競争力強化や租税回避抑制の観点から法人実効税率の引下げ・課税ベースの拡大を含む法人税改革が実施されました。

2009年、2010年には景気対策のため、所得税を中心とした減税が行われましたが、財政収支が悪化したことを受け、2010年6月に財政健全化に向けた基本方針が閣議決定されました。この方針に基づき、2011年から航空税、核燃料税が導入されています。

第6編　租税制度の国際比較

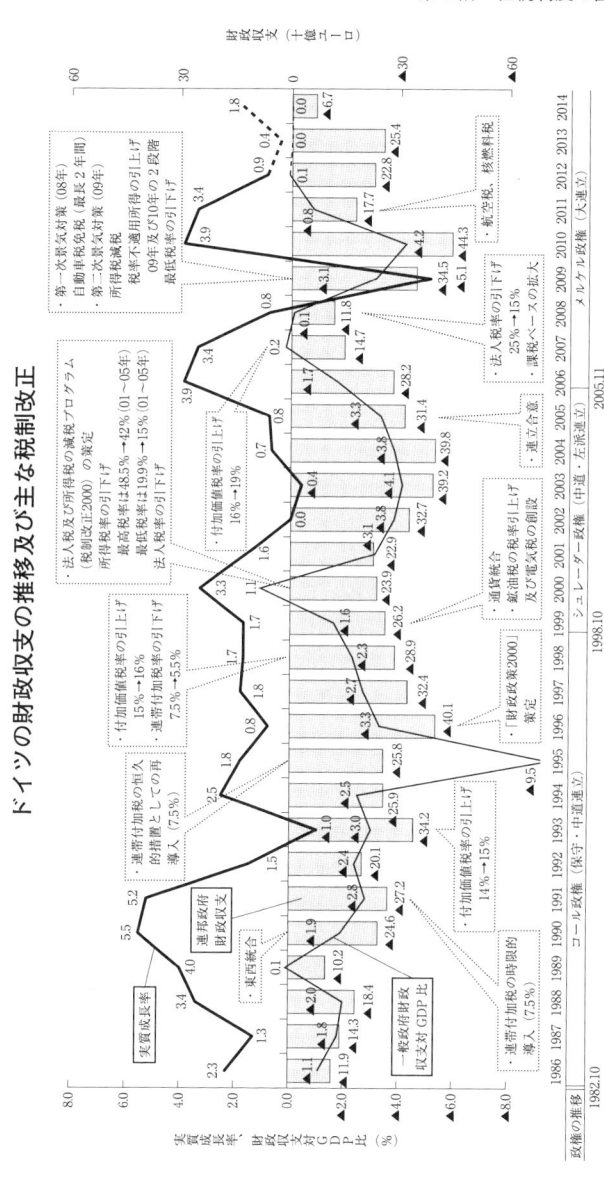

ドイツの財政収支の推移及び主な税制改正

(注) 連邦政府財政収支は2012年までは実績、2013年は補正後予算、2014年は予算案。一般政府財政収支対GDP比及び実質経済成長率は2012年までは実績、2013年及び2014年は見積り。
(出典) 1. 連邦政府財政収支：2012年までは、連邦財務省「Finanzbericht 2014」。2013年以降は2013年政府予算案。
2. 一般政府財政収支対GDP比及び実質成長率：2012年までは OECD「Economic Outlook 94」。2013年以降は安定化プログラム。

271

(4) **フランス**　　1981年に就任したミッテラン大統領（社会党）の下で、富裕税の創設、相続税率の引上げなど、富裕層に対する課税を強化しました。しかし、86年の国民議会選挙で社会党が敗北すると右派のシラク首相（共和国連合）の下で、所得税・法人税の税率引下げなどが実施されました。

95年に就任したシラク大統領は、雇用対策とともに財政赤字削減を重要政策に掲げ、欧州通貨連合の参加要件であるマーストリヒト基準を達成するため、歳出削減を実施するとともに、95年に法人税付加税の導入、付加価値税の標準税率の引上げ等の増税を行うなど、財政再建に取り組みました。また、社会保障財源として個人所得課税である一般社会税を91年に創設し、段階的な税率の引上げ等により、主要な社会保障財源の一つとしました。こうした取組みの結果、97年度にはマーストリヒト基準を達成しました。さらに、所得税率の引下げや、法人税付加税の段階的な廃止を行いました。

2007年に就任したサルコジ大統領は、購買力の向上、景気浮揚、及び勤労意欲の向上のために、超過勤務給与に係る所得税の非課税化、相続・贈与税の減税等の大規模な減税を行いました。

2008年以降、世界的な経済状況の悪化を受け、フランスは減価償却制度の時限的見直しや低・中所得者向けの所得税減税（単年度措置）等経済対策を行ってきました。その結果、2009年の財政収支は大幅な赤字となりました。その後、大規模な財政再建策を打ち出し、2011年では、経済見通しの下方修正がなされる中、税収の確保に向け個人保有の不動産譲渡益に対する課税強化、大企業に対する法人税付加税の導入といった一連の課税強化措置が発表されました。

2012年に就任したオランド大統領は、財政再建に向けた取組みとして、所得税の最高税率の引上げ、資産性所得への適用税率の累進化、高所得者に対する75％課税の時限的導入（憲法院による違憲判決を受けて撤回）、富裕税の最高税率の引上げ、大企業に対する当期利益からの利子控除の上限設定など、主に富裕層や大企業に対する増税を実施しました。一方で、経済対策として、競争力強化・雇用促進のための法人税額控除制度を創設し、その財源として、歳出削減と合わせて、付加価値税率の引上げ等の増税措置を実施しました。

第６編　租税制度の国際比較

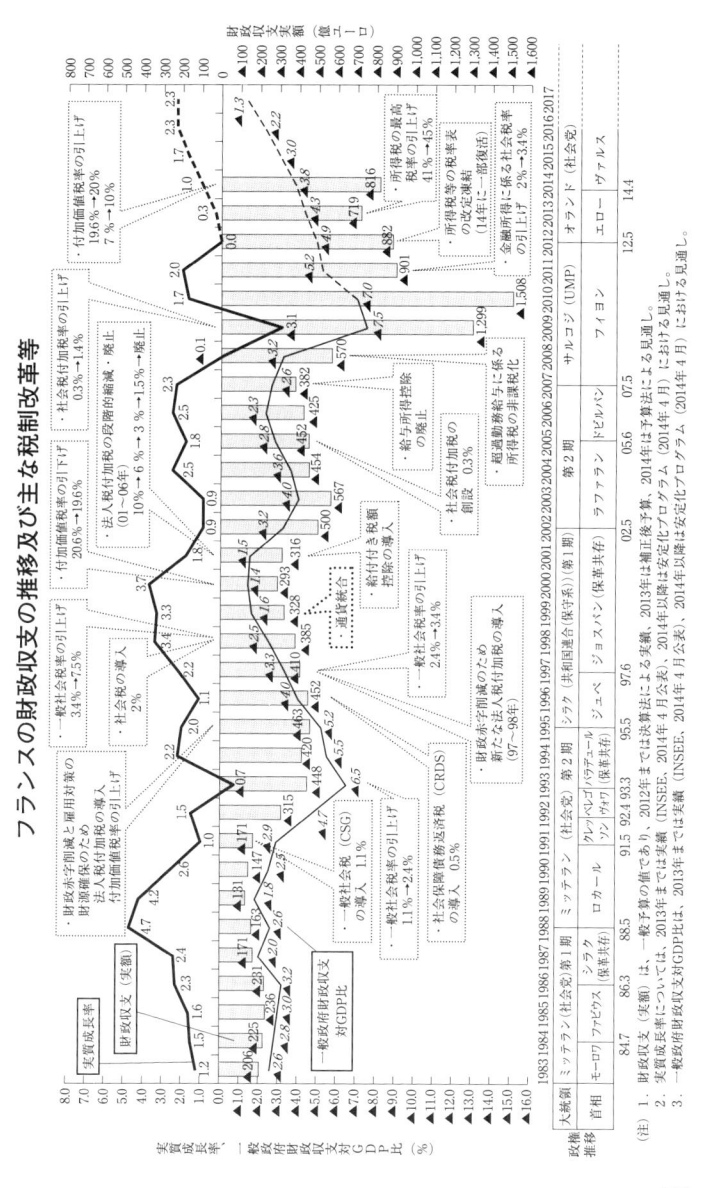

フランスの財政収支の推移及び主な税制改革等

（注）1. 財政収支（実額）は、一般予算の値であり、2012年までは決算法による実績、2013年は補正後予算、2014年は予算法による見通し。
2. 実質成長率については、2013年までは実績（INSEE, 2014年4月公表）、2014年以降は安定化プログラム（2014年4月）における見通し。
3. 一般政府財政収支対GDP比は、2013年までは実績（INSEE, 2014年4月公表）、2014年以降は安定化プログラム（2014年4月）における見通し。

3 租税負担等の国際比較　国民の租税負担等の水準をみるマクロの指標として、国民負担率と租税負担率があります。

「国民負担率」は、一般に国民の経済活動の成果である国民所得に対する国税、地方税、社会保障負担の総額の割合で、租税だけでなく社会保険料等の社会保障負担も含めた公的負担全体の水準を表わす指標として用いられます。

「租税負担率」は、このうち国民経済全体としての税の負担水準を表わす指標であって、国民所得に対する国税、地方税の総額の割合をいいます。

各国の租税負担率を比較すると、右図のようになっており、わが国は22.7％と主要先進国の中で最も低い水準にあることがわかります。

租税負担率の内訳をみると、日本は特にヨーロッパ主要国に比べ、個人所得課税及び消費課税負担割合がかなり小さくなっています。消費課税の負担割合はヨーロッパ主要国と比べ低いですがこれは日本の消費税（付加価値税）の税率がイギリス（20％）、ドイツ（19％）、フランス（20％〔2011年当時は19.6％〕）と比較してかなり低い（8％〔2011年当時は5％〕）ことが主な要因と考えられます。また、個人所得課税の負担割合が諸外国に比べて相当低い水準となっているのは累次の負担軽減措置の影響があると考えられます。今後、わが国においては、急速な高齢化に伴う支出の増加に対して負担率の議論が避けられないのではないかと考えられます。

なお、北欧諸国は社会保障が充実している分、租税負担率が先進国の中でも極めて高い水準にあります。また、アジア諸国は国によって租税負担の水準や構造が異なっています。

第6編　租税制度の国際比較

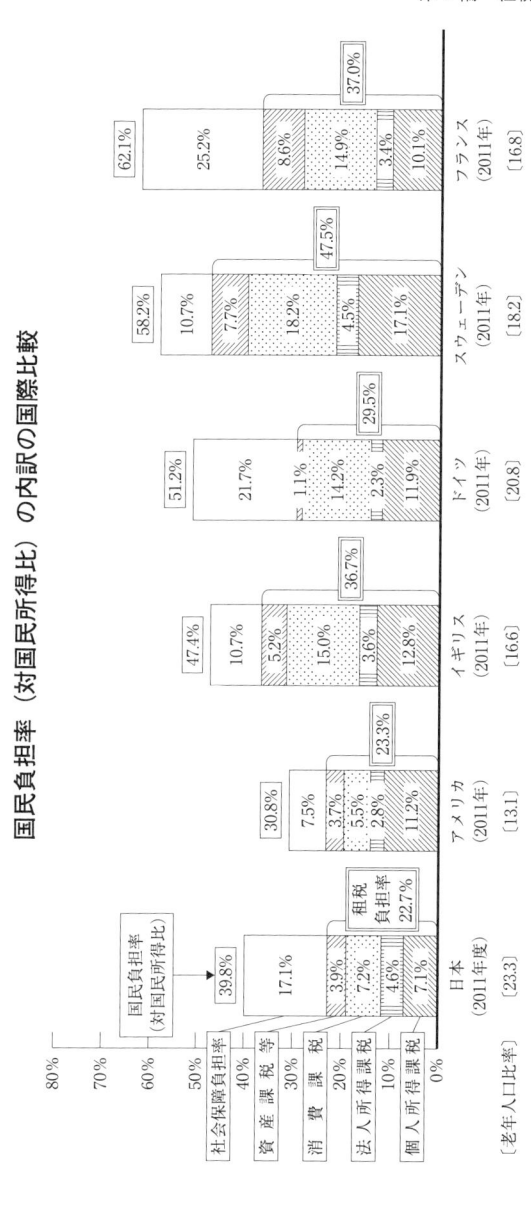

国民負担率（対国民所得比）の内訳の国際比較

	日本 (2011年度)	アメリカ (2011年)	イギリス (2011年)	ドイツ (2011年)	スウェーデン (2011年)	フランス (2011年)
国民負担率	39.8%	30.8%	47.4%	51.2%	58.2%	62.1%
社会保障負担率	17.1%	7.5%	10.7%	21.7%	10.7%	25.2%
資産課税等	3.9%	3.7%	5.2%	1.1%	7.7%	8.6%
消費課税	7.2%	5.5%	15.0%	14.2%	18.2%	14.9%
法人所得課税	4.6%	2.8%	3.6%	2.3%	4.5%	3.4%
個人所得課税	7.1%	11.2%	12.8%	11.9%	17.1%	10.1%
租税負担率	22.7%	23.3%	36.7%	29.5%	47.5%	37.0%
〔老年人口比率〕	[23.3]	[13.1]	[16.6]	[20.8]	[18.2]	[16.8]

(注) 1. 日本は平成23年度（2011年度）実績、諸外国は、OECD "Revenue Statistics 1965-2012" 及び同 "National Accounts" による。なお、日本の平成26年度（2014年度）予算ベースでは、国民負担率：41.6%、租税負担率：24.1%、個人所得課税：7.4%、法人所得課税：5.0%、消費課税：8.2%、資産課税等：3.6%、社会保障負担率：17.5%となっている。
2. 租税負担率は国税及び地方税の合計の数値である。また所得課税には資産性所得に対する課税を含む。
3. 四捨五入の関係上、各項目の計数の和が合計値と一致しないことがある。
4. 老年人口比率については、日本は2011年の推計値（総務省「人口推計」における10月1日現在人口）、諸外国は2010年の数値（国際連合 "World Population Prospects: The 2012 Revision Population Database" による）である。なお、日本の2014年の推計値（国立社会保障・人口問題研究所「日本の将来推計人口」（平成24年（2012年）1月推計）による）は26.1となっている。

4　各国の税収構造　各国における税収の内訳をみると、国によってその税収構造には大きな違いがあることがわかります。

税収構造を比較するために、国（連邦）税と地方（地方政府、市町村）税を合わせ、所得課税、消費課税、資産課税等からの税収が全税収に占める割合（OECD歳入統計の分類による）をみると、アメリカでは、所得課税のウェイトが60.2％と、OECD諸国の中でも高い水準である一方、消費課税のウェイトは23.7％と最も低い水準にあります。ヨーロッパ諸国については、消費課税の比率が、かなり大きくなっています。これは、各国の付加価値税率（イギリス20％、ドイツ19％、フランス20％（2011年当時は19.6％）など）が、かなり高率であることや、個別間接税（石油関連諸税やたばこ税など）の税負担が重いことなどが原因と考えられます。わが国は、消費税導入後においても、依然、所得課税に対する依存度が比較的大きく、消費課税への依存度がかなり小さい税体系となっています。

一方、税収全体に占める地方税の割合をみると、スウェーデンでは地方税収の割合が46.4％となっているのに対し、フランスでは21.1％、ドイツでは13.1％にとどまっています。イギリスでは1990年及び1993年の地方税改革により、13％前後であった地方税収の割合が2011年には6.0％に下がっています。わが国の税収全体に占める地方税の割合は43.1％となっています。

なお、租税負担率（国民所得比）を国税と地方税に分けてG5諸国およびスウェーデンの各国と比較すると、国税は低い水準にありますが、地方税はスウェーデンに次ぎ2番目に高い水準にあります。また、OECD諸国との比較においても、同様の傾向にあることがわかります。

第6編　租税制度の国際比較

OECD諸国における所得・消費・資産課税等の税収構成比の国際比較（国税＋地方税）

所得課税合計（34か国中8位）

国	%
デンマーク	62.3%
ノルウェー	62.2%
オーストラリア	61.1%
アメリカ	60.2%
カナダ	59.1%
スイス	55.6%
ニュージーランド	53.6%
日本	51.6%
ベルギー	51.5%
アイスランド	51.4%
ルクセンブルク	51.2%
フィンランド	50.0%
スウェーデン	49.1%
イタリア	48.0%
イギリス	46.9%
ドイツ	46.4%
アイルランド	45.4%
フランス	44.7%
オーストリア	44.0%
スペイン	43.6%
韓国	42.8%
オランダ	39.6%
ポルトガル	36.6%
イスラエル	36.5%
チェコ	36.2%
ポーランド	33.4%
スロベニア	32.4%
エストニア	31.9%
ギリシャ	31.7%
メキシコ	31.3%
トルコ	31.2%
スロバキア	29.1%
ハンガリー	29.1%
チリ	44.6%
OECD諸国平均	44.6%

消費課税（34か国中30位）

国	%
エストニア	66.7%
ハンガリー	66.4%
メキシコ	66.3%
チリ	63.5%
トルコ	63.3%
スロバキア	62.7%
ポーランド	61.1%
チェコ	60.7%
スロベニア	59.3%
ギリシャ	55.0%
ポルトガル	52.6%
アイルランド	50.2%
フィンランド	48.2%
スペイン	47.8%
デンマーク	46.2%
イスラエル	42.8%
ドイツ	42.6%
オーストリア	41.8%
韓国	41.1%
イタリア	41.0%
ノルウェー	40.3%
ニュージーランド	39.8%
ルクセンブルク	39.2%
アイスランド	38.5%
イギリス	38.5%
スウェーデン	38.4%
フランス	37.7%
ベルギー	34.1%
オランダ	33.0%
日本	31.5%
スイス	29.5%
カナダ	28.9%
オーストラリア	27.1%
アメリカ	23.7%
OECD諸国平均	45.9%

資産課税等（34か国中3位）

国	%
フランス	23.1%
韓国	19.3%
日本	17.0%
オーストラリア	16.2%
イギリス	16.0%
カナダ	16.0%
アイスランド	15.5%
アメリカ	14.6%
イタリア	14.3%
スイス	13.8%
ルクセンブルク	13.2%
オランダ	10.9%
イスラエル	10.8%
ニュージーランド	10.3%
アイルランド	9.4%
ベルギー	9.4%
スペイン	9.1%
ポーランド	8.3%
ポルトガル	8.3%
デンマーク	8.2%
ギリシャ	7.6%
ノルウェー	6.6%
フィンランド	6.2%
ドイツ	5.4%
ハンガリー	4.8%
チリ	4.7%
トルコ	4.6%
スウェーデン	3.9%
スロベニア	3.8%
オーストリア	3.7%
スロバキア	3.1%
チェコ	2.8%
メキシコ	2.5%
エストニア	1.6%
OECD諸国平均	9.6%

(備考) 1. 計数は2011年のものである。
2. OECD "Revenue Statistics" の区分に従って作成している。
3. 所得課税とは、所得、利子、配当及びキャピタル・ゲイン課税は所得課税に含まれる。
4. 資産課税等とは、資産課税及びその他の課税が含まれる。給与労働力課税、相続・贈与税及び不動産税（固定資産税、不動産取得税、登録免許税、有価証券取引税、取引所税、不動産及び印紙収入）等を指し、日本の割合は17.0%である。

(出所) OECD "Revenue Statistics 1965-2012"

主要国における租税負担率（対国民所得比）の国際比較

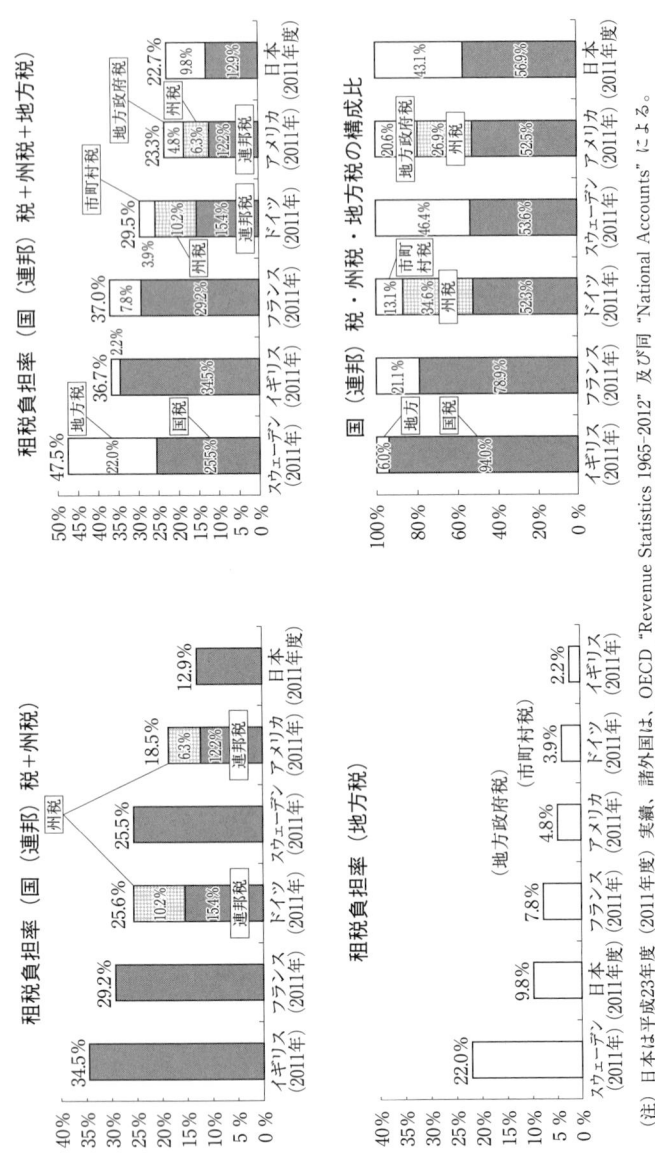

租税負担率（国（連邦）税＋州税）

- イギリス (2011年): 34.5%
- フランス (2011年): 29.2%
- ドイツ (2011年): 25.6%（連邦税 15.4%、州税 10.2%）
- スウェーデン (2011年): 25.5%
- アメリカ (2011年): 18.5%（連邦税 12.2%、州税 6.3%）
- 日本 (2011年度): 12.9%

租税負担率（国（連邦）税＋州税＋地方税）

- スウェーデン (2011年): 47.5%（国税 25.5%、地方税 22.0%）
- イギリス (2011年): 36.7%（国税 34.5%、地方税 2.2%）
- フランス (2011年): 37.0%（29.2%、7.8%）
- ドイツ (2011年): 29.5%（連邦税 15.4%、州税 10.2%、市町村税 3.9%）
- アメリカ (2011年): 23.3%（連邦税 12.2%、州税 6.3%、地方政府税 4.8%）
- 日本 (2011年度): 22.7%（12.9%、9.8%）

租税負担率（地方税）

- スウェーデン (2011年): 22.0%
- 日本 (2011年度): 9.8%
- フランス (2011年): 7.8%（地方政府税）
- アメリカ (2011年): 4.8%
- ドイツ (2011年): 3.9%（市町村税）
- イギリス (2011年): 2.2%

国（連邦）税・州税・地方税の構成比

- イギリス (2011年): 国税 94.0%、地方 6.0%
- フランス (2011年): 国税 78.9%、地方 21.1%
- ドイツ (2011年): 国税 52.3%、州税 34.6%、市町村税 13.1%
- スウェーデン (2011年): 国税 53.6%、地方 46.4%
- アメリカ (2011年): 国税 52.5%、州税 26.9%、地方政府税 20.6%
- 日本 (2011年度): 国税 56.9%、地方 43.1%

（注）日本は平成23年度 (2011年度) 実績、諸外国は、OECD "Revenue Statistics 1965-2012" 及び同 "National Accounts" による。
（備考）四捨五入の関係上、各項目の計数の和が合計値と一致しないことがある。

第6編　租税制度の国際比較

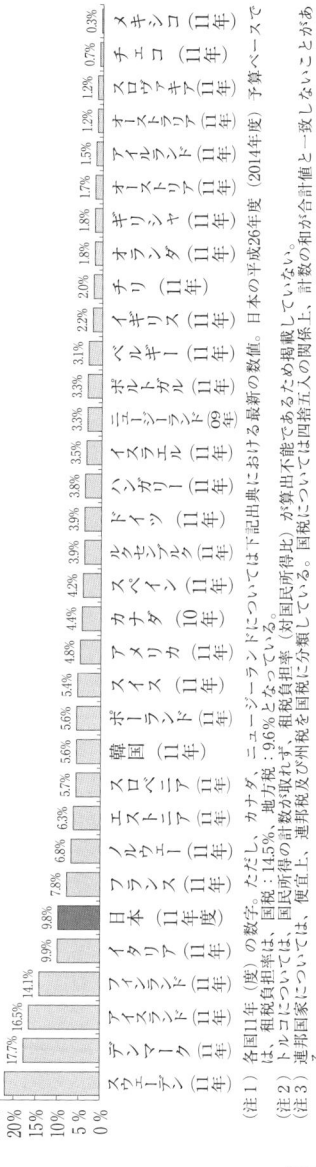

□ 国税（連邦税）　□ 州税

OECD諸国における租税負担率（対国民所得比・国税）

国	国税	州税
スウェーデン（11年）	54.5%	
デンマーク（11年）	47.4%	
ルクセンブルク（11年）	42.2%	
ニュージーランド（09年）	38.5%	
ベルギー（11年） 34.5%	37.7%	(2%)
オーストリア（11年） 35.8%	36.5%	(0.7%)
イスラエル（11年）	36.1%	
フィンランド（11年） 29.6%	35.3%	(5%)
アイスランド（11年）	35.1%	
ハンガリー（11年）	34.7%	
イタリア（11年）	34.2%	
ポルトガル（11年）	32.8%	
カナダ（10年） 15.7%	32.5%	(16.4%)
ギリシャ（11年）	32.1%	
オランダ（11年）	30.4%	
チェコ（11年）	29.8%	
フランス（11年）	29.2%	
スロバキア（11年）	29.2%	
ドイツ（11年） 15.5%	25.8%	(10.2%)
ノルウェー（11年） 13.7%	25.7%	
エストニア（11年）	25.6%	
スペイン（11年） 13.7%	23.9%	(10.2%)
ポーランド（11年）	23.5%	
スイス（11年） 13.0%	23.3%	(13.0%)
メキシコ（11年） 20.5%	22.4%	
韓国（11年） 20.5%	21.6%	(0.6%)
アメリカ（11年） 6.3%	21.1%	(12.9%)
日本（年度）	20.5% 18.5%	

OECD諸国における租税負担率（対国民所得比・地方税）

スウェーデン（11年）	22.0%
アイスランド（11年）	17.7%
デンマーク（11年）	16.5%
日本（年度）	14.1%
フランス（11年）	9.9%
イタリア（11年）	9.8%
ノルウェー（11年）	7.8%
エストニア（11年）	6.8%
スロベニア（11年）	6.3%
韓国（11年）	5.7%
ポーランド（11年）	5.6%
スイス（11年）	5.6%
アメリカ（11年）	5.4%
カナダ（10年）	4.8%
スペイン（11年）	4.4%
ルクセンブルク（11年）	4.2%
ドイツ（11年）	3.9%
ハンガリー（11年）	3.9%
ベルギー（11年）	3.8%
ニュージーランド（09年）	3.5%
ポルトガル（11年）	3.3%
イスラエル（11年）	3.3%
フィンランド（11年）	3.1%
イギリス（11年）	2.2%
アイルランド（11年）	2.0%
ギリシャ（11年）	1.8%
オランダ（11年）	1.7%
オーストリア（11年）	1.5%
スロバキア（11年）	1.2%
チェコ（11年）	0.7%
メキシコ（11年）	0.3%

（注1）各国11年（度）の数字。ただし、カナダ、ニュージーランドについては下記出典における最新の数値。日本の平成26年度（2014年度）予算ベースでは、租税負担率は、国税：14.5%、地方税：9.6%となっている。
（注2）トルコについては、国民所得の計数が得られず、租税負担率（対国民所得比）が算出不能であるため掲載していない。
（注3）連邦国家については、連邦税及び州税を国税に分類している。国税については四捨五入の関係上、計数の和が合計値と一致しないことがある。

（出典）日本：内閣府「国民経済計算」等、諸外国：OECD "National Accounts" 及び同 "Revenue Statistics 1965-2012"

5　所得税制度

(1) **税負担水準**　所得税の歴史は、1799年、ナポレオン戦争に際してイギリスのピット内閣により導入された10%の比例税率に始まります。所得税は、その後、イギリスでは19世紀半ばに定着し、他の主要国でも20世紀初めまでには導入され、産業の発展、財政需要の高まりの中で急速に重要視されるようになり、現在では基幹税として位置付けられています。

まず、国税に占める個人所得課税の割合をみると、アメリカ（72.1%）が突出して高く、これにドイツ、イギリス、フランスが続き、日本は最も低くなっています。

わが国の租税負担率は主要国でも相対的に低い水準にあることはこれまでに述べたとおりですが、これは特に個人所得課税についてあてはまります。国民所得に占める個人所得課税の負担割合は、最高税率が70%であった抜本的税制改革前（昭和61年）においても国税のみで6.3%（地方税を含めると9.0%）と比較的低かったのですが、現在はさらに国税のみで4.1%（地方税を含めると7.4%）まで下がっており、これは10%前後である他の主要国と比べると極めて低い水準であることがわかります。

このようにわが国の個人所得課税は、主要国との比較において税負担水準が極めて低い状況にあり、本来果たすべき財源調達や所得再分配などの機能を喪失しかねない状況にあると考えられます。

第6編　租税制度の国際比較

個人所得課税の国際比較

区分 \ 国名	日本 (昭和61年度)	日本 (平成26年度)	アメリカ	イギリス	ドイツ	フランス
国税収入に占める個人所得課税（国税）収入の割合	39.3%	28.1%	（連邦）72.1%	37.9%	38.6%	34.7%
国民所得に占める個人所得課税（国税）負担割合［地方税を含めた場合］	6.3%［9.0%］	4.1%［7.4%］	8.8%［含む州・地方政府 11.2%］	12.9%	9.9%［11.9%］	10.1%
税率　最低税率（所得税）	10.5%	5 %	10%	20%	14%	5.5%
税率　最高税率（所得税）［地方税等を含めた場合］	70%［78%］	40%［50%］	39.6%［約52.3%］	50%	45%［47.475%］	45%［53%］
税率の刻み数［地方税の税率の刻み数］	15［14］	6［1］	7［8、5］	3	―	5［1］

（注）1. 日本については、26年度の「個人所得課税（国税）収入の割合」及び「個人所得課税（国税）負担割合」は当初予算ベースであり、61年度の「地方税等を含めた最高税率」は課税制限適用後の税率である。
2. 「個人所得課税（国税）収入の割合」及び「個人所得課税（国税）負担割合」は、個人所得に課される租税に係るものであり、所得税の他、ドイツについては連帯付加税、フランスについては社会保障関連諸税（原則として計8%）が含まれている。なお、ドイツについては連邦税、州税及び付加価値税（輸出税額の55.5%）、フランスについて州税及び州税に配分されるものについての税収を国税収入として算出している。
3. 「税率」・税率の刻み数」における地方税等の税率の刻み数は、アメリカはニューヨーク市の場合8であり、州税が8、市税が5。ドイツでは、税率表に従って税額が決定されるため、税率ブラケットは存在しない。フランスは社会保障関連諸税を含んでいる。税率の刻み数におけるアメリカの地方税等の税率の刻み数は、州税が8、市税が5、市税が5であるためである。
4. 諸外国は2014年1月適用の税法に基づく。
5. イギリスにおける2013年4月からの所得の最高税率は45%である。
6. 諸外国の個人所得課税負担割合及び個人所得課税収入の割合は、OECD"Revenue Statistics 1965-2012"及び同"National Accounts"に基づく2011年のものである。なお、端数は四捨五入している。

(2) **税率構造及び税負担額**　各国において、それぞれの所得層に、どれだけの所得税負担が課されているかをみるためには、課税最低限とともに、所得税に係る最高・最低税率や税率の刻み数などの税率構造をみなければなりません。

各国においては、2でみたとおり、近年、最高税率の引下げや税率構造の簡素化が行われてきましたが、足元では最高税率引上げの動きがみられます。イギリスでは2010年に最高税率が10％引き上げられた一方、2013年に最高税率が5％引き下げられ、現在20％、40％、45％の3段階の累進税率です。

フランスでは、2011年より最高税率が1％、2013年より最高税率が4％引き上げられ、現在では5.5％から45％までの5段階となっています。アメリカでも、2013年より、最高税率が4.6％引き上げられ、現在では10％〜39.6％の7段階となっています。

ドイツでは、課税所得を税額算出式に代入して税額を求めることとされているため、限界税率は連続的に変化し、他の国のように税率の刻みといったものは存在しません。現在、最高税率は45％、最低税率は2009年3月実施の第2次景気対策によって、2009年1月から遡及的に15％から14％に引き下げられています。

日本においても、抜本的税制改革以降、最高税率は70％から37％まで引き下げられ、税率構造も15段階から4段階まで簡素化されました。その後、三位一体改革の一環として、所得税から個人住民税への税源移譲が行われ、住民税が一律10％の税率となったこととの関係で、平成19年分から所得税の税率構造は5％〜40％の6段階に、平成25年度税制改正により、平成27年分から、最高税率が5％引き上げられ、所得税の税率構造は5％〜45％の7段階になることとなっています。

給与収入階級別に、わが国と諸外国の個人所得課税（所得税及び個人住民税など）の負担水準を比較してみると、累次の負担軽減措置により、その税負担は諸外国と比べても中低所得層を中心にかなり低くなっています。

第6編 租税制度の国際比較

個人所得課税の税率構造の国際比較（イメージ）

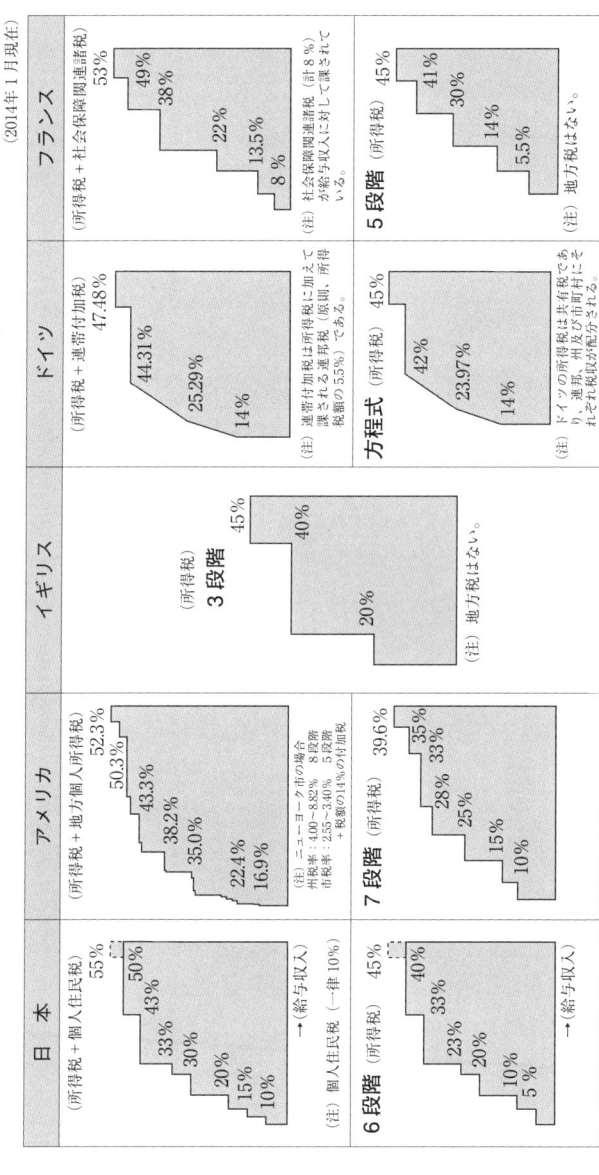

(2014年1月現在)

日本（所得税＋個人住民税）
- 55%
- 50%
- 43%
- 33%
- 30%
- 20%
- 15%
- 10%
→（給与収入）

(注) 個人住民税（一律10％）

6段階（所得税）45%
- 40%
- 33%
- 23%
- 20%
- 10%
- 5%
→（給与収入）

アメリカ（所得税＋地方個人所得税）
- 52.3%
- 50.3%
- 43.3%
- 38.2%
- 35.0%
- 22.4%
- 16.9%

(注) ニューヨーク市の場合
州税率：4.00～8.82％　8段階
市税率：2.55～3.40％　5段階
＋税額の14％の付加税

7段階（所得税）39.6%
- 35%
- 33%
- 28%
- 25%
- 15%
- 10%

イギリス
（所得税）
3段階 45%
- 40%
- 20%

(注) 地方税はない。

ドイツ（所得税＋連帯付加税）
- 47.48%
- 44.31%
- 25.29%
- 14%

(注) 連帯付加税は所得税に加えて課される連邦税（原則、所得税額の5.5％）である。

方程式（所得税）45%
- 42%
- 23.97%
- 14%

(注) ドイツの所得税は共有税であり、連邦、州及び市町村にそれぞれ税収が配分される。

フランス（所得税＋社会保障関連諸税）
- 53%
- 49%
- 38%
- 22%
- 13.5%
- 8%

(注) 社会保障関連諸税（計8％）が給与収入に対して課されている。

5段階（所得税）45%
- 41%
- 30%
- 14%
- 5.5%

(注) 地方税はない。

(注1) 日本については、2013年（平成25年）1月から2037年（平成49年）12月までの時限措置として、所得税額に対して2.1％の復興特別所得税が課され、2015年分（平成27年分）の所得税から最高税率の引上げ（25年度改正）が行われる。
(注2) フランスについては、別途、財政赤字が解消するまでの措置として、一時的に発生した高額所得に対する高額所得課税（最高税率4％）を2012年より導入している（上記表中においてはこれを加味していない）。

283

給与収入階級別の個人所得課税負担額の国際比較

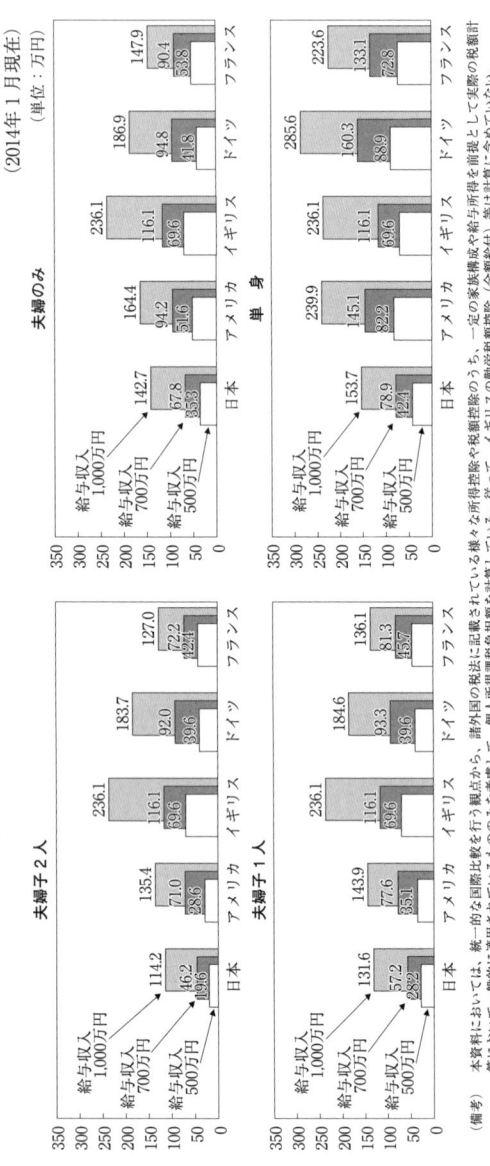

(2014年1月現在)
(単位：万円)

夫婦子2人

	日本	アメリカ	イギリス	ドイツ	フランス
給与収入1,000万円	114.2	135.4	236.1	183.7	127.0
給与収入700万円	16.2	71.0	116.1	92.0	122.4
給与収入500万円	△9.6	△8.6	59.6	39.6	57.2

夫婦子1人

	日本	アメリカ	イギリス	ドイツ	フランス
給与収入1,000万円	131.6	143.9	236.1	184.6	136.1
給与収入700万円	57.2	77.6	116.1	93.3	81.3
給与収入500万円	28.2	35.1	59.6	39.6	45.7

夫婦のみ

	日本	アメリカ	イギリス	ドイツ	フランス
給与収入1,000万円	142.7	164.4	236.1	186.9	147.9
給与収入700万円	67.8	94.2	116.1	94.8	90.4
給与収入500万円	35.3	51.6	59.6	41.8	53.8

単身

	日本	アメリカ	イギリス	ドイツ	フランス
給与収入1,000万円	153.7	239.9	236.1	285.6	223.6
給与収入700万円	78.9	145.1	116.1	160.3	131.1
給与収入500万円	42.4	82.2	59.6	88.0	72.8

(備考) 本資料においては、統一的な国際比較を行う観点から、諸外国の税法に記載されている様々な所得控除や税額控除のうち、一定の家族構成や給与所得を前提として、実際の税額計算において一般的に適用されているものみを考慮して、個人所得課税負担額を計算している。従って、イギリスの勤労税額控除（全額給付）等は計算に含めていない。

(注) 1. 個人所得課税には、所得税及び個人住民税等（フランスでは、所得税とは別途、収入に対して社会保障関連諸税（一般社会課税等）、合計8％）で課されている）が含まれる。フランスでは、別途、財政赤字が解消するまでの措置として、一時的に発生する高額所得に対する高額税率（最高税率4％）を2012年より導入している（上記表中においてはこれを加味していない）。
2. 日本においては夫婦子1人の場合、アメリカにおいては夫婦子1人の場合、子が17歳未満（夫婦子2人の場合、子は一般扶養親族（夫婦子2人の場合、1人が17歳以上、1人が17歳未満）に該当するものとしている。
3. 日本については、2015年分（平成27年分）以後の最高税率の引上げ（25年度改正）、以後の給与所得控除の上限の引下げ（26年度改正）を加味していない。
4. 日本については、2016年分（平成28年分）以後の給与所得控除の上限の引下げ（26年度改正）を加味していない。
5. 日本の個人住民税は所得割のみである。アメリカの個人住民税の例として、ニューヨーク州の個人所得税を採用している。
6. 邦貨換算レート：1ドル=100円、1ポンド=161円、1ユーロ=135円（基準外国為替相場及び裁定外国為替相場・平成25年(2013年)11月中における実勢相場の平均値）。なお、端数は四捨五入している。

第6編　租税制度の国際比較

個人所得課税の実効税率の国際比較（夫婦子2人（専業主婦）の給与所得者）
（2014年1月現在）

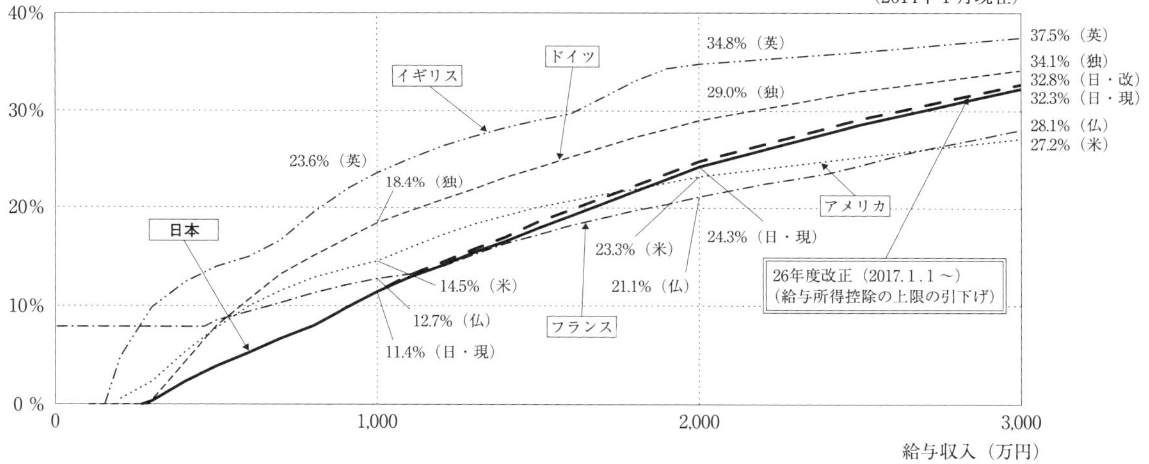

（備考）本資料においては、統一的な国際比較を行う観点から、諸外国の税法に記載されている様々な所得控除や税額控除のうち、一定の家族構成や給与所得を前提として実際の税額計算において一般的に適用されているもののみを考慮して、個人所得課税の実効税率を計算している。従って、イギリスの勤労税額控除（全額給付）等は計算に含めていない。
（注）1. 個人所得課税には、所得税及び個人住民税（フランスでは、所得税及び社会保障関連諸税（一般社会税等）が合算されている。）が含まれる。なお、フランスでは、別途、財政赤字補填までの措置として、一時的に発生した高額所得に対する所得課税（最高税率4％）を2012年より導入している（上記表中においてはこれを加味していない。）。
2. 日本においては子のうち1人が特定扶養親族、アメリカにおいては子のうち1人が17歳以上に該当するものとしている。
3. 日本の個人住民税は所得割のみである。アメリカの個人所得税の例としては、ニューヨーク州の個人住民税を採用している。なお、これとは別途、市町村により所得税が課されている。
4. アメリカでは、一定の納税者について上記において行った通常の税額計算とは別の方法による計算を行い、高い方の税額を採用する制度（代替ミニマム税）がある。
5. 邦貨換算レート：1ドル＝100円、1ポンド＝161円、1ユーロ＝135円（基準外国為替相場及び裁定外国為替相場：平成25年（2013年）11月中における実勢相場の平均値）。
6. 表中の数値は、給与収入1,000万円、2,000万円及び3,000万円の場合の各国の実効税率である。なお、端数は四捨五入している。

285

(3) **給与所得に対する課税**　給与所得者の課税所得を算出するに際して、必要経費に係る制度としては、実際に支出した費用を積み上げる実額控除制度と、一定額あるいは給与の一定比率を経費とみなす概算控除制度があります。イギリスでは実額控除のみですが、アメリカ、ドイツ、フランスでは、概算控除と実額控除の選択が認められています。

アメリカでは、給与所得者のみならず、原則としてすべての納税者が概算控除と実額控除のいずれかの選択を行うことになっています。実額控除を選択する場合、勤務に直接必要とされる費用のほかに、医療費や慈善寄附金等の特定の個人的支出の控除を行うことができます。他方、概算控除を選択する場合、控除額は定額で、これに加えて個人的支出の控除を行うことはできません。

ドイツやフランスでは概算控除額は定額又は限度額が設定されています。また、各国とも、実額控除を選択した場合であっても、たとえば、アメリカ、イギリスでは通勤費の控除が認められないなど、控除できる範囲はかなり限定されたものになっています。

わが国では給与所得控除が、65万円を最低として、以後、給与収入の上昇に伴って減少する比率により認められており、控除額の上限は245万円（平成28年分は230万、平成29年分以後は220万）となっています。さらに、特定支出（通勤費、転居費、研修費、資格取得費、帰宅旅費、勤務必要経費の6種類）の合計額が給与所得控除額の2分の1を超えるときは、その超える部分を収入から控除することが認められています。

なお、給与所得に係る所得税の源泉徴収は、アメリカ、イギリス、ドイツで行われており、わが国の年末調整におけるような雇用者による税額の精算は、イギリスでは給与支払時ごとに、ドイツでは年末に行われています。

給与所得者の必要経費についての各国の制度の概要

(2014年1月現在)

	日 本	アメリカ	イギリス	ドイツ	フランス
概算控除	給与所得控除（給与収入金額に応じ、控除率：40%〜5%、上限245万円(注1)の5段階、最低65万円）が認められる。	標準（概算）控除（夫婦共同申告の場合）12,400ドル（124.0万円）	なし	被用者概算控除 1,000ユーロ（13.5万円）	必要経費概算控除 社会保険料控除後の給与収入金額の10% 最低金額 421ユーロ（5.7万円） 最高控除額 12,000ユーロ（162.0万円）
実額控除	通勤費等勤務に直接必要な特定支出の額が給与所得控除額の2分の1の額を超える場合、その超える部分につき、特定支出控除が認められる。	上記に代えて、必要経費については、実額控除が認められる(注2)。	必要経費については、実額控除が認められる。	上記に代えて、必要経費については、実額控除が認められる。	上記に代えて、必要経費については、実額控除が認められる。

(注1) 平成26年（2014年）度改正により、平成28年（2016年）分は上限230万円、平成29年（2017年）分以降は上限220万円に引き下げられる。
(注2) アメリカでは、実額控除を選択した場合には、給与所得者の必要経費の他、医療費や慈善寄附金といった職務以外の個人的な経費についても控除が認められる。
(備考) 邦貨換算レートは、1ドル＝100円、1ユーロ＝135円（基準外国為替相場及び裁定外国為替相場：平成25年（2013年）11月中における実勢相場の平均値）。なお、端数は四捨五入している。

287

(4) **利子・配当課税制度**　わが国では、利子所得については、原則として所得税15％、住民税5％の源泉分離課税が行われています。他方、配当所得については、総合課税に加え、平成15年4月から、上場株式等の配当については20％（所得税15％、住民税5％）の源泉徴収のみで納税が完了する仕組み（申告不要制度）が導入されました。なお、平成15年4月から10％（所得税7％、住民税3％）の軽減税率が適用されていましたが、「金融所得課税の一体化」に向け、平成20年度税制改正において軽減税率は廃止されました（同措置はその後の税制改正で平成25年12月31日まで延長されていました）。

主要国の利子・配当所得に対する課税についてみると、総合課税が行われている国と分離課税が行われている国があります。また、多くの場合、源泉徴収制度が採用されています。

アメリカでは、利子所得については総合課税され、配当所得については、2003年減税調整法により、時限措置として、給与所得等とは別の税率で課税されています。配当所得に係る税率は、2003年から2007年までは5％・15％の2段階、2008年から2012年までは0％・15％の2段階に軽減されていましたが、2013年より0％・15％・20％の3段階とされています。なお、利子・配当所得とも、一般的には源泉徴収は行われていませんが、納税者が納税者番号を申告しない場合には、28％の税率で源泉徴収が行われることになっています。

イギリスでは、利子・配当所得とも給与所得等とは別の税率で課税され、銀行利息等は、20％の税率で源泉徴収が行われます。

ドイツでは、従来、利子・配当所得とも総合課税され、利子所得については30％（転換社債利子等については25％）、配当所得については20％の税率で源泉徴収が行われてきましたが、2009年より、利子所得、配当所得ともに、税率25％の申告不要制度（分離課税）が導入されています。

フランスでは、利子・配当所得ともに、源泉分離課税（税率31.3％）と総合課税との選択制となっていましたが、2013年より総合課税となっています。

スウェーデンをはじめとする北欧諸国では、低い貯蓄率等を背景として、1990年前後に、「資本所得」（利子・配当、キャピタル・ゲイン、不動産収入等）一般を累進税率対象の「勤労所得」と区分し、30％程度の税率による分離課税とする、いわゆる「二元的所得税」制度が導入されています。

第6編　租税制度の国際比較

主要国の利子、配当所得に対する課税制度の概要

(2014年1月現在)

○利子課税

	アメリカ	イギリス	ドイツ	フランス
課税方式	総合課税 (10～39.6%+州・地方政府税)	段階的課税(分離課税) (10、20、40、45%)	申告不要（総合課税（分離課税） ※総合課税も選択可(注1) (25%+連帯付加税（税額の5.5%))	総合課税 (5.5～45%+社会保障関連諸税、15.5%)
源泉徴収	源泉徴収は行わない。 ただし、納税者番号を申告しなかった者等は28%の税率で裏打ち源泉徴収される。	20%の税率で源泉徴収を行う。	25%+連帯付加税（税額の5.5%）の税率で源泉徴収を行う。	24%+社会保障関連諸税(15.5%)の税率で源泉徴収を行う。 源泉徴収額のうち社会保障関連諸税を除く分は、該当年分の所得税額から控除される。(注2)

○配当課税

	アメリカ	イギリス	ドイツ	フランス
課税方式	段階的課税(分離課税) (0、15%、20%+州・地方政府税)	段階的課税(分離課税) (10、32.5、37.5%) 部分的インピュテーション方式 （受取配当にその1/9を加えた額を課税所得に算入し、算出税額から受取配当額の1/9を控除)	申告不要（総合課税（分離課税） ※総合課税も選択可(注1) (25%+連帯付加税（税額の5.5%))	総合課税 (5.5～45%+社会保障関連諸税、15.5%) 配当所得一部控除方式 （受取配当の60%を株主の課税所得に算入)
源泉徴収	源泉徴収は行わない。 ただし、納税者番号を申告しなかった者等は28%の税率で裏打ち源泉徴収される。	源泉徴収は行わない。	25%+連帯付加税（税額の5.5%）の税率で源泉徴収を行う。	21%+社会保障関連諸税(15.5%)の税率で源泉徴収を行う。 源泉徴収額のうち社会保障関連諸税を除く分は、該当年分の所得税額から控除される。(注2)

(注1) ドイツにおいては、資本所得を含む、総合課税の所得税の税率が25%以下の者は、申告により総合課税の税率が適用される。申告を行った結果、総合課税を選択した方が納税者にとって有利であることを知って不申告とした場合は、税務当局において資本所得が申告されなかったものとして取り扱われ、26.375%の源泉徴収税のみが課税される。

(注2) ただし、利子につき前年年所得が25,000ユーロ（338万円）未満（夫婦のみの場合は50,000ユーロ（675万円））、配当につき前年所得が50,000ユーロ（675万円）未満（夫婦は夫婦につき75,000ユーロ（1,013万円））未満の者については、それぞれ請求により源泉徴収から除外される。

(備考) 邦貨換算レートは1ユーロ＝135円（基準外国為替相場及び裁定外国為替相場：平成25年（2013年）11月中における実勢相場の平均値）。なお、端数は四捨五入している。

(5) **有価証券譲渡益課税制度**　所得の概念については、経済的利得のうち、利子、配当、事業利潤、給与などの、反復的、継続的に生じる利得のみを所得として捉える考え方（制限的所得概念）と、これらに加え、資産の譲渡益のような一時的、偶発的な利得も含めて捉える考え方（包括的所得概念）とがありますが、現在では多くの主要国では包括的に所得を捉えるようになっています。

有価証券の譲渡益課税については、この所得概念の捉え方によって異なります。アメリカ、イギリス、フランスでは包括的所得概念を採用しているため、有価証券の譲渡益は原則として課税されます。アメリカでは、段階的課税（分離課税。税率0、15、20％）が、イギリスにおいても段階的課税（分離課税。税率18％、28％）が、フランスにおいては、総合課税（21～60.5％）が行われています。ドイツは主要国中唯一、制限的所得概念を採用し、有価証券の譲渡益が原則非課税で投機売買（保有期間12カ月以下）等に限り課税となっていましたが、2009年1月からは、利子所得・配当所得とともに税率26.375％の申告不要制度（分離課税）が導入されています。

なお、わが国では、平成15年1月から、上場株式等の譲渡益については、20％（所得税15％、住民税5％）の源泉徴収のみで納税が完了する仕組みが導入されました。また、平成15年1月から10％（所得税7％、住民税3％）の軽減税率が適用されていましたが、「金融所得課税の一体化」に向け、平成20年度税制改正において軽減税率は廃止されました（同措置はその後の税制改正で平成25年12月31日まで延長されていました）。また、上場株式等の配当は、申告分離課税を選択の上、上場株式等の譲渡損失と損益通算することが可能となりました。

第6編　租税制度の国際比較

主要国の株式譲渡益課税の概要

(2014年1月現在)

	日本	アメリカ	イギリス	ドイツ	フランス
課税方式	申告分離課税 20% (所得税15%＋個人住民税5%) ※特定口座において源泉徴収を行う場合には申告不要も選択可。20%(所得税15%＋個人住民税5%)、32,010ポンド超の部分に対応する税率が適用される。	段階的課税(分離課税)(連邦税)(注1) 3段階　0、15、20%(注1) ＋ 総合課税 (州・地方政府税) (ニューヨーク市の場合) 州税：4.00～8.82% 市税：2.55～3.40% 税額の14%の付加税 ※12ヶ月以下保有の場合、10～39.6%＋州・地方政府税	段階的課税(分離課税) 2段階　18、28%(注2)	申告不要(分離課税)(注3) ※総合課税も選択可 26.375% (所得税：25%) (連帯付加税：税額の5.5%)	総合課税 21～60.5%(注5) (所得税：5.5～45%) (社会保障関連諸税：15.5%) ※保有期間に応じた控除の適用後、他の所得と合算
非課税限度額等	―	―	土地等の譲渡益と合わせて年間10,900ポンド(175万円)が非課税	貯蓄者概算控除(注4)	

(注1) 給与所得等、配当所得及び長期間キャピタル・ゲインの順に所得を積み上げて、配当所得及び長期間キャピタル・ゲインに対応する部分には0%、36,900ドル超のブラケットに対応する部分には15%、406,750ドル(4,068万円)超のブラケットに対応する部分には20%の税率が適用される(単身者の場合)。なお、州・地方政府税については、税率等は各々異なる。
(注2) 給与所得等、配当所得、利子所得、キャピタル・ゲインの順に所得を積み上げて、キャピタル・ゲインのうち、32,010ポンド(515万円)以下のブラケットに対応する部分には18%、32,010ポンド超の部分に対応する部分には28%の税率が適用される。一定の起業家に対しては、譲渡益の生涯累計額が1,000万ポンド(16億円)に達するまで、10%の軽減税率が適用される。
(注3) 資本所得と他の所得を合算して、総合課税の税率が25%以下の者は、申告により総合課税の税率が適用される。申告を行った結果、総合課税を選択した方が納税者にとって却って不利になる場合、税務署当局において資本所得は申告されなかったものとして取り扱われる。26,375ユーロの源泉徴収税のみが課税される。
(注4) 当該控除の適用により、利子・配当・譲渡益等を含む資本所得等合計で年801ユーロ(11万円)に達するまでは課税されない。
(注5) 2013年予算法により、利子、配当、譲渡益について分離課税は廃止され、2013年分からは累進税率の一律適用がされる旨の選択制が廃止された。
(備考) 邦貨換算レートは、1ドル＝100円、1ポンド＝161円、1ユーロ＝135円(基準外国為替相場及び裁定外国為替相場：平成25年(2013年)11月中における実勢相場の平均値)。なお、端数は四捨五入している。

(6) **公的年金課税**　公的年金の掛金に対する課税上の取扱いは、事業主と被用者の各負担分及び自営業者の場合に分けられます。事業主の負担分については、主要国のいずれにおいても、事業主は全額を損金に算入することが認められ、また、被用者もそれを追加的給与として所得に含める必要はありません。被用者本人の負担分については、フランスでは全額、ドイツでは一定の限度の下に所得からの控除が認められますが、アメリカ、イギリスでは控除は認められません。自営業者が支払う掛金については、アメリカでは半額について控除が認められ、イギリス、ドイツ、フランスでは被用者の負担分と同様の取扱いとなっています。

　一方、公的年金の給付金の課税上の取扱いは、掛金の取扱いに対応して異なります。アメリカでは、所得が一定額以上の高額所得者の場合には、他の所得の額に応じて所得に算入され、他の所得と総合して課税されます。イギリスでは特別な取扱いはせずに給与所得等と同じ所得区分で課税されます。ドイツでは給付金のうち一定割合がその他の所得として課税されます。フランスでは一定の所得控除を行い給与所得と同様に課税されます。

　わが国では、掛金のうち事業主の負担分は損金に算入され、被用者・自営業者の負担分は社会保険料控除として全額が所得から控除されます。給付金は遺族年金・障害年金は非課税とされ、老齢年金は公的年金等控除が適用され、雑所得として課税されます。わが国においては、公的年金に関して、掛金・給付金双方で手厚い配慮がなされており、主要諸外国に比して優遇されているといえるでしょう。

主要国における公的年金税制

(2014年1月現在)

		日本	アメリカ	イギリス	ドイツ	フランス
拠出段階	給与所得者					
	事業主負担分	損金算入	損金算入	損金算入	損金算入	損金算入
	被用者に対する給与課税	なし	なし	なし	なし	なし
	本人負担分	控除あり（全額）	控除なし	控除なし	控除あり（限度額あり）(注2)	控除あり（全額）
	事業所得者 本人負担分	控除あり（全額）	1／2所得控除	控除なし	控除あり（限度額あり）(注2)	控除あり（全額）
給付段階	老齢年金	課税	一部課税(注1)	課税	一部課税(注3)	課税
	遺族年金	非課税	一部課税(注1)	課税	一部課税(注3)	課税
	障害年金	非課税	一部課税(注1)	課税	一部課税(注3)	課税
所得計算上の特例措置		控除あり	所得算入の特例あり(注1)	特例あり	所得算入の特例及び控除あり(注3)	控除あり(注4)

(注1) 公的年金の一部（50％）は、原則として総所得に算入される。ただし、当該公的年金及びそれ以外の所得の合計額に対する暫定所得（provisional income）が一定水準未満の場合は、公的年金は総所得に算入されず、また暫定所得が一定水準以上の場合は、総所得に算入される公的年金は増額される（最大85％）。

(注2) 介護保険及び疾病保険、年金保険料及び生命保険料の合計額に対する実額控除（ただし、限度額あり）又は概算控除が認められる。

(注3) 受給が開始された年度に応じて、給付額の一定部分が課税対象となる（受給開始が2005年以前の納税者は課税割合が50％、2006年以降の納税者は50％から毎年上昇）。また、当該部分について、他の一定の年金給付の課税対象部分と併せて、年102ユーロ（1.4万円）の控除が認められる。

(注4) 年金額に対する10％の控除（最低控除額371ユーロ（5.0万円）、控除限度額3,660ユーロ（49.4万円））が認められる。

(備考) 邦貨換算レートは、1ユーロ＝135円（裁定外国為替相場：平成25年（2013年）11月中における実勢相場の平均値。なお、端数は四捨五入している。

6 法人税制度

(1) 法人税負担及び税率構造　法人の所得に対する課税は、イギリスでは1799年のピット内閣時の所得税や、第一次大戦中の超過利潤税等に、その起源を求めることができます。また、その他の国についてみると、アメリカでは1909年、フランスでは1917年、ドイツでは国税として法人税が採用されたのが1920年となっています。日本では1899年に法人が所得税の対象となり、1940年に法人税が創設されました。

アメリカでは、法人税は35％の基本税率の下で15％、25％、34％の軽減税率を有する超過累進構造です。また、これに加え、州の法人税が課されており、例えばカリフォルニア州の場合、税率は所得の8.84％です。この税額は連邦法人税の計算上損金算入されます。イギリスは30％の比例税率でしたが、2008年4月以降、税収中立で、税率を28％に引き下げる改正を行いました。また、2011年度からは、課税ベース拡大等の措置を講じつつ、2015年度までに段階的に20％まで引き下げることとされています。ドイツは、15％の法人税率に加えて法人税額の5.5％が連帯付加税として課される他、市町村税として営業税が課されています。2008年度改正で行われたドイツの法人税率15％への引下げについては、その減収額の約6分の5が課税ベースの拡大で補われました。フランスは、33 ⅓％の税率で課税しています。

主要国の法人税率は、1980年代初めには50％程度でしたが、現在では、各国とも課税ベースの拡大とともに、大幅に引き下げられてきています。わが国においても昭和63年12月の抜本改革及び平成10年度税制改正において、課税ベースを拡大しつつ、法人税率を引き下げ、さらに平成11年度税制改正や平成23年度税制改正においても税率を引き下げたことにより（留保分42％、配当分32％→一律37.5％→34.5％→30％→25.5％）、現在は25.5％となっています。

第6編　租税制度の国際比較

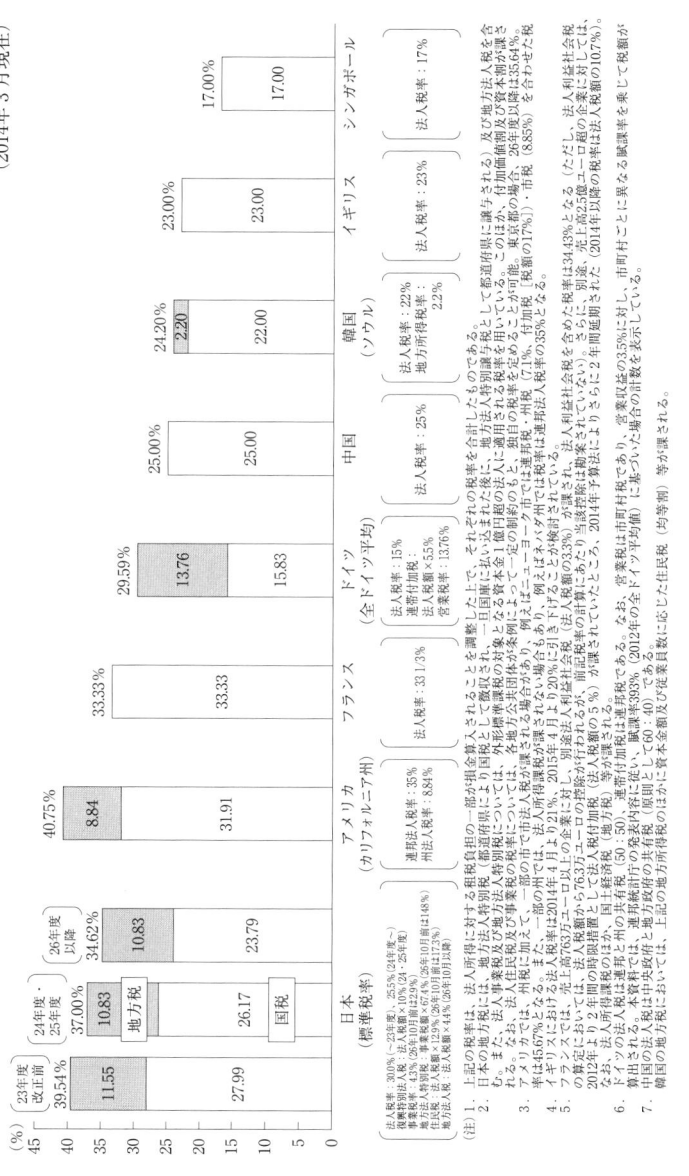

国・地方合わせた法人税率の国際比較

(2014年3月現在)

国	税率(%)
日本 (標準税率) 23年度改正前	39.54% (国税 27.99 / 地方税 11.55)
日本 24年度・25年度	37.00% (国税 26.17 / 地方税 10.83)
日本 26年度以降	34.62% (国税 23.79 / 地方税 10.83)
アメリカ (カリフォルニア州)	40.75% (8.84)
フランス	33.33%
ドイツ (全ドイツ平均)	29.59% (13.76) / 15.83
中国	25.00%
韓国 (ソウル)	24.20% (2.20) / 22.00
イギリス	23.00%
シンガポール	17.00%

各国の内訳:

- **日本(標準税率)**
  法人税率：30.0%(〜22年度)、25.5%(24年度〜)
  復興特別法人税：10%(24・25年度)
  事業税率：4.3%(26年10月前は4.8%)
  地方法人特別税：事業税額×67.4%(26年10月前は148%)
  住民税：法人税額×12.9%(26年10月前は17.3%)
  地方法人税：法人税額×4.4%(26年10月以降)

- **アメリカ(カリフォルニア州)**
  連邦法人税：35%
  州法人税：8.84%

- **フランス**
  法人税率：33 1/3%

- **ドイツ(全ドイツ平均)**
  法人税率：15%
  連帯付加税：法人税額×5.5%
  営業税率：13.76%

- **中国**
  法人税率：25%

- **韓国(ソウル)**
  法人税率：22%
  地方所得税：2.2%

- **イギリス**
  法人税率：23%

- **シンガポール**
  法人税率：17%

(注)
1. 上記の税率は、法人所得に対する租税負担の一部が損金算入されることも考慮した上で、それぞれの税率を合計したものである。
2. 日本の地方税には、法人事業税(地方法人特別譲与税を含む)、都道府県民税及び市町村民税が含まれる。なお、法人事業税及び地方法人特別税については、一日当たり資本金1億円超の法人に係る所得割の対象に対して、外形標準課税の対象となる資本金等の金額及び付加価値額が課税標準とされている。また、法人住民税については、地方公共団体ごとに、独自の税率を定めることが可能であるが、標準税率の1.2倍を上限(東京都の場合)とされている。
3. アメリカでは、州税に加えて、一部の市で市法人所得税が課される場合があり、例えばニューヨーク市では連邦税(7.1%)、州税(8.85%)、市税(税額の17%)を合わせた税率は45.67%となる。また、法人所得税が課されない州もある。
4. イギリスにおける法人税率は2014年4月1日より21%、2015年4月1日より20%となる。
5. フランスでは、法人税に加え、別途、社会保障負担金(法人税額の3.3%)が課され、法人利益社会税(2012年より2年間時限措置として法人税額から763万ユーロの控除が付されている)の算定においては、法人税額から763万ユーロの控除が付されるが、前記税率の計算にあたり当該控除を勘案していない。さらに、別途、法人利益社会税は34.43%となる(ただし、売上高5億ユーロ超の企業に対して、2014年予算法によりさらに2年間延期された)。
6. ドイツの法人税は連邦税と州の共有税、連帯付加税の発生分計の発生税の発生税は連邦税に従い、営業税は市町村税である。なお、営業税は市町村税であり、営業収益の3.5%に対し、市町村ごとに異なる賦課率を乗じて税額が決定される。本表における営業税率は、連邦統計庁の発表内容に従い、賦課率393%(2012年のドイツ平均)に基づいた場合(均等割)等が示されている。
7. 中国の法人税は中央政府と地方政府の共有税(原則として60:40)である。
   韓国の地方税については、上記の地方所得税のほかに資本金額及び従業員数に応じた住民税(均等割)等が課される。

295

(2) **法人段階と株主段階の負担調整措置**　法人段階の税負担と法人から配当を受ける株主段階の税負担の調整については、各国はいろいろな事情に応じて調整のあり方を決定しており、その内容は様々です。現在、主要国において法人段階で配当について配慮している国はありません。

個人株主段階では、アメリカ及びドイツでは特別な調整措置をとっていませんが、イギリス、フランスでは、配当に対する二重課税の調整措置が講じられています。イギリスで採用されている方式は部分的インピュテーション方式と呼ばれています。これは受取配当のほか、受取配当に対応する法人税額の一部に相当する金額を個人株主の所得に加算し、この所得を基礎として算出された所得税額からこの加算した法人税額の一部に相当する金額を控除する方式です。他方、フランスでは、受取配当の一部を個人株主の所得に加算する配当所得一部控除方式が採用されています。

法人株主が受け取る法人間配当については、アメリカ及びフランスでは、持株比率に応じて一定割合を益金不算入としています。また、イギリス及びドイツでは、持株比率にかかわらず、一部又は全額を益金不算入とする制度になっています。

わが国では、総合課税を選択した場合、個人株主段階で配当税額控除により調整する措置をとっています。法人間配当については、50％（持株割合25％以上の法人からの配当については100％）を益金不算入とする制度になっています。

第6編　租税制度の国際比較

主要国の配当に係る負担調整に関する仕組み

(2014年1月現在)

	日　本	アメリカ	イギリス	ドイツ	フランス
法人段階	法人税率　25.5%	法人税率　35%	法人税率　23%	法人税率　15% +税額の5.5%の連帯付加税	法人税率　33 1/3%
個人株主段階における法人税と所得税の調整方式	【確定申告不要又は申告分離課税を選択した場合】 調整措置なし 【総合課税を選択した場合】 配当控除 （配当所得額控除方式）	調整措置なし	部分的な調整	調整措置なし	配当所得一部控除方式 （受取配当の60%を株主の課税所得に算入）
法人間配当	持株比率に応じて次のとおり益金不算入 持株比率／益金不算入割合 0%〜25%未満／50% 25%以上／100%未満	持株比率に応じて次のとおり益金不算入 持株比率／益金不算入割合 0%〜20%未満／70% 20%〜80%未満／80% 80%以上／100%未満	全額益金不算入	95%益金不算入	持株比率に応じて次のとおり益金不算入 持株比率／益金不算入割合 0%〜5%未満／0% 5%以上／95%未満

(注)1. 日本では、上場株式等の配当については源泉徴収のみで確定申告不要を選択することができ、配当所得を総合課税のほかに申告分離課税も選択することができる。
2. アメリカにおいては、一部の個人株主等に対し、株式譲渡損との損益通算を認めた上で配当所得に対して軽減税率が適用されている。なお、アメリカは1936年に個人株主段階における法人税と所得税の調整措置を廃止している。
3. イギリスにおける部分的な調整とは、部分的インピュテーション方式である。インピュテーション方式とは、受取配当のほか、受取配当額からこの算入により算出した額を基礎とその所得に加算し、その所得に対応する法人税相当額の全部又は一部を株主の算出税額から控除する仕組みであり、二重課税は完全に排除される。なお、イギリスの部分的インピュテーション方式では、法人所得のうち受取配当に充てた部分に関する限り、受取配当額からその1/9を加えた額を課税所得に算入し、受取配当にその1/9を加えた額を加えた額を課税所得に算入し、受取配当にその1/9を加えた額を課税所得に算入する。
4. ドイツでは、2008年まで総合課税のもと、配当所得（受取配当の50%を株主の課税所得に算入）が採られていたが、2009年から、利子・配当・キャピタルゲインに対する一律25%の申告不要（分離課税）が導入された。個人株主段階における法人税と所得税の調整は廃止された。
5. フランスでは、2007年まで総合課税のもと、配当所得一部控除方式（受取配当の60%を株主の課税所得における法人税と所得税の調整は行わないこととなった。なお、総合課税と分離課税の選択制が個人株主段階（分離課税）が導入されたことに伴い、2013年分所得から分離課税が廃止され、2013年分所得から一律累進税率が一律適用されることとなった。

(3) **減価償却**　償却方法としては、ドイツでは原則定額法しか認められていませんが、フランスでは定額法だけでなく、償却資産の種類により、定率法も認められています。アメリカにおいては、使用に供された時点や償却資産の種類によって異なりますが、定額法のほか、200％定率法等の方法が認められています。

　耐用年数については、イギリスのように各資産区分ごとに償却率等が法定されている国もあれば、ドイツのように事業上の通常利用年数により償却資産の耐用年数表（法的拘束力は有しない）が作成されている国もあります。また、フランスでは、一般的に適用される統一的な耐用年数は定められておらず、行政裁判所が審理した事案において採用された償却率等が一応の基準とされています。アメリカにおいては、法律により耐用年数は10通りとされていますが、多くの動産については具体的にどの耐用年数が適用されるかは財務省が作成する耐用年数表により定められています。一方、わが国では、耐用年数は耐用年数省令によって資産の種類ごとに定められており、原則として定額法又は定率法により減価償却を行うこととされています。平成19年度税制改正において、償却可能限度額（減価償却をすることができる限度額）と残存価額（耐用年数経過時に見込まれる処分価額）を廃止し、耐用年数経過時に１円（備忘価額）まで償却できるようにするとともに、定率法の算定方法として250％定率法を導入したことにより、従来と比べ、より早期の減価償却が可能となりました。なお、平成23年度税制改正により、250％定率法が200％定率法に改められています。

第 6 編　租税制度の国際比較

主要国の減価償却の概要

(2014年1月現在)

		日本	アメリカ	イギリス	ドイツ	フランス	韓国
償却方法 [期間]	建物(注1)	定額法 [21～50年]	定額法 [27.5年または39年]	償却不可	定額法 [33.3年]	定額法 [通常、一般に使用される期間]	定額法 [10年](注7)
	機械装置	定額法または200%定率法(注2) [3～22年]	150%定率法または200%定率法(注5) [3～20年] ※代替ミニマム税の計算においては、200%定率法により計算された減価償却費は、150%定率法により計算された減価償却費に制限される	定率法 (毎年、未償却残高の18%を償却)	定率法 [3～33年] ※ただし、2009年、2010年中に取得された資産については定率法(250%定率法または定率法の未償却残高の25%を償却する方法のいずれか低い方を限度)を選択可	定率法 [通常、一般に使用される期間] ※ただし、耐用年数が3年以上にわたる一定の機械設備等については、定率法(耐用年数に応じて、175%定率法、225%定率法、275%定率法のいずれかを選択)(注6)	定額法または定率法(注8) [4～20年]
償却可能限度額		100%(注3)	100%	100%	100%(注3)	100%	100%(注9)
残存価額		なし(注4)	なし	なし	なし	なし	なし

(注1) 建物は冷暖房コンクリート造の場合。
(注2) 2007年3月31日以前に取得した資産については、旧定額法・旧定率法の選択。
　　定額法(200%定率法)は、まず、定額法の償却率(1/耐用年数)を2.0倍した率を率を計算し、この償却費が一定の金額を下回る事業年度から残存年数による均等償却に切り替えて、耐用年数経過時点に1円まで償却する制度をいう。なお、原則として、定率法(200%定率法)は2012年4月1日以後に取得する減価償却資産について適用され、2007年4月1日から同日前に取得する減価償却資産には250%定率法が適用される。
(注3) ただし、備忘価額1円(日本、ドイツ)、1ユーロ(ドイツ)。
(注4) 2007年3月31日以前に取得した資産については、10%。
(注5) 耐用年数3～10年の減価償却資産については200%定率法、15～20年の減価償却資産については150%定率法が適用される。なお、定率法による償却費が一定の金額を下回る事業年度から残存年数による均等償却に切り替えて償却する。
(注6) 耐用年数3～4年の減価償却資産については175%定率法、5～6年の減価償却資産については225%定率法、6年超の減価償却資産については275%定率法が適用される。
(注7) 耐税者が標準耐用年数に応じて省令で定められている。
(注8) 償却は、耐用年数に応じて省令で定められている。
(注9) 定率法を選択した場合は残存価額を5%として償却する(当該残存価額は耐用年数経営者の翌年に償却することができる)。

(4) **寄附金税制** 寄附金の損金算入については、いずれの国においても一定の制限の下にこれを認めることとしています。寄附金は事業の収益にそのまま対応する費用とはいえず、これをそのまま全額損金とする場合には、寄附を行った法人の税額が減少し、結果的に国が寄附金の一部を補助するのと同じことになってしまいます。そこで、損金算入を特定の公益目的に従った寄附に限定するなどしているものです。主要国においては一般の寄附金の損金算入は認められておらず、特定の寄附金に限って一定の損金算入が認められています。

アメリカにおいては、公益を目的とした団体に対する寄附金について、課税所得の10％を限度として損金算入することができます。イギリスにおいては、登録チャリティに対する寄附金について法人の税引前利益の額を限度に損金算入が認められています。ドイツにおいては、慈善、公益及び教会支援の目的を持つ団体に対する寄附金について一定額を限度として損金算入が認められます。フランスにおいては、一定の公益的な団体に対する寄附金について、一定額を限度として税額控除が認められます。

わが国においては、国又は地方公共団体に対する寄附金や公益法人等に対する寄附金のうち特に公益性が高いものとして指定された指定寄附金について全額損金算入できるものとなっており、また、特定公益増進法人や認定特定非営利活動法人に対する寄附金や一般の寄附金についても一定額を限度として損金算入することが認められています。なお、平成20年度税制改正において、民間が担う公益活動の推進・寄附税制の拡充を図る観点から、特定公益増進法人等に対する寄附金の損金算入限度額が大幅に拡大されました（所得基準を所得金額の2.5％から5％に引上げ）。さらに、平成23年度税制改正において、一般の寄附金の損金算入限度額を縮減する一方、その同額分、特定公益増進法人等の損金算入限度額が拡充されました。

主要国の寄附金税制の概要

(2014年1月現在)

対象団体		税制上の取扱い	
		所得税（個人）	法人税
アメリカ	宗教、慈善、科学、教育等を目的とする団体で、内国歳入庁の認定を受けたもの(注1)のうち、		
	特に公益性の強い団体（連邦・州・地方政府等を含む）	所得控除（所得の50%を限度）	損金算入（所得の10%を限度）
	その他一定の公益性が認められた団体	所得控除（所得の30%を限度）	
イギリス	貧困の救済、教育、宗教、芸術振興等を目的とする団体で、チャリティ委員会に認定された登録チャリティ	所得控除（給与納付に寄附金額を天引き（ペイロール・ギビング））(注2)	損金算入（法人の税引前利益の額を限度）
ドイツ	公益（教育、福祉、芸術振興等）、慈善及び教会支援の目的を持つ団体のうち、税務署の認定を受けたもの	所得控除（以下のいずれか大きい金額を限度） ①年間総売上高と支払賃金の合計の0.4% ②所得の20%	同左
フランス	慈善、教育、社会福祉、人道支援等の活動を行う公益団体として税務署に認定されたもの	寄附金額の66%につき税額控除 （寄附金額については課税所得の20%を限度）	寄附金額の60%につき税額控除 （寄附金額については年間売上高の0.5%を限度）

(注1) 教会、教会関連団体および年間総収入が5,000ドル以下の団体は、内国歳入庁の認定申請は不要。
(注2) このほか、寄附者の納税額を税務当局からチャリティに交付する制度（ギフト・エイド）がある。

301

7　相続税・贈与税制度　　相続税の課税方式は、相続財産そのものに課税する方式（遺産課税方式：アメリカ、イギリス）と相続又は贈与により財産を取得した相続人に課税する方式（遺産取得課税方式：ドイツ、フランス）があります。わが国は、遺産取得課税方式を基本として、相続税の総額を法定相続人の数と法定相続分によって算出し、各人の取得財産額に応じて配分する方式をとっています。

税率については、配偶者、子、兄弟姉妹、親等で税率に差を設けている国（ドイツ、フランス等）もみられますが、イギリスのように単一税率（40％）の国もみられます。

配偶者の取扱いについては、民法の夫婦財産制度とも関係しますが、各国とも配慮がなされています。夫婦別産制をとる国では、例えば妻が夫の財産を相続することになるわけですが、アメリカ、イギリスでは配偶者間の遺産移転は免税とされ、ドイツでは配偶者に特別の控除が認められています。また、わが国では、配偶者が相続する遺産については、法定相続分に対応する税額等を控除する税額控除が認められています。他方、共有制をとるフランスにおいても、配偶者間の遺産移転は免税とされています。

贈与税は相続税を補完するものであることから、相続税とは別に贈与税を課している国でも相続税課税の際に一定期間の生前贈与を累積課税することで課税の調整を行っている国が多いようです。

わが国の贈与税は相続税とは別の方式で課税されますが、相続開始前3年以内の贈与財産は相続財産に加算し、加算された贈与財産に対応する贈与税は相続税から控除する方式がとられています。なお、平成15年1月より、従来の制度に加えて、新たな相続税と贈与税の一体化措置（相続時精算課税制度）が選択可能となっています。

第６編　租税制度の国際比較

主要国における相続税の概要

(2014年１月現在)

区分	日本 平成25年度改正前	日本 平成25年度改正後(注1)	アメリカ	イギリス	ドイツ	フランス
課税方式	法定相続分課税方式（併用方式）	法定相続分課税方式（併用方式）	遺産課税方式	遺産課税方式	遺産取得課税方式	遺産取得課税方式
最低税率	10%	10%	18%	40%	7%　続柄の親疎により、税率は3種類（最高税率50%）(注2)	5%　続柄の親疎により、税率は4種類（最高税率60%）(注2)
最高税率	50%	55%	40%	40%	30%	45%
税率の刻み数	6	8	12	1	7	7
基礎控除等	5,000万円＋1,000万円×法定相続人数（別途、配偶者の税額を控除）	3,000万円＋600万円×法定相続人数（別途、配偶者の税額を控除）	配偶者（免税）基礎控除：534万ドル（5.34億円）	配偶者（免税）基礎控除：32.5万ポンド（5,233万円）	配偶者(注3)　剰余調整分＋75.6万ユーロ（1億206万円）子(注4)：40万ユーロ（5,400万円）	配偶者（免税）子：10万ユーロ（1,350万円）

(注1) 平成25年度改正後の制度は、平成27年１月１日以降に相続または遺贈により取得する財産に係る相続税について適用する。
(注2) ドイツでは、税率は配偶者及び子、兄弟、フランスの税率は直系血族の税率による。
(注3) ドイツでは、配偶者に対する相続において、剰余調整分（婚姻中における夫婦それぞれの財産増加額の差額の２分の１）が非課税になるほか、基礎控除50万ユーロ（6,750万円）及び特別扶養控除25.6万ユーロ（3,456万円）が認められる。
(注4) ドイツでは、子に対する相続において、基礎控除40万ユーロ（5,400万円）のほか、27歳以下の子には10,300ユーロ（139万円）～52,000ユーロ（702万円）の特別扶養控除が認められる。
(参考)
1. 遺産課税方式は、人が死亡した場合にその遺産を対象として課税する制度であり、遺産取得課税方式は、人が相続によって取得した財産を対象として課税する制度である。
2. ドイツでは、2009年１月より基礎控除の拡大、兄弟姉妹等に係る税率の引上げ等が実施された。一方、2010年１月には兄弟姉妹等に係る税率の引上げが廃止をされている。
3. アメリカでは、2010年に遺産税は一旦廃止されたが、2011年に、基礎控除500万ドル（４億円）、最高税率35%で復活した。当該措置は2012年までの時限措置であったところ、2013年以降については、2012年米国納税者救済法により、基礎控除500万ドル（４億円）は継持しつつ最高税率を40%へ引き上げることとされた。
4. フランスでは、2012年の第２次修正予算法における税制改正により、2012年８月17日以降の相続について、直系血族に係る基礎控除額が159,325ユーロ（2,151万円）から100,000ユーロ（1,350万円）に引き下げられた。

(備考) 邦貨換算レートは、１ドル＝100円、１ユーロ＝135円、１ポンド＝161円（基準外国為替相場及び裁定外国為替相場：平成25年（2013年）11月中における実勢相場の平均値）。なお、端数は四捨五入している。

8 土地税制　土地に対しては、一般に譲渡、保有及び取得の各段階で課税が行われていますが、それぞれの国情に応じて、また土地政策や所得概念との関係で国によって異なる制度となっています。

譲渡益課税のうち、個人については、所得概念との関係で譲渡益をどう捉えるかにより課税方法等が異なります。主要国においては、保有期間に応じて総合課税または非課税としている国（ドイツ）、総合課税または段階的課税（分離課税）としている国（アメリカ）、保有期間にかかわらず段階的課税（分離課税）としている国（イギリス）、分離課税としている国（フランス）があります。法人の譲渡益については、上記の国々などでは他の所得と合算して通常の法人税が課されます。

保有課税については、わが国の固定資産税に類似の税として、アメリカでは財産税（地方税）、イギリスでは非居住用資産レイト（国税）及びカウンシル・タックス（地方税）、ドイツでは不動産税（地方税）、フランスでは既建築地・未建築地不動産税（地方税）などがあります。

第6編　租税制度の国際比較

主要国の土地税制

(2014年1月現在)

		日　本	アメリカ	イギリス	ドイツ	フランス
(1) 譲渡益課税	個人の場合	[所得税] 分離課税（所有期間等に応じて税率が異なる）。 [住民税]（地方税） 分離課税（所有期間等に応じて税率が異なる）。	[所得税] (1) 短期キャピタル・ゲイン 他の所得と合算して課税。 (2) 長期キャピタル・ゲイン 他の所得と異なる段階的税率で課税（分離課税）。 [所得税（州・地方税）] 他の所得と合算して課税。	[キャピタル・ゲイン税] 所得税と異なる段階的税率で課税。	[所得税] (1) 短期キャピタル・ゲイン 他の所得と合算して課税。 (2) 長期キャピタル・ゲイン 原則非課税。	[所得税] 分離課税（所有期間に応じた軽減措置が存在）。
	法人の場合	[法人税] 他の所得と合算して課税。 [事業税]（地方税） 他の所得と合算して課税。 [住民税]（地方税） 法人税額（追加課税分の税額を含む）を課税標準として課税。	[法人税] 他の所得と合算して課税。 [法人税（州・地方税）] 他の所得と合算して課税。	[法人税] 他の所得と合算して課税。	[法人税] 他の所得と合算して課税。 [営業税]（地方税） 他の所得と合算して課税。	[法人税] 他の所得と合算して課税。
(2) 保有課税		[地価税] 土地等の価格から基礎控除額を控除した残額に対して課税（課税停止中）。 [固定資産税・都市計画税]（地方税） 原則、土地等の価格を課税標準として課税。 [特別土地保有税]（地方税） 原則、土地の取得価格を課税標準として課税（課税停止中）。	[財産税（州・地方税）] 州・地方レベルで、財産の査定額等に課税。	[非居住用資産レイト] 歳入関税庁評価事務所が定める賃貸価格に基づき、事業用資産の占有者に課税。 [カウンシル・タックス]（地方税） 居住用資産について、資産の評価額に基づき居住者に課税。	[財産税（州税）]（注） 純資産から基礎控除額を控除した残額に対して課税。 [不動産税]（地方税） 不動産統一評価額に基づき課税。	[家屋税] 純資産から基礎控除額を控除した残額に対して課税。未建築建築地不動産税（地方税） 土地台帳に記載された賃貸価格に基づき課税。 [住居税]（地方税） 土地台帳に記載された賃貸価格に基づき、住居の占有者に対し課税。
(3) 流通課税		[登録免許税] 土地の価格等を課税標準として課税。 [不動産取得税]（地方税） 原則、土地等の取得価格を課税標準として課税。	[不動産取得税（州・地方税）] 州・地方レベルで、不動産の譲渡価額等に課税。	[土地印紙税] 不動産譲渡価額が12.5万ポンド（非居住用資産の場合は15万ポンド）超の場合課税。	[不動産取得税（州税）] 不動産譲渡額に対して課税。	[登録税（国・地方税）] 不動産譲渡額に対して課税。

(注) 不動産の評価方法に関する違憲判決（95年8月）等により、97年1月より、財産税法は執行できない状態となっている。
(備考) 欧米主要国では、土地・建物一体の不動産税制である。

305

9　付加価値税等

(1) **課税ベースの広い間接税**　広く消費全般に課税する一般的な間接税を課税ベースの広い間接税といいます。

こうした間接税のうち、単段階課税のものとしては製造業者売上税、卸売売上税、小売売上税があります。製造業者売上税は、以前カナダで採用されていた類型で、製造業者が製造する物品について工場からの出荷段階で一度だけ課税する方式です。卸売売上税は、製造業者や卸売業者が小売業者に販売する物品について、その売上げに課税する方式です。小売売上税は、消費者に販売する物品・サービスについて、その売上げに課税する方式で、現在アメリカやカナダで州税として採用されています。

多段階課税のものとしては、累積型の取引高税と累積排除型の付加価値税があります。取引高税は、製造から消費にわたるすべての取引段階で、それぞれの売上げに対して課税する方式で、EU諸国の旧取引高税がこれに該当します。課税の累積が生じるため取引に中立性を欠く、国境税調整が難しいといった問題があります。

付加価値税は、製造から消費にわたるすべての取引段階で、それぞれの売上げに対して課税したうえで、仕入れに係る前段階の税額を控除する方式です。課税の累積を排除でき、国境税調整も正確に行うことができます。

付加価値税は、フランスで発達し、1948年、当時の生産税（製造業者売上税）において売上げに係る税額から原料仕入れに係る税額を控除する仕組みが導入されたのを原形に、1968年には、現行のような完成された制度が導入されました。これは、その後、EU諸国が相次いで導入した付加価値税のモデルとされました。現在、付加価値税は、OECDに加盟する34カ国のうちアメリカを除く33カ国、全世界では100カ国以上で採用されています。

第6編 租税制度の国際比較

課税ベースの広い間接税

類　型		実施国の例	仕　組　み
単段階課税	製造業者売上税	カナダ （1990年末まで）	製造者が製造する物品について製造段階で売上課税を行う。 　累積課税を排除するため、原材料等を免税・非課税で販売・購入できる仕組みが設けられる。
	卸売売上税	オーストラリア （2000年6月末まで） スイス （1994年末まで）	卸売段階をとらえて課税を行う。 　累積課税を排除するため、原材料等を免税・非課税で販売・購入できる仕組みが設けられる。
	小売売上税	アメリカ(州) カナダ(州)	事業者が消費者に販売する段階で物品とサービスについて売上課税を行う。 　累積課税を排除するため、原材料等を免税・非課税で販売・購入できる仕組みが設けられる。
多段階課税	累積型　取引高税	EU諸国の旧取引高税 日本（1949年末まで）	取引の各段階で重畳的に売上課税を行う（取引の前段階で課税されていても、その税額を控除しない。）
	累積排除型　付加価値税	EU諸国、カナダ、オーストラリア、スイス、韓国、フィリピン、アルゼンチン、ロシアなど 日本の「消費税」	取引の各段階で売上課税を行うが、前段階の税額を控除する。

(2) **非課税品目・税率**　付加価値税の課税対象となる取引は、国内で行われた有償の財貨の引渡し、サービスの提供及び財貨の輸入です。こうした取引を行う者は納税義務を負うことになります。原則としてすべての財貨、サービスに課税されますが、そもそも消費課税になじまないものや、社会政策的な配慮を必要とされるものなどについては、非課税とされています。医療、教育、金融・保険等に関する取引は多くの国で非課税となっています。

イギリスでは、食料品や書籍、新聞等に関する取引について、税率をゼロとして前段階の税額を還付するゼロ税率制度を採用しています。しかし、この措置は付加価値税の課税ベースを大きく減少させることとなるため、他のEU諸国から強い批判を受けています。

EUは加盟国の税制調和を進めていますが、付加価値税について、EC指令でその概要を定めており、加盟各国の制度もおおむねその枠内のものとなっています。1992年10月には付加価値税の税率の調和に関する指令（EC指令の改正指令）がEU財務相理事会において採択され、1993年1月1日以降、加盟各国は標準税率を15％以上とすることが義務付けられ、軽減税率については、税率5％以上であれば、一定の品目に限り、2段階まで設けることができる旨が定められました。

わが国の税率は2014年4月より、5％から8％に引き上げられたものの、未だOECD加盟諸国でも最低水準にとどまっています。

第6編　租税制度の国際比較

付加価値税における非課税、税率構造の国際比較

(2014年1月現在)

		日　本	イギリス	ドイツ	フランス
非課税		土地の譲渡・賃貸、住宅の賃貸、金融・保険、医療、教育、福祉等	土地の譲渡・賃貸、建物の譲渡・賃貸、金融・保険、医療、教育、郵便、福祉等	不動産取引、不動産賃貸、金融・保険、医療、教育、郵便等	不動産取引、不動産賃貸、金融・保険、医療、教育、郵便等
税率	標準税率	8％ (地方消費税を含む)	20％	19％	20％
	ゼロ税率	なし	食料品、水道水、新聞、雑誌、書籍、国内旅客輸送、医薬品、住宅の建築、障害者用機器等	なし	なし
	軽減税率	なし	家庭用燃料及び電力等…5％	食料品、水道水、新聞、雑誌、書籍、旅客輸送、宿泊施設の利用等…7％	旅客輸送、肥料、宿泊施設の利用、外食サービス等…10％ 書籍、食料品等…5.5％ 新聞、雑誌、医薬品等…2.1％
	割増税率	なし	なし	なし	なし

(注)　日本については2014年4月時点の税率を記載。なお、2015年10月1日より10％(地方消費税を含む)に引き上げられることとされている。

付加価値税率（標準税率及び食料品に対する適用税率）の国際比較

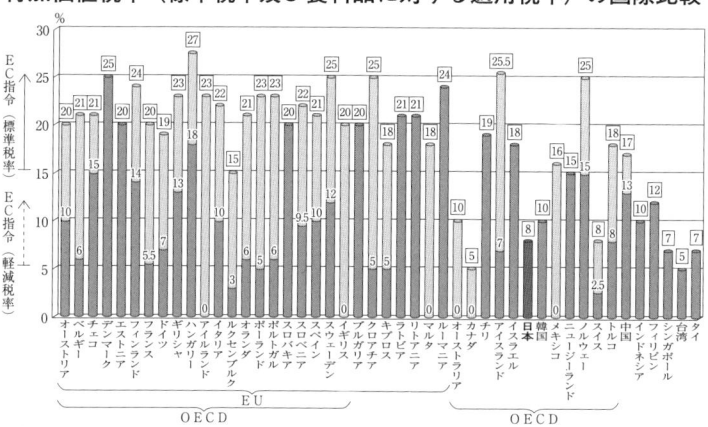

(備考)　1．日本については2014年4月時点の税率、その他の国については2014年1月時点の税率を記載。
2．日本の消費税率8％のうち、1.7％相当は地方消費税（地方税）である。
3．カナダにおいては、連邦の財貨・サービス税（付加価値税）の他に、ほとんどの州で州の付加価値税等が課されている（例：オンタリオ州8％）。
4．アメリカは、州、郡、市により小売売上税が課されている（例：ニューヨーク州及びニューヨーク市の合計8.875％）。
5．上記中、■が食料品に係る適用税率である。なお、軽減税率が適用される食料品の範囲は各国ごとに異なり、食料品によっては標準税率が適用される場合がある。また、未加工農産物など一部の食料品について上記以外の取扱いとなる場合がある（中国、韓国は非課税あり）。
6．EC指令においては、ゼロ税率及び5％未満の軽減税率は否定する考え方が採られている。
(出所)　各国大使館聞き取り調査、欧州連合及び各国政府ホームページ等による。

(3) **小規模事業者の特例・その他**　わが国の消費税においては、小規模事業者の免税あるいは簡易課税の制度などがありますが、諸外国の付加価値税においても同種の制度が定められています。

フランスにおいては、年間売上高が一定額以下の個人事業者に対して税務当局との協定により税額を確定するフォルフェ制度の選択が認められていました。しかし、1999年より、フォルフェ制度は廃止され、その代わりに免税点（年間売上高がその額以下の者は免税とされる額）が引き上げられています。

免税点制度はイギリスやドイツにおいても見られ、年間売上高実績や年間売上見込高が一定額以下の場合には免税とされます。

また、イギリスやドイツでは、年間売上見込高や前年の年間売上高によって平均率による簡易課税制度の選択を認めていますが、制度の内容は各国によって様々です。わが国の制度が売上に係る税額にみなし仕入率を乗じることにより仕入税額を算出するものであるのに対し、イギリスでは売上総額に平均率を乗じることにより納税額を算出、ドイツでは課税売上に平均率を乗じることにより仕入税額を算出することを認めています。

このほか、韓国やカナダなどの国でも小規模事業者免税制度や簡易課税制度が採用されています。

付加価値税額算出のための前段階税額控除の方式として、EU諸国では、インボイス（取引先から受領した、支払税額を別記した書類）を用いて行う方式（インボイス方式）が採られています。わが国では、事業者の事務負担の軽減等のために帳簿上の記録に基づいて行う方式（帳簿方式）を採用していましたが、平成6年11月の税制改革により帳簿だけでなく請求書等双方の保存を要件として税額控除を認める請求書等保存方式を採用する改正が行われ、平成9年4月1日から実施されています。

第６編　租税制度の国際比較

③ 主要国の付加価値税における中小事業者に対する特例措置の概要

(2014年１月現在)

国　名	日　本	フランス（注）	ドイツ	イギリス
事業者免税点制度等	その課税期間の基準期間（前々年又は前々事業年度）における課税売上高が1,000万円以下の者は免税。 ただし、資本金1,000万円以上の新設法人の設立当初の２年間については、免税は不適用。 また、前事業年度又は前事業年度上半期における課税売上高（給与支払額）が1,000万円超の者については免税は不適用（法人は25年12月決算分から、個人は25年分から適用）。 上記に加え、課税売上高５億円超の事業者が設立する新設法人については不適用（26年４月以後に設立される法人について適用）。	物品販売・宿泊施設業は年間売上高が前暦年81,500ユーロ（1,100万円）、当暦年89,600ユーロ（1,210万円）以下と見込まれる者は免税。その他の業種は前暦年32,600ユーロ（440万円）、当暦年34,600ユーロ（467万円）以下と見込まれる者は免税。	年間売上高が前暦年17,500ユーロ（236万円）、かつ、当暦年50,000ユーロ（675万円）以下と見込まれる者は免税。	当月の直前１年間の課税売上高が79,000ポンド（1,272万円）以下または、当月以後の１年間において77,000ポンド（1,240万円）以下と見込まれる者は免税。 ただし、上記にかかわらず今後30日間の課税売上高が79,000ポンドを超えると見込まれる場合、その30日間の初日から課税事業者となる。
簡易課税制度等	その課税期間の基準期間における課税売上高が5,000万円以下の課税期間については、売上げに係る税額にみなし仕入率を乗じて計算した金額を仕入れに係る税額とすることができる。	な　し	年間売上高が前暦年61,356ユーロ（828万円）以下の者は平均率による簡易課税を選択することができる。	適用申請時から１年間の課税売上見込額が150,000ポンド（2,415万円）以下の者は、平均率による簡易課税を選択することができる。

(注) 物品販売、宿泊施設業者においては、前々暦年の年間売上高が81,500ユーロ（1,100万円）以下（その他の業種においては32,600ユーロ（440万円））の場合、前暦年の年間売上高89,600ユーロ（1,210万円）（その他の業種においては34,600ユーロ（467万円））（基準外国為替相場及び裁定外国為替相場：平成25年（2013年）11月における平均値）以下の者は簡易課税を選択することができる。

(備考) 邦貨換算レートは、１ポンド＝161円、１ユーロ＝135円（基準外国為替相場及び裁定外国為替相場：平成25年（2013年）11月における実勢相場の平均値）。

311

10　酒税・たばこ税　　間接税のうちで酒税とたばこ税は比較的古い税ですが、主要諸外国においても全体の税収に占めるその割合は低下する傾向にあります。

酒税は、一般に製造又は輸入された酒類（ビール、ワイン等）を課税物件として、その製造者又は輸入者が納税義務者とされています。

諸外国では、ビール、蒸留酒及びワインといった大まかな酒類の分類に応じて課税されています。ビールの場合、アメリカでは、連邦のほか、州、地方政府により、製造量に応じて課税されており、イギリス、ドイツ、フランスでは、アルコール度数（ドイツはプラトー度）及び製造量に応じて課税されています。

たばこの製造又は輸入に係る税としては、主要各国において、たばこ税あるいはたばこ消費税という名称の税があります。たとえば、紙巻たばこに係る税額についてみると、アメリカでは従量税、イギリス、ドイツ、フランスでは従量税と従価税の併用によっています。また、近年の改正動向をみると、イギリス、フランスが累次の税率引上げを実施してきているほか、2009年には、アメリカでも大幅な税率引上げが実施されています。また、ドイツでは2011年5月から2015年にかけて、段階的に税率を引き上げることが予定されています。この結果、諸外国におけるたばこの小売価格はわが国よりもかなり高くなっています。

なお、酒類及びたばこに対する税については、イギリス、ドイツ、フランスにおいては、酒税、たばこ税（たばこ消費税）のほかに付加価値税が、アメリカにおいては小売売上税（州税等）が併課されます。

第6編 租税制度の国際比較

主要国の酒税制度の概要

(平成26年1月現在)

アメリカ	イギリス	ドイツ	フランス
蒸留酒 1プルーフ・ガロンにつき13.50ドル (1,350円) (注)1プルーフ・ガロンとは、課税上の単位で、アルコール分50度のもの1ガロン(3.7854ℓ)をいう。 **ビール** 1ガロンにつき 0.58ドル (58円) **ワイン** 1ガロンにつき (a)ワイン 14度以下 1.07ドル (107円) 14度超21度以下 1.57ドル (157円) 21度超24度以下 3.15ドル (315円) (b)発泡性ワイン 3.40ドル (340円) (c)人工炭酸酒 3.30ドル (330円) (d)りんご酒 0.226ドル (23円) ・ニューヨーク州税 1ガロンにつき 蒸留酒 24度以下 2.54ドル (254円) 24度超 6.44ドル (644円) ビール 0.14ドル (14円) ワイン 24度以下 0.30ドル (30円) 24度超 6.44ドル (644円) ・ニューヨーク市税 1ガロンにつき 蒸留酒 1.00ドル (100円) ビール 0.12ドル (12円)	**蒸留酒** 純アルコール1hℓにつき 2,822ポンド (454,342円) **ビール** 1hℓにつきアルコール1度毎に 1.2度超2.8度以下 9.17ポンド (1,476円) 2.8度超7.5度以下 19.12ポンド (3,078円) 7.5度超 24.21ポンド (3,898円) **ワイン** 1hℓにつき 1.2度超4度以下 82.18ポンド (13,231円) 4度超5.5度以下 113.01ポンド (18,195円) 5.5度超15度以下 266.72ポンド (42,942円) 15度超22度以下 355.59ポンド (57,250円) 22度超の製品については、純アルコール1ℓにつき 28.22ポンド (4,543円) (発泡性のもののうち、アルコール分が下記のもの) 1hℓにつき 5.5度超8.5度以下 258.23ポンド (41,575円) 8.5度以上15度以下 341.63ポンド (55,002円) **りんご酒・なし酒** (無発泡性のもの) 1hℓにつき 1.2度超7.5度以下 39.66ポンド (6,385円) 7.5度超8.5度未満 59.52ポンド (9,583円) (発泡性のもの) 1.2度超5.5度以下 39.66ポンド (6,385円) 5.5度超8.5度未満 258.23ポンド (41,575円)	**蒸留酒** 純アルコール1hℓにつき 1,303ユーロ (175,905円) **ビール** 1hℓにつき1プラート度毎に 0.787ユーロ (107円) (注)プラート度とは、ビールの麦汁エキスの基本濃度で、ビール100グラム当たりのグラム数で示される。 **発泡性ワイン** 1hℓにつき 6度未満 51ユーロ (6,885円) 6度以上 136ユーロ (18,360円) **中間製品** 1hℓにつき 15度未満 102ユーロ (13,770円) 15度以上 153ユーロ (20,655円) (発泡性ワイン用の容器に入っているもの、あるいは、炭酸酸度が一定以上のもの) 136ユーロ (18,360円) **アルコポップ** 純アルコール1hℓにつき 5,550ユーロ (749,250円) (蒸留酒に対する課税と併課) (注)アルコポップとは蒸留酒とソフトドリンクとの混成品(アルコール数飲が1.2度以上10度以下のもの)をいう。	**蒸留酒** 純アルコール1hℓにつき (a)ラム酒 859.79ユーロ (116,072円) (b)その他 1,718.61ユーロ (232,012円) **ビール** 1hℓにつきアルコール1度毎に 2.8度以下 3.60ユーロ (486円) 2.8度超 7.20ユーロ (972円) **ワイン・りんご酒等** 1hℓにつき (a)発泡性ワイン 9.07ユーロ (1,224円) (b)ワイン、その他の発酵酒 3.66ユーロ (494円) (c)りんご酒等 1.29ユーロ (174円) **中間製品** 1hℓにつき (a)天然甘口ワイン及びリキュールワイン 45.79ユーロ (6,182円) (b)その他 183.15ユーロ (24,725円) **プレミックス** 純アルコール1hℓにつき 11,000ユーロ (1,485,000円) (他の酒に対する課税と併課) (注)プレミックスとはアルコール飲料とソフトドリンクの混成品をいう。 **アルコール飲料特別税** 1hℓにつき (a)蒸留酒(18度超) 542.33ユーロ (73,215円) (b)その他(18度超) 45.79ユーロ (6,182円) (他の酒に対する課税と併課)

(注)邦貨換算レートは、1ドル=100円、1ユーロ=135円、1ポンド=161円(基準外国為替相場及び裁定外国為替相場:平成25年(2013年)11月中における実勢相場の平均値)。なお、端数は四捨五入している。

主要国の紙巻たばこの税負担割合等

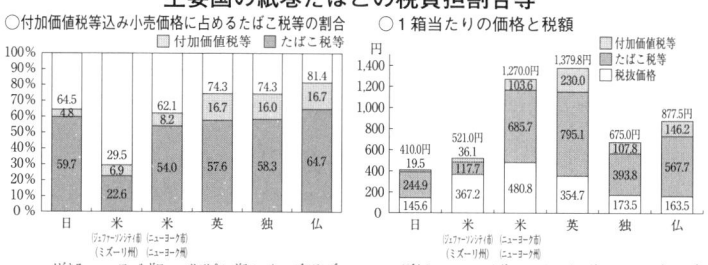

○付加価値税等込み小売価格に占めるたばこ税等の割合

(棒グラフ:付加価値税等/たばこ税等)

	日(メビウス)	米ジェファーソンシティ(市)(ミズーリ州)	米ニューヨーク(州) マールボロ	英 ベンソン&ヘッジス	独 ハーパー	仏 ゴロワーズ
付加価値税等	4.8	22.6	8.2	16.7	16.0	16.7
たばこ税等	59.7	6.9	54.0	57.6	58.3	64.7
合計	64.5	29.5	62.1	74.3	74.3	81.4

○1箱当たりの価格と税額

(棒グラフ:付加価値税等/たばこ税等/税抜価格)

	日	米(ジェファーソンシティ市)	米(ニューヨーク市)	英	独	仏
付加価値税等	19.5	36.1	103.6	230.0	107.8	146.2
たばこ税等	244.9	117.7	685.7	795.1	393.8	567.7
税抜価格	145.6	367.2	480.8	354.7	173.5	163.5
合計	410.0円	521.0円	1,270.0円	1,379.8円	675.0円	877.5円

(注)1. 平成26年1月現在の価格に基づく1箱(20本、ドイツは19本)当たりの数値である。
2. 各国の付加価値税等の税率は次のとおり。日本(消費税等)5%、アメリカ(小売売上税)ジェファーソンシティ市7.725%・ニューヨーク市8.875%、イギリス20%、ドイツ19%、フランス20%。なお、ミズーリ州の小売売上税は州たばこ税部分には課されない。
3. アメリカにおいては、紙巻たばこに対して連邦政府及び州(州ごとに税率が異なる。)が課税しているほか、ワシントン特別区及び一部の郡・市がたばこ税を課税している。本表の中で、州のたばこ税と市のたばこ税の合計の中で、ニューヨーク州ニューヨーク市が最も高く、ミズーリ州ジェファーソンシティ市等が最も低い。
4. 邦貨換算率は、1ドル=100円、1ポンド=161円、1ユーロ=135円(基準外国為替相場及び裁定外国為替相場:平成25年(2013年)11月中における実勢相場の平均値)。なお、端数を四捨五入しているため、各項目の合計が総計に一致しない場合がある。

11　石油関係諸税　　諸外国においてもガソリンをはじめ各種石油製品の消費に対して種々の税が課税されています。

アメリカでは製造者消費税、小売消費税、石油税、州燃料税が油種別に課され、さらに州小売売上税等が課されています。イギリスでは石油製品に炭化水素油税と付加価値税が課されています。ドイツでは石油製品に対してエネルギー税と付加価値税が課され、フランスでは石油製品に対して石油産品内国消費税と付加価値税が課されています。

日本のガソリン税率が1980年代から一定にとどまっているのに対し、ヨーロッパ諸国では、近年、地球温暖化対策の観点等から税率を引き上げてきています（13参照）。

OECD諸国におけるガソリン1リットル当たりの税負担（2013年第2四半期）をみると、わが国は、付加価値税額とガソリン税等の額を合わせた税負担額についてはOECDの32カ国中28番目、ガソリン小売価格の税負担率についても32カ国中28番目となっており、国際的に見ると、低い方です。

第6編　租税制度の国際比較

各国の石油関係諸税の概要　(2014年1月現在)

区分	アメリカ						イギリス		ドイツ		フランス	
税目	石油石炭税	製造者消費税	小売消費税	石油税	州燃料税(ニューヨーク州)	小売上税(ニューヨーク市)	炭化水素油税	付加価値税	エネルギー税	付加価値税	石油産品内国消費税	付加価値税
課税物件	原油及び輸入石油製品、ガス状炭化水素並びに石炭	揮発油(軽油、灯油等を含む)、航空機用	軽油、特殊燃料(LNG、LPG)等	石油、石油製品	揮発油(自動車用)、軽油(自動車用)	全石油製品	石油製品(動力用燃料)	石油製品	石油製品及び石炭	全石油製品	石油製品	全石油製品
主な税率	○揮発油(自動車用等)4,861円/kℓ(航空機用)5,125円/kℓ ○軽油、灯油 6,446円/kℓ ○ジェット燃料(非商業航空機用)5,785円/kℓ ○ジェット燃料(商業航空機用)1,162円/kℓ	○ディーゼル燃料(自動車用)6,446円/kℓ ○ディーゼル燃料(列車用)26円/kℓ ○LNG 6,419円/kℓ ○LPG 4,834円/kℓ	50円/kℓ	○揮発油(自動車用)2,113円/kℓ ○軽油(自動車用)2,113円/kℓ	ニューヨーク州分 4.375% ニューヨーク市分 4.5%	○揮発油(自動車用・無鉛)93,300円/kℓ ○揮発油(自動車用・その他)108,949円/kℓ ○揮発油(航空機用)60,697円/kℓ ○軽油(自動車用・超低硫黄)93,300円/kℓ ○重油 17,227円/kℓ ○LPG(自動車用)50,892円/kℓ ○天然ガス(自動車用)39,767円/t	20.0%	○揮発油(自動車用・有鉛)97,335円/kℓ ○硫黄分10mg/kg超(無鉛)90,423円/kℓ ○硫黄分10mg/kg以下(無鉛)80,358円/kℓ ○軽油(自動車用)○硫黄分10mg/kg超65,570円/kℓ ○硫黄分10mg/kg以下63,504円/kℓ ○軽質重油(暖房用)○硫黄分50mg/kg超10,307円/kℓ ○硫黄分50mg/kg以下8,282円/kℓ ○重質重油(自動車用)3,375円/kℓ ○LPG(自動車用)24,343円/t(2019年1月より55,215円/t) ○天然ガス(自動車用)1,877円/MWh(2019年1月より4,293円/t) ○石炭 45円/GJ	19%	○揮発油(自動車用)82,549円/kℓ ○揮発油(航空機用)48,465円/kℓ ○軽油(自動車用)59,350円/kℓ ○灯油 7,641円/kℓ ○暖房油 7,641円/kℓ ○LPG(自動車用)14,526円/t ○重質重油 2,498円/t ※揮発油(自動車用)と軽油(自動車用)については、地方によって一定限度の税率引き下げが認められており、上記では全国平均値を記載している。	20%

(備考) 邦貨換算レートは、1ドル=100円、1ポンド=161円、1ユーロ=135円(基準外国為替相場及び裁定外国為替相場:平成25年(2013年)11月中における実勢相場の平均値)。

OECD諸国のガソリン1ℓ当たりの価格と税　(2013年第2四半期)

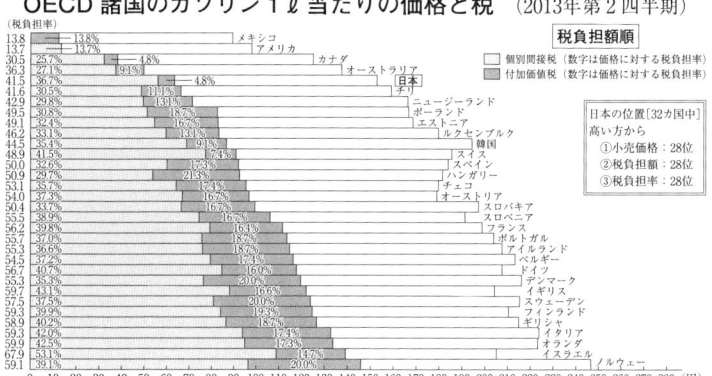

(税負担率)

13.8	13.8%	メキシコ
13.7	13.7%	アメリカ
30.5	25.7%	4.8% カナダ
36.3	27.1%	9.1% オーストラリア
41.5	36.7%	4.8% 日本
41.6	30.5%	11.1% チリ
42.9	29.8%	13.1% ニュージーランド
49.5	30.8%	18.7% ポーランド
44.5	33.1%	11.4% エストニア
46.2	33.1%	13.1% ルクセンブルク
44.5	35.4%	9.1% 韓国
48.9	41.5%	7.4% スイス
45.9	32.6%	13.3% スペイン
50.9	29.7%	21.3% ハンガリー
53.1	35.7%	17.4% チェコ
54.0	37.3%	16.7% オーストリア
53.7	33.7%	20.0% スロバキア
54.7	38.9%	15.8% スロベニア
56.2	39.8%	16.4% フランス
55.2	37.0%	18.2% ポルトガル
54.5	36.6%	17.9% アイルランド
55.2	37.9%	17.3% ベルギー
56.7	40.7%	16.0% デンマーク
55.3	35.3%	20.0% イギリス
59.3	43.1%	16.2% スウェーデン
58.6	39.9%	18.7% フィンランド
58.9	40.2%	18.7% ギリシャ
59.3	41.9%	17.4% イタリア
59.9	42.5%	17.4% オランダ
67.9	53.1%	14.7% イスラエル
59.1	39.1%	20.0% ノルウェー

税負担額順
□ 個別間接税(数字は価格に対する税負担率)
■ 付加価値税(数字は価格に対する税負担率)

日本の位置[32カ国中]
高い方から
①小売価格:28位
②税負担額:28位
③税負担率:28位

0 10 20 30 40 50 60 70 80 90 100 110 120 130 140 150 160 170 180 190 200 210 220 230 240 250 260 270 280 (円)

(注) 1. 上記グラフについては、IEA「エネルギー価格と税(2013年第3四半期)」から2013年第2四半期のデータを入手できる国(OECD34か国中32か国)のみを記載。
2. わが国の消費税は、付加価値税に区分している。なお、アメリカの小売上税は上記のグラフ上区分表示されていない。
3. わが国の個別間接税は、揮発油税、地方揮発油税及び石油ガス税であり、日本の石油石炭税の本則税率は2.04円/ℓであるが、地球温暖化対策のための課税の特例により、2012年10月1日から2.29円/ℓとなっており、本比較では、2013年第2四半期の税率である2.29円/ℓとして計算している。

(備考) 邦貨換算レートは、2013年4月から6月の為替レートの平均値(Bloomberg)。

315

12 国際的二重課税排除措置　一般に、国際的二重課税の排除方式としては、外国税額控除方式のほか自国居住者が国外で得た所得に対する課税権を放棄する国外所得免除方式があります。

外国税額控除制度による場合には、企業は所得の源泉を問わず全世界における所得について自国での課税を受けたうえで外国で納付した税額を税額控除する仕組みになっていることから、外国での納税額が大きく自国の外国税額控除の限度額を超えている場合を除けば、自国と外国での合計の納税額は常に所得全体に対し自国の税率を適用した金額となります。したがって、自国における企業の内外投資の中立性を満たしている制度であるといえるでしょう。

これに対し、国外所得免除方式は、自国の居住者が外国で稼得した所得を自国における課税の対象から除外し当該外国での課税に委ねるものであることから、投資先の国における内外企業の中立性を満たしている制度であるということができます。

主要国の中では、わが国とアメリカ、イギリスは外国税額控除方式を採用しています。わが国は控除限度額の計算について一括限度額方式を採っています。

また、ドイツやフランスでは、外国税額控除方式と国外所得免除方式を併用することにより、国際的二重課税の排除を行っています。

第6編 租税制度の国際比較

主要国における国際的二重課税調整方式の概要

(2014年1月現在)

	日 本	アメリカ	イギリス	ドイツ	フランス
課税方式	全世界所得課税	全世界所得課税	全世界所得課税	全世界所得課税 ※条約の適用がある場合には大宗が国外所得免除	国内源泉所得課税 ※利子・配当等の投資所得については、国外源泉所得に対しても課税。
二重課税の排除方式	外国税額控除方式	外国税額控除方式	外国税額控除方式	外国税額免除方式 国外所得免除方式 ※条約の適用がある場合には大宗が国外所得免除	国外所得免除方式 外国税額控除方式 ※利子・配当等の投資所得については、外国税額控除
外国税額控除の控除限度額の計算	一括限度額方式	所得項目別限度額方式	所得項目別限度額方式	国別限度額方式	国別限度額方式
非課税国外所得の取扱い	控除限度額の計算上、非課税国外所得の全額を除外 (経過措置) 平成24年4月1日から平成26年3月31日までの間は5/6を除外	―	控除限度額の計算上、非課税国外所得の全額を除外	控除限度額の計算上、非課税国外所得の全額を除外	―
外国税額控除の控除余裕額・限度超過額の取扱い	余裕額の繰越し 3年 超過額の繰越し 3年	超過額の繰戻し 1年 超過額の繰越し 10年	繰越しを認めず ただし、国外支店等の事業所得や一定の配当に課された外国税については3年 超過額の繰戻し 無制限 超過額の繰越し	繰越しを認めず	繰越しを認めず
海外からの配当に係る二重課税調整方式	配当益金不算入方式 ※持株割合25%以上等の外国子会社から受ける配当の95%相当額を益金不算入。	間接外国税額控除方式 ※持株割合10%以上	配当益金不算入方式	配当益金不算入方式 ※受取配当の95%を益金不算入。	配当益金不算入方式 ※持株割合5%以上の子会社から受ける配当の95%を益金不算入。

317

13 地球温暖化問題への取組み　近年、欧州諸国においては、各国の状況に応じて CO_2 排出削減などの環境問題に配慮した税制改革の取組みが進められています。

CO_2 排出量に着目したいわゆる炭素税については、北欧4カ国とオランダにおいて、1990年代初頭に導入されています。

他方、環境問題への対策としては、既存税制の拡大、再編という形でも取組みが行われています。イギリスにおいては、1993年から1999年にかけて、道路交通用燃料の税率をほぼ毎年物価上昇率以上に引き上げてきており、さらに2001年から、産業用の化石燃料や電力を課税対象とする気候変動税が導入されています。ドイツにおいては、1999年に「環境関連税制の開始に関する法律」が成立し、自動車燃料や電力に対する課税強化が実施されています。2006年8月には既存の鉱油税がエネルギー税に改組され、石炭が課税対象に追加されました。フランスにおいては、2007年より、代替エネルギーの促進と汚染活動の抑制を目的に、石炭・亜炭の大規模消費者に対して、石炭税が課されています。

一方、アメリカにおいては、現在のところ地球温暖化問題をはじめとする環境問題に税制面で対応する動きはみられません。

OECDが公表している「環境関連税制」(特に環境に関連するとみなされる課税物件に課される一般政府に対するすべての強制的・一方的な支払い)の統計を見ると、環境関連税制の税収は、OECD平均がGDP比で1.8%であるのに対して、わが国は1.7%となっています。

第6編　租税制度の国際比較

OECD環境統計―環境関連歳出と税制（抄）
(OECD "Environmental Data - Environmental Expenditure and Taxes")

表4A　環境関連税制の内訳（抄）
(Structure of Revenues from Environmentally Related Taxes)
2004年（億ドル）

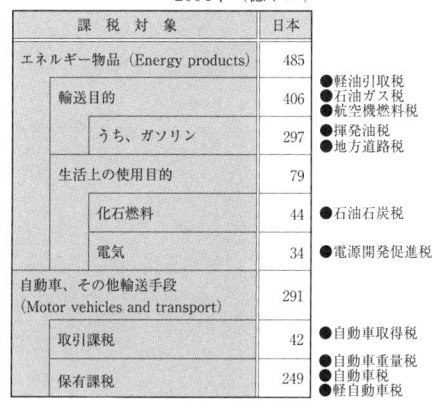

課税対象	日本	
エネルギー物品（Energy products）	485	
輸送目的	406	●軽油引取税 ●石油ガス税 ●航空機燃料税
うち、ガソリン	297	●揮発油税 ●地方道路税
生活上の使用目的	79	
化石燃料	44	●石油石炭税
電気	34	●電源開発促進税
自動車、その他輸送手段 (Motor vehicles and transport)	291	
取引課税	42	●自動車取得税
保有課税	249	●自動車重量税 ●自動車税 ●軽自動車税

表4B　環境関連税制の税収（抄）
(Trends in Revenues from Environmentally Related Taxes)

2004年

	GDP比（% of GDP）			税収（億ドル）		
		うち エネルギー物品	うち自動車 その他輸送手段		うち エネルギー物品	うち自動車 その他輸送手段
デンマーク	4.8	2.5	1.9	117	61	48
オランダ	3.6	1.9	1.3	216	117	79
フィンランド	3.3	1.9	1.2	61	37	23
イタリア	3.0	2.2	0.4	513	379	74
イギリス	2.6	2.0	0.5	564	443	103
ドイツ	2.5	2.2	0.4	697	601	96
フランス	2.1	1.6	0.2	442	334	42
日本	1.7	1.1	0.6	776	485	291
カナダ	1.2	1.0	0.2	125	99	24
アメリカ	0.9	0.6	0.3	1,056	694	346
OECD平均	1.8	1.3	0.4			

（注1）OECDによる「環境関連税制」（Environmentally Related Taxes）の定義は、以下のとおり。
　　　・特に環境に関連するとみなされる課税物件に課される一般政府に対する全ての強制的・一方的な支払い
　　　・税の名称及び目的は基準とはならない
　　　・税の使途が定まっているかは基準とはならない
（注2）「環境関連税制」の課税対象には、上記の「エネルギー物品」・「自動車、その他輸送手段」のほか、「廃棄物管理」、「オゾン層破壊物質」等がある。
（注3）GDP比の内訳については、OECD環境統計には示されていないため、OECDが公表している各国のGDPを基に試算した。

14 主要国における税務面で利用されている「番号制度」の概要

税務面における「番号制度」とは、納税者に悉皆(しっかい)的に番号を付与し、(1)各種の取引に際して、納税者が取引の相手方に番号を「告知」すること、(2)取引の相手方が税務当局に提出する資料情報（法定調書）及び納税者が税務当局に提出する納税申告書に番号を「記載」することを義務づける仕組みをいいます。これにより、税務当局が、納税申告書の情報と、取引の相手方から提出される資料情報を、その番号をキーとして集中的に名寄せ・突合できるようになり、納税者の所得情報をより的確に把握することが可能となります。

諸外国においては、様々な種類の番号が税務面で利用されていますが、右頁のように、それらは大きく三つに分類することができます。社会保障番号を税務面で利用するケース（アメリカ、イギリス、カナダ等）、住民登録番号を税務面で利用するケース（スウェーデン、デンマーク、韓国等）及び税務特有の番号を利用するケース（ドイツ、オーストラリア等）があります。

第6編　租税制度の国際比較

諸外国における税務面で利用されている番号制度の概要

(2014年1月現在)

		番号の種類	適用業務	付番者(数)(注2)	人口(2012年現在)	付番維持管理機関	現行の付番根拠法	税務目的利用開始年
社会保険番号を活用	イギリス	国民保険番号(9桁)	税務(一部)、社会保険、年金等	非公表	6,324万人	雇用年金省歳入関税庁	社会保険法	1961年
	アメリカ	社会保障番号(9桁)	税務、社会保険、年金、選挙等	約4億5,370万人(累計数)	3億1,391万人	社会保障庁	社会保障法	1962年
	カナダ	社会保険番号(9桁)	税務、失業保険、年金等	約4,188万人(累計数)	3,488万人	雇用・社会開発省	雇用保険法	1967年
住民登録番号を活用	スウェーデン	住民登録番号(10桁)	税務、社会保険、住民登録、選挙、兵役、諸統計、教育等	全住民	952万人	国税庁	個人登録に関する法律	1967年
	デンマーク	住民登録番号(10桁)	税務、年金、住民登録、選挙、兵役、諸統計、教育等	全住民	559万人	内務省中央個人登録局	個人登録に関する法律	1968年
	韓国	住民登録番号(13桁)	税務、社会保険、諸統計、兵役、選挙等	全住民	5,035万人	行政安全部	住民登録法	1968年
	フィンランド	住民登録番号(10桁)	税務、社会保険、住民登録等	全住民	540万人	財務省住民登録局	住民情報法	1960年代
	ノルウェー	住民登録番号(11桁)	税務、社会保険、住民登録、選挙、兵役、諸統計、教育等	全住民	499万人	国税庁登録局	人口登録制度に関する法律	1971年
	シンガポール	住民登録番号(1文字+8桁)	税務、年金、住民登録、選挙、兵役、車両登録等	全住民	531万人	内務省国家登録局	国家登録法	1995年
	オランダ	市民サービス番号(9桁)	税務、社会保険、住民登録等	全住民	1,673万人	内務省	市民サービス番号法	2007年(注6)
税務番号	イタリア	納税者番号(6文字+10桁)	税務、住民登録、選挙、兵役、許認可等	約6,323万人	6,085万人	経済財政省	納税者登録及び納税義務者の納税番号に関する大統領令	1977年
	オーストラリア	納税者番号(9桁)	税務、所得保障等	約3,099万人(累計数)(注4)	2,268万人	国税庁	1988年度税制改正法	1989年
	ドイツ	税務識別番号(11桁)	税務	約8,100万人	8,193万人	連邦中央税務庁	租税通則法	2009年

(参考) フランスには、納税者番号制度はない。
(注1) イギリスでは、給与源泉徴収以外の個人非課税取扱い法人課税等に利用されている。
(注2) 付番者数は、アメリカは2012年、ドイツは2008年、他の国は2007年の値。
(注3) 韓国では、個人情報保護法の改正により、2014年8月7日より、原則としてすべての公共機関及び民間事業者が法的根拠なく住民登録番号を収集する行為が禁止される。
(注4) オーストラリアでは、個人及び法人に同一体系の納税者番号が適用されている。
(注5) 人口は"Monthly Bulletin of Statistics"(国際連合)による。
(注6) オランダでは、もとと1988年に社会保障番号が導入され、税務・社会保障目的で利用されていた。

15 給付付き税額控除 いわゆる「給付付き税額控除」は、所得税の納税者に対して税額控除を行い、税額控除しきれない者や所得が課税最低限以下の者に対して給付を行うといった税額控除と給付を組み合わせた制度です。

諸外国では、社会保障制度の問題点を解決するための一方策として、就労支援や子育て支援等を目的とした既存の社会保障制度との関係を整理した上、それらを補完又は改組する形で導入されています。例えば、アメリカやイギリスでは、低所得者に対して定額の社会保障給付が行われ、働けるのに働かないという問題が生じていたため、勤労を前提に所得に応じた給付（税額控除）を行う制度として、勤労所得税額控除（アメリカ）、勤労税額控除（イギリス）が導入されています。また、イギリスやカナダでは、複数の制度にまたがる育児支援策を効率化するため、これらを整理した上で、児童税額控除（イギリス）、児童手当（カナダ）が導入されています。

このほか、カナダでは、GST（付加価値税）の導入時（1991年）に、GSTの負担軽減策としてGSTクレジットが導入されています。これについては、州毎に異なっていた生活保護制度を補完する観点もあると言われています。

諸外国の給付付き税額控除の仕組みとしては、アメリカの勤労所得税額控除のように税額控除と給付を組み合わせた制度や、イギリスの勤労税額控除のように給付のみを行う制度があります。また、多くの国では制度の対象となるか否かや受益額の決定方法について、番号制度を活用した所得把握が前提となっています。

第6編　租税制度の国際比較

「給付付き税額控除」の国際比較

(2014年1月現在)

	アメリカ		イギリス		ドイツ	フランス
制度名	勤労所得税額控除	児童税額控除	勤労税額控除	児童税額控除	児童手当	雇用のための手当
制度導入年	1975年	1998年	2003年	2003年	1996年	2001年
導入の目的	○低所得者に対する社会保障税の負担軽減 ○就労・勤労意欲の向上	○子供を養育する家庭(特に中所得世帯)の負担軽減	○低所得者に対する支援 ○就労・勤労意欲の向上	○子供の貧困対策として、子供を養育する低所得世帯の支援	○最低限必要な生計費の保障	○雇用の創出・継続の支援
対象者 (適用要件)	○低所得勤労者(投資所得等が3,350ドル(33.5万円)を超える者は対象外)	○17歳未満の子供を養育する中所得者(所得が一定額以下の者については対象外)	○16歳以上で、週16時間以上就労し、子供を養育する者 ○25歳以上で、週30時間以上就労している者等	○原則16歳未満の子供を養育する者	○原則18歳未満の子供を養育する者	○低所得勤労者(富裕税が課される者(資産から課税対象資産に係る債務を除いた額が130万ユーロ(1.8億円)超の者)については対象外)
給付の仕組み	税額から控除 (控除しきれない額を給付)		全額給付 (税額から控除せず)		全額給付 (税額から控除せず)	税額から控除 (控除しきれない額を給付)
執行機関	内国歳入庁		歳入関税庁		家族金庫	公共財政総局
控除税額 (給付額)	○夫婦子2人の場合、勤労所得の40%(上限5,460ドル(54.6万円)) ○所得が一定額を超えると減額	○勤労所得が3,000ドル超部分の15%で、子供1人当たり1,000ドル(10.0万円)が上限 ○所得が一定額を超えると減額	○夫婦子2人の場合、週16時間以上就労で3,890ポンド(62.6万円)、週30時間以上就労で790ポンド(12.7万円)加算 ○世帯収入が一定額を超えると減額 給付額の減額措置は、勤労税額控除及び児童税額控除を一体で計算	○子供1人当たり2,208ユーロ(29.8万円) ※児童控除(所得控除)と比較し、いずれか納税者に有利な方のみを適用 (低・中所得者は児童手当、中高所得者は児童控除が有利となる)	○夫婦子2人の場合、勤労所得の7.7%に155ユーロ(2.1万円)を加えた額(上限1,116ユーロ(15.1万円)) ○勤労所得が一定額を超えると減額

(注)　家族金庫とは、連邦雇用庁の出先機関であるが、上記児童手当の執行に際しては、連邦中央税務庁の指揮・監督下にある。
(備考)　邦貨換算レート：1ドル=100円、1ポンド=161円、1ユーロ=135円(基準外国為替相場及び裁定外国為替相場：平成25年(2013年)11月中における実勢相場の平均値)。なお、端数は四捨五入している。

「給付付き税額控除」の国際比較

(2014年1月現在)

	カナダ		
制度名	GSTクレジット	児童手当	勤労所得手当
制度導入年	1991年	1993年	2007年
導入の目的	○低・中所得者世帯の付加価値税の負担軽減	○子供の貧困の解決 ○子供を養育する家庭の負担軽減	○就労・勤労意欲の向上
対象者 (適用要件)	○低・中所得者	○18歳未満の子供を養育する者	○低所得勤労者
給付の仕組み	全額給付 (税額から控除せず)		税額から控除(注) (控除しきれない額を給付)
執行機関	歳入庁		
控除税額 (給付額)	○夫婦子2人の場合、808カナダドル(7.7万円) ○所得が一定額を超えると減額	○夫婦子2人の場合、7,051カナダドル(67.0万円) ○所得が一定額を超えると減額	○夫婦子2人の場合、勤労所得のうち3,000カナダドル(28.5万円)を超過した分の25%(上限1,797カナダドル(17.1万円)) ○所得が一定額を超えると減額

(注)　翌年に認められることが見込まれる受益額の一定部分については、所得税額にかかわらず事前に給付を受けられる。
(備考)　邦貨換算レートは、1カナダドル=95円(裁定外国為替相場：平成25年(2013年)11月中における実勢相場の平均値)。なお、端数は四捨五入している。

16 中国と韓国の税制　近年、経済成長を背景に国際社会の中で存在感を増しているアジア諸国ですが、ここでは、特に日本と歴史的にも地理的にも関係が深い中国と韓国の税制を紹介します。

(1) **中国**　国税：地方税の割合は53：47、特筆すべき点は税収が間接税を中心に構成されており、消費課税が全体の50％以上と、主要国と比べて非常に高い割合を占めています。

個人所得税は3～45％（7段階）の累進税率、企業所得税は25％の単一税率、増値税（付加価値税）は物品販売や一部のサービスを課税対象とし、標準税率17％、軽減税率13％（穀物・水道等）11％（交通運輸）、6％（情報技術サービス等）であり、これらは税収が中央政府と地方政府に帰属する共有税です。そのほか、サービス提供に対しては営業税（累積型の取引高税）、たばこ・酒類・ガソリン等に対しては消費税と呼ばれる個別間接税が課されています。なお、2012年より営業税の一部が増値税に移行されています。

このほか、車輌取得税や不動産税がありますが、日本の相続税・贈与税に相当する税目はありません。

(2) **韓国**　特筆すべき点として、国税：地方税の割合が79：21と、地方税の比率が非常に低くなっています。税収構成比は所得課税、消費課税とも4割程度となっています。

所得税は6～38％（5段階）の累進税率、法人税は10・20・22％（3段階）の累進税率です。また、所得税額・法人税額の10％相当の地方所得税が課されます。付加価値税は10％の単一税率であり、未加工食料品、水道、新聞、金融、医療等は非課税となっています。

このほか、個別消費税や、公共交通の拡充や環境保全の財源としてガソリン等に課される交通エネルギー環境税、教育財源として個別消費税額等に課される教育税などが挙げられます。

なお、2012年より、税収確保を目的として、所得税の最高税率が35％から38％に引き上げられました。

第６編　租税制度の国際比較

中国・韓国における税収構造

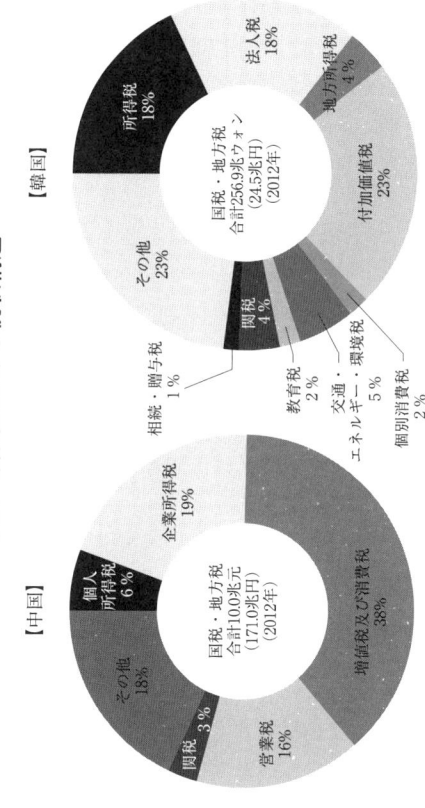

[韓国]

国税・地方税合計256.9兆ウォン(24.5兆円)(2012年)

- 法人税 18%
- 地方所得税 4%
- 付加価値税 23%
- 個別消費税 2%
- 交通・エネルギー・環境税 5%
- 教育税 2%
- 関税 4%
- 相続・贈与税 1%
- その他 23%
- 所得税 18%

[中国]

国税・地方税合計10.0兆元(171.0兆円)(2012年)

- 個人所得税 6%
- 企業所得税 19%
- 増値税及び消費税 38%
- 営業税 16%
- 関税 3%
- その他 18%

(注1) 中国・韓国ともに税収額は2012年決算の値。
(注2) 邦貨換算レートは、1元＝17円、100ウォン＝9.5166円（基準外国為替相場及び裁定外国為替相場：平成26年（2014年）3月中における実勢相場の平均値）。なお、端数は四捨五入している。

第7編　税制担当部局

1　概説　税は、国や地方公共団体が公共サービスを提供するのに必要な経費をまかなうために、国民に負担を求めるものです。その負担が国民の間にどのように割り振られているのか、すなわち税制の内容についてこれまで述べてきましたが、本編では、税に関する事務を担当する国の部局について説明することにします。税制改正がどのようなプロセスで行われ、いかなる機関が改正作業に関わるのか、税の企画・立案を行う部局はどこか、税の執行を行う部局はどこか、がここで扱われる主題です。

税は国家が維持されていくために不可欠であることから、日本国憲法第30条に「国民は、法律の定めるところにより、納税の義務を負う」と国民の納税義務が定められています。税が強制的負担であるため、民主国家においては、恣意的に税が課されることのないよう、課税は法律で定めることが要請されます。これが租税法律主義で、憲法第84条は「あらたに租税を課し、又は現行の租税を変更するには、法律又は法律の定める条件によることを必要とする」としています。

すなわち、税は国民の代表である国会の意思決定によって課され、徴収されるのです。そして、国会によって定められた税制の下で政府の税制担当部局が税務行政を進めることになります。税務行政の内容は、政府が国会に提出する税に関する法律案の立案から、実際の税金の受入れまで含んでおり、膨大な事務量となります。また、全国で納税者の身近な窓口として事務を行うため、組織としても大きなものとなっています。

具体的には、国税については、国税通則法、所得税法、法人税法、相続税法、消費税法等の法律で税の仕組みや納税の手続きなどが定められており、企画・立案は財務省が、執行は国税庁が担当しています。地方税については、税体系の調整や地方

公共団体相互の間の課税権の区分等を明らかにするために地方税法が定められ、地方税法の企画・立案は国の機関である総務省が担当しています。ただし地方税の課税そのものについては、地方公共団体の条例で定められることになっており、それぞれの地方公共団体の税務担当部課が企画・立案、執行を行っています。

　さて、いうまでもなく、税は国民生活と深く関わりを持つものであり、私達国民が税に対する理解と関心を持つことは民主主義の前提ともいえますが、他方経済や社会の発展、複雑化に伴い、税法も専門的になりがちです。「税金は人が払うもの、サービスは私が受けるもの」というのではなく、「税金は進んで払うが、使い途もしっかり監視する」という意識を国民が持てるよう、そして、納得して納税できる環境が実現されるよう、税制担当部局は今後とも努力することが求められています。

2 税制改正のメカニズム　税制は、税負担の公平確保などの理念に沿いつつ経済社会の変化に十分対応できるよう、その仕組みについて不断に見直すとともに、租税特別措置についても、絶えずその在り方を検討する必要があります。そこで、国民各層や各種団体の税制改正要望等を踏まえつつ、例年、予算編成作業と並行して、税制改正の作業が行われています。

税制改正は、租税法律主義の下、立法の手続をとることを要し、以下の手順で進められます。

税制改正のプロセスについては基本的に経済社会の変化を踏まえて、その時々の課題を中心に議論が進められます。

現在は、政府税制調査会が中長期的視点から税制のあり方を検討する一方、毎年度の具体的な税制改正事項は与党税制調査会が各省庁等の税制改正要望を審議し、その後とりまとめられる与党税制改正大綱を踏まえて、改正案が閣議に提出されます。

そして、閣議決定された「税制改正の大綱」に沿って、国税の改正法案については財務省が、地方税の改正法案については総務省が作成し、国会に提出されます。

国会では、衆議院と参議院のうち、まず先に改正法案が提出された議院において、財務金融委員会（衆議院）もしくは財政金融委員会（参議院）または総務委員会の審議を経て、本会議に付されます。可決されると、もう一方の議院に送付され、そこでも同様のプロセスによって可決されると改正法案は成立し、改正法に定められた日から施行されることになります。

第7編 税制担当部局

平成25年6月24日

政府税制調査会に対する内閣総理大臣の諮問

貴会に下記の事項を諮問します。

記

　税制については、グローバル化・少子高齢化の進展等の経済社会構造の変化に対応して、各税目が果たすべき役割を見据えながら、そのあり方を検討することが求められている。
　その際には、「公平・中立・簡素」の三原則の下、民需主導の持続的成長と財政健全化を両立させながら、強い日本、強い経済、豊かで安全・安心の生活を実現することを目的として、中長期的視点から、検討を行うことが必要である。
　以上の基本的な考え方の下、あるべき税制のあり方について審議を求める。

政府税制調査会　委員・特別委員名簿

(平成26年6月1日現在)

	氏　名	現　職		氏　名	現　職
委員	井伊雅子	一橋大学国際・公共政策大学院教授	特別委員	赤井伸郎	大阪大学大学院国際公共政策研究科教授
	伊藤元重	東京大学大学院経済学研究科教授		秋池玲子	ボストンコンサルティンググループ シニア・パートナー＆マネージング・ディレクター
	大田弘子	政策研究大学院大学教授			
	岡村忠生	京都大学大学院法学研究科教授		石井隆一	富山県知事
	翁百合	㈱日本総合研究所理事		上西左大信	税理士
	佐藤主光	一橋大学大学院経済学研究科、国際・公共政策大学院教授		梅澤高明	A.T.カーニー㈱日本代表・パートナー
				大竹文雄	大阪大学理事・副学長、教授
	○神野直彦	東京大学名誉教授		小幡純子	上智大学法科大学院教授
	高田創	みずほ総合研究所㈱常務執行役員調査本部長チーフエコノミスト		加藤淳子	東京大学大学院法学政治学研究科教授
				古賀伸明	日本労働組合総連合会会長
	武田美保	スポーツ・教育コメンテーター、三重大学特任教授		佐々木則夫	㈱東芝取締役副会長
	田近栄治	一橋大学大学院経済学研究科特任教授		諏訪貴子	ダイヤ精機㈱代表取締役社長
	土居丈朗	慶應義塾大学経済学部教授		田中常雅	醍醐ビル㈱代表取締役社長
	◎中里実	東京大学大学院法学政治学研究科教授		冨山和彦	㈱経営共創基盤代表取締役CEO
				新浪剛史	㈱ローソン取締役会長
	中静敬一郎	産業経済新聞社特別記者・論説委員		林正義	東京大学大学院経済学研究科・経済学部准教授
	沼尾波子	日本大学経済学部教授			
	野坂雅一	㈱読売新聞社東京本社論説副委員長		森博幸	鹿児島市長
	平田保雄	㈱日本経済新聞社取締役会長		諸富徹	京都大学大学院経済学研究科教授
	増井良啓	東京大学大学院法学政治学研究科教授		山田淳一郎	山田コンサルティンググループ㈱代表取締役会長兼社長
	増田寛也	東京大学公共政策大学院客員教授			
	宮崎緑	千葉商科大学政策情報学部教授		吉川萬里子	全国消費生活相談員協会理事長
	吉川洋	東京大学大学院経済学研究科教授			

◎…会長、○…会長代理

329

3 主税局の機構と役割　国税に関する事務を担当しているのは財務省です。財政において税の果たす役割は極めて大きいので、税務行政は財務省の事務の大きな柱となっています。

　財務省で主税局が内国税（国税のうち関税、とん税及び特別とん税を除いたもの）に関する制度の調査、企画・立案そして税制改正の法案作成までを担当しています。これに対し、財務省の外局である国税庁が税務の執行を担当して内国税の賦課徴収を行っており、両者は連絡を緊密にしつつ一体となって税務行政を進めています。なお、関税やとん税などについては、財務省関税局とその下部機関である税関が担当しています。

　主税局には総務課、調査課、税制第一課、税制第二課、税制第三課の5課及び参事官が置かれており、現在、主税局長以下約170名の職員が多岐にわたる仕事に取り組んでいます。

　総務課では調整事務・国会事務を行うほか歳入見積もり、税制調査会の庶務、広報事務、地方税との調整等を行っています。調査課では国内及び外国の税制の調査などを行っています。税制は国民生活、経済活動、そして社会のあり方と密接に関連するものであり、様々な角度から租税政策について検討しています。税制第一課では所得税、相続税・贈与税、登録免許税、国税通則、徴収、税理士制度等の企画・立案を、税制第二課では消費税、酒税、たばこ税等の企画・立案を、税制第三課では法人税の企画・立案を行っています。また、参事官は外国との租税に関する協定の企画・立案、非居住者又は外国法人に係る所得税又は法人税に関する事務などを担当しています。

　なお、地方税についての調査、企画・立案を担当する国の組織は総務省自治税務局です。

第7編　税制担当部局

財務省の機構

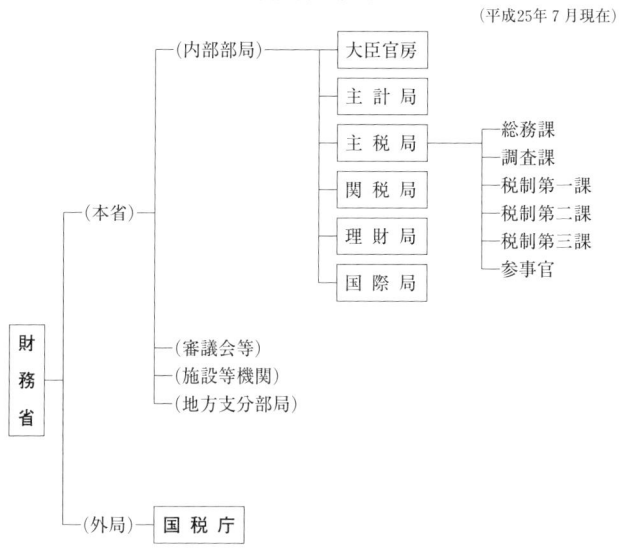

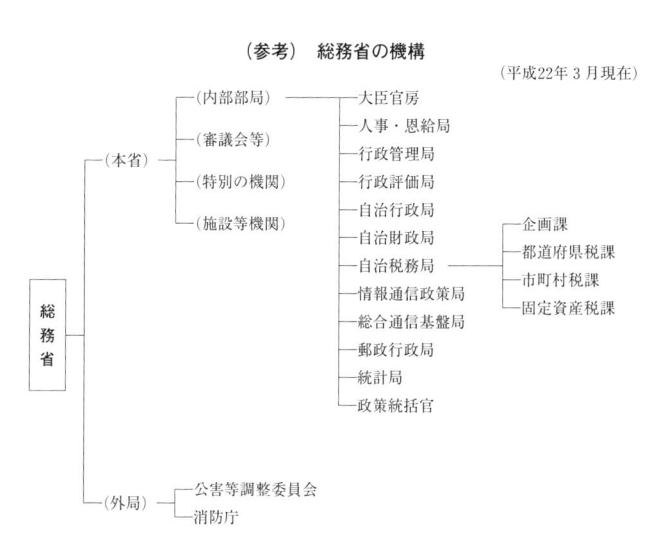

(平成25年7月現在)

```
財務省 ─┬─(本省)─┬─(内部部局)─┬─大臣官房
        │        │            ├─主計局
        │        │            ├─主税局 ─┬─総務課
        │        │            │         ├─調査課
        │        │            ├─関税局   ├─税制第一課
        │        │            ├─理財局   ├─税制第二課
        │        │            │         ├─税制第三課
        │        │            └─国際局   └─参事官
        │        ├─(審議会等)
        │        ├─(施設等機関)
        │        └─(地方支分部局)
        └─(外局)─国税庁
```

(参考)　総務省の機構

(平成22年3月現在)

```
総務省 ─┬─(本省)─┬─(内部部局) ─┬─大臣官房
        │        ├─(審議会等)   ├─人事・恩給局
        │        ├─(特別の機関) ├─行政管理局
        │        └─(施設等機関) ├─行政評価局
        │                       ├─自治行政局
        │                       ├─自治財政局
        │                       ├─自治税務局 ─┬─企画課
        │                       │             ├─都道府県税課
        │                       │             ├─市町村税課
        │                       │             └─固定資産税課
        │                       ├─情報通信政策局
        │                       ├─総合通信基盤局
        │                       ├─郵政行政局
        │                       ├─統計局
        │                       └─政策統括官
        └─(外局)─┬─公害等調整委員会
                 └─消防庁
```

4 国税庁の機構と役割　国税庁は、内国税の賦課徴収のために、財務省の外局として設けられ、中央に国税庁本庁、地方支分部局として全国に11の国税局、沖縄国税事務所及び524の税務署が設置されています。

国税庁本庁は、長官官房、課税部、徴収部及び調査査察部の4部局からなり、税務行政を執行するための企画・立案や税法解釈の統一を行い、これを国税局に指示し、国税局や税務署の事務の指導監督に当たるとともに税務行政の中央官庁として、各省庁その他関係機関との折衝等を行っています。

国税局は、原則として総務部、課税部、徴収部及び調査査察部の4部からなり、国税庁の指導監督を受けて税務署における賦課徴収事務の指導監督に当たるとともに、自らも大規模法人、大口滞納者、大口脱税者等の賦課徴収事務を行っています。沖縄国税事務所は、部は置かれていませんが、国税局とほぼ同様の機構となっています。

税務署は、税務行政の執行の第一線として、それぞれの管轄区域において内国税の賦課徴収事務を行っており、その機構は、総務課、管理運営部門、徴収部門、個人課税部門、資産課税部門、法人課税部門の1課5部門制が一般的な形態となっています。

以上のほか国税庁に、施設等機関として税務職員の教育機関である税務大学校、特別の機関として納税者の審査請求に対して裁決を行う国税不服審判所が置かれています。

以上の機関の職員の総数は現在約5万6,000人です（平成24年現在）。

わが国は申告納税制度をとっており、この制度を円滑かつ公正に運営していくために、租税の意義や役割、税務知識の普及についての広報、納税者からの相談、申告の指導、調査、さらに査察制度や通告処分制度による犯則の取締り等を充実させていくことが重要です。

第7編　税制担当部局

国税庁の機構

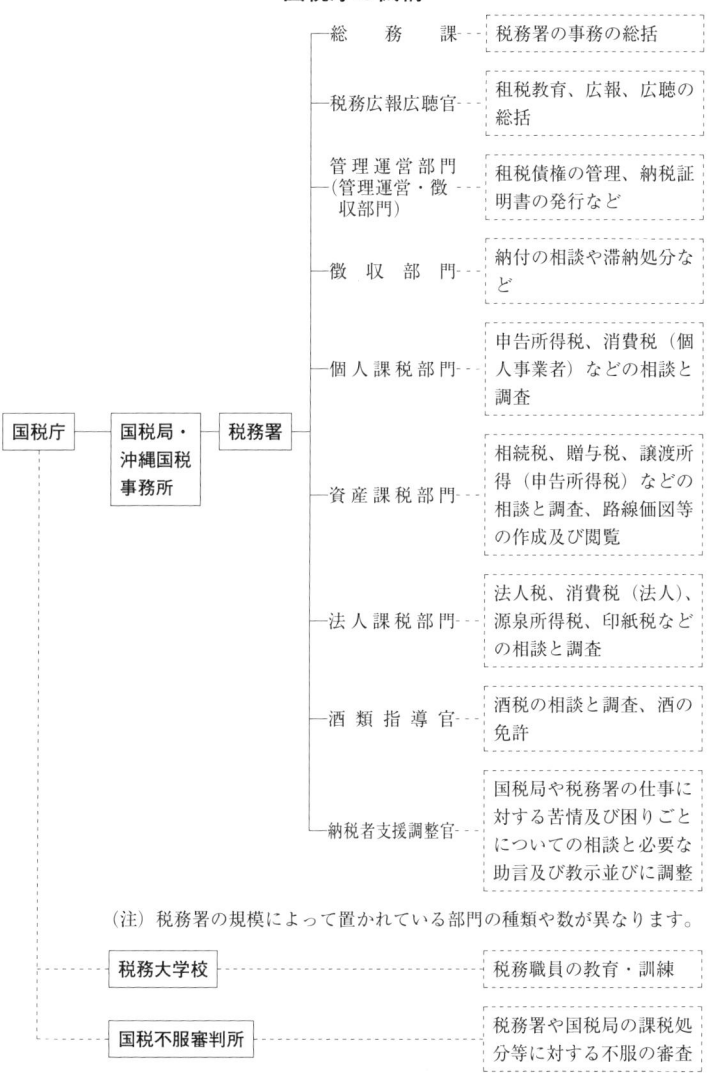

国税庁 ─ 国税局・沖縄国税事務所 ─ 税務署
- 総　務　課 ── 税務署の事務の総括
- 税務広報広聴官 ── 租税教育、広報、広聴の総括
- 管理運営部門（管理運営・徴収部門）── 租税債権の管理、納税証明書の発行など
- 徴　収　部　門 ── 納付の相談や滞納処分など
- 個人課税部門 ── 申告所得税、消費税（個人事業者）などの相談と調査
- 資産課税部門 ── 相続税、贈与税、譲渡所得（申告所得税）などの相談と調査、路線価図等の作成及び閲覧
- 法人課税部門 ── 法人税、消費税（法人）、源泉所得税、印紙税などの相談と調査
- 酒類指導官 ── 酒税の相談と調査、酒の免許
- 納税者支援調整官 ── 国税局や税務署の仕事に対する苦情及び困りごとについての相談と必要な助言及び教示並びに調整

(注) 税務署の規模によって置かれている部門の種類や数が異なります。

- 税務大学校 ── 税務職員の教育・訓練
- 国税不服審判所 ── 税務署や国税局の課税処分等に対する不服の審査

第8編　平成26年度税制改正

　平成26年度税制改正については、「所得税法等の一部を改正する法律案」が平成26年2月4日に国会に提出され、国会での審議を経て、平成26年3月20日に成立、4月1日に施行されました。

(参考) 平成25年度税制改正

　平成25年度税制改正については、「所得税法等の一部を改正する法律案」が平成25年3月1日に国会に提出され、国会での審議を経て、平成25年3月29日に成立、4月1日に施行されました。

平成26年度税制改正の大綱の概要

(平成25年12月24日　閣議決定)

> 現下の経済情勢等を踏まえ、デフレ脱却・経済再生に向け、「消費税率及び地方消費税率の引上げとそれに伴う対応について」(平成25年10月1日閣議決定)において決定した投資減税措置等や所得拡大促進税制の拡充に加え、復興特別法人税の1年前倒しでの廃止、民間投資と消費の拡大、地域経済の活性化等のための税制上の措置を講ずる。また、税制抜本改革を着実に実施するため、所得課税、法人課税、車体課税等について所要の措置を講ずる。さらに、震災からの復興を支援するための税制上の措置等を講ずる。

Ⅰ.「消費税率及び地方消費税率の引上げとそれに伴う対応について」での決定事項

民間投資の活性化

○　生産性向上設備投資促進税制の創設
- 生産性の向上につながる設備への投資に対して即時償却又は税額控除ができる制度を創設

○　研究開発税制の拡充
- 上乗せ措置(増加型・高水準型)について適用期限を3年間延長するとともに、増加型の措置について、試験研究費の増加率に応じて税額控除率を引き上げる仕組みに改組(控除率5%⇒5%〜30%)

中小企業対策

○ 生産性向上設備投資促進税制の創設(再掲)

○ 中小企業投資促進税制の拡充

・生産性向上につながる設備を取得した場合に、即時償却又は7%税額控除(資本金3,000万円以下の企業は10%)を認める

民間企業等によるベンチャー投資等の促進

○ ベンチャー投資促進税制の創設

・ベンチャーファンドを通じて事業拡張期にあるベンチャー企業へ出資した場合、その損失に備える準備金につき損金算入を認める(出資金の80%損金算入)

収益力の飛躍的な向上に向けた経営改革の促進

○ 事業再編促進税制の創設

・複数企業間で経営資源の融合による事業再編を行う場合、出資金・貸付金の損失に備える準備金につき損金算入を認める(出資金・貸付金の70%損金算入)

設備投資につながる制度・規制面での環境整備への対応

○ 既存建築物の耐震改修投資の促進のための税制措置の創設(25%特別償却)

所得の拡大

○ 所得拡大促進税制の拡充

・給与等支給増加割合の見直し(基準年度と比較して、現行5%以上⇒平成25・26年度:2%以上　平成27年度:3%

以上　平成28・29年度：5％以上）
・平均給与等支給額要件の見直し（全従業員の平均→継続従業員の平均）

Ⅱ．Ⅰに追加して決定する事項
個人所得課税
○　給与所得控除の見直し
・控除の上限額が適用される給与収入1,500万円（控除額245万円）を、平成28年より1,200万円（控除額230万円）に、平成29年より1,000万円（控除額220万円）に引下げ
○　NISAの使い勝手の向上
・1年単位でNISA口座を開設する金融機関の変更を認めるとともに、NISA口座を廃止した場合にNISA口座の再開設を認める

資産課税
○　復興支援のための税制上の措置
・東日本大震災に係る津波被災区域のうち、市町村長が指定する区域における土地及び家屋に係る固定資産税等の課税免除等の適用期限を1年延長
○　税負担軽減措置等
・国家戦略特区法に基づく中核事業のうち医療分野における研究開発の用に供する一定の設備等に係る固定資産税の課税標準の特例措置の創設（3年間1/2）

法人課税
○　復興特別法人税の1年前倒しでの廃止

○ 民間投資と消費の拡大
・交際費課税制度の適用期限を2年間延長するとともに、飲食のための支出の50%を損金算入することを認める
（注）中小法人については、現行の定額控除（800万円）との選択制
○ 国家戦略特区
・国家戦略特別区域において機械等を取得した場合に、特別償却（中核事業用の一定の機械装置等については即時償却）又は税額控除ができる制度を創設、及び研究開発税制の特例（特別試験研究費）の適用
○ 地方法人課税の偏在是正
・法人住民税法人税割の一部を国税化（法人住民税法人税割の税率の引下げ及び地方法人税（仮称）の創設）
・地方法人特別税の税率の引下げ及び法人事業税（所得割及び収入割に限る）の税率の引上げ
○ 復興支援のための税制上の措置
・復興産業集積区域において機械等を取得した場合に即時償却ができる措置の適用期限を2年延長　等

消費課税

○ 車体課税の見直し
・自動車重量税
　―エコカー減税の拡充及び経年車に対する課税の見直し
・自動車取得税
　―税率引下げ（登録車5%→3%、軽自動車3%→2%）及びエコカー減税の拡充
・自動車税

－グリーン化特例の拡充
　・軽自動車税
　　　－平成27年度以降新車購入された四輪・三輪について税率の引上げ
　　　－経年車重課の導入（平成28年度～）
　　　－原付・二輪の税率の引上げ（平成27年度～）
○　外国人旅行者向け消費税免税制度の見直し
　・免税対象を消耗品（飲食料品や化粧品等）へ拡大
　・購入記録票等の様式の弾力化及び手続の簡素化

国際課税
○　国際課税原則の見直し（総合主義から帰属主義への変更)

納税環境整備
○　猶予制度の見直し（納税者の申請に基づく換価の猶予の創設等）
○　税理士制度の見直し（税理士の業務や資格取得のあり方などの見直し）

関税
○　暫定税率等の適用期限の延長及び減免税制度の対象拡充
○　通関手続の迅速化（少額輸入貨物に対する簡易税率の適用対象の拡大（「10万円以下の貨物」→「20万円以下の貨物」））

第9編 資料編

1 国税収入の構成の累年比較
2 地方税収入の構成の累年比較
3 租税負担及び社会保障負担（国民所得比）の国際比較
4 OECD諸国における所得・消費・資産課税等の割合の国際比較（国税＋地方税）
5 国税収入の構成の国際比較

1 国税収入の構成の累年比較

区　　　分	昭和9～11年度		16		25	
	金　額	構成比	金　額	構成比	金　額	構成比
	百万円	%	百万円	%	億円	%
直　　接　　税	427	34.8	3,161	64.1	3,136	55.0
所　　得　　税	※　140	11.4	※ 1,585	32.1	2,201	38.6
┌源　泉　分	—	—	—	—	1,275	22.4
└申　告　分	—	—	—	—	926	16.2
法　　人　　税	※　117	9.5	※ 1,349	27.4	838	14.7
相　　続　　税	30	2.4	65	1.3	27	0.5
旧　　　　　税	—	—	—	—	—	—
再　評　価　税	—	—	—	—	64	1.1
そ　　の　　他	140	11.4	162	3.3	6	0.1
間　接　税　等	799	65.2	1,770	35.9	2,566	45.0
酒　　　　　税	216	17.6	359	7.3	1,054	18.5
砂　糖　消　費　税	82	6.7	120	2.4	7	0.1
揮　発　油　税	—	—	12	0.2	74	1.3
石　油　ガ　ス　税	—	—	—	—	—	—
物　　品　　税	—	—	181	3.7	165	2.9
ト　ラ　ン　プ　類　税	—	—	—	—	—	—
取　　引　　所　　税	13	1.1	28	0.6	—	—
有　価　証　券　取　引　税	—	—	3	0.1	0	0.0
通　　行　　税	—	—	29	0.6	11	0.2
入　　場　　税	—	—	—	—	—	—
関　　　　　税	157	12.8	87	1.8	16	0.3
と　　ん　　税	3	0.2	1	0.0		
日　本　銀　行　券　発　行　税	—	—	—	—	—	—
印　　紙　　収　　入	83	6.8	146	3.0	92	1.6
日本専売公社納付金	202	16.5	415	8.4	1,138	20.0
地　方　道　路　税（特）	—	—	—	—	—	—
石油ガス税(譲与分)(特)	—	—	—	—	—	—
特　別　と　ん　税（特）	—	—	—	—	—	—
原　重　油　関　税（特）	—	—	—	—	—	—
そ　　の　　他	43	3.5	389	7.9	8	0.1
合　　　　　計	1,226	100.0	4,931	100.0	5,702	100.0

第9編　資料編

30		35		40		45	
金　額	構成比	金　額	構成比	金　額	構成比	金　額	構成比
億円	%	億円	%	億円	%	億円	%
4,811	51.4	9,784	54.3	19,416	59.2	51,344	66.1
2,787	29.8	3,906	21.7	9,704	29.6	24,282	31.2
2,141	22.9	2,929	16.3	7,122	21.7	17,287	22.2
646	6.9	977	5.4	2,581	7.9	6,995	9.0
1,921	20.5	5,734	31.8	9,271	28.3	25,672	33.0
56	0.6	123	0.7	440	1.3	1,391	1.8
—	—	—	—	—	—	0	0.0
43	0.5	21	0.1	0	0.0	—	—
5	0.1	0	0.0				
4,552	48.6	8,226	45.7	13,369	40.8	26,388	33.9
1,605	17.1	2,485	13.8	3,529	10.8	6,136	7.9
476	5.1	281	1.6	289	0.9	442	0.6
255	2.7	1,030	5.7	2,545	7.8	4,987	6.4
—	—	—	—	0	0.0	122	0.2
269	2.9	822	4.6	1,379	4.2	3,395	4.4
—	—	3	0.0	5	0.0	6	0.0
2	0.0	6	0.0	25	0.1	49	0.1
8	0.1	111	0.6	82	0.3	158	0.2
24	0.3	43	0.2	42	0.1	122	0.2
144	1.5	164	0.9	104	0.3	135	0.2
270	2.9	1,098	6.1	2,220	6.8	3,815	4.9
3	0.0	8	0.0	29	0.1	51	0.1
5	0.1	5	0.0	4	0.0	8	0.0
233	2.5	506	2.8	827	2.5	2,187	2.8
1,182	12.6	1,465	8.1	1,793	5.5	2,723	3.5
77	0.8	188	1.0	461	1.4	903	1.2
—	—	—	—	0	0.0	122	0.2
—	—	11	0.1	36	0.1	63	0.1
—	—	—	—	—	—	963	1.2
0	0.0	—	—	—	—	—	—
9,364	100.0	18,010	100.0	32,785	100.0	77,733	100.0

区　　　分	昭和50年度 金額	構成比	55 金額	構成比	60 金額	構成比
	億円	%	億円	%	億円	%
直　接　税	100,583	69.3	201,628	71.7	285,170	72.8
所　得　税	54,823	37.8	107,996	38.1	154,350	39.4
源　泉　分	39,663	27.3	82,354	29.0	122,495	31.3
申　告　分	15,160	10.5	25,643	9.0	31,855	8.1
法　人　税	41,279	28.5	89,227	31.5	120,207	30.7
会社臨時特別税	1,374	0.9	0		0	—
相　続　税	3,104	2.1	4,405	1.6	10,613	2.7
旧　　　税	2	0.0	0	0.0	0	0.0
間　接　税　等	44,460	30.7	82,060	28.9	106,332	27.2
酒　　　税	9,140	6.3	14,244	5.0	19,315	4.9
た　ば　こ　税	—	—	—	—	8,837	2.3
砂糖消費税	426	0.3	430	0.2	408	0.1
揮　発　油　税	8,244	5.7	15,474	5.5	15,568	4.0
	(8,244)	(5.7)	(15,474)	(5.5)	(16,678)	(4.3)
石　油　ガ　ス　税	139	0.1	149	0.1	155	0.0
	(278)	(0.2)	(297)	(0.1)	(310)	(0.1)
航　空　機　燃　料　税	183	0.1	488	0.2	521	0.1
	(216)	(0.1)	(577)	(0.2)	(616)	(0.2)
石　油　税	—	—	4,041	1.4	4,004	1.0
物　品　税	6,825	4.7	10,379	3.7	15,279	3.9
トランプ類税	9	0.0	5	0.0	4	0.0
取　引　所　税	97	0.1	152	0.1	111	0.0
有価証券取引税	668	0.5	2,087	0.7	6,709	1.7
通　行　税	345	0.2	637	0.2	753	0.2
入　場　税	26	0.0	54	0.0	50	0.0
自　動　車　重　量　税	2,203	1.5	3,951	1.4	4,523	1.2
	(2,938)	(2.0)	(5,268)	(1.9)	(6,031)	(1.5)
関　　　税	3,733	2.6	6,469	2.3	6,369	1.6
と　ん　税	67	0.0	89	0.0	86	0.0
日本銀行券発行税	40	0.0	—	—	—	—
印　紙　収　入	4,798	3.3	8,409	3.0	14,126	3.6
日本専売公社納付金	3,380	2.3	8,081	2.8	—	—
地方道路税(特)	1,496	1.0	2,783	1.0	2,999	0.8
石油ガス税(譲与分)(特)	139	0.1	149	0.1	155	0.0
航空機燃料税(譲与分)(特)	33	0.0	89	0.0	95	0.0
自動車重量税(譲与分)(特)	734	0.5	1,317	0.5	1,508	0.4
特別とん税(特)	84	0.1	111	0.0	107	0.0
原油等関税(特)	1,349	0.9	1,387	0.5	1,204	0.3
電源開発促進税(特)	299	0.2	1,085	0.4	2,335	0.6
揮　発　油　税　(特)	—	—	—	—	1,110	0.3
合　　　計	145,042	100.0	283,688	100.0	391,502	100.0

(注)　消費税、揮発油税、石油ガス税、航空機燃料税及び自動車重量税の( )書は、それぞれの特別会計分を含めた場合である。

区　分	平成元年度		2		3	
	金　額	構成比	金　額	構成比	金　額	構成比
	億円	%	億円	%	億円	%
直　接　税	423,926	74.2	462,971	73.7	463,073	73.3
所　得　税	213,815	37.4	259,955	41.4	267,493	42.3
源　泉　分	153,087	26.8	187,787	29.9	195,710	31.0
申　告　分	60,728	10.6	72,168	11.5	71,783	11.3
法　人　税	189,933	33.2	183,836	29.3	165,951	26.3
相　続　税	20,178	3.5	19,180	3.1	25,830	4.1
旧　　　税	0	0.0	0	0.0	0	0.0
法人臨時特別税(特)	—	—	—	—	3,799	0.6
間　接　税　等	147,435	25.8	164,827	26.3	169,037	26.7
消　費　税	32,699	5.7	46,227	7.4	49,763	7.9
	(40,874)	(7.2)	(57,784)	(9.2)	(62,204)	(9.8)
酒　　　税	17,861	3.1	19,350	3.1	19,742	3.1
た　ば　こ　税	9,612	1.7	9,959	1.6	10,157	1.6
砂糖消費税	▲ 2	▲ 0.0	0	0.0	0	0.0
揮　発　油　税	14,653	2.6	15,055	2.4	15,375	2.4
	(19,203)	(3.4)	(20,066)	(3.2)	(20,719)	(3.3)
石油ガス税	158	0.0	157	0.0	154	0.0
	(316)	(0.1)	(314)	(0.1)	(308)	(0.0)
航空機燃料税	612	0.1	641	0.1	690	0.1
	(723)	(0.1)	(757)	(0.1)	(815)	(0.1)
石　油　税	4,733	0.8	4,870	0.8	4,883	0.8
物　　品　　税	▲ 1,343	▲ 0.2	46	0.0	16	0.0
トランプ類税	▲ 1	▲ 0.0	0	0.0	0	0.0
取　引　所　税	456	0.1	413	0.1	388	0.1
有価証券取引税	12,331	2.2	7,479	1.2	4,430	0.7
通　行　税	▲ 4	▲ 0.0	▲ 4	▲ 0.0	0	0.0
入　場　税	0	0.0	0	0.0	0	0.0
自動車重量税	5,789	1.0	6,609	1.1	6,519	1.0
	(7,719)	(1.4)	(8,813)	(1.4)	(8,692)	(1.4)
関　　　税	8,049	1.4	8,252	1.3	9,234	1.5
と　ん　税	88	0.0	89	0.0	91	0.0
印　紙　収　入	19,601	3.4	18,944	3.0	17,488	2.8
消費税(譲与分)(特)	8,175	1.4	11,557	1.8	12,441	2.0
地方道路税(特)	3,453	0.6	3,608	0.6	3,726	0.6
石油ガス税(譲与分)(特)	158	0.0	157	0.0	154	0.0
航空機燃料税(譲与分)(特)	111	0.0	116	0.0	125	0.0
自動車重量税(譲与分)(特)	1,930	0.3	2,203	0.4	2,173	0.3
特別とん税(特)	110	0.0	112	0.0	114	0.0
原油等関税(特)	911	0.2	1,029	0.2	971	0.2
電源開発促進税(特)	2,745	0.5	2,947	0.5	3,040	0.5
揮　発　油　税(特)	4,550	0.8	5,011	0.8	5,344	0.8
石油臨時特別税(特)	—	—	—	—	2,019	0.3
合　　　計	571,361	100.0	627,798	100.0	632,110	100.0

区　　分	平成4年度 金額	構成比	5 金額	構成比	6 金額	構成比
	億円	％	億円	％	億円	％
直　接　税	405,520	70.7	396,582	69.4	359,567	66.6
所　得　税	232,314	40.5	236,865	41.5	204,175	37.8
源　泉　分	184,728	32.2	189,060	33.1	167,142	31.0
申　告　分	47,586	8.3	47,805	8.4	37,033	6.9
法　人　税	137,136	23.9	121,379	21.3	123,631	22.9
法人特別税	3,184	0.6	2,861	0.5	178	0.0
相　続　税	27,462	4.8	29,377	5.1	26,699	4.9
地　価　税	5,201	0.9	6,053	1.1	4,870	0.9
旧　　　税	―	―	1	0.0	―	―
法人臨時特別税(特)	223	0.0	46	0.0	14	0.0
間　接　税　等	168,444	29.3	174,560	30.6	180,440	33.4
消　費　税	52,409 (65,511)	9.1 (11.4)	55,865 (69,831)	9.8 (12.2)	56,315 (70,394)	10.4 (13.0)
酒　　　税	19,610	3.4	19,524	3.4	21,127	3.9
たばこ税	10,199	1.8	10,298	1.8	10,398	1.9
揮　発　油　税	15,631 (21,159)	2.7 (3.7)	16,268 (21,993)	2.8 (3.9)	18,133 (24,081)	3.4 (4.5)
石油ガス税	152 (304)	0.0 (0.1)	151 (302)	0.0 (0.1)	154 (308)	0.0 (0.1)
航空機燃料税	729 (862)	0.1 (0.2)	768 (907)	0.1 (0.2)	816 (964)	0.2 (0.2)
石　油　税	5,054	0.9	4,907	0.9	5,243	1.0
物　品　税	8	0.0	6	0.0	4	0.0
トランプ類税	0	0.0	0	0.0	―	―
取　引　所　税	359	0.1	444	0.1	413	0.1
有価証券取引税	3,125	0.5	4,551	0.8	3,905	0.7
入　場　税	0	0.0	0	0.0	―	―
自動車重量税	6,930 (9,240)	1.2 (1.6)	7,012 (9,350)	1.2 (1.6)	7,543 (10,057)	1.4 (1.9)
関　　　税	9,155	1.6	8,809	1.5	9,076	1.7
と　ん　税	89	0.0	86	0.0	87	0.0
印　紙　収　入	15,706	2.7	15,991	2.8	17,519	3.2
消費税(譲与分)(特)	13,102	2.3	13,966	2.4	14,079	2.6
地方道路税(特)	3,805	0.7	3,543	0.6	2,577	0.5
石油ガス税(譲与分)(特)	152	0.0	151	0.0	154	0.0
航空機燃料税(譲与分)(特)	133	0.0	140	0.0	148	0.0
自動車重量税(譲与分)(特)	2,310	0.4	2,337	0.4	2,514	0.5
特別とん税(特)	111	0.0	108	0.0	109	0.0
原油等関税(特)	904	0.2	820	0.1	868	0.2
電源開発促進税(特)	3,068	0.5	3,090	0.5	3,310	0.6
揮発油税(特)	5,528	1.0	5,725	1.0	5,948	1.1
石油臨時特別税(特)	175	0.0				
合　　　計	573,964	100.0	571,142	100.0	540,007	100.0

(注) 1. 消費税、揮発油税、石油ガス税、航空機燃料税及び自動車重量税の(　)書は、それぞれの特別会計分を含めた場合である。
　　 2. 5年度以降に収納される法人臨時特別税及び石油臨時特別税は一般会計分として計上されている。

区　　　　分	平成7年度		8		9	
	金　額	構成比	金　額	構成比	金　額	構成比
	億円	%	億円	%	億円	%
直　接　税	363,519	66.1	360,476	65.3	352,325	63.4
所　得　税	195,151	35.5	189,649	34.3	191,827	34.5
源　泉　分	157,259	28.6	150,210	27.2	154,030	27.7
申　告　分	37,891	6.9	39,440	7.1	37,797	6.8
法　人　税	137,354	25.0	144,833	26.2	134,754	24.2
法人特別税	44	0.0	20	0.0	10	0.0
相　続　税	26,903	4.9	24,199	4.4	24,129	4.3
地　価　税	4,063	0.7	1,772	0.3	1,601	0.3
旧　　　税	—	—	—	—	2	0.0
法人臨時特別税(特)	4	0.0	3	0.0	3	0.0
間　接　税　等	186,111	33.9	191,785	34.7	203,682	36.6
消　費　税	57,901 (72,376)	10.5 (13.2)	60,568 (75,709)	11.0 (13.7)	93,047	16.7
酒　　　税	20,610	3.7	20,707	3.7	19,619	3.5
た　ば　こ　税	10,420	1.9	10,798	2.0	10,176	1.8
揮　発　油　税	18,651 (24,627)	3.4 (4.5)	19,152 (25,456)	3.5 (4.6)	19,261 (25,831)	3.5 (4.6)
石　油　ガ　ス　税	153 (306)	0.0 (0.1)	150 (300)	0.0 (0.1)	147 (294)	0.0 (0.1)
航空機燃料税	855 (1,010)	0.2 (0.2)	878 (1,038)	0.2 (0.2)	879 (1,039)	0.2 (0.2)
石　油　税	5,131	0.9	5,252	1.0	4,967	0.9
物　品　税	3	0.0	3	0.0	—	—
取　引　所　税	438	0.1	420	0.1	397	0.1
有価証券取引税	4,791	0.9	3,915	0.7	4,036	0.7
入　場　税	0	0.0	—	—	—	—
自　動　車　重　量　税	7,837 (10,449)	1.4 (1.9)	8,261 (11,014)	1.5 (2.0)	8,128 (10,837)	1.5 (1.9)
関　税	9,500	1.7	10,240	1.9	9,529	1.7
と　ん　税	87	0.0	88	0.0	92	0.0
印　紙　収　入	19,413	3.5	19,693	3.6	16,811	3.0
消費税(譲与分)(特)	14,475	2.6	15,142	2.7	—	—
地方道路税(特)	2,635	0.5	2,724	0.5	2,764	0.5
石油ガス税(譲与分)(特)	153	0.0	150	0.0	147	0.0
航空機燃料税(譲与分)(特)	155	0.0	160	0.0	160	0.0
自動車重量税(譲与分)(特)	2,612	0.5	2,753	0.5	2,709	0.5
特別とん税(特)	109	0.0	110	0.0	115	0.0
原油等関税(特)	821	0.1	853	0.2	588	0.1
電源開発促進税(特)	3,386	0.6	3,464	0.6	3,540	0.6
揮発油税(特)	5,976	1.1	6,304	1.1	6,570	1.2
石油臨時特別税(特)	0	0.0	0	0.0	—	—
合　　　　計	549,630	100.0	552,261	100.0	556,007	100.0

区　　　　分	平成10年度		11		12	
	金　額	構成比	金　額	構成比	金　額	構成比
	億円	%	億円	%	億円	%
直　　接　　税	303,397	59.3	281,293	57.2	323,193	61.3
所　　得　　税	169,961	33.2	154,468	31.4	187,889	35.6
源　泉　分	137,658	26.9	126,186	25.6	158,785	30.1
申　告　分	32,304	6.3	28,282	5.7	29,104	5.5
法　　人　　税	114,232	22.3	107,951	21.9	117,472	22.3
法　人　特　別　税	7	0.0	2	0.0	1	0.0
相　　続　　税	19,156	3.7	18,853	3.8	17,822	3.4
地　　価　　税	39	0.0	17	0.0	9	0.0
旧　　　　　税	1	0.0	1	0.0	0	0.0
法人臨時特別税(特)	2	0.0	—	—		
間　接　税　等	208,580	40.7	210,846	42.8	204,016	38.7
消　　費　　税	100,744	19.7	104,471	21.2	98,221	18.6
酒　　　　　税	18,983	3.7	18,717	3.8	18,164	3.4
た　ば　こ　税	10,462	2.0	9,050	1.8	8,755	1.7
揮　発　油　税	19,982	3.9	20,707	4.2	20,752	3.9
	(26,636)	(5.2)	(27,423)	(5.6)	(27,686)	(5.3)
石　油　ガ　ス　税	144	0.0	144	0.0	142	0.0
	(289)	(0.1)	(287)	(0.1)	(283)	(0.1)
航　空　機　燃　料　税	901	0.2	872	0.2	880	0.2
	(1,065)	(0.2)	(1,031)	(0.2)	(1,040)	(0.2)
石　　油　　税	4,767	0.9	4,859	1.0	4,890	0.9
取　引　所　税	190	0.0	—	—	—	—
有価証券取引税	1,726	0.3	▲2	▲0.0	0	0.0
自　動　車　重　量　税	8,165	1.6	8,431	1.7	8,507	1.6
	(10,887)	(2.1)	(11,242)	(2.3)	(11,342)	(2.2)
関　　　　　税	8,687	1.7	8,102	1.6	8,215	1.6
と　　ん　　税	86	0.0	87	0.0	88	0.0
印　紙　収　入	16,084	3.1	15,615	3.2	15,318	2.9
地方道路税(特)	2,850	0.6	2,934	0.6	2,962	0.6
石油ガス税(譲与分)(特)	144	0.0	144	0.0	142	0.0
航空機燃料税(譲与分)(特)	164	0.0	159	0.0	160	0.0
自動車重量税(譲与分)(特)	2,722	0.5	2,810	0.6	2,836	0.5
特別とん税(特)	107	0.0	109	0.0	111	0.0
原油等関税(特)	518	0.1	536	0.1	550	0.1
電源開発促進税(特)	3,573	0.7	3,651	0.7	3,746	0.7
揮　発　油　税(特)	6,654	1.3	6,716	1.4	6,934	1.3
たばこ特別税(特)	927	0.2	2,736	0.6	2,644	0.5
合　　　　計	511,977	100.0	492,139	100.0	527,209	100.0

第9編 資料編

区　　　　分	平成13年度 金額	構成比	14 金額	構成比	15 金額	構成比
	億円	％	億円	％	億円	％
直　　接　　税	297,393	59.5	257,891	56.3	254,727	56.1
所　　得　　税	178,065	35.6	148,122	32.3	139,146	30.7
├源　泉　分	150,301	30.1	122,492	26.7	113,926	25.1
└申　告　分	27,764	5.6	25,631	5.6	25,220	5.6
法　　人　　税	102,578	20.5	95,234	20.8	101,152	22.3
相　　続　　税	16,745	3.4	14,529	3.2	14,425	3.2
地　　価　　税	8	0.0	5	0.0	3	0.0
旧　　　　　税	▲ 3	▲ 0.0	0	0.0	1	0.0
間　接　税　等	202,291	40.5	200,551	43.7	198,967	43.9
消　　費　　税	97,671	19.5	98,115	21.4	97,128	21.4
酒　　　　　税	17,654	3.5	16,804	3.7	16,842	3.7
た　ば　こ　税	8,614	1.7	8,441	1.8	9,032	2.0
揮　発　油　税	20,981 (28,136)	4.2 (5.6)	21,263 (28,365)	4.6 (6.2)	21,821 (28,854)	4.8 (6.4)
石　油　ガ　ス　税	140 (279)	0.0 (0.1)	142 (283)	0.0 (0.1)	143 (285)	0.0 (0.1)
航　空　機　燃　料　税	883 (1,044)	0.2 (0.2)	901 (1,065)	0.2 (0.2)	909 (1,075)	0.2 (0.2)
石　　油　　税	4,718	0.9	－	－	－	－
石　油　石　炭　税	－	－	4,634	1.0	4,783	1.1
有 価 証 券 取 引 税	▲ 0	▲ 0.0	－	－	－	－
自　動　車　重　量　税	8,536 (11,381)	1.7 (2.3)	8,480 (11,306)	1.8 (2.5)	7,671 (11,506)	1.7 (2.5)
関　　　　　税	8,518	1.7	7,936	1.7	8,029	1.8
と　　　ん　　　税	86	0.0	87	0.0	88	0.0
印　紙　収　入	14,288	2.9	13,638	3.0	11,651	2.6
地 方 道 路 税 (特)	3,010	0.6	－	－	－	－
地 方 揮 発 油 税 (特)	－	－	3,035	0.7	3,087	0.7
石油ガス税(譲与分)(特)	140	0.0	142	0.0	143	0.0
航空機燃料税(譲与分)(特)	161	0.0	164	0.0	165	0.0
自動車重量税(譲与分)(特)	2,845	0.6	2,827	0.6	3,835	0.8
特 別 と ん 税 (特)	107	0.0	109	0.0	110	0.0
原 油 等 関 税 (特)	497	0.1	415	0.1	421	0.1
電 源 開 発 促 進 税 (特)	3,686	0.7	3,768	0.8	3,663	0.8
揮 発 油 税 (特)	7,155	1.4	7,102	1.5	7,033	1.6
た ば こ 特 別 税 (特)	2,602	0.5	2,550	0.6	2,411	0.5
合　　　　　計	499,684	100.0	458,442	100.0	453,694	100.0

(注) 1．所得税、揮発油税、石油ガス税、航空機燃料税及び自動車重量税の(　)書は、それぞれの特別会計分を含めた場合である。
　　 2．平成15年度の税制改正において、石油税の名称を石油石炭税に改める措置を講じている。
　　 3．電源開発促進税は、平成19年度より一般会計に組み入れられている。
　　 4．揮発油税(特)は、平成21年度より一般会計に組み入れられている。
　　 5．平成21年度の税制改正において、地方道路税を地方揮発油税に改める措置を講じている。

区　　　分	平成16年度		17		18	
	金　額	構成比	金　額	構成比	金　額	構成比
	億円	%	億円	%	億円	%
直　　接　　税	279,858	58.2	315,413	60.3	335,007	61.9
所　　得　　税	146,705	30.5	155,859	29.8	140,541	26.0
	(150,954)	(31.4)	(167,018)	(31.9)	(170,635)	(31.5)
源　泉　分	121,846	25.3	129,558	24.8	114,943	21.2
申　告　分	24,859	5.2	26,301	5.0	25,598	4.7
法　　人　　税	114,437	23.8	132,736	25.4	149,179	27.6
相　　続　　税	14,465	3.0	15,657	3.0	15,186	2.8
地　　価　　税	2	0.0	2	0.0	7	0.0
旧　　　　　税	1	0.0	0	0.0	0	0.0
所得税(譲与分)(特)	4,249	0.9	11,159	2.1	30,094	5.6
間　接　税　等	201,171	41.8	207,492	39.7	206,162	38.1
消　　費　　税	99,743	20.7	105,834	20.2	104,633	19.3
酒　　　　　税	16,599	3.5	15,853	3.0	15,473	2.9
た　ば　こ　税	9,097	1.9	8,867	1.7	9,272	1.7
揮　発　油　税	21,910	4.6	21,676	4.1	21,174	3.9
	(28,982)	(6.0)	(29,084)	(5.6)	(28,567)	(5.3)
石　油　ガ　ス　税	143	0.0	142	0.0	140	0.0
	(287)	(0.1)	(285)	(0.1)	(279)	(0.1)
航　空　機　燃　料　税	880	0.2	886	0.2	905	0.2
	(1,040)	(0.2)	(1,047)	(0.2)	(1,069)	(0.2)
石　油　石　炭　税	4,803	1.0	4,931	0.9	5,117	0.9
自　動　車　重　量　税	7,488	1.6	7,574	1.4	7,350	1.4
	(11,233)	(2.3)	(11,361)	(2.2)	(11,024)	(2.0)
関　　　　　税	8,177	1.7	8,857	1.7	9,440	1.7
と　　ん　　税	90	0.0	91	0.0	93	0.0
印　紙　収　入	11,350	2.4	11,688	2.2	12,181	2.3
地方揮発油税(特)	3,101	0.6	3,112	0.6	3,057	0.6
石油ガス税(譲与分)(特)	143	0.0	142	0.0	140	0.0
航空機燃料税(譲与分)(特)	160	0.0	161	0.0	165	0.0
自動車重量税(譲与分)(特)	3,744	0.8	3,787	0.7	3,675	0.7
特別とん税(特)	113	0.0	114	0.0	116	0.0
原油等関税(特)	442	0.1	446	0.1	33	0.0
電源開発促進税(特)	3,726	0.8	3,592	0.7	3,630	0.7
揮　発　油　税(特)	7,072	1.5	7,408	1.4	7,393	1.4
たばこ特別税(特)	2,389	0.5	2,329	0.4	2,176	0.4
合　　　　　計	481,029	100.0	522,905	100.0	541,169	100.0

区　　　　分	平成19年度		20		21	
	金　額	構成比	金　額	構成比	金　額	構成比
	億円	%	億円	%	億円	%
直　　接　　税	323,273	61.4	264,507	57.7	212,941	52.9
所　　得　　税	160,800	30.5	149,851	32.7	129,139	32.1
源　　泉　　分	129,285	24.6	121,612	26.5	104,995	26.1
申　　告　　分	31,515	6.0	28,239	6.2	24,144	6.0
法　　人　　税	147,444	28.0	100,106	21.8	63,564	15.8
相　　続　　税	15,026	2.9	14,549	3.2	13,498	3.4
地　　価　　税	2	0.0	1	0.0	0	0.0
旧　　　　　税	0	0.0	0	0.0	0	0.0
地方法人特別税(特)	—	—	0	0.0	6,739	1.7
間　接　税　等	203,285	38.6	193,802	42.3	189,492	47.1
消　　費　　税	102,719	19.5	99,689	21.8	98,075	24.4
酒　　　　　税	15,242	2.9	14,614	3.2	14,168	3.5
た　ば　こ　税	9,253	1.8	8,509	1.9	8,224	2.0
揮　発　油　税	21,105 (28,204)	4.0 (5.4)	18,894 (25,719)	4.1 (5.6)	27,152 —	6.7 —
石　油　ガ　ス　税	137 (273)	0.0 (0.1)	130 (260)	0.0 (0.1)	123 (246)	0.0 (0.1)
航　空　機　燃　料　税	880 (1,040)	0.2 (0.2)	836 (988)	0.2 (0.2)	793 (937)	0.2 (0.2)
石　油　石　炭　税	5,129	1.0	5,110	1.1	4,868	1.2
電　源　開　発　促　進　税	3,522	0.7	3,405	0.7	3,293	0.8
自　動　車　重　量　税	7,399 (11,098)	1.4 (2.1)	7,170 (10,756)	1.6 (2.3)	6,351 (9,527)	1.6 (2.4)
関　　　　　税	9,410	1.8	8,831	1.9	7,319	1.8
と　　ん　　税	96	0.0	94	0.0	89	0.0
印　　紙　　収　　入	12,018	2.3	10,884	2.4	10,676	2.7
地方揮発油税(特)	3,018	0.6	2,856	0.6	2,905	0.7
石油ガス税(譲与分)(特)	137	0.0	130	0.0	123	0.0
航空機燃料税(譲与分)(特)	160	0.0	152	0.0	144	0.0
自動車重量税(譲与分)(特)	3,699	0.7	3,585	0.8	3,176	0.8
特　別　と　ん　税　(特)	121	0.0	118	0.0	111	0.0
揮　発　油　税　(特)	7,099	1.3	6,825	1.5	—	—
た　ば　こ　特　別　税　(特)	2,142	0.4	1,970	0.4	1,904	0.5
合　　　　　計	526,558	100.0	458,309	100.0	402,433	100.0

区　分	平成22年度		23		24	
	金　額	構成比	金　額	構成比	金　額	構成比
	億円	%	億円	%	億円	%
直　接　税	246,225	56.3	258,581	57.2	276,251	58.7
所　得　税	129,844	29.7	134,762	29.8	139,925	29.7
源　泉　分	106,770	24.4	110,108	24.4	114,725	24.4
申　告　分	23,073	5.3	24,654	5.5	25,200	5.4
法　人　税	89,677	20.5	93,514	20.7	97,583	20.7
相　続　税	12,504	2.9	14,744	3.3	15,039	3.2
地　価　税	1	0.0	1	0.0	0	0.0
旧　　　税	0	0.0	0	0.0	0	0.0
地方法人特別税(特)	14,200	3.2	15,560	3.4	16,698	3.5
復興特別所得税(特)	—	—	—	—	511	0.1
復興特別法人税(特)	—	—	—	—	6,494	1.4
間　接　税　等	190,849	43.7	193,173	42.8	194,241	41.3
消　費　税	100,333	23.0	101,946	22.6	103,504	22.0
酒　　　税	13,893	3.2	13,693	3.0	13,496	2.9
た　ば　こ　税	9,077	2.1	10,315	2.3	10,179	2.2
揮　発　油　税	27,501	6.3	26,484	5.9	26,219	5.6
石　油　ガ　ス　税	119	0.0	113	0.0	107	0.0
	(238)	(0.1)	(226)	(0.1)	(214)	(0.0)
航　空　機　燃　料　税	749	0.2	462	0.1	494	0.1
	(886)	(0.2)	(595)	(0.1)	(635)	(0.1)
石　油　石　炭　税	5,019	1.1	5,191	1.1	5,669	1.2
電　源　開　発　促　進　税	3,492	0.8	3,314	0.7	3,280	0.7
自　動　車　重　量　税	4,465	1.0	4,478	1.0	3,969	0.8
	(7,530)	(1.7)	(7,551)	(1.7)	(6,693)	(1.4)
関　　　税	7,859	1.8	8,742	1.9	8,972	1.9
と　ん　税	95	0.0	97	0.0	98	0.0
印　紙　収　入	10,240	2.3	10,469	2.3	10,777	2.3
地方揮発油税(特)	2,942	0.7	2,834	0.6	2,805	0.6
石油ガス税(譲与分)(特)	119	0.0	113	0.0	107	0.0
航空機燃料税(譲与分)(特)	136	0.0	132	0.0	141	0.0
自動車重量税(譲与分)(特)	3,065	0.7	3,073	0.7	2,724	0.6
特別とん税(特)	119	0.0	121	0.0	123	0.0
たばこ特別税(特)	1,625	0.4	1,595	0.4	1,575	0.3
合　　　計	437,074	100.0	451,754	100.0	470,492	100.0

(注)　石油ガス税、航空機燃料税及び自動車重量税の(　)書は、それぞれの特別会計分を含めた場合である。

区　　　　分	平成25年度(補正後)		平成26年度(予算)	
	金　額	構成比	金　額	構成比
	億円	%	億円	%
直　　接　　税	297,765	60.1	292,795	54.6
所　　得　　税	147,850	29.9	147,900	27.6
源　泉　分	121,560	24.5	122,620	22.9
申　告　分	26,290	5.3	25,280	4.7
法　　人　　税	100,650	20.3	100,180	18.7
相　　続　　税	14,950	3.0	15,450	2.9
地方法人税(特)	—	—	3	0.0
地方法人特別税(特)	20,185	4.1	21,881	4.1
復興特別所得税(特)	3,195	0.6	3,083	0.6
復興特別法人税(特)	10,935	2.2	4,298	0.8
間　接　税　等	197,395	39.9	243,661	45.4
消　　費　　税	106,490	21.5	153,390	28.6
酒　　　　　税	13,470	2.7	13,410	2.5
た　ば　こ　税	9,910	2.0	9,220	1.7
揮　発　油　税	25,660	5.2	25,450	4.7
石　油　ガ　ス　税	110	0.0	100	0.0
	(220)	(0.0)	(200)	(0.0)
航　空　機　燃　料　税	500	0.1	530	0.1
	(643)	(0.1)	(680)	(0.1)
石　油　石　炭　税	5,640	1.1	6,130	1.1
電源開発促進税	3,300	0.7	3,270	0.6
自　動　車　重　量　税	3,860	0.8	3,870	0.7
	(6,509)	(1.3)	(6,526)	(1.2)
関　　　　　税	10,030	2.0	10,450	1.9
と　　ん　　税	100	0.0	100	0.0
印　紙　収　入	11,020	2.2	10,560	2.0
地方揮発油税(特)	2,745	0.6	2,724	0.5
石油ガス税(譲与分)(特)	110	0.0	100	0.0
航空機燃料税(譲与分)(特)	143	0.0	150	0.0
自動車重量税(譲与分)(特)	2,649	0.5	2,656	0.5
特別とん税(特)	125	0.0	125	0.0
たばこ特別税(特)	1,533	0.3	1,426	0.3
合　　　　計	495,160	100.0	536,456	100.0

2 地方税収入の構成の累年比較

区　分	昭和30年度 金額	構成比%	40 金額	構成比%	50 金額	構成比%	60 金額	構成比%	平成元年度 金額	構成比%	10 金額	構成比%	24 金額	構成比%	25(計画) 金額	構成比%	26(計画) 金額	構成比%
道府県税	億円 1,471	38.6	億円 7,823	50.5	億円 38,692	47.4	億円 102,040	43.8	億円 147,541	46.4	億円 153,195	42.6	億円 141,456	41.0	億円 139,001	40.8	億円 146,620	41.8
市町村税	2,344	61.4	7,671	49.5	42,856	52.6	131,125	56.2	170,410	53.6	206,027	57.4	203,152	59.0	201,297	59.2	204,186	58.2
地方税計	3,815	100.0	15,494	100.0	81,548	100.0	233,165	100.0	317,951	100.0	359,222	100.0	344,608	100.0	340,298	100.0	350,806	100.0
直接税	3,061	80.2	12,013	77.5	67,375	82.6	199,520	85.6	284,134	89.4	296,625	82.6	291,903	84.7	287,057	84.4	295,285	84.2
間接税等	754	19.8	3,481	22.5	14,173	17.4	33,645	14.4	33,817	10.6	62,597	17.4	52,705	15.3	53,241	15.6	55,321	15.8
普通税	1,468	99.8	7,171	91.7	34,987	90.4	92,991	91.1	132,864	90.1	135,366	88.4	141,361	99.9	139,064	100.1	139,693	100.1
道府県民税 個人	237	16.1	1,758	22.5	9,890	25.6	29,513	28.9	43,369	29.4	36,516	23.8	56,289	39.8	55,153	39.7	56,911	38.8
法人	140	9.5	1,229	15.7	7,393	19.1	21,003	20.6	23,153	15.7	24,341	15.9	45,926	32.5	46,267	33.3	46,616	31.8
利子割	—	—	—	—	—	—	—	—	11,465	7.8	8,576	5.6	8,320	5.9	6,800	4.9	7,508	5.1
配当割	—	—	—	—	—	—	—	—	—	—	—	—	1,151	0.8	1,180	0.8	1,213	0.8
株式等譲渡所得割	—	—	—	—	—	—	—	—	—	—	—	—	704	0.5	769	0.6	1,344	0.9
配当割・株式等譲渡割	97	6.6	529	6.8	2,497	6.5	8,510	8.3	8,751	5.9	3,599	2.3	188	0.1	137	0.1	230	0.2
事業税 個人	806	54.8	3,299	42.2	15,016	38.8	39,370	38.6	65,480	44.4	44,825	29.3	25,313	17.9	25,109	18.1	28,219	19.2
法人	202	13.7	253	3.2	480	1.2	1,298	1.3	2,111	1.4	2,711	1.8	1,776	1.3	1,678	1.2	1,795	1.2
地方消費税	604	41.1	3,046	38.9	14,536	37.6	38,072	37.3	63,369	42.9	42,113	27.5	23,537	16.6	23,431	16.9	26,424	18.0
不動産取得税	—	—	414	5.3	1,813	4.7	4,346	4.3	6,309	4.3	6,348	4.1	25,511	18.0	26,650	19.2	30,043	20.5
道府県たばこ消費税	52	3.5	440	5.6	1,356	3.5	3,130	3.1	3,175	2.2	2,313	1.5	3,356	2.4	3,304	2.4	3,633	2.5
ゴルフ場利用(入湯)税	96	6.5	—	—	500	1.3	1,083	1.1	763	0.5	923	0.6	2,889	2.0	1,710	—	1,509	1.0
娯楽施設利用税	15	1.0	95	1.2	—	—	—	—	—	—	—	—	507	0.4	486	0.3	489	0.3
道 自動車取得税	—	—	—	—	—	—	—	—	—	—	—	—	2,104	1.5	1,900	1.4	948	0.6
軽油引取税	—	—	—	—	—	—	—	—	—	—	—	—	9,249	6.5	9,233	6.6	9,442	6.4
府 特別地方消費税(遊興飲食・料理飲食消費税)	151	10.3	559	7.1	2,674	6.9	4,757	4.7	1,494	1.0	1,125	0.7	—	—	—	—	—	—
自動車税	78	5.3	549	7.0	3,689	9.5	10,380	10.2	11,963	8.1	17,369	11.3	15,860	11.2	15,497	11.1	15,480	10.6
県 鉱区税	5	0.3	8	0.1	6	0.0	7	0.0	7	0.0	4	0.0	4	0.0	4	0.0	3	—
固定資産税(特例)	22	1.5	39	0.5	21	0.1	123	0.1	119	0.1	219	0.1	23	0.0	18	0.0	16	—
法定外普通税・その他	6	0.4	22	0.2	22	0.1	280	0.2	185	0.1	220	0.1	256	0.2	—	—	—	—
税 目的税	—	—	652	8.3	3,705	9.6	9,049	8.9	13,457	9.1	17,827	11.6	97	0.1	16	0.0	15	0.0
自動車取得税	—	—	—	—	1,750	4.5	3,471	3.4	5,777	3.9	4,973	3.2	—	—	—	—	—	—
軽油引取税	—	—	649	8.3	1,940	5.0	5,558	5.4	7,663	5.2	12,841	8.4	—	—	—	—	—	—
狩猟税	—	—	3	0.0	15	0.0	20	0.0	17	0.0	13	0.0	17	0.0	16	0.0	15	0.0
旧法定外目的税・その他	0	0.0	0	—	0	0.0	—	—	1,220	—	1	0.0	80	0.0	—	—	—	—
東日本大震災による減免等	3	0.2	—	—	—	—	—	—	—	—	—	—	0	0.0	▲79	▲0.1	▲88	▲0.1
合　計	1,471	100.0	7,823	100.0	38,692	100.0	102,040	100.0	147,541	100.0	153,195	100.0	141,456	100.0	139,001	100.0	146,620	100.0

第9編　資料編

区　分	昭和30年度		40		50		60		平成元年度		10		24		25 (計画)		26 (計画)	
	金額	構成比	金額	構成比	金額	構成比	金額	構成比	金額	構成比	金額	構成比	金額	構成比	金額	構成比	金額	構成比
	億円	%	億円	%	億円	%	億円	%	億円	%	億円	%	億円	%	億円	%	億円	%
普通税	2,334	99.6	7,273	94.8	40,100	93.6	120,404	91.8	156,807	92.0	188,291	91.4	187,267	92.2	184,774	91.8	187,454	91.8
市町村民税	740	31.6	3,046	39.7	19,804	46.2	66,454	50.7	59,231	34.8	88,158	42.8	90,708	44.7	88,095	43.8	90,172	44.2
個人	576	24.6	2,200	28.7	13,597	31.7	45,028	34.3	52,915	31.1	65,243	31.7	69,422	34.2	70,259	34.9	70,582	34.6
法人	164	7.0	846	11.0	6,207	14.5	21,426	16.3	33,519	19.7	22,915	11.1	21,286	10.5	17,836	8.9	19,590	9.6
固定資産税	1,104	47.1	2,773	36.1	14,900	34.8	41,747	31.8	56,434	33.1	90,198	43.8	85,804	42.2	85,058	42.3	86,113	42.2
土地	433	18.5	655	8.5	6,539	15.3	17,898	13.6	23,209	13.6	37,543	18.2	33,990	16.7	33,542	16.7	33,630	16.5
家屋	465	19.8	1,210	15.8	5,068	11.8	16,028	12.3	21,708	12.7	35,112	17.0	35,514	17.5	36,032	17.9	36,974	18.1
償却資産	206	8.8	908	11.8	3,293	7.7	7,821	6.0	11,517	6.8	17,542	8.5	15,387	7.6	15,484	7.7	15,509	7.6
軽自動車・自転車荷車税	46	2.0	125	1.6	275	0.6	698	0.5	849	0.5	1,159	0.6	1,843	0.9	1,852	0.9	1,909	0.9
市町村たばこ(消費)税	192	8.2	732	9.5	2,381	5.6	5,515	4.2	5,650	3.3	8,136	3.9	8,871	4.4	9,738	4.8	9,230	4.5
電気ガス税	215	9.2	540	7.0	1,613	3.8	5,270	4.0										
鉱産税	17	0.7	24	0.3	28	0.1	46	0.0	29	0.0	17	0.0	20	0.0	18	0.0	19	0.0
木材引取税	15	0.6	25	0.3	29	0.1	21	0.0										
特別土地保有税					1,028	2.4	552	0.4	962	0.6	619	0.3	7	0.0	13	0.0	11	0.0
法定外普通税・その他	5	0.2	8	0.1	71	0.2	101	0.1	133	0.1	5	0.0	14	0.0				
目的税	6	0.3	207	2.7	2,181	5.1	9,316	7.1	11,862	7.0	16,982	8.2	15,885	7.8	15,750	7.8	15,957	7.8
入湯税	3	0.1	14	0.2	42	0.1	140	0.1	172	0.1	226	0.1	218	0.1	220	0.1	227	0.1
事業所税							1,972	1.5	2,646	1.6	3,232	1.6	3,498	1.7	3,542	1.8	3,464	1.7
都市計画税			190	2.5	1,955	4.6	7,201	5.5	9,040	5.3	13,322	6.6	12,155	6.0	11,988	6.0	12,266	6.0
法定外目的税・その他	3	0.1	3	0.0	3	0.0	3	0.0	3	0.0	2	0.0	14	0.0				
旧法による税収入	4	0.2	0	0.0	0	0.0	0	0.0	1,299	0.4			0					
国有資産等所在市町村交付金			27	0.4	136	0.3	368	0.3	443	0.3	755	0.4	914	0.5	910	0.5	928	0.5
納付金			164	2.1	439	1.0	1,037	0.8										
東日本大震災による減免等															▲137	▲0.1	▲153	▲0.1
合計	2,344	100.0	7,671	100.0	42,856	100.0	131,125	100.0	170,410	100.0	206,027	100.0	203,152	100.0	201,297	100.0	204,186	100.0

(備考) 1．平成24年度以前は決算額、平成25年度及び平成26年度は地方財政計画額である。なお、平成25年度及び平成26年度の地方財政計画は、通常収支分と東日本大震災分が策定されるが、上記は通常収支分の税収である。
2．昭和31年度以前の入場税は法定普通税に含まれる。
3．自動車取得税、軽油引取税は平成21年度の税制改正によって使途が特定されない普通税に改められた。

3 租税負担及び社会保障負担（国民所得比）の国際比較

(単位：％)

		日本			アメリカ			イギリス			ドイツ			フランス			スウェーデン		
		租税負担 A	社会保障負担 B	計 A+B	租税負担 A	社会保障負担 B	計 A+B	租税負担 A	社会保障負担 B	計 A+B	租税負担 A	社会保障負担 B	計 A+B	租税負担 A	社会保障負担 B	計 A+B	租税負担 A	社会保障負担 B	計 A+B
昭和45	(1970)	18.9	5.4	24.3	27.5	5.5	33.0	39.7	7.8	47.5	25.5	14.0	39.5	27.4	17.5	44.9	41.3	10.9	52.1
50	(1975)	18.3	8.3	26.6	25.4	6.8	32.2	35.5	7.4	42.9	28.3	19.1	47.4	27.5	20.9	48.4	42.6	12.2	54.9
55	(1980)	21.7	8.8	30.5	25.4	7.4	32.8	39.1	10.1	49.2	28.3	19.1	47.4	30.4	25.2	55.5	42.6	18.7	61.3
56	(1981)	22.6	9.2	31.8	25.3	7.9	33.2	41.3	11.1	52.4	27.6	20.2	47.8	31.6	26.3	57.9	44.9	19.1	64.0
57	(1982)	23.0	9.6	32.6	25.3	8.0	33.3	40.9	11.3	52.2	27.4	19.7	47.1	30.8	26.4	57.2	44.9	19.1	64.0
58	(1983)	23.3	9.7	33.1	22.7	8.2	30.9	41.3	11.2	52.5	27.1	19.7	46.8	33.0	27.4	60.4	47.0	18.6	65.6
59	(1984)	24.0	9.8	33.8	23.3	8.3	31.6	41.3	11.2	52.5	27.1	19.7	46.8	32.7	27.4	60.1	47.6	18.4	66.0
60	(1985)	24.0	10.0	33.9	22.9	8.5	31.5	41.3	11.1	52.4	27.1	19.7	46.8	32.8	27.2	60.0	49.2	18.4	67.6
61	(1986)	25.2	10.1	35.3	23.3	8.4	31.7	41.6	11.2	52.8	26.6	19.9	46.5	32.3	26.4	58.7	51.3	18.5	69.8
62	(1987)	26.8	10.1	36.8	23.6	8.4	32.0	40.5	11.4	51.9	26.3	19.5	45.8	32.1	26.4	58.5	54.8	18.0	72.8
63	(1988)	27.2	9.9	37.1	23.7	8.6	32.3	40.0	10.7	50.7	26.4	19.4	45.8	32.0	26.5	58.5	53.1	18.2	71.3
平成元	(1989)	27.7	10.2	37.9	24.2	8.6	32.8	39.9	10.3	50.3	26.7	19.6	46.3	31.4	26.6	58.0	53.4	19.6	73.0
2	(1990)	27.7	10.6	38.4	25.1	8.7	33.9	40.2	10.0	50.2	25.6	18.9	44.6	31.3	26.7	58.0	53.9	20.7	74.6
3	(1991)	26.6	11.0	37.7	24.8	9.0	33.8	37.5	10.8	48.4	28.0	21.8	49.8	31.5	26.9	58.4	50.6	20.5	71.1
4	(1992)	25.1	11.2	36.3	24.8	9.0	33.8	37.4	10.8	48.2	28.9	22.5	51.4	31.1	26.9	58.0	47.1	19.3	66.4
5	(1993)	23.4	11.5	34.9	25.4	9.1	34.5	35.4	10.3	45.7	30.0	23.3	53.3	31.0	27.4	58.4	47.1	19.3	66.4
6	(1994)	23.4	11.8	35.2	25.6	9.1	34.7	35.6	10.3	45.9	30.5	24.1	54.6	33.0	27.1	60.1	45.8	17.5	63.3
7	(1995)	24.0	12.7	36.7	25.9	9.0	34.9	37.1	9.9	47.0	30.3	24.4	54.7	33.4	27.3	60.7	46.2	17.2	63.4
8	(1996)	23.8	12.7	36.5	26.5	8.8	35.3	36.9	9.7	46.6	29.1	25.1	54.3	34.9	27.7	62.5	48.0	18.8	66.8
9	(1997)	23.7	13.0	36.7	26.9	8.8	35.7	37.2	9.9	47.1	29.0	25.1	54.0	36.0	27.7	63.7	47.7	19.5	67.2
10	(1998)	22.8	13.6	36.3	27.1	8.7	35.9	38.1	10.1	48.1	29.3	24.6	53.9	36.6	27.4	63.9	47.6	19.0	66.5
11	(1999)	21.9	14.3	36.2	27.6	8.8	36.3	37.4	10.4	47.8	28.7	25.0	53.7	37.7	23.8	61.6	48.4	19.2	67.6
12	(2000)	23.1	14.6	38.4	27.5	8.8	36.3	36.9	10.4	47.3	27.6	23.4	51.0	37.5	24.5	62.0	49.9	18.5	68.4
13	(2001)	23.0	14.7	37.7	26.1	8.6	34.7	36.6	10.3	46.9	25.9	23.4	49.3	37.0	24.1	61.1	50.0	20.1	70.2
14	(2002)	24.1	14.9	39.0	23.4	8.6	32.0	35.6	10.4	46.0	25.8	23.5	49.3	36.9	24.2	61.1	47.4	19.7	67.1
15	(2003)	21.5	15.3	38.5	23.6	8.4	32.0	35.8	10.4	46.2	25.7	23.5	49.3	36.6	23.8	60.4	47.6	18.9	66.5
16	(2004)	22.1	15.3	38.5	24.4	8.3	32.7	35.7	10.4	46.1	26.7	23.3	50.0	36.4	24.1	60.5	48.3	18.2	66.5
17	(2005)	23.5	15.4	38.9	25.5	8.4	33.9	36.8	10.7	47.5	27.6	23.4	51.0	37.5	24.5	62.0	49.9	18.5	68.4
18	(2006)	24.1	14.7	38.8	26.6	8.6	34.5	36.9	10.4	47.3	28.1	23.4	51.5	37.9	24.1	62.0	46.6	18.0	64.6
19	(2007)	24.5	14.7	39.5	26.4	8.9	35.3	36.9	10.5	47.5	28.2	21.6	49.8	37.0	24.1	61.1	47.1	17.1	64.2
20	(2008)	23.3	15.8	40.1	25.4	9.0	34.4	35.7	10.7	46.4	30.2	22.1	52.3	36.9	24.1	61.0	47.7	15.2	62.9
21	(2009)	21.9	16.2	38.1	21.9	8.2	30.2	34.3	10.7	45.0	30.3	22.7	53.0	35.1	24.8	59.9	49.0	12.9	61.9
22	(2010)	22.7	16.3	38.9	22.4	8.0	30.4	35.6	10.5	46.1	30.0	21.7	51.7	35.7	24.8	60.5	46.9	12.3	59.2
23	(2011)	22.7	17.1	39.8	23.3	7.5	30.8	36.7	10.7	47.4	29.5	21.7	51.2	37.0	25.2	62.1	47.5	10.7	58.2
24 (見込み)	(2012)	23.1	17.4	40.4	—	—	—	—	—	—	—	—	—	—	—	—	—	—	—
25 (見通し)		24.1	17.5	41.6	—	—	—	—	—	—	—	—	—	—	—	—	—	—	—

（備考）（注）1．日本は年度、その他は暦年である。
財政赤字の対国民所得比は、日本及びアメリカについては一般政府から社会保障基金を除いたベース、その他の国は一般政府ベースである。なお、ドイツ、北欧3国及び韓国のデータは、財政収支が黒字である年。
2．財政赤字の計数は、財政及び社会保障の財政収支の赤字への繰入れ、一時的な特殊要因を除いた数値。具体的には、20年度、21年度、22年度及び23年度は財政投融資特別会計財政融資資金勘定から国債整理基金特別会計への繰入、平成20年度は日本高速道路保有・債務返済機構所有の一般会計承継、23年度は独立行政法人鉄道建設・運輸施設整備支援機構から一般会計への繰入れ等を除いている。

356

4 OECD諸国における所得・消費・資産課税等の割合の国際比較（国税＋地方税）

所得課税（34か国中8位）

国	割合
デンマーク	62.3%
ノルウェー	62.2%
スイス	61.1%
アメリカ	60.2%
オーストラリア	59.1%
カナダ	55.6%
ニュージーランド	53.6%
日本	51.6%
ベルギー	51.5%
アイルランド	51.4%
ルクセンブルク	51.2%
アイスランド	50.0%
イギリス	49.1%
ドイツ	48.0%
イタリア	46.9%
スウェーデン	46.4%
フィンランド	45.4%
フランス	44.7%
オーストリア	44.0%
チェコ	42.8%
韓国	43.6%
ポルトガル	39.6%
スペイン	39.6%
ギリシャ	36.6%
チリ	36.5%
エストニア	36.2%
オランダ	33.4%
スロベニア	32.4%
メキシコ	31.9%
ポーランド	31.7%
ハンガリー	31.3%
トルコ	31.2%
スロバキア	29.1%
ハンガリー	25.4%
OECD諸国平均	44.6%

消費課税（34か国中30位）

国	割合
エストニア	66.7%
ハンガリー	66.4%
トルコ	66.3%
スロベニア	63.5%
メキシコ	63.3%
チリ	62.7%
ポーランド	61.1%
イスラエル	60.7%
ギリシャ	59.3%
スロバキア	55.0%
ポルトガル	52.6%
アイルランド	51.3%
チェコ	50.2%
フィンランド	48.2%
スウェーデン	47.8%
オランダ	46.2%
アイスランド	46.9%
スペイン	42.6%
イタリア	42.6%
韓国	41.8%
イギリス	41.1%
ドイツ	41.0%
フランス	40.3%
ニュージーランド	39.8%
オーストリア	38.5%
ルクセンブルク	38.5%
スイス	38.4%
ノルウェー	37.7%
デンマーク	34.1%
日本	33.0%
ベルギー	31.5%
スイス	29.5%
カナダ	28.9%
オーストラリア	27.1%
アメリカ	23.7%
OECD諸国平均	45.9%

資産課税等（34か国中3位）

国	割合
フランス	23.1%
韓国	19.3%
日本	17.0%
スウェーデン	16.2%
アメリカ	16.0%
イギリス	16.0%
カナダ	15.5%
イタリア	14.6%
イスラエル	14.3%
ギリシャ	13.8%
オーストラリア	13.2%
オーストリア	13.2%
スペイン	10.9%
ルクセンブルク	10.8%
アイスランド	10.3%
アイルランド	10.3%
フィンランド	9.4%
ポルトガル	9.4%
スイス	9.1%
ドイツ	8.3%
デンマーク	8.3%
ベルギー	8.2%
ノルウェー	6.6%
ニュージーランド	6.2%
オランダ	5.4%
ポーランド	4.8%
ハンガリー	4.7%
チリ	4.6%
トルコ	3.9%
フィンランド	3.8%
スロバキア	3.7%
スロベニア	3.1%
エストニア	2.8%
チェコ	2.5%
メキシコ	1.6%
OECD諸国平均	9.6%

（備考）1．計数は2011年のものである。
2．OECD "Revenue Statistics" の区分に従って作成している。なお、利子、配当及びキャピタル・ゲイン課税は所得課税に含まれる。
3．資産課税等には、資産課税の他、給与労働力課税及びその他の課税が含まれる。
4．資産課税とは、富裕税、不動産税（固定資産税等）、相続・贈与税及び流通課税（有価証券取引税、不動産取得税及び印紙収入）等を指し、日本の割合は17.0%である。

（出所）OECD "Revenue Statistics 1965-2012"

5　国税収入の構成の国際比較

日本			アメリカ			イギリス		
税目	金額	構成比	税目	金額	構成比	税目	金額	構成比
	億円	%		百万ドル	%		百万ポンド	%
直接税	292,795	54.6	直接税	1,388,468	92.7	直接税	220,800	56.1
所得税	147,900	27.6	個人所得税	1,132,206	75.6	所得税	149,046	37.5
源泉分	122,620	22.9	法人所得税	242,289	16.2	法人税	41,047	10.3
申告分	25,280	4.7	遺産・贈与税	13,973	0.9	キャピタル・ゲイン税	3,927	1.0
法人税	100,180	18.7				石油収入税	3,888	1.0
相続税	15,450	2.9				非居住資産税	1,737	0.4
地方法人税 (特)	3	0.0				相続税レイト	23,155	5.8
地方法人特別税 (特)	21,881	4.1	間接税等	109,368	7.3			
復興特別所得税 (特)	3,083	0.6	一般販売税	20,359	1.4			
復興特別法人税 (特)	4,298	0.8	酒税	9,765	0.7	間接税等	174,521	43.9
			たばこ税	16,351	1.1	付加価値税	100,572	25.3
間接税等	243,661	45.4	電信電話サービス料	757	0.1	炭化水素油税	26,571	6.7
消費税	153,390	28.6	運輸税	−5,751	−0.4	たばこ税	9,681	2.4
酒税	13,410	2.5	その他	−763	−0.1	酒税	10,219	2.6
たばこ税	9,220	1.7				博遊戯税	1,680	0.4
揮発油税	25,450	4.7	関税	30,307	2.0	関空港税	2,854	0.7
石油ガス税	100	0.0				航空旅客税	2,791	0.7
航空機燃料税	530	0.1	特定財源	58,702	3.9	保険税	3,021	0.8
石油石炭税	6,130	1.1	ハイウェイ財源	40,169	2.7	埋立税	635	0.2
電源開発促進税	3,270	0.6	空港・航空路財源	12,532	0.8	気候変動税	265	0.1
自動車重量税	3,870	0.7	その他	6,001	0.4	採掘税	5,998	1.5
関税	10,450	1.9				印紙税	9,142	2.3
とん税	100	0.0						
印紙収入	10,560	2.0				その他	0	0.0
地方揮発油税 (譲与分)	2,724	0.5						
石油ガス税 (譲与分)	100	0.0						
航空機燃料税 (譲与分)	150	0.0						
自動車重量税 (譲与分)	2,656	0.5						
特別とん税 (譲与分)	125	0.0						
たばこ特別税 (特)	1,426	0.3						
合計	536,456	100.0	合計	1,497,836	100.0	合計	397,321	100.0

第9編 資料編

税 目	ドイツ				イ ギ リ ス (省略)			フ ラ ン ス			イ タ リ ア		
	連邦税	州税	計	構成比				税 目	金 額	構成比	税 目	金 額	構成比
	百万ユーロ	百万ユーロ	百万ユーロ	%					百万ユーロ	%		百万ユーロ	%
直接税	116,520	111,164	227,684	43.9				直接税	152,998	42.6	直接税	248,635	53.6
所得税	92,842	92,842	185,684	35.8				所得税	65,510	18.2	所得税	175,465	37.8
法人税	8,467	8,467	16,934	3.3				歳入名簿による法人税・給与税等	6,706	1.9	法人税	46,155	10.0
財産税	0	0	−1	0.0				法人税	56,244	15.7	資本所得に係る源泉税	9,234	2.0
相続・贈与税	4,305	4,305	4,305	0.8				富裕税	5,043	1.4	相続・贈与税	597	0.1
営業付加税	1,587	5,551	7,138	1.4				金融機関支出特別税	0	0.0	相続・贈与税	0	0.0
連帯付加税	13,624	0	13,624	2.6				相続・贈与税	9,078	2.5	企業純資産税	17,184	3.7
								その他	10,417	2.9	その他		
間接税	166,899	124,381	291,280	56.1				間接税	205,999	57.4	間接税	215,134	46.4
付加価値税	103,965	86,785	190,750	36.8				付加価値税	1,588	0.4	付加価値税	133,118	28.7
関税	4,462	0	4,462	0.9				登録税	164	0.0	ぼこ税	1,048	0.2
不動産取得税	0	7,389	7,389	1.4				印紙税	396	0.1	酒税	10,953	2.4
自動車税	8,443	0	8,443	1.6				関税	13,498	3.8	消費税	26,609	5.7
保険税	11,138	0	11,138	2.1				石油産品内国消費税	184,666	51.4	鉱油ガス消費税	7,789	1.7
競馬税	1,432	0	1,432	0.3				付加価値税	1	0.0	電気消費税	1	0.0
防火税	380	0	380	0.1				ぼこ税	283	0.1	デイーゼル油付加税	689	0.1
たばこ税	14,143	0	14,143	2.7				自動車税	5,404	1.5	自動車税	13,636	2.9
コーヒー税	1,054	0	1,054	0.2				雑税の一般活動税			印紙・登録税	1,961	0.4
ビール税	0	697	697	0.1				その他			抵当権登記税	44	0.0
蒸留酒税	2,121	0	2,121	0.4							興行税	6,222	1.3
アルコポップ税	2	0	2	0.0							政府くじ所得	1,602	0.3
発泡ワイン税	450	0	450	0.1							デレビ免受信許可税	1,757	0.4
中間製品税	14	0	14	0.0							その他	9,705	2.1
工ネルギ税	39,305	0	39,305	7.6									
電気税	6,973	0	6,973	1.3									
航空税	948	0	948	0.2									
核燃料税	1,577	0	1,577	0.3									
その他	2	0	2	0.0									
連邦と州間の調整等	−27,698	27,698	0	0.0									
合計	282,618	236,344	518,962	100.0				合計	358,997	100.0	合計	463,769	100.0

(備考) 1. 日本は平成26年度予算額。アメリカは平成23年度10月～平成24年9月会計年度決算額。ドイツは平成24年度実績額、イギリスは平成24年度決算額、フランスは平成24年度実績額、イタリアは平成24年度決算額である。
実績額(本表の数値)は、一般会計に係る税収入、イタリアは平成24年度決算額である。
2. 諸外国の計数の原資料は、各国の租税統計資料、OECD資料を原資料とする第1表の租税負担額(国税分)とは必ずしも一致しない。

索引

あ

IS バランス ……………………27
青色申告 ………………114, 152
青色申告控除 …………109, 114
青色申告特別控除 ……108, 114, 234
アダム・スミスの4原則 ………14
新しい公共……………………67
圧縮記帳 ……………………150

い

異議決定 ……………………222
異議申立て …………………222
遺産課税方式 …………154, 302
遺産取得課税方式 ……154, 302
遺産に係る基礎控除額 ………156
一時所得 ………………79, 81
移転価格税制 …248, 249, 254, 255
医療費控除 …………88, 89, 116
印紙税…………………74, 210
インピュテーション方式 ………296
インボイス方式 ………………310

う

受取配当益金不算入制度 ………125

え

益金の額 ……………………126
NPO 法人 ………88, 89, 122, 144, 145
エンジェル税制 …………106, 107

延滞税 ………………………216
延納 …………………………172

お

応能負担……………………92
卸売売上税 …………………306

か

外形標準課税制度 ……………236
介護医療保険料控除……………91
外国子会社合算税制 …248, 249, 252
外国税額控除…94, 162, 250, 262, 316
外国税額控除制度 ………249, 250
外国税額控除方式 ………250, 316
外国法人 ………………122, 260
概算控除制度 ………………286
加算税 ………………………218
過少資本税制 …………249, 256
過少申告加算税 ……………218
課税最低限…………………78, 282
課税ベース …………………16, 74
課税ベースの広い間接税 ………306
過大支払利子税制 ……………258
寡婦（夫）控除………………84
貨物割 ………………………245
簡易課税制度 …………198, 310
環境関連税制 ………………318
関税 …………………………75
間接外国税額控除 ……………250
間接税 ………………………18, 74

361

き

企業組織再編税制 …………… *134*
期限後申告 ……………………… *214*
基礎控除 ……………………………… *84*
基礎的財政収支 ………………………… *54*
帰着 ……………………………………… *22*
揮発油税 ……………………… *74, 75, 206*
寄附金 ……………………… *88, 228, 300*
寄附金控除 ………………… *88, 89, 106*
寄附金の損金不算入制度 …………… *144*
逆進性 …………………………………… *67*
給付付き税額控除 ……………… *67, 322*
給与所得 …………………… *79, 81, 96*
給与所得控除 ……………… *78-80, 96, 97*
協同組合等 ……… *122, 128, 129, 138*
居住者 ……………………………… *248-250*
居住地国 …………………………… *248, 262*
居住地国課税 ……………………… *248, 249*
均衡財政乗数 …………………………… *27*
均衡予算主義 …………………………… *8*
均等割 ……………………………… *230, 232*
金融所得課税の一体化 …………… *104*
勤労学生控除 …………………………… *84*

く

グッド減税・バッド課税 ……………… *67*
クラウディングアウト ……… *24, 27*

け

経済財政運営と構造改革に関する
　基本方針 2006 …………… *54, 57*
軽自動車税 ……………………………… *246*

経常税 ……………………………………… *18*
決定 …………………………………… *214*
減額更正 …………………………… *214*
減価償却 …………………………… *142, 298*
減税乗数 ……………………………… *24-26*
源泉地国 …………………………… *248, 262*
源泉地国課税 ……………………… *248, 249*
源泉徴収 ………………… *96, 112, 288, 290*
源泉徴収義務者 ……………………… *112*
源泉分離課税 ………… *82, 100, 102, 288*
限度税率 …………………………………… *262*

こ

公益法人等 ……… *122, 128, 129, 138*
恒久的施設 ……………………… *260, 262*
公共法人 ………………………………… *122*
航空機燃料税 …………………………… *208*
公債依存度 ……………………………… *8*
公債の中立命題 ………………………… *24*
交際費課税 …………………………… *148*
更正 …………………………………… *214*
更正の請求 …………………………… *214*
公的年金 ………………………… *98, 99, 292*
交付送達 ……………………………… *224*
交付要求 ……………………………… *220*
公平・中立・簡素 ……………………… *3, 62*
小売売上税 …………………………… *306*
国外所得免除方式 ……………… *250, 316*
国際課税制度 ………………………… *248*
国際的二重課税 … *248, 250, 262, 316*
国税 ……………………………………… *18, 74*
国税局 …………………………………… *332*
国税庁 …………………………………… *332*

索 引

国税不服審判所	222, 332
国内源泉所得	260
国内取引	186, 188, 200, 244
国民負担率	10, 274
個人事業税	234
個人住民税	230
国家戦略室	67
子ども手当	84
固定資産税	177, 228, 240
ゴルフ場利用税	246

さ

裁決	222
財源調達機能	6
財産評価	166
歳出・歳入一体改革	54
最適課税論	20
歳入	8
差置送達	224
雑所得	79, 81
雑損控除	88, 89, 116
参加差押え	220
山林所得	79, 81, 82

し

CO_2	318
仕入控除税額	200
仕入税額控除	184, 196
時価	166
事業者免税点制度	188
事業所得	79, 81, 108
事業税	228, 234
事業主控除	234
事業分量配当等の損金算入	138
資産課税	16, 17, 19, 74, 276
支出税論	20
地震保険料控除	90
自治税務局	330
市町村民税	228, 230
実額控除制度	286
指定寄附金	89, 144, 145
自動車重量税	74, 207
自動車取得税	246
自動車税	246
ジニ係数	60
資本に関係する取引等	132, 133
市民公益税制	67
シャウプ勧告	42-44, 180
シャウプ税制	28, 44
社会保険診療報酬	108, 109
社会保険料控除	90
社会保障・税番号制度	226
収益事業	122
重加算税	218
修正申告	214
住宅借入金等に係る税額控除制度	110
住民税	228
酒税	74, 202, 312
主税局	330
準備金	140
省エネ改修促進税制	110, 111
障害者控除	84, 85, 162
小規模企業共済等掛金控除	90
証券税制	104
乗数	26

譲渡所得	79, 81
譲渡割	245
消費課税	16, 17, 19, 74, 180, 276
消費税	62, 64, 74, 180, 204, 244, 310
消費地課税主義	192
所得課税	16, 17, 74, 276
所得控除	84, 92, 94
所得控除から手当へ	84
所得再分配	60, 67
所得再分配機能	6
所得・消費・資産等	16
所得税	74, 76, 280
所得割	230
書類の送達	224
白色申告	114
人格のない社団等	122, 128
申告納税制度	114
申告分離課税	100, 102, 104, 290
審査請求	222
人税	18

す

垂直的公平	3, 14, 21
水平的公平	3, 14, 21

せ

税額控除	94, 120
請求書等保存方式	196, 310
税源移譲	92
生産高比例法	143
税収弾性値	22
税制改革（平成6年11月）	48
税制改正大綱	328

税制調査会	66, 328, 330
税制抜本改革	29
製造業者売上税	306
政府支出乗数	26
政府税制調査会	52, 58, 66, 328
税務署	332
税務大学校	332
生命保険料控除	90
石油ガス税	207
石油石炭税	208
ゼロ税率	308
専門家委員会	66, 67

そ

増額更正	214
相次相続控除	162
総合課税	78
総所得金額	78, 80
相続時精算課税制度	156, 170, 302
相続税	74, 154, 178, 302
相続税額の2割加算	162
贈与税	74, 156, 168, 302
贈与税額控除	162
ソース・ルール	260
租税原則	14
租税条約	248, 249, 254, 262
租税体系	16, 18
租税特別措置	146
租税負担率	10, 274, 276
租税法律主義	326
租特透明化法	146
租・庸・調	28, 30
損益通算	100, 102, 104, 108, 290

索 引

損金の額	126

た

対応的調整	254
退職所得	79, 81, 82
退職所得控除	80
滞納処分	220
タックスミックス	18
たばこ税	74, 204, 312
担税力	78, 88, 108

ち

地価税	178
地租	28, 32, 34, 36, 40, 42, 176
地租改正	28, 32
地方交付税	12, 228
地方消費税	48, 194, 204, 244
地方譲与税	12, 228
地方税	18, 74, 228
地方揮発油税	206
地方法人特別譲与税	239
地方法人特別税	75, 228, 236, 238
中期プログラム	29, 64
超過累進税率	78, 92, 136
帳簿方式	310
直接税	18, 74

て

出会送達	224
定額法	143
定率法	143, 298
適用除外基準	252, 253
転嫁	22, 23

電源開発促進税	208

と

同族会社	136
道府県民税	228, 230
道府県民税の利子割	246
登録免許税	74, 178, 212
特定寄附金	89
特定口座	102, 104
特定公益増進法人	88, 89, 144, 145
特定財源	208
特定支出控除	96, 97
特定同族会社の留保金課税制度	136
特定扶養親族	85
特別障害者控除	84
特別償却	142, 146
特別徴収	230
特別土地保有税	178
独立企業間価格	254, 255
都市計画税	177, 228, 240
土地税制	176, 304
取引高税	40, 306

な

内国法人	122, 250, 252

に

二元的所得税	20, 288
入場税	74
認定住宅の特例	110, 111

ね

年少扶養親族 ················· 84
年末調整 ·················· 96, 112

の

納税者権利憲章 ················ 67
納税猶予の特例 ················ 174

は

配偶者控除 ············· 84-87, 168
配偶者特別控除 ············· 84-87
配偶者の税額軽減 ·············· 162
配当控除 ········· 94, 95, 101, 125
配当所得 ············ 79-81, 100, 101
端数計算 ·················· 224
抜本的税制改革 ······· 28, 46, 58, 92
抜本的な税制改革に向けた基本の
　考え方 ···················· 63
バリアフリー改修促進税制
　······················ 110, 111
番号制度 ·················· 67, 320

ひ

非課税取引 ················ 190, 192
引当金 ······················ 140
非居住者 ············· 248, 249, 260
ビルトイン・スタビライザー機能
　······························ 7

ふ

付加価値税 ················ 306, 308
附則第104条 ················ 29, 64
附帯税 ······················ 216
普通税 ······················· 18
普通徴収 ············· 230, 234, 242
普通法人 ················· 122, 128
復興特別所得税 ········· 75, 92, 283
復興特別法人税 ········ 75, 128, 295
物税 ························· 18
物納 ························ 172
物品税 ······················· 74
不動産取得税 ········· 178, 228, 242
不動産所得 ············ 79, 81, 108
不納付加算税 ················· 218
不服審査制度 ················· 222
不服申立て ··················· 222
扶養控除 ··················· 84, 85
ブラケット ···················· 92
ふるさと納税 ············· 228, 230
分離課税 ················ 78, 92, 288

ほ

包括的所得税論 ················ 20
法人擬制説 ··················· 124
法人事業税 ··················· 236
法人実在説 ··················· 124
法人住民税 ··················· 232
法人税 ················· 74, 122, 294
法人税割 ····················· 232
法定外税 ····················· 246
法定相続人 ··················· 158
法定相続分 ··················· 158
法定納期限 ··················· 217
補充送達 ····················· 224
保税地域 ················ 200, 204

ま

マスグレイブの7条件 ………… *14*

み

未成年者控除 ………………… *162*
みなし法人課税制度 ………… *109*

む

無申告加算税 ………………… *218*

も

目的税 ………………………… *18*

ゆ

輸入取引 …… *184, 186, 188, 200, 244*

よ

予定納税 ……………………… *116*

り

リカードの中立命題 ………… *24*
利子所得 ………… *79-82, 100, 101*
利子税 ………………………… *216*
臨時税 ………………………… *18*

れ

連結開始前欠損金 …………… *133*
連結納税制度 ………………… *130*

わ

ワグナーの4大原則・9原則 …… *14*

《執筆者一覧》

住澤　　整	櫻井　秀樹
油野佳奈恵	関口　雄介
石井　勇司	辰已　智人
宇佐美紘一	長久　善彦
黒澤　　浩	伴　真由美
小林　千鶴	

図説　日本の税制　（平成26年度版）

平成 2 年12月10日　初版（平成 2 年度版）発行©
平成26年 8 月 6 日　平成26年度版発行

編著者	住　澤　　　整 （すみさわ ひとし）
発行者	宮　本　弘　明
発行所	株式会社　財経詳報社

〒103-0013　東京都中央区日本橋人形町 1 － 7 －10
　　　　　電　話　03（3661）5266（代）
　　　　　Ｆ Ａ Ｘ　03（3661）5268
　　　　　http://www.zaik.jp
　　　　　振替口座　00170－8－26500番

検印省略

Printed in Japan 2014

落丁・乱丁本はお取り替えいたします　　　印刷・製本　大日本法令印刷

ISBN 978-4-88177-405-2